穿透
会计舞弊

［美］塞西尔·杰克逊（Cecil W. Jackson） 著
韩洪灵 陈汉文 等 译

Detecting
Accounting
Fraud

中国人民大学出版社
·北京·

译者简介

韩洪灵 浙江大学教授，博士生导师，博士后联系人。曾任浙江大学财务与会计学系副主任、EMBA教育中心学术主任、计划财务处副处长、MPAcc项目主任；现兼任财政部内部控制标准委员会咨询专家、审计署政府审计研究中心研究员、中国会计学会理事、浙江省学位委员会管理类学科评议组成员、浙江省管理类专业学位研究生教育指导委员会成员、浙江省审计学会常务理事、浙江省会计学会理事等。曾获浙江大学管理学院"我最喜爱的老师"、浙江大学教学最高奖"永平奖"。主要研究方向为资本市场与信息披露、内部控制与审计理论、商业伦理与会计职业道德等。

陈汉文 二级教授，博士生导师，博士后联系人，财政部全国会计名家。主要从事资本市场审计、内部控制与会计问题研究。曾在英国牛津大学、美国哈佛大学和加拿大圣玛丽大学等地学习交流。在国际"三大"会计学刊之 *The Accounting Review*，*Journal of Accounting Research* 和国内"两大"经管学刊《经济研究》《管理世界》发表论文，编著了从本科生、硕士生到博士生的审计学系列教材。历任厦门大学学术委员会秘书长、研究生院副院长、管理学院副院长、会计系主任等职11年，厦门大学"闽江学者"特聘教授（2012）、二级教授（2011）。后执教于对外经济贸易大学，任校二级教授、校特聘教授、惠园特聘教授、国际商学院一级教授。现为南京审计大学教授，中国大连高级经理学院讲座教授，中国会计学会学刊 *China Journal of Accounting Studies*（CJAS）联合主编，中国审计学会学刊《审计研究》编委等。

Detecting
Accounting Fraud

译者序

高质量的会计信息是资本市场有效运转的基础设施。历史地看,英国1720年的南海公司事件以及美国1929年的股市大崩溃均与以高质量的会计信息披露为核心的管制框架尚未成型有关。美国作为全球最大的资本市场,长期以全球高质量会计准则及信息披露的引领者自居。然而,21世纪以来,美国资本市场相继爆发了安然、世通等一系列重大的、震惊全球的会计舞弊案。这使得美国资本市场会计舞弊、职业道德、公司治理、会计准则、审计质量、法律责任等一系列问题重新面临严峻挑战,必须在制度与法律层面上进行大幅度变革。

为应对会计舞弊,美国于2002年通过了著名的《萨班斯-奥克斯利法案》。该法案在公司治理、会计职业监管、证券市场监管等方面作出许多新的、严厉的规定,标志着美国证券监管思想的根本转变,即从披露转向实质性管制,因而被称为"自罗斯福总统以来美国商业界影响最为深远的改革法案"。该法案第1107节明确规定:"对向执法官员提供有关触犯或可能触犯联邦刑律行为的真实信息的人故意进行打击报复,采取危害举报人的行动,包括干涉举报人的合法工作和生活来源,应根据本章处以罚款,10年以下监禁,或并罚。"

为了应对2008年金融危机所暴露的猖獗的舞弊行为,2009年11月美国总统奥巴马成立了金融欺诈执法任务工作组,并于2010年颁布《多德-弗兰克法案》,被称为最全面的金融监管改革法案。《多德-弗兰克法案》中最引人瞩目的是系统性推出针对资本市场会计舞弊的举报制度,法案明确规定对吹哨人予以高强度经济激励和严密保护。《多德-弗兰克法案》对会计舞弊吹哨人制度的系列规定极大地提高了美国证券监管执法中私人信息生产的数量与质量，美国证券交易委员会针对会计舞弊的执法行动的效率与效果大幅提升。

可见，会计舞弊与道德行为的治理是有效资本市场建设的核心。南加州大学 Leventhal 会计学院教授塞西尔·杰克逊教授是美国虚假财务报告研究领域备受尊敬的专家，他的会计舞弊识别课程在美国具有广泛的影响力，其 2006 年的著作《商业童话：虚假财务报告的严峻现实》曾受到 Barrons，CPA Journal，Investor's Business Daily，The Motley Fool，The Accounting Review 等出版物的好评。塞西尔·杰克逊教授的新著《穿透会计舞弊》较全面地"穿透"了 21 世纪以来美国资本市场最重大、最典型、最系统的会计舞弊案例。本书沿着舞弊识别与道德决策两大主线展开，采用案例研究方法对会计舞弊案例进行细致的描述与分析，其主要内容及特色包括：

（1）本书以生动活泼和引人入胜的风格撰写系列会计舞弊案例，包含许多公司及其高管的有趣的背景信息，有利于案例的情景化再现。

（2）本书总结了美国资本市场会计舞弊最常见的 20 种手法，这些手法在不同的时期和不同的案例中重复使用。

（3）本书概括了有效识别会计舞弊最常用的 25 个信号，这些信号可以为投资者、分析师、审计师、监管者等提供极大的帮助。

（4）本书特别强调对会计舞弊案例的伦理分析与道德决策，有利于提高资本市场利益相关者的商业伦理与会计职业道德水平。

本书由来自浙江大学、南京审计大学的同仁共同翻译而成。本书由韩洪灵（浙江大学）、陈汉文（南京审计大学）主译，各章翻译具体分工如下：第一、二、九章及前言、致谢、附录由韩洪灵、陆旭米、陈汉文翻译；第三章由韩洪灵、郑滋龙、陈汉文翻译；第四、五章由韩洪灵、尚紫荆、陈汉文翻译；第六、八章由韩洪灵、徐杰、陈汉文翻译；第七章由韩洪灵、王梦婷、陈汉文翻译。

本书可作为投资者、基金经理、审计师、监管者、银行家、投资银行

译者序

家等实务界人士识别与研究资本市场会计舞弊的专业指导书，亦可作为高等学校会计学、审计学、财务管理、资产评估等本科专业及 MPAcc、MAud、MBA 等专业硕士学位审计学、审计理论与实务、商业伦理与会计职业道德等课程的配套参考书。

本译著是国家自然科学基金重点项目（71932003）、财政部"会计名家培养工程"项目的研究成果。本书的翻译难免有诸多不足，欢迎读者不吝赐教。

韩洪灵　陈汉文

前　言

关于本书

会计舞弊，即财务报表操纵，在过去二十年里发展成为严重的问题，许多表面"稳固"的公司纷纷倒闭，加剧了全球经济衰退，挫伤了资本市场投资者的信心，打击了人们对财务报表的信任。本书就最常见的20种虚假财务报告方法进行了内容丰富和极具价值的分析，其中最典型的方法便是在财务报表中夸大收益和资产并低估负债。本书还详细给出了表明财务报表可能存在舞弊的主要信号。我们秉承这样的一个观点，如果不讨论舞弊背后的伦理道德问题，任何关于会计舞弊的书籍都是不完整的。本书探讨了伦理学的三大理论以及适用于一般商业环境的道德决策模型。

本书遵循以下案例研究方法：

1. 识别真实公司使用的会计舞弊手段或虚假财务报告方法。

2. 呈列公司及其主要管理人员的背景信息。

3. 参考公司的财务报表以及主要文件，例如会计和审计报告、诉讼公告、美国证券交易委员会申诉和破产报告，详细描述舞弊或诡计。

4. 阐述特定会计诡计或舞弊如何使公司财务报表中显示被操纵的迹象。

5. 读者可在本书的"伦理道德"章节中了解相关的道德问题。

6. 在每章结尾提出伦理道德问题，帮助读者进一步思考。

7. 每章最后给出一个真实的案例，案例中的公司与该章讨论的公司有类似的会计舞弊手段。专栏提供这家公司的财务报表或原始文件的摘录，如诉讼公告和申诉。读者可以在财务报表中识别出公司操纵财务报表的信号。

本书的特别之处

● 除了分析非常著名的案例，如阳光公司（Sunbeam）、世通公司（WorldCom）和美国国家金融服务公司（Countrywide），本书还提供了一些全新的和不寻常的现实案例供读者研究。这些公司包括贝泽房产（Beazer Homes）、百瑞勤系统公司（Peregrine Systems）、布卡（Buca）和铁龙银行（TierOne Bank）等。

● 本书以生动活泼和引人入胜的风格撰写，其中包含许多公司及其高管的有趣背景信息。

● 在阐述虚假财务报告最常见的 20 种方法时，以井井有条、合乎逻辑、易于理解的方式呈现复杂的材料。

● 本书在附录中总结了虚假财务报表最常见的 25 个信号。

● 向读者提供原始文件（或相关摘录），体现案例的真实性，便于读者在现实情景中寻找公司会计舞弊的证据。

● 读者有机会接触到道德层面的问题。

致　谢

毫无疑问，写一本书是费尽心力的，没有大家的鼓励和支持，本书不可能完成。感谢南加州大学 Leventhal 会计学院和 Marshall 商学院，感谢多年来选择会计舞弊识别课程的众多本科生和研究生，他们为本书的相关内容提供了宝贵的反馈。

感谢以下评阅者，他们的点评帮助形成了最终文稿：新墨西哥大学 Richard G. Brody，南伊利诺伊大学卡本代尔分校 Jim Cali，西北俄亥俄大学 Judith M. Clark，休斯敦社区学院西南分校 Marina Grau，北卡罗来纳大学格林斯伯勒分校 Venkataraman Iyer，北卡罗来纳州卫斯理学院 Jacquelyne L. Lewis，西北俄亥俄大学 Timothy A. Weiss。

衷心感谢培生的员工为该项目做出的宝贵贡献：感谢 Sari Orlansky 发起该项活动；感谢 Stephanie Wall 的邀请；感谢 Donna Battista 的指导；感谢 Lacey Vitetta，Nicole Sam，Liz Napolitano 和 Christine Donovan 在出版过程中给出的专业指导。感谢编辑 Linda Harrison 的帮助和深刻见解。感谢 GEX 出版公司的 Kelly Morrison 高效地浏览此书。

由衷感谢 Christine Burdick-Bell，尽管她非常忙碌，但总是及时解答问题，对文稿提出宝贵的意见。

感谢我的女儿，博士研究生 Kate（一位崭露头角的伦理学家），感谢你为"伦理道德"一章做出的重要贡献。

感谢我的妻子 Sandra，感谢你的持续跟进并保持一切正常！你将你的专业知识运用到流程的每个步骤，没有你，我无法完成此书。

Detecting Accounting Fraud

目　录

第一章　**会计舞弊** ·· 1
　　什么是会计舞弊？ ·· 2
　　世纪之交的会计舞弊 ·· 6
　　2002 年《萨班斯-奥克斯利法案》 ································ 11
　　会计舞弊与 2008 年金融危机 ······································ 16
　　2010 年《多德-弗兰克法案》 ······································ 18
　　操纵财务报告最常见的 20 种方法 ······························ 21

第二章　**伦理道德** ·· 24
　　伦理学理论 ·· 25
　　商业实践中的道德决策模型 ·· 31
　　会计师道德决策模型 ·· 38

第三章　**阳光传奇** ·· 46
　　阳光公司的历史 ·· 46
　　阳光虚构财务报告方案 ·· 60
　　阳光的至暗时刻 ·· 67
　　阳光舞弊的信号 ·· 73

第四章　**花样收入** ·· 102
　　先讯美资：午夜的疯狂 ·· 103

先讯美资虚构财务报告方案 …………………………………… 104
先讯美资舞弊的信号 …………………………………………… 107
施乐：不要"复制" ……………………………………………… 108
施乐虚构财务报告方案 ………………………………………… 108
施乐舞弊的信号 ………………………………………………… 110
美国国际旅游服务公司：假基金 ……………………………… 113
美国国际旅游服务公司虚构财务报告方案 …………………… 114
美国国际旅游服务公司报告虚构收入的信号 ………………… 116
盈盛公司：退还给发货方 ……………………………………… 118
盈盛公司误估收入方案 ………………………………………… 118
盈盛公司误估收入的信号 ……………………………………… 120

第五章 | **世通骗局** ………………………………………………………… 132
世通的"巫师" …………………………………………………… 132
收购狂潮 ………………………………………………………… 139
世通的问题 ……………………………………………………… 148
世通虚构财务报告方案 ………………………………………… 151
"巫师"的崩塌 …………………………………………………… 156
让世通走向失败的"守门人" …………………………………… 161
世通舞弊的信号 ………………………………………………… 165

第六章 | **费用魔术** ………………………………………………………… 190
李文特：财务欺诈 ……………………………………………… 190
李文特虚构财务报告方案 ……………………………………… 192
识别少报费用的信号 …………………………………………… 196
来爱德："通往王国的钥匙" …………………………………… 199
来爱德虚构财务报告方案 ……………………………………… 200
识别降低销售成本的信号 ……………………………………… 203
阿勒格尼：不给糖就捣蛋？ …………………………………… 206

目　录

　　　　阿勒格尼虚构财务报告方案 ·················· 207
　　　　识别少计坏账的信号 ························ 208
　　　　洛克希德：天价 ···························· 209
　　　　洛克希德虚构财务报告方案 ·················· 211
　　　　识别未能记录资产减值的信号 ················ 211

第七章　**安然金鹅** ·· 230
　　　　安然的诞生 ································ 230
　　　　安然资本和贸易 ···························· 242
　　　　安然是如何亏损的 ·························· 243
　　　　加州的电力危机 ···························· 254
　　　　安然虚构财务报告方案 ······················ 258
　　　　安然舞弊的信号 ···························· 281

第八章　**天方夜谭** ·· 311
　　　　爱迪生的教训 ······························ 311
　　　　爱迪生虚构财务报告方案 ···················· 312
　　　　爱迪生对会计处理的选择 ···················· 314
　　　　阿德尔菲亚的账户 ·························· 315
　　　　阿德尔菲亚虚构财务报告方案 ················ 316
　　　　阿德尔菲亚虚构财务报告的信号 ·············· 319
　　　　贝尔南方的警告 ···························· 322
　　　　贝尔南方虚构财务报告方案 ·················· 323
　　　　违反《反海外贿赂法》的不当会计处理 ········ 324
　　　　卡卡圈坊和丢失的面团 ······················ 325
　　　　卡卡圈坊的经营问题 ························ 327
　　　　卡卡圈坊经营问题的信号 ···················· 327
　　　　卡卡圈坊虚构财务报告方案 ·················· 328
　　　　卡卡圈坊虚构财务报告的信号 ················ 329

3

第九章	次贷危机	347
	房地产泡沫	347
	宽松信贷：证券化	349
	宽松利润：分档	351
	宽松银行：废除法规	352
	宽松投资：信用违约掉期	353
	艰难时期	355
	美国国家金融服务公司案例	359
	美国国家金融服务公司在 SEC 文件中对贷款的误导性描述	364
	美国国家金融服务公司低估贷款损失准备金	365
	美国国家金融服务公司低估贷款损失准备金的信号	366
	美国国家金融服务公司财务报表附注	375
	抵押贷款危机的教训	376

附录　虚假财务报表最常见的 25 个信号 ⋯⋯ 387

Detecting Accounting Fraud

第一章
会计舞弊

> 尽管金粉很珍贵，但当它进入您的眼睛时，它会阻碍您的视力。
>
> ——西堂智藏，中国禅宗大师

2010年7月，在美国遭遇抵押贷款危机和金融海啸之后，时任美国证券交易委员会（SEC）主席的玛丽·夏皮罗（Mary L. Schapiro）描述了金融危机造成的巨大损失，并指出："理性投资和有效资本市场形成的基本要求之一便是能得出高质量的信息。我们的核心职能之一是从上市公司收集并公开财务和其他相关信息。"市场的健康状况以及金融系统的根本基础，都依赖于这种"高质量"（high quality）财务信息的生产及其可获得性。

遗憾的是，正如对过去15年进行回顾所揭示的那样，曾经被视为美国经济支柱的各种上市公司的财务信息充其量只是"天真的误导"，最糟糕的是"明目张胆的欺诈"。许多高管的贪婪和背叛、公然的欺骗和道德败坏被曝光。本书讨论的几乎每一个案例的核心都呈现这样的事实：这些公司高管操纵财务报表或指使他人篡改财务报表，误导信任财务报表的使用者。

什么是会计舞弊？

在讨论会计舞弊之前，先简要回顾一下舞弊的一般含义。舞弊（fraud）是一项复杂的法律概念，各州、各联邦法院与州法院以及刑事案件与民事案件的定义可能有所不同。在这里，我们从广义上定义舞弊，不应被视为适用于法律情景。注册舞弊审查师协会（The Association of Certified Fraud Examiners，ACFE）对舞弊的描述如下：

> 在实践中，舞弊行为包括各种各样的手段，即人类的聪明才智可以通过虚假暗示或压制真相，使之获得相对于另一个人的信息优势。在定义舞弊行为时，没有终极的、不变的规则，根据《布莱克法律词典》，舞弊行为包括出其不意、运用诡计、善于狡诈以及一系列显失公正的欺诈手段。唯一的边界是人类能力的限制。（《欺诈案审判》，2011，p. 6）

根据 Lawrence and Wells（2004）的说法，"根据普通法，证明舞弊行为应当具备三个要素：欺骗意图、重大虚假陈述、受害人对虚假陈述的依赖并遭到损害。"联邦调查局（The Federal Bureau of Investigation，FBI）对舞弊的定义如下："故意歪曲事实，目的是诱使依赖于该事实的其他人或其他实体放弃有价值的事物或放弃合法权利"（www.fbi.gov）。

会计舞弊（有时也称为"公司欺诈①"或"财务报告舞弊"）是一种特殊类型的欺诈，涉及对财务报表的操纵。审计质量中心（Center for Audit Quality）在其《关于遏制和发现财务报告舞弊的报告》（2010）中，将财务报告舞弊定义为"故意不按照公认会计原则报告财务信息而导致的重

---

① 虽然并非所有的公司欺诈都是会计舞弊，但会计舞弊是最普遍和最具破坏性的公司欺诈形式。（《金融犯罪报告》，2011，www.fbi.gov）

大虚假陈述"。

对于刑事欺诈案件，所需的证据要求通常高于民事欺诈案件："对于民事案件，举证要求是基于'优势证据'（有力证据）。在刑事欺诈中，要求证据是'无可置疑'的"（Lawrence and Wells，2004）。因此，许多会计舞弊案件是在民事法院审理的，或由 SEC 执法惩戒裁决。

会计舞弊：民事责任

SEC 执法部门发布"关于建立和解决行政诉讼程序的通知和命令，以及与财务报告相关的涉及委员会在联邦法院提起的民事诉讼的执法行动，"（会计和审计执行公告）。SEC 以会计和审计执行公告（AAER）、诉讼公告（LR）或两者兼有的形式发布调查结果。SEC 在 AAER 或 LR 中会描述一家公司如何涉嫌违反证券法。SEC 通常会接受"和解提议"（Offer of Settlement），而被调查者通常不承认或否认调查结果，倾向于"公共行政秩序和停止诉讼程序"。

2002 年通过《萨班斯-奥克斯利法案》之后，SEC 的执法行动从 2002 财年的 598 起（Dickey，Sturc andVan Lobels Sels，2003）增加到 2003 财年的 679 起。接下来的几年中案件数量增速有所放缓，直到金融危机重创经济，导致执法行动再次上升。从图 1-1 中可以看出，SEC 的执法行动涵盖了一系列财务违规行为，如内幕交易、市场操纵和证券违规发行、财务舞弊/发行人违规披露行为。"财务舞弊/发行人违规披露"（即会计舞弊）类别涉及财务报表本身违规和发行人违规披露财务报表。上述违规行为便是本书所讨论的舞弊类型。

2008 年的危机使 SEC 执法调查和执法行动的重点从会计和发行人披露违规行为转移到了其他方面。根据《华尔街日报》的一篇文章，2013 年 4 月上任的 SEC 新任主席玛丽·乔·怀特（Mary Jo White）在未来几年更有可能将工作重心转移到会计舞弊上（Eaglesham，2013-05-27）。《今日会计》（Accounting Today）最近的一篇文章也认为，SEC 的重点将从华尔街监管转移到舞弊行为查处（Cohn，2013）。

财年执法行动	2003	2004	2005	2006	2007	2008	2009	2010	2011	2012
经纪商	137	140	94	75	89	67	109	70	112	134
拖欠申报	/	/	/	91	52	113	92	106	121	127
反海外腐败法	/	/	/	/	/	/	/	/	20*	15
财务舞弊/发行人违规披露	199	179	185	138	219	154	143	126	89**	79
内幕交易	50	42	50	46	47	61	37	53	57	58
投资顾问/投资公司	72	90	97	87	79	87	76	113	146	147
市场操纵	32	39	46	27	36	53	39	34	35	46
证券违规发行	109	99	60	61	68	115	141	144	124	89
其他	80	50	98	49	65	21	27	35	31	39
执法行动总计	679	639	630	574	655	671	664	681	735	734

* 在 2011 财年之前，反海外腐败法不是一个单独的类别，反海外腐败法行动被归类为发行人报告和披露。

** 在 2011 财年之前，这一类别报告为发行人报告和披露且包括反海外腐败法行动，现在反海外腐败法行动与财务舞弊/发行人违规披露行动分开跟踪。

图 1-1　SEC 执法行动统计

资料来源：www.gov/news/newsroom/images/enfstats.pdf.

会计舞弊：刑事责任

在某些情况下，司法部和 FBI 可能还会起诉一家公司，并指控公司犯有刑事欺诈罪。自 2010 年以来，FBI 在 SEC 派驻了特别代理人，以迅速查处证券和公司的舞弊行为，并在必要时启动刑事调查（Mueller，2012）。联邦调查局金融犯罪科（FCS）调查的大多数公司刑事欺诈案件涉及财务报告舞弊行为：

> FBI 调查的大多数公司舞弊案件都涉及会计诡计，在公司或一个商业主体的真实财务状况方面欺瞒投资者、审计师或分析师。通过操纵财务数据，股价或其他估值指标、财务业绩可能会因此而被人为夸

大。除了给投资者造成重大经济损失外，公司舞弊还可能对美国经济和投资者信心造成不可估量的损害。（《金融犯罪报告》，2011）

自 2007 年以来，FBI 调查的公司舞弊案件数量稳步增长。在 2011 财年，FBI 共调查了 726 起美国公司舞弊案件（见图 1-2）。

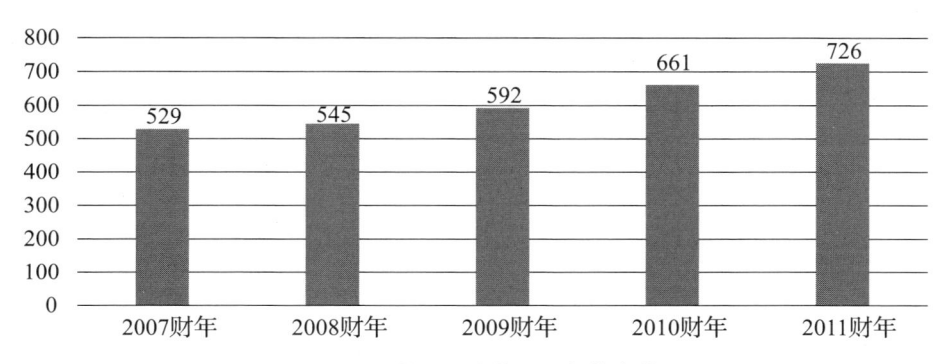

图 1-2　接受调查的公司舞弊案件

资料来源："Financial Crimes Report to the Public: Fiscal Years 2010-2011." (October 1, 2009-September 30, 2011). Federal Bureau of Investigation. www.fbi.gov.

会计舞弊的程度

尽管有关公司舞弊的程度存在一些争论，Dyck，Morse and Zingales (2013，p.4) 在《公司舞弊有多普遍？》一文中的研究认为，被发现的公司舞弊和虚假财务报表只是冰山一角，未被发现的仍有很多。

此外，会计相关诉讼呈上升趋势。根据基石研究的一篇论文，"2012年，涉及会计指控的证券集体诉讼和解的比例从 2011 年的不到 50% 增加到近 70%"（Wilczynski，2013）。

随着《多德-弗兰克举报人计划》的出现，越来越多公司舞弊行为暴露出来。据 SEC 称，2012 年，最常见的举报投诉"与公司披露和财务状况有关"。显然，尽管法规越来越严格，会计舞弊仍是一个严重且持久的问题。

穿透会计舞弊

世纪之交的会计舞弊

在千禧之交，安然（Enron）和世通（WorldCom）在业务和财务报告方面的失败导致国家关注虚假财务报告的危害以及财务报告系统的缺陷。

安然和世通

在一份指控安然高管欺诈的修正申诉（2003年5月1日）中，SEC执法部门副主任琳达·查特曼·汤姆森（Linda Chatman Thomsen）宣布：

安然大肆宣传的开创性宽带技术不过是一个概念，其商业模式并不具备可行性，这些被告在延续安然能够将"稻草"变成"黄金"的童话故事中发挥了重要作用。

在2001年10月中旬安然宣布破产的几周内，员工在其401（k）计划中损失了价值愈10亿美元的安然公司股票，随着股票价格从每股60美元跌至1美元以下，股东损失了数十亿美元。债务持有人损失超过39亿美元。2001年12月3日，约有4 000名员工在同一天接到离职通知。

不幸的是，安然的会计舞弊只是虚假财务报告中频频发生的其中一例。在20世纪90年代，会计舞弊的发生率不断上升，到了21世纪，会计舞弊似乎已达到大流行的程度。世通的破产在2002年接踵而至，令人惊讶的是，比安然更加严重①。

世通公司破产审查员理查德·桑伯格（Richard Thornburgh）在其《初步报告》（2002）中列出了世通公司的守门人名单。他发现世通的管理

---

① 然而，6年之后，2008年9月，雷曼兄弟（Lehman Brothers）成为美国历史上最大的破产案，华盛顿互惠银行（Washington Mutual）成为第二大破产案。世通公司跌至第三位，安然公司破产案则跌至第六位（Ovide，2011）。

6

人员和高级会计人员存在问题，内部控制系统出现故障，并且以下守门人的制衡也失灵：

- 董事会，包括一般监督失灵，以及审计委员会和薪酬与股票期权委员会的失灵；
- 内部审计部门；
- 外部审计师；
- 投资银行；
- 股票分析师。

在当时的财务报告环境中，有哪些把关制衡机制？为何这些制衡会失灵？是什么因素导致了如此广泛的会计舞弊指控？

股票期权

由于管理层对公司财务报表的编制负有最终责任，欺诈性财务报告行为的发生率急剧上升与管理层意欲提交业绩表现良好的财务报表的动机大幅增加有关。SEC 的 AAER 不断声称，是管理层精心策划了舞弊行为，以达到分析师的预期。在大多数情况下，高级管理人员的薪酬协议包括股票期权，如果达到分析师的盈利预期，该股票期权将提供可观的额外收益。

SEC 前主席阿瑟·莱维特（Arthur Levitt，2002）论及这场失败的"战役"时说道，他曾努力试图通过新的会计计量方法，他认为新计量方法将使授予股票期权作为高管薪酬的主要形式急剧降温。作为 SEC 主席，莱维特亲眼看见了巨额期权授予所产生的诱惑。莱维特认为，如果公司不得不将给予高管人员作为薪酬组成部分的股票期权的价值作为费用支出，那么利润表中报告的收益减少将抑制股东同意授予股票期权作为高管薪酬的意愿。

到 2001 年，高达 80% 的高层管理人员薪酬"以股票期权的形式出现"（Arthur Levitt，2002，p.111）。Byrne, Lavelle, Byrnes and Vickers（2002）发表于《商业周刊》的报道说，"在 2001 年，大型公司 CEO 的收入是普通工厂工人的 411 倍。"相比 20 世纪 70 年代，CEO 的收入仅是普通工人的20倍（Weissmann，2013）。在股票期权诱人的财富诱惑下，许多高管无法抗拒制作达到盈利预期的财务报表的诱惑。

外部审计师

在股票期权作为高管薪酬的一个组成部分迅速增长的同时，莱维特还与另一个令他担忧的增长趋势做斗争。外部审计师从进行"独立"审计的客户收取的咨询费不断增加。2002年初，《商业周刊》上的一篇文章证实，外部审计师的咨询费用呈螺旋式增长："显然，会计师越来越依赖于咨询……1993年，该行业31%的费用来自咨询。到1999年，这一比例跃升至51%。"仅仅由于审计费用而留住审计客户是否足以使一些审计师做出妥协，或者咨询费用的双重激励是否起决定作用，是一个存在争议的问题。SEC大量执法行动表明，太多的审计师要么接受了审计范围受限，例如不要求查阅整个总分类账，不对财务报表出具保留意见，要么明知故犯地接受虚假财务报表。显然，许多审计师无法承受来自管理层日益增加的压力，因为管理层可以从虚假财务报告中获得重大收益。《商业周刊》总结如下："咨询的重要性不断提高，导致审计师的职业怀疑下降。安达信（Andersen）在安然咨询业务上比在审计业务方面获得的收益更高，这是一种糟糕的情况。"（Nanette Byrnes et al.，2002）

除了谴责接受审计客户不断增加的咨询费用外，审计环境还面临其他严厉的批判。审计行业的自我监管受到了审查。自1977年以来，公共监督委员会（POB）一直负责监督审计的独立性和审计质量。但是，该委员会没有发传票的权力，也没有惩处不法行为者的真正权力，并且在会计舞弊的冲击下，美国注册会计师协会（AICPA）与公共监督委员会存在冲突，公共监督委员会于2002年5月不复存在[①]。AICPA也有一个同业复核系统，但"五大[②]公司都通过了审核"（Nanette Byrnes et al.，2002）。所以，

---

① 美国公众公司会计监督理事会（PCAOB）取代了POB，它是根据2002年SOX法案成立的。
② 2002年安达信垮台后，五大变成四大。

遗憾的是，监督部门缺乏保护其"领土"的武器。

此外，正如对安然破产案的审查表明，独立审计师会经常离开审计行业，加入他们所审计的公司成为员工。显然，会计师事务所的前雇员与外部审计师之间经常存在太多的友谊，外部审计师很难保持完全独立。

最后，会计师事务所通常每年都对同一家公司进行审计，与管理层建立友谊和亲密度，放松警惕。强制性的审计师轮换至少可以从两个方面防止审计师失去独立性：首先，强制轮换将使审计师无法建立过多的熟悉度；其次，知道明年会有一家新的会计师事务所来进行审计工作，这将为外部审计师抵制来自管理层的压力增加动力。

董事会

为解决另一公司治理问题，莱维特（Levitt，2002）关注于公司董事会的常任董事和缺席成员。莱维特在 *Take on the Street* 一书中讨论了许多缺乏独立性的董事，以及那些对公司活动漠不关心的董事。莱维特还观察到，"内部"董事大多是公司员工，"外部"董事数量过少。此外，他指出，很多所谓的"外部"董事显然缺乏独立性，因为他们是公司 CEO 的朋友或亲戚，与企业有关联关系，或者与公司发生业务交易，同时赚取可观的费用。所有这些情况都可能而且往往会影响董事在监督公司发展方向方面的自主权。莱维特（Levitt，2002）描述了董事会的一些职责：

> 其职责之一是以公正的立场和专业的知识储备为 CEO 和高层管理团队提供建议。董事会应定期召开会议，讨论企业的持续发展状况、当前的管理团队及其业绩表现、高层管理人员的薪酬以及公司的未来前景等问题。（pp. 207-208）

在 20 世纪 90 年代后期到进入新千年期间，世通公司董事会是典型代表，它因没有监督世通骇人的、莫名的增长而受到破产审查员的批评。此外，董事会薪酬委员会因对 CEO 伯纳德·埃伯斯（Bernard Ebbers）的"慷慨行为"而受到关注。世通公司董事会审计委员会因其对会计问题的松懈监管而受到审查。

投资银行

世通破产审查员也批评了世通的投资银行 Salomon Smith Barney（SSB）及其明星分析师杰克·格鲁伯曼（Jack Grubman）。桑伯格描述了 SSB 将 IPO 股票份额分配给世通 CEO 埃伯斯这一情况，随后揭示了这些股票分配给埃伯斯与世通将投资银行业务分配给 SSB 之间的相关性。格鲁伯曼为使 SSB 获得更多的投资银行业务面临提供有利报告的压力。这不是一个孤立的问题。莱维特（Levitt，2002）报告说："2002 年 4 月，司法部、证券交易委员会和州监管机构对华尔街主要公司的研究分析师可能存在的不当行为进行了调查"（p. 65）。该调查由一封传唤的电子邮件引发，似乎证实了许多传言：

> 华尔街分析师经常向投资者推荐与其公司有投资银行业务关系的公司股票。但私下里，分析师嘲笑这些公司……[一位美林（Merrill Lynch）分析师]在一封电子邮件中提到了他曾大肆推荐的一家公司为"垃圾公司"。（Levitt，2002，p. 65）

由于急于赶上 IPO、热门互联网浪潮和其他快速致富计划的潮流，许多投资银行和分析师丧失了独立性、公正性以及向客户提供合理客观投资建议的能力。分析师对公司研究结果的报告成了另一个不可依靠的守门职能。利润丰厚的投资银行业务的承诺可能只是公司股票升级的推动力，为了获得佣金，表明财务报表可能存在舞弊的信号也许早已被忽略了……

内部控制

即使前面讨论过的每个守门人都未能履行职责，是否就没有其他制衡机制，例如内部控制系统和内部审计部门，以防止虚假财务报表的生产和发布？安然和世通再次表明内部控制体系不健全、存在缺陷的问题屡见不鲜，同时也表明内部审计部门人员不足，这些部门的权力授权来源正是他们要审计的管理层。管理层对制定控制措施以确保所获取会计信息的完整性的责任尚未明确定义。外部审计师对内部控制系统的职责也没有明确规定。尽管世通内部审计部门的成员在最终揭露财务报告舞弊并将其报告给董事会方面发挥了作用,但破产审查员对公司的内部控制系统和内部审计人员不足均表示怀疑。内部审计部门最终向首席财务官斯科特·沙利文(Scott Sullivan)汇报也是个问题,他是世通公司会计舞弊背后的主要发起人。

在 21 世纪之初的财务报告环境中,如此之多的公司管理层被股票期权财富的诱惑蒙蔽了双眼,不计后果地推动系统中的每个人制作虚假财务报表。世通和安然的遭遇是财务报告环境严重缺陷的结果,该环境使所有守门人与数百家其他公司的受托人辜负他们的利益相关者。欺诈不限于任何特定行业或部门,也不限于几种虚假报告。可疑公司的范围从医疗公司到戏剧公司,从厨房电器制造商到电力企业集团。截至 2002 年 7 月 30 日的 5 年内,SEC 对"164 家主体和 705 名个人"进行了 515 项执法行动(SOX 报告,2002,p.1)。

为应对公司的泥潭问题和公众的强烈抗议,国会于 2002 年 7 月通过了《公众公司会计改革与投资者保护法案》,又称《萨班斯-奥克斯利法案》,简称 SOX 法案。

2002 年《萨班斯-奥克斯利法案》

SOX 法案的主要目标是"提高公司治理水平,加强财务信息披露,打击会计舞弊案件,并创建'公众公司会计监督理事会'(也称为 PCAOB),以监督审计活动"("法律……",2012)。PCAOB"终结了上市公司审计行业 100 多年的自我管制"(SOX 第 10 条,2012)。

这项由参议员保罗·萨班斯(Paul Sarbanes)(D-Md.)和国会议员迈

克尔·奥克斯利（Michael Oxley）（R-Ohio）发起的法案旨在恢复萨班斯所称的美国市场的"基本诚信"。最初，该法案的一些热心支持者将其视为一种魔药，可以解决困扰企业界的所有问题。尽管它的起草和通过非常迅速，但为了使 SOX 法案得以实施，在各个方面花费了数年时间、数百万美元以及随之而来无数的争论。

SOX 404 条款中成本高昂、内容复杂且含糊的内部控制要求引起了广泛争论，高昂的合规成本实际上阻碍了公司的发展。在自由市场经济中，公司薪酬（SOX 法案仅部分解决）仍然是另一个难以解决的问题。政策研究所（Institute for Policy Studies）于 2013 年发布的一份报告指出："首席执行官与美国普通工人之间的薪酬差距已从 1993 年的 195∶1 增加到 2012 年的 354∶1"（Anderson，Klinger and Pizzigati，2013）。

SOX 法案也有其古怪的一面，带来一些意想不到的后果。例如，SOX 法案第 301 节要求为匿名举报者建立热线电话。这给一些在欧洲设有子公司的美国公司造成困扰，因为欧洲很少有国家制定了保护举报人的法律。

尽管实施 SOX 法案时遇到了些许故障，但该改革是对危害资本市场基本稳定问题的合理应对。除 SEC 努力满足 SOX 法案的要求外，其他组织也着手治理公司环境并提高财务报表的透明度。[①] 例如：

- 财务会计准则委员会（FASB）颁布或更新了若干会计准则。
- PCAOB 制定了广泛的审查计划。
- 纽约证券交易所（NYSE）和证券交易商自动报价协会（纳斯达克证券交易所，NASDAQ）对其成员公司增加新要求。
- 司法部将公司舞弊列为优先事项，并加大了对公司舞弊和其他公司犯罪的处罚力度。
- 各地商学院均开设有关商业伦理和公司治理问题的课程。
- 将美国公认会计原则（GAAP）与国际财务报告准则（IFRS）相结合的项目得到启动。

根据 2002 年 SOX 法案，公司治理改革的一些主要领域包括：

[①] 本节的信息主要来自 Glassman（2005）。

- 内部控制要求（SOX 404 条款）；
- 企业管理层职责（SOX 302 条款）；
- 高管贷款；
- 外部审计师的独立性和监督；
- 审计委员会；
- 董事会的独立性；
- 分析师的独立性；
- 公司犯罪执法。

内部控制要求（SOX 404 条款）

尽管内部控制并不是新鲜事物，但 SOX 法案非常强调这一点，SOX 法案中最受争议的部分之一是 404 条款，理由是遵守该法案的成本高昂且耗费时间。404（a）条款"要求管理层对公司内部控制的有效性作出评价，第 404（b）条款则要求审计师对其有效性进行证明"（SOX 第 10 条，2012）。作为对争议的回应，404（b）条款做出了修正。2010 年的《多德-弗兰克法案》废除了对市值低于 7 500 万美元的上市公司 404（b）条款的部分要求，2012 年的《乔布斯法案》（JOBS 法案）批准在 IPO 后将"某些新兴成长公司"的内部控制要求豁免延期 5 年（Amato，2012）。前参议员萨班斯将 JOBS 法案的豁免称为"等待发生的丑闻"（Amato，2012）。

在 2012 年的声明中，美国注册会计师协会绝对支持 404（b）条款："AICPA 一直敦促对所有上市公司实施 404（b）条款。这改善了财务报告，提高了透明度，AICPA 认为上市公司中的所有投资者应享有同等的保护"（Melancon，2012）。

企业管理层职责（SOX 302 条款）

SOX 302 条款要求上市公司首席执行官和首席财务官负责对提交给 SEC 的每份年度报告、季度报告的特定方面进行保证。SOX 法案的执行摘要为首席执行官和首席财务官提供了指南，他们需要证明以下内容：
- 本报告不包含虚假陈述或重大遗漏。
- 财务报表在所有重大方面公允反映了财务状况和经营成果。
- 上述人员负责内部控制，以确保他们收到有关发行人和控股子公司的重要信息。
- 在报告发布前90天内，已对内部控制的有效性进行了审查。

其他SOX规定

除404条款和302条款外，SOX法案还制定了涵盖各种其他问题的法规。其中包括如下内容：

- 向高管的贷款：在SOX法案之前，最离谱的是通过"两步法"贷款对公司进行掠夺。首先，董事会授权向公司高管提供巨额贷款；其次，董事会批准"豁免"贷款。在世通的案例中，发放贷款的过程尤其猖獗。例如，2001年，世通薪酬委员会批准了向埃伯斯提供1.5亿美元的贷款。现在，SOX法案规定禁止公司向高管和董事提供贷款。

- 外部审计师的独立性和监督：2002年的SOX法案设立了PCAOB以监督上市公司的审计工作。该法案要求会计师事务所向PCAOB注册，并要求理事会根据需要制定或修改审计、报告、职业道德和质量控制等准则。它赋予PCAOB纪律处分权，要求PCAOB检查和调查会计师事务所并强制遵守既定准则。

纽约证券交易所和纳斯达克证券交易所同样加强了公司治理和备案要求。

SOX法案还禁止会计师事务所为其所审计的公司提供特定的非审计服务。如果公司的高级管理人员曾受雇于该公司的审计机构并参与过该公司的审计工作，则在一年内禁止该审计机构对该公司进行审计。（值得注意的是，安然因雇佣曾从事安然审计工作的前安达信员工而臭名昭著。）SOX法案要求审计师轮换，禁止合伙人连续5年以上担任同一公司的审计师。

第一章 会计舞弊

为减少审计师在管理层压力下采取操纵性会计处理的可能性，SOX 法案要求向董事会审计委员会报告以下内容以供其审核：

- 使用的重要会计政策和估计，包括方法、假设和判断。
- 与管理层讨论过的其他会计处理方法及可能的效果。（该规定可以防止安然曾出现的情况：安达信的技术监督合伙人卡尔·巴斯（Carl Bass）反对安然的某些会计处理，应安然的要求将其排除在审计人员之外。）
- 审计委员会：审计委员会要求至少由三名独立董事组成。此外，SEC 要求至少有一名财务专家在审计委员会中任职，或披露该委员会中没有财务专家的原因。
- 董事会的独立性：SOX 法案对董事会制定了一些要求，以提高其守门员职责并确保公司董事会中大多数董事的独立性。
- 分析师的独立性：本书中讨论的几起会计丑闻涉及投行分析师，他们公开给予某些公司股票"买入"评级，但留下的电子邮件痕迹表明他们自己认为这些公司实际上是垃圾公司。为解决上述问题，SOX 法案添加规定，要求分析师独立于投资银行雇主。
- 公司犯罪执法：更普遍的是，SOX 法案除了对虚假财务报表进行查处外，还加大了对公司犯罪的处罚力度。

自实施 SOX 法案以来已有十多年，尽管财务报告环境发生了翻天覆地的变化（许多人认为 SOX 法案促成了一些积极的变化），但有些人则认为 SOX 法案可能在根治美国商业环境的努力上走得太远。会计舞弊一直存在，甚至猖獗。在 2012 年 9 月讨论美国百利金融集团倒闭的文章中，德鲁格和奥宾评论道："当美国百利金融集团本月初倒闭时，一个棘手的问题浮出水面。就像雷曼兄弟破产、近期的伯纳德·麦道夫倒台等其他案件一样，许多人在疑惑：会计师到底发挥了什么作用？"

尽管有人说 SOX 法案的改革还不足以改变财务报告的环境，但其他人则认为 SOX 法案加强了审计的地位，使会计行业更好担负财务标准的守护者，抵制了类似安然规模的灾难重演。（Drawbaugh and Aubin, 2012）

然而，事实上，在 2002 年 SOX 法案签署生效后，企业界松了一口气，重新营业。此时，几乎无人思考华尔街正在酝酿什么。

会计舞弊与 2008 年金融危机

具有讽刺意味的是，在 1999 年，即 SOX 法案签署生效的两年半之前，《格拉斯-斯蒂格尔法案》（Glass-Steagall Act）被废除，《金融服务现代化法案》（Financial Services Modernization Act）的发布解除了对美国银行业的管制。许多人认为这一放松管制是 2008 年金融危机的根源。

SEC 前主席玛丽·夏皮罗（Schapiro，2010）对 2008 年的夏天描述如下：

> 那年 7 月，在次贷危机愈演愈烈的背景下，联邦政府接管了当时美国历史上第二大倒闭的银行。尽管失业率仅为 5.5%，但油价飙升至每桶 147 美元，屡创新高，道琼斯指数暴跌，同比下降 20%，并大幅走低。
>
> 每个人都知道局势不稳定，但似乎无人理解已经发生的地震性变化。美林仍然是独立的，美国国际集团（AIG）仍然是有偿付能力的，雷曼兄弟仍在交易。
>
> 但是，我们只看到冰山一角。在接下来的几个月中，初级货币储备市场基金打破常规。Wachovia 和 WaMu 的银行业务被出售。SEC 发布一系列紧急命令，禁止卖空金融机构的证券。金融部门迎来美国历史上最大的破产和救助计划。

随着房地产市场的暴跌和房价的暴跌，无数拥有抵押贷款的房主开始失去住房，并导致了多米诺骨牌效应。到 2008 年底，数百万美国人失业，数十亿美元的抵押贷款和与抵押贷款相关的证券损失，雷曼兄弟倒闭了，美国国际集团不得不由联邦政府纾困。SEC 随后"针对高盛（Goldman

Sachs)、花旗集团（Citigroup）、摩根大通（J. P. Morgan）以及美国国家金融服务公司（Countrywide）、房利美（Fannie Mae）和房地美（Freddie Mac）等的近百人高管和实体提起诉讼"（Schapiro，2012）。

由美国金融和经济危机原因国家委员会（the National Commission on the Causes of the Financial and Economic Crisis in the United States）发布的《金融危机调查报告》（2011）得出以下结论：

- 这场金融危机是可以避免的。
- 金融监督和管理方面的普遍失败破坏了国家金融市场的稳定性。
- 许多重要的金融机构在公司治理和风险管理方面的严重失败是造成此次危机的关键原因。
- 过度借贷、高风险投资和缺乏透明度综合作用导致金融体系陷入危机。
- 政府对危机的准备不足，其不一致的反应加剧了金融市场的不确定性和恐慌性。
- 责任和道德存在系统性崩溃。
- 崩塌的抵押贷款标准和抵押贷款证券化通道被点燃并蔓延了危机的火焰。
- 场外衍生产品为这场危机做出了重要贡献。
- 信用评级机构的失败是造成金融破坏的关键因素。

上述发现中有许多熟悉的主题，因为21世纪初企业倒闭中发现的许多特征也是2008年金融危机的特征，例如：

- 现行法规和监管机构失灵。
- 公司治理和风险管理失败。
- 缺乏透明度。
- 政府反应不一致。
- 责任和道德标准的崩溃。

缺乏透明度，尤其是与著名贷款机构的财务报表相关的透明度，无疑加快了破坏经济的过程。《金融危机调查报告》（2011）解释说：

主要金融机构资产负债表缺乏透明度，再加上本被认为"大而不倒"的机构之间的相互联系，引发恐慌情绪升温，导致信贷市场失灵、交易跌停、股市暴跌，经济陷入严重的衰退。

对于财务报表缺乏透明性的普遍关注当然不是毫无根据的。无论是出于舞弊意图还是出于天真的信念认为房价可能会永远上涨，抵押贷款损失准备金都存在大量低估。贷款损失的低估与对贷款和抵押支持证券的投资夸大相关联，也导致低估了与回购贷款以及因抵押贷款借款人违约相关的负债。为了应对2008年金融危机所暴露的猖獗的舞弊行为，2009年11月，奥巴马总统成立了金融欺诈执法任务工作组。（该工作组取代了2002年为响应SOX法案而成立的公司舞弊工作组。）

正如对早期危机的应对措施是加强管制（如SOX法案）一样，2008年的危机也导致了更多监管，例如2010年《多德-弗兰克法案》的出台。

2010年《多德-弗兰克法案》

《多德-弗兰克法案》（Dodd-Frank Wall Street Reform and Consumer Protection Act of 2010）的主要目标是"在多个领域重塑美国监管体系，包括但不限于消费者保护、贸易限制、信用评级、金融产品监管、公司治理信息披露以及信息透明度"（"法律……"，2012）。

多德-弗兰克（Dodd-Frank）设立了金融稳定监督委员会（Financial Stability Oversight Council，FSOC）和消费者金融保护局（Consumer Financial Protection Bureau，CFPB）。FSOC的任务是发现有可能引发另一场金融危机的机构，而CFPB的主要任务是保护消费者。《多德-弗兰克法案》还修订并增加了SEC的职责和权力。

SEC前主席夏皮罗（Schapiro，2012）总结了SEC对多德-弗兰克的回应，要点如下：

第一章 会计舞弊

- 在公司治理领域，我们已敲定有关股东批准高管薪酬和"黄金降落伞"安排的规定。
- 在投资管理部的领导下，我们采用了新规则，已经有大约1 200名对冲基金和其他私人基金顾问在SEC注册。他们同意遵守SEC规则并提供关键的系统性风险信息，可以使监管机构更好地了解其做法。
- 我们已经建立了举报人计划，该计划为该机构提供了数百个更高质量的提示，帮助我们避免调查死角，同时敦促公司加强其内部合规计划。

在另一个领域，为应对抵押贷款导致的证券市场崩溃，SEC提出了一些规则，该规则将通过以下方式保护投资者：

- 大幅提高投资者对各类资产支持证券的基础资产的可见性。
- 要求证券人员与银行业同仁一起保持竞争优势，从而激励他们对发起人的承销做法进行双重检查。
- 改变评级机构的做法，这些评级机构对数十亿美元的抵押贷款支持证券的错误评级火上浇油。

在《多德-弗兰克法案》带来的所有变化中，举报人计划引起了媒体的广泛关注，因为举报人不仅受到了比SOX法案更多的保护，而且可以从SEC获得金钱奖励。SEC会非常认真地追查举报人的举报信息。

《多德-弗兰克法案》对SOX法案中的举报人条款进行了几处更改，以"阐明和改进OSHA[①]处理SOX法案举报人索赔的程序"（"处理程序……"，2011）。这些更改似乎是有效的。2013年10月，SEC向举报人发放了超过1 400万美元的奖励：

> 一位不愿透露姓名的举报人提供了原始信息和协助，使SEC能够以比其他方式更快的速度调查执法问题。收到举报人的举报不到6个月，SEC就能够对肇事者采取执法行动，并保护投资者的基金。（"SEC奖励……"，2013）。

此外，为响应《多德-弗兰克法案》第7章的要求，SEC与商品期货交

---

① OSHA是美国劳工部的职业安全和健康管理部门。

易委员会（CFTC）合作，制定旨在通过以下方式稳定和加强金融体系的法规：

- 增加掉期的集中清算，确保资本和保证金要求反映这些产品的真实风险。
- 通过揭示不透明的风险敞口并协助开发更强有力的价格发现机制，提高监管机构和公众的透明度。
- 通过加大掉期交易的披露，减少利益冲突，并提高我们监管这些市场的能力，增强对投资者的保护。（Schapiro，2012）

《多德-弗兰克法案》关于财务报告方面的重要变化如下①：

- 小型上市公司将不受 2002 年 SOX 法案 404（b）条款的约束。
- 非公共经纪交易商的审计师将受到 PCAOB 的监督。
- 资产支持证券化的做法发生变化。
- 对信用评级机构的监管更为严格。
- 高管薪酬和公司治理实践发生变化。
- 减少大型金融公司资产负债表上的风险投资以及其他要求。这被称为"沃尔克规则"（Sarno，Mueller and Burns，2010）。

围绕《多德-弗兰克法案》的争论仍在继续，有人指责该法案不足以阻止未来的危机，一些人认为无须设想得太过遥远。尽管监管在商业世界中占有一席之地，但对规则和法律的重要性一无所知始终是存在问题的，因为总会有一些人会寻求法律条文的漏洞，而不是在实质上遵守法律的精神。正如《金融危机调查报告》（2011）所述：

> 不幸的是……我们目睹了责任和道德标准的侵蚀，这加剧了金融危机。尽管这并非普遍现象，但这些漏洞从小范围扩展到许多企业。它们不仅造成影响重大的财务后果，而且挫伤了投资者、企业和社会公众的信任……

为有效打击会计舞弊，编制和使用财务报表的人员必须了解健康、功

---

① 更多细节，请参考 Sarno，Mueller and Burns（2010），他们提供了一个很好的概述。

能正常的商业环境所需的道德基础，以及投资者获取和信任"高质量"的财务信息的必要性。本书的第二章"伦理道德"探讨了主要的道德框架以及它们如何应用于商业世界。

至关重要的是，财务报表的使用者要学会识别公司用来操纵财务报表的主要方法及其关键信号。

操纵财务报告最常见的 20 种方法

关于财务报告强制执法行动发生率的第一个系统性的研究是 2002 年 SOX 704 条款规定所依据的研究报告。在该报告中，SEC 审查了 1997 年 7 月 31 日至 2002 年 7 月 30 日期间的执法行动。该报告发现在过去 5 年中共进行了 227 项执法调查，采取了 "515 项违反财务报告和披露的执法行动"（p.1）。该报告根据其对收入的影响（即多报收入和少报费用）对虚构方法进行了分类。这种虚假财务报告方法的分类为研究公司操纵财务报表的方法提供了特别有用的教学方法。表 1-1 基于 SOX 法案（2002）的分类类别，提供了导致 SEC 采取执法行动的最常见的虚假财务报告方法。表 1-1 对 SOX 报告中的每种虚增收入方法的术语进行了调整，以说明相应资产的夸大或债务的少报。

表 1-1 虚假财务报告最常见的 20 种方法[*]

财务报告操纵方法	案例公司[**]
以下方法涉及不当的收入确认和应收账款多报：	
1. 以收入确认时机不当为目的的暂记销售、委托销售和或有销售	Sunbeam
2. 以收入确认时间不当为目的报告期结束才真正确认的账簿	Sensormatic
3. 多要素合同或捆绑合同，用于收入确认时间不当	Xerox
4. 虚构收入	CUC/Cendant

续表

财务报告操纵方法	案例公司**
5. 收入估值不当	Insignia
以下方案涉及不当的费用确认和相应的资产多计或负债少计：	
6. 将不恰当的费用或损失资本化为资产	WorldCom
7. 费用或损失的不当延期和资产的多计	Livent
8. 未记录费用或损失，少计负债	Livent
9. 多计期末存货价值以少计销货成本	Rite aid
10. 少计坏账准备、多计应收账款	Allegheny
11. 贷款披露不完整或低估贷款以及抵押贷款损失准备金，高估投资和/或抵押贷款支持证券的贷款	Countrywide
12. 未记录资产减值	Lockheed
13. 重组及其他负债准备金使用不当。高估的准备金将在未来期间释放，以减少未来期间的费用	Sunbeam
以下方法涉及与企业合并有关的不当会计处理：	
14. 并购储备使用不当。高估储备是为了利用其后期释放来夸大未来期间的收益	WorldCom
15. 资产估值不当	WorldCom
其他方法：	
16. 不当使用资产负债表表外安排。特殊目的实体（SPE）被用来人为地交易以高估收益和低估债务	Enron
17. 管理层讨论和分析（MD&A）披露不充分，非财务指标披露不当	Edison Adelphia
18. 未披露关联方交易	Adelphia
19. 违反《反海外腐败法》（FCPA），对外国付款进行不当会计处理	Bellsouth
20. 往返交易核算不当	Krispy Kreme

* 表1-1于2013年更新。该表最初改编自SEC的《根据2002年〈萨班斯-奥克斯利法案〉704条款的报告》，并于2006年由作者发表于《商业童话》。

** 除了Lockheed之外，所有的案例公司都是SEC执法行动的对象。

对财务报告违规行为进行分类的方法与对财务报告执法行动的研究方法一样多。一些研究根据虚假报告方法如何操纵收益（收入或支出）对其进行分类，另一些研究则根据对虚假资产或负债的相应影响对虚构方法进行了分类。我们知道，资产虚增是与相应的收入夸大或支出低估相关联的，无论采用哪种分类方式，表1-1中描述的最常见的虚假财务报告方法都是成立的。

然而，自2008年金融危机以来，SEC在抵押贷款披露、少报贷款损失准备金以及相应的多报贷款投资和抵押贷款证券投资方面的执法行动有所增加。表1-1中将这种操纵财务报表的方法作为一个单独的类别。

本书的第三章至第九章讲述了现实公司的案例，以这些案例说明虚假财务报告最常见的20种方法、识别财务报表中所留下的信号，提醒报告使用者注意报告收入、资产和负债可能会受到这些方法的影响。

最后，本书结尾的附录概述了表示财务报表中可能存在虚假报告的最常见的25个信号。

Detecting Accounting Fraud

第二章
伦理道德

可估价的东西未必真正有价值，而有价值的东西却不一定可估价。

——阿尔伯特·爱因斯坦

根据《波士顿商业杂志》最近的一篇文章，"注册会计师很迷人"（Pratt，2013），法务会计师也是如此（Blake，2012）。会计师重新获得吸引力的原因之一在于，随着2002年《萨班斯-奥克斯利法案》和2010年《多德-弗兰克法案》的出台，对于会计师的需求日益增加。《多德-弗兰克法案》的主要目标之一是"通过改善金融体系的问责制和透明度来促进美国的金融稳定"（Dodd-Frank，2010）。道德（ethics）一词在《多德-弗兰克法案》中被提及20次，强调了该法案创建的原因在于——商业道德缺失：越来越多的内幕交易、金融不良行为和公司不良治理等案例证明了这一点（Peluso，2012）。但是，如果仅仅关注外部规则、监管和法律而对道德和道德的本质没有任何实质的理解，这将是无效的。

美国注册会计师协会和英国特许管理会计师协会的联合研究报告表明："全球4/5的企业都承诺遵守道德规范，但言辞并不总是与现实相符……报告发现，'来自高层的基调'的衰弱，金融专业人员（尤其是新兴经济体的金融专业人士）面临更大的压力被要求采取不道德的行动。"（CGMA报告，2012）。弗拉纳根和克拉克指出："职业会计师的决策不仅要依赖于一套外部法规、准则和范例，还必须反映社会的期望，而这些决策必须从每个从业人员的内部化决策过程中得出。"（Flanagan and Clarke，2007，p.496）为促进有意义的、带有原则性的决策应用，会计师应当了解道德伦理的基本方法。道德操守对于建立所谓的"职业道德氛围"也同样重要（Buchan，2009）。

伦理学理论

伦理学有三个主要分支：元伦理学（metaethics）、规范伦理学（normative ethics）和应用伦理学（applied ethics）。元伦理学解决伦理框架的基本问题和前提条件。它思考了一些长期存在的问题，比如什么是好人的"好"、坏人的"坏"？虽然重要，但这一分支超出了我们的讨论范围。

因为是（rightness）与非（wrongness）和善（goodness）与恶（badness）是不同的范畴，伦理学的一个独立分支，规范伦理学，解决了是非行为问题。规范伦理学就如何辨别正确的行为提供指导和规范意见。本章涉及识别最常见的规范伦理类型。

应用伦理学研究规范体系如何在实际情况中或某些特定领域发挥作用。商业伦理（business ethics）是应用伦理学的一种类型，本文通篇论述商业伦理——特别是与会计职业相关的商业伦理的必要性、局限性和边界性。

三大规范伦理理论

我们根据道德中最珍贵的东西，识别出三大道德规范理论或者说思想流派，即结果主义（consequentialism）、道义论（deontological theory）和美德伦理学（virtue ethics）。

对于结果主义者来说，道德最重要的方面是选择正确的行为，而这种选择是通过考察该行为的后果来确定的。另一方面，对于道义论者而言，道德最重要的方面是做正确的事，因为这是正确的，或者正如道义学家常说的那样："为职责而做事。"在这种观点下，如果保持诚实是正确的，那么无论后果如何，避免撒谎和说出绝对真相总是正确的。无论在什么情况下，诚实都是道德上的当务之急。从第三人角度来看，美德伦理学家认为，道德最重要的方面是拥有正确的性格或特质，或通常所称的"性情"。简而言之，根据美德伦理学家的观点，拥有一套正确的美德是道德的核心，因为做一件正确的事情，是一个有道德的人会采取的行动。换言之，一个行为的完整性源于实施这种行为的品格，这种品格又体现了美德的特质。

决定是否揭露不道德或非法行为的潜在举报人可以使用以下三种方法之一。如果他是结果主义者，他将根据对利益相关者的后果和影响来确定正确的行动，例如对未来职业的影响以及对雇员、股东、董事会、经理和消费者的影响。如果他是道义论者，他将按照他认为最重要的职责行事。如果他认为讲真话是一种责任，那么他将揭露欺诈行为，因为他有责任做到直截了当。最后，如果他遵循美德伦理，他将用品格和美德引导自己。他可能会认为，勇气的美德要求他即使在不利的情况下也要说出真相，智慧的美德要求他以机敏和有效的方式说出真相。

现在让我们更仔细地研究这三个理论，然后讨论它们如何应用于商业伦理。

结果主义　虽然结果主义一词指的是研究道德的所有方法，这些方法根据行为或行动产生的后果来评估该行为或行动，但需要区分不同形式的结果主义。一些思想流派侧重于根据收益对成本的比例来采取行动，另一些思想流派则根据对国家的收益（民族主义）或仅对自身的收益（利己主义）来评价行为。

结果主义的主要形式被认为是功利主义（utilitarianism）。功利主义由杰里米·边沁（Jeremy Bentham，1748—1832）构想，认为在道德上正确的行动是实现利益（the good）最大化的行动。边沁认为只有一种善（the good）（即快乐）和一种恶（bad）（即痛苦）。边沁的门徒约翰·穆勒（John Stuart Mill，1806—1873），将幸福定义为快乐的存在和痛苦的消失，并认为行动效用在于最大化幸福。穆勒认为，正确的行动与他们所提倡的幸福成正比，道德上最好的行动就是使幸福最大化的行动——即具有效用。穆勒是领先的功利主义学者，他明确指出，在执行正确的行动时要获得最大

第二章 伦理道德

的净乐趣,是指所有会受到该行为影响的人的快乐,而不仅仅是一个人的快乐。这种类型的功利主义被称为享乐主义(hedonism),由"为大多数人带来最大的幸福"这句话概括(Sinnott-Armstrong,2012)。享乐主义利用快乐/痛苦来判断一个动作的后果。正确的行为与产生最大程度的愉悦的行为相一致。

随着结果主义哲学多年来的发展,不同的哲学家对善或应该最大化的东西都有不同的定义,但统一的思路是,所有的结果主义论都是根据行动在所有受行为影响的人中所产生的净善的总和来判断。对于严格的功利主义者而言,决定行动是否正确的是全体各方的幸福总和,而不论此种快乐、效用、利益是如何在相关各方之间分配的。

结果主义一词通常指所有功利主义方法,无论是指穆勒要最大化的善的严格定义还是指更灵活的定义。Stephen Cohen(2004)简单描述了现代结果主义的本质:"在道德上具有重要意义的是效果或后果,而不是意图、规则或承诺。"在各种形式的道德分析中,功利主义可能是最普遍的,许多人认为这是判断什么是正确的行为、什么是错误的行为最直观的方法。哲学家彼得·辛格(Peter Singer)是功利主义的重要拥护者。辛格解释说,功利主义"不仅能增加享乐和减轻痛苦,而且能进一步促进受影响者的利益"(1993,p.14)。

然而,结果主义论者很容易得出这样的论点,即人们无法预测一个人的行为所带来的永久性的所有后果。此外,即使我们可以预测所有后果,结果主义论也受到批评,理由是不同的善不是同质的,没有共同的分母可以用来衡量和汇总行动的利益或危害,以决定采取哪些行动或避免哪些行动。因此,功利主义可能过于宽松或过于严格。例如,功利主义的框架理论上可以以保护多数人的名义允许对边缘群体实施暴力。另一方面,同样的框架也可能对花4美元买极品咖啡的人提出批评,因为如果把这4美元用于贫困国家的儿童,就可以挽救生命。关于享乐主义,维多利亚时代的著名哲学家亨利·西季威克(Henry Sidgwick)指出,当一个人的目标是享乐时,快乐是难以捉摸的。这被称为享乐主义者的悖论(hedonist's paradox），对于那些试图获得乐趣或将其作为道德目标进行争论的人来说，这是一个持续的障碍。

道义论 道义论源自希腊文的 deon，意思是"责任"。道义论者不会着眼于未来或行动的影响，以判断一个行动是对还是错。道义学家之所以选择道德行为，并不是因为其后果，而是因为这是正确的做法。正确的行为符合道德法则，根据康德的观点，这些行为是普遍可辨别的，并通过我们的推理能力得到普遍适用。

从本质上讲，道义学家断言一个人必须做正确的事，因为这是责任。伊曼努尔·康德（Immanuel Kant）（1724—1804）是著名的道义学家，根据康德的观点，如果你执行某项操作——例如，你主要是由于讲真话的积极后果而讲真话，那么这个行为与出于你始终说真话的责任而说出真相并不具有相同的道德价值。如果一项行动是因为事情本身是正确的，而不是因为其后果才执行，这样才是道德的。

康德更进一步指出，如果你认为讲真话是一种责任，那么我们必须始终出于这个原因本身说出真相。此外，即使说真话会造成负面后果，也必须说真话。该命题的一个常见假设示例是你知道某个躲避凶手的躲藏者的所处位置。根据康德的道义论伦理观，如果那个凶手问你是否知道躲藏者的下落，你有义务不撒谎。康德的观点认为，如果认为讲真话是一种责任，那么这是一项不容置疑的责任，不管结果如何，说谎都是错误的。

康德的标准检验是，一个人应该像道德法则一样行事，法则可以为每个人约定而不会导致矛盾。康德的绝对命令（categorical imperative）概念包含了具有约束力的道德义务，必须具有普遍性、合理性和公正性。约翰·菲尼斯（John Finnis）阐述了康德关于绝对命令的三种表述：

1. 只有按照这条格言行事，你才能同时将它变成一条大家都遵循的法则。

2. 采取行动时应当做到如下要求，使你无论是对自己还是第三人，都将人性视为目的，而不是仅仅作为手段。

3. 按照相协调的格言行事（即通过普通法将不同的理性人系统地结合

在一起）……（Finnis，1983，p. 121）

对于康德来说，道德法则也不例外。我们都有义务，没有例外。此外，对于康德来说，为了使我们的行为具有道德价值，我们必须有正确的动机，因为这是我们的义务，我们要履行自己的职责。尽管没有列出任何规定性的义务，但康德和他的追随者们提出一些较为常见的义务包括发展个人才能的职责、避免不诚实承诺的职责以及尊重他人自由的职责。

道义论经常受到两个方面的批评。首先，康德道义论的普遍动力使其无法适应特定的情况或不同的世界观，这已成为现代伦理学日益关注的问题。此外，对于那些将动机视为道德决策关键因素的人来说，似乎缺乏基于责任的道德。例如，有些人可能质疑配偶忠诚，这种忠诚根植于一种普遍的责任感，而不是忠于其配偶的真实爱情。

美德伦理学 正如本书指出，三大规范伦理理论可以通过对"道德最重要的方面是什么"的回答来区分，史蒂夫·科恩（Steve Cohen）认为，功利主义者和道义论者都把目光放在个人之外（即决策者之外）以确定答案。功利主义者或结果主义者关注行动的后果以确立行动的道德性，而道义论者则坚持认为，道德始终是由自己的职责决定的。通过对外部世界的考察可以确定该职责是什么。

根据道德行为的美德理论，道德最重要的方面在于个人内部产生。根据这种美德伦理学，拥有正确的品格是道德最重要的方面。在这里，与功利主义或道义论不同，道德最重要的方面是拥有美好的性格或美德。换言之，具有道德品格是选择正确的行动的基础，因为一个基本正直的人可以被信任去做正确的事情。科恩（Cohen，2004，pp. 49-50）将这种方法描述如下：

> 美德伦理学的观点可能会使这一过程更加"由内而外"发散。道德行为应该是一个人的品格的结果，并源于此。这并不是说道德行为只是自动的或自发的。这可能涉及对困难的深思和考虑……因此，培养有道德的人在很大程度上取决于培养正确的品格。

亚里士多德（Aristotle）是最著名的美德伦理倡导者。他将美德视为与中庸之道（golden mean）相符的性格或特质。对他而言，极端的行为或品味是恶习，而节制（中庸）是主要的美德。例如，在交谈中，喋喋不休或完全沉默都是一种恶习，适当的讨论将是一种美德。对于亚里士多德来说，中庸之道的最终目标是个人和社会的福祉，他提供了一份详尽无遗的美德或性格特征列表，其中包括诚实、勇气、节制、友谊和美德。亚里士多德认为，实践智慧的知识美德是所有其他美德的前提。

其他伦理学家也提出了一些不同的特征，作为成为美德的条件。菲利帕·福特（Phillipa Foot）强调"四大美德：勇气、节制、智慧和正义"（Kellenberger，1995，p. 200）。此外，福特指出，在一种情况下的美德在另一种情况下可能不是美德。例如，勇敢地进行暴力行为就不被视为是一种美德。对于美德伦理，驱动问题是"我应该成为什么样的人？"这一问题的答案与人类终极目标的概念以及人类繁荣的定义有着千丝万缕的联系。

为了确定美德的本质，阿拉斯代尔·麦金泰尔（Alasdair MacIntyre）从五种不同的观点寻求历代美德的本质。第一，他指出，在荷马时代，身体的力量和强健的体魄被视为重要美德，因为它们使人能够履行自己的社会角色。第二，按照亚里士多德的观点，"人类的终极目标……决定了人类品质是美德"，节制和实践智慧等特质被认为是美德。第三，麦金泰尔注意到《新约》（*New Testament*）中信仰、希望、博爱和谦卑的美德，这些美德也关注人类的福祉，但这里的福祉（good）包括属灵或神秘的美好。第四，麦金泰尔提出了一种"简·奥斯丁"美德观，它包含了前面讨论的三种方法的要素，并将"对人的真情"作为一种美德。第五，麦金泰尔描述了本杰明·富兰克林的功利主义和实用性美德观，认为勤奋和早日崛起是美德（Kellenberger，1995，p. 196）。

麦金泰尔（MacIntyre，2007）发现，这些不同的（有时看似矛盾的）美德观之间存在连贯性，每当一种行为被执行，诸如下棋（或审计）这样的事项，我们可以从外部利益或内部利益考虑。对于麦金泰尔而言，以一种从该行为中固有的受益方式进行思考是一种优点，因为人们获得了一种固有的利益，而这种利益只有通过正确的行为才能获得。为阐述这一点，他以下棋为例。假设你喜欢下棋的游戏，现在你想下棋，但是身边没有棋手，只有一个不懂下棋的孩子。如果你要求孩子学习下棋，他可能会拒绝。如果你提供糖果以鼓励他学习下棋，他可能同意接受教导。然后，如果你给孩子提供糖果来一起下棋，并给他一些额外的糖果作为获胜奖品，则他可能会倾向于在游戏中投入更多的精力和注意力。现在，如果孩子在玩游戏时离开房间，那么，非常喜欢这款游戏的你并不会倾向于作弊和移动棋子。但是，如果你离开房间，几乎可以肯定，渴望得到糖果的孩子会作弊以赢得奖品。麦金泰尔指出，孩子玩游戏是为了获得奖品的外在利益，你则是为了内在利益而玩游戏，是为了尽可能熟练地玩游戏。对麦金泰尔而言，美德可以从内在利益驱动中找到。

虽然美德伦理学能够解决不顾及伦理道德主体的功利主义和道义论的弊端，但它的含糊措辞容易受到争议。评论家思考一个人如何定义美德。近代哲学家对亚里士多德的人类品性的理解持怀疑态度，其他人则担心为某个特定群体推崇美德可能导致道德相对主义。这种观点认为，道德不具有普遍的吸引力，也不受任何真理主张的束缚；正确的行动和利益完全取决于情境、参与者、文化、群体或时间段。再者，当在某些情况下美德相抵触时，人们该怎么办？

在解决如何教导和培养美德的问题时，美德伦理学经常用叙事来说明一个有道德的人是如何行事的。

尽管美德伦理学模型存在一些困难，但将美德伦理学应用到商业领域，尤其是会计领域的意义是深远的。哲学家乔尔·席克尔（Joel Schickel，2009）阐述说："会计实践要求以具有良好的道德品格为基石，会计职业道德要求以从业人员已经具有某种道德美德为前提。"

商业实践中的道德决策模型

在考虑了三大伦理学理论的方法之后，我们现在研究这些伦理学理论如何应用于决策，并提出如下问题："我们如何决定什么是正确的行动？"在回答这个问题时，约翰·弗莱明（John Fleming）提出了鲍伊和贝拉斯克斯开发的八步决策模型：

1. 事实是什么？
2. 道德问题是什么？
3. 有哪些选择？
4. 谁是利益相关者？
5. 对替代方案的伦理评价是什么？
6. 制约因素是什么？
- 无知还是不确定？
- 能力要求？
7. 应该做出什么决定？
8. 该决定应如何执行？（刊于 Pincus，2002，p.28）

在这个决策模型下，弗莱明描述了第5步的四种方法（即对替代方案的伦理评价）：

- 结果主义/功利主义模型；
- 权利法；
- 义务法；
- 公正法。

权利法通常与义务法结合使用，因此我们将研究三种不同的方法来评估替代行为的伦理。

决策模型的结果主义/功利主义法

如前所述，结果主义的伦理道德理论是一种特别实用的道德决策方法，因为它强调道德最重要的方面是采取正确的行为，并指出正确的行为是在考虑到所有受影响方的情况下产生最佳后果的行为。因此，在这种决策模型方法下，当你在业务环境中面临道德困境时，确定决策中所有的利益相关者是至关重要的。也就是说，你应该考虑可能受该决定影响的每个人。此外，现代结果主义者认为必须考虑所有利益相关者的所有利弊之和。

在商业实践中使用结果主义/功利主义法　我们考虑如下情景：比如一位审计师屈服于客户的压力，因为客户希望推高公司的股价，要求对已知存在错误的财务报表出具标准无保留的审计意见。使用这种方法时，审计师应首先考虑所有可能受到该决定影响的人：

● 投资者如果根据虚假财务报表中的错误信息进行股票交易，可能会蒙受损失。

● 被审计公司的所有员工都是利益相关者。公司的许多内部经营决策都基于财务报表的会计数据做出。如果该信息有误，很可能会做出次优的经营决策，给公司造成毁灭性后果，例如利润和奖金的减少甚至公司的破产，从而导致员工失业。

● 员工可能选择为投资于公司股票的退休计划供款，但是如果他们被提供了正确的财务报表，他们可能会决定选择不同的计划。

● 如果拥有正确的财务报表，潜在员工可能会选择其他公司的工作。

● 银行和其他贷款人可能基于错误的信息做出错误的决定，这可能会造成严重的后果。

● 审计师可能因涉嫌舞弊出具虚假审计意见而面临被起诉或其他法律诉讼的风险。

● 如果审计师被刑事起诉，审计师的家人可能会遭受公开羞辱。

● 审计师的业务合作伙伴和员工也是利益相关者，而且他们的声誉可能受到影响，整个审计公司也会因为审计失败而受到公众监督。公司本身可能会被要求赔偿金钱损失。

● 股票市场需要有效的信息才能有效运作。如果允许在审计合谋后提交舞弊的财务报表，会降低对资本市场的信心，使美国公司在本地或国际上筹集资金变得更加困难。

现在让我们思考如果审计师拒绝出具虚假的审计意见可能会带来的负面效应：

穿透会计舞弊

- 该审计师可能被解雇，失去薪酬和地位；他可能面对同事的敌意，他们希望审计师"成为团队合作者"，与客户和团队其他成员合作；也有可能审计师能继续保住自己的工作，但会失去客户和费用，并可能失去地位或在公司晋升的机会。
- 审计师的家庭成员是潜在的利益相关者，因为他们可能因审计师失去工作而遭受损失。例如，他们不得不搬家或转学。
- 该审计公司可能会失去一个重要的客户，在审计公司工作的其他员工会失去工作。

根据结果主义的道德决策模型，识别所有的利益相关者并估计其潜在后果后，决策者（本案例中是审计师）必须选择他认为会导致整体效用最大化（maximum utility）或所有利益相关者的利益最大化（benefit in the aggregate）的行动。此外，识别对所有利益相关者可能产生的影响会提高决策者对不道德行为、错误行为带来的风险意识以及做合乎道德、正确行为的重要性意识。如果一些在最近财务舞弊案中被判有罪的高管，在其决定进行犯罪活动的过程中，将其家人视为潜在的利益相关者——基于其家人未来受连累，可能他们中有些人已经忘记了社会要制定法律禁止虚假财务报表和其他公司舞弊的原因。如果其中一些公司高管停下来想想他们的损失，他们可能因为刑事指控而被捕时，也许他们会三思而后行。

决策模型的权利与义务法

在这种方法下，当面临道德决策时，决策者依旧需要确定受特定决策影响的所有事实和所有利益相关者。但是，在考虑该决定对他人的影响时，要考虑的最重要问题是有关当事方的权利；因此，遵循权利与义务法，正确的决定似乎是最能维护这些权利的决定。

重要的是要记住，道德困境往往涉及侵犯或不承认他人权利的行为。从另一个稍有不同的角度来看，当事人的权利通常涉及其他方履行这些权利的相应义务。因此，这种方法要求决策者履行其承认和尊重他人权利的义务。这些权利可以是法定权利，也可以是不受法律保护的精神权利。例如，坚持权利与义务法的公司可能会认为，员工有权获得合理的工资，即使该标准高于法定最低工资。

除了关注自然人权之外，诸如动物权利和对动物的潜在虐待等问题也可能引起关注。例如，虽然工厂化养殖并不违法，但某些牛肉生产公司可能认为他们在道义上有权为动物提供更自然的生活条件。

哲学家以许多不同的方式对权利进行分类。詹姆斯·斯特巴（James Sterba）确定了四种权利：

1. 有"行动"权利或做事的权利，例如表达个人的意见。

2. 有"接受者权利"，即"接收某物的权利"（例如为收到的服务付费的权利）。

3. 斯特巴所谓的"人格"（in persona）权利，是针对某些"特定的人"的权利。人格权利的一个例子是偿还贷款或履行承诺的权利。

4. 斯特巴还确定了"属物"（in rem）的权利，是针对整个世界而言。这种权利的一个例子就是自由权。（Kellenberger，1995，pp.212-213）

在商业实践中使用权利与义务法　利用这种方法对决策模型中的替代方案进行伦理评估时，管理者在巨大压力下为保住自己的工作而发布虚假财务报表应考虑所有可能会受到该决定影响的人。请注意，受影响者的名单实际上与功利主义模型中的名单相同，但这里的重点不是决定引发的负面影响，而是维护相关人员的权利。

● 财务报表的使用者，例如股东、潜在投资者以及向公司发放贷款或提供信贷的人，都有权获得真实的财务报表。

● 整个社会都依赖于资本市场，资本市场依赖于准确的信息，因此社会有权期望上市公司发布真实的财务报表。

● 公司员工有权获得有关公司的真实信息。

对虚假财务报表出具标准无保留审计意见的审计师承受着巨大的压力，必须清楚地意识到所有利益相关者的权利。另一方面，因抵制虚假财务报表而可能被解雇的管理者或审计师，他们的家庭权利又如何？受父母养育的孩子的权利又该如何？如何在这些权利与雇员或其他财务报表使用者的权利之间取得平衡？相反，管理者或审计师的亲属是否会因家庭成员受到刑事指控而遭受困扰？对于权利冲突的情况，伦理学家 James Kellenberger（2004）提出以下两个建议：

- 我们应当考虑某一行动的后果——这是功利主义法的延伸。
- 我们还应当在"关联道德"的情景下审视权利冲突的情况，这是权利与义务模型的扩展。关联道德要求我们以人的尊严对待所有人。考虑我们与特定人的特殊关联产生的特殊权利与义务可能会有所帮助。

从审计的角度审视这一方法的重点是，外聘审计师的目的是向公司财务报表的使用者出具对公司财务报表的独立意见。审计师不能允许他们与雇佣他们的人之间的关系干扰他们与财务报表使用者之间的特殊关系。关注财务报表使用者获得公正、独立意见的权利，以及审计师与所有可能使用财务报表的人员之间的关系，可以引导审计师更好地了解其职责，且审计师应当拒绝审计范围受限的情形。当然，管理层有责任制作真实的财务报表是前提。

决策模型的公正法

弗莱明提出的用于分析决策模型中的道德困境以识别权利或道德行为的第三种方法是公正法。与其他模型一样，应当确定受决策影响的所有事实和所有利益相关者。在这种模式下，最重要的问题是公平对待所有涉及的个人。公正在诸如清澈水质之类的商品以及诸如医疗保健和教育之类的服务等领域同样重要。从伦理意义上讲，公正更多的是侧重于分配（distributive）公正，而不是惩处（retributive）公正——这更是法律公正的重点。Kellenberger（1995，p. 167）指出："分配公正与每个人的平等待遇有关。"在这一语境下所谓的分配"利益"是非常广泛的，既适用于一般的利益分配，也包括共同承担负担或困难。

哲学家们对分配公正的原则看法不一。特别是，一种思想流派（普遍主义）主张采用公正的普遍原则，而共产主义流派则认为应当考虑党群的多样性。在这种情况下，公正将参照组织价值观来确定。两者的核心都是平等（equality）："分配公正、普遍公正和共产公正都赞同平等地对待每个人。"（Kellenberger，1995）根据 Joel Feinberg（1993）的观点，公正的原则是平等、需求、价值、贡献和努力。

当然，必须平等地赋予所有人基本人权。在某些情况下，需求是推动公平分配方面的首要因素；在其他情况下，人们可能会将功绩、贡献或努力视为最重要的因素。例如，当涉及物资分配时，我们看到向自然灾害后需要帮助的人提供救济物资的必要性，例如受俄克拉何马州龙卷风或墨西哥地震的人们。在就业补偿问题上，许多人会主张基于绩效、贡献或努力而额外分配利益。然而，哲学家们就分配平等在多大程度上的延伸以及价值、贡献或努力是否凌驾于平等分配方面尚无共识。不管怎样，分配公正的某些方面已经足够清楚，足以发挥作用。

法律和道德都要求种族、宗教、性别、性取向或民族血统等因素不应影响公民的利益/负担的分配。此外，公正法显然要求我们不能有失偏颇，以确保所有属于同一类别的人得到平等对待。例如，在没有特殊需要的情况下，所有参加特定课程的学生都应当达到相同的要求。某些学生不能被要求比其他学生写更多的论文，或参加更多的测试，或参与更多的课堂活动。然而，可以要求所有参加一门课程的学生在一个学期中撰写五篇论文，也可以要求所有参加另一门课程的学生在同一学期中撰写七篇论文，以此类推。

在商业实践中使用公正法　在将公正法应用于业务领域中的道德困境时，决策者应：

● 确定受该决定影响的所有利益相关者。

● 确定不同类别的利益相关者。

● 考虑是否以相同的方式对待同一类别中的所有人，即所有人都受到平等和公正的对待。

让我们考虑一个公司分配年终奖金的例子。在决定奖金的数额时，公正法要求所有级别相同的雇员都应当有同等资格获得奖金，所有实现相同绩效目标的雇员都应当获得相同数额的奖金。在会计背景下研究这种方法，一个经理知道 X 公司财务报表中的收益被高估，且该经理将其股份出售给了一个不知收益被高估的人。公正法要求双方都应享有平等的信息，以做出合理的决定。审计师如果未能知晓财务报表存在错误，就不能公正地发布正确的信息。在公正法下，我们能更好地理解内幕交易为何是不道德的：所涉各方并不享有平等的信息。公正法中最重要的关注点是对待各方不存在偏袒和偏见。

会计师道德决策模型

前述在道德决策模型中各种可选的伦理评估方案都相当清楚地解决了道德问题的识别，并提供了帮助确定以下内容的范式：
- 事实与选择；
- 利益相关者；
- 涉及的主要道德问题（例如利益和后果，权利与义务或公正与平等）；
- 决策可能影响利益相关者的方式。

为选择正确的行动，每个系统都需要考虑可选方案和原则的应用，并分析尝试做出合乎道德的决策和选择适当的行动。

许多专业机构以及个人提出了模型，这些模型结合了主要的哲学框架，用于评估商业实践中的道德问题。美国会计学会决策模型是一种对会计行业特别有用的模型。

美国会计学会道德决策模型

美国会计学会道德决策模型（见表 2-1）是一种经常被引用的模型，它具有结果主义和权利与义务法的思想，同时还规定了某些美德，例如完整性，并呼吁决策者拥有自己的"基本原则或价值观"（Cohen，2004，p.134）。

第二章 伦理道德

表 2-1 美国会计学会道德决策模型[*]

1	确定事实——何事、何人、何处、何时、如何？ 如果可能，我们知道或需要知道什么有助于确定问题？
2	界定道德问题。 a. 列出重要的利益相关者 b. 界定道德问题 确保确定的道德问题，例如，涉及权利的冲突、超出义务限制等问题
3	确定主要原则、规则或价值观。 比如诚信、品质、尊重、利益。
4	指定备选方案。 列出主要的替代行动方案，包括那些代表某种形式的妥协或采取某种措施或不采取的考虑因素。
5	比较价值和备选方案，看看是否做出一个决定是显而易见的。 确定是否存在一个原则、价值观或组合，这一点非常有说服力，以至于做出的选择是明确的，例如，纠正肯定会导致生命损伤的缺陷。
6	评估后果。 确定主要替代方案的短期和长期、积极和消极的影响。对收益或损失的短期关注需要根据长期考虑来衡量。这一步往往会揭示出一个意想不到的重大结果。
7	做出决策。 根据你的主要原则或价值观权衡各个影响，并选择最适合的替代方案。

* Quoted in Stephen Cohen, 2004. *The Nature of Moral Reasoning: The Framework and Activities of Ethical Deliberation, Argument, and Decision-Making*. New York: Oxford University Press. pp. 133-134. 模型由威廉·梅在兰根德费尔和洛克尼斯提出的模型基础上改编而成。经许可发布。

应在三大伦理学理论的背景下审视所有伦理困境：结果主义、道义论和美德伦理学。这种分析和思考很可能会提高决策者对所有细微差别和相关问题的意识。就像孩子不懂欣赏棋局的错综复杂，为了额外的糖果而玩游戏一样，不了解道德或道德本质的企业经理或会计师在无人看管的情况下也会由于利益诱惑倾向于在游戏中作弊。

哈佛商学院商业伦理教授小约瑟夫·巴达拉克（Joseph L. Badaracco, Jr., 2006）对那些有能力在商界中做出审慎和道德决策的人进行了以下简要描述：

> 他们能够从日常生活的忙碌面之下进行挖掘，重新关注其核心价值观和原则。一旦被揭露出来，这些价值观和原则就会重新发挥其在

工作中的作用，并成为精明、务实、政治上精明行动的跳板。通过在整个工作过程中一次又一次地重复此过程，这些高管可以基于自己而不是别人对正确事物的理解来构建真实而强大的身份。

当我们从伦理的主要理论转向道德决策模型，并测试与特定商业困境中的道德评价相关的不同方法的适用性或有用性时，我们能更好地辨别什么是正确的行动，以及正确做事的重要性。

案例研究

彼得·马多夫，伯纳德·麦道夫证券投资有限责任公司前首席合规官兼高级董事

● 阅读 2012 年 6 月 29 日有关伯纳德·麦道夫（Bernard L. Madoff）和彼得·马多夫（Peter Madoff）的新闻稿。

● 回答以下案例研究问题。

要求：

a. 功利主义要求识别利益相关者，这些利益相关者可能因选择某一特定的行动而受影响。

i. 识别美国检察官办公室认定的因彼得·马多夫行为而遭受影响的各利益相关者。描述利益相关者可能承受的后果。

ii. 基于这种功利主义的分析，确定彼得·马多夫应当采取的做法。

iii. 结果主义的一种形式是利己主义。描述利己主义的概念。在彼得·马多夫案中，识别美国检察官办公室如何处理利己主义。

b. 道义论要求识别合理派生的职责。

i. 描述彼得·马多夫作为公司高管的职责以及履行职责方面的不足之处。

ii. 康德认为，我们受道德法则的约束是因为我们能够理性地辨别正确的行为。你是否认为"纯粹、实际的理由"能提供令人信服的动机来选择正确的行动方案，还是你认为有必要借助外部力量来保持人们的诚实？请说明理由，在回答中联系彼得·马多夫的情况。

第二章 伦理道德

c. 有时，我们必须在相互竞争的道德理论中做出选择。

i. 将结果主义对彼得·马多夫行为的伦理分析与道义论对其行为的分析进行比较。

ii. 哪种理论可以更好地识别重大的道德问题？为什么？

iii. 你认为哪一种伦理更适合商业道德，还是认为应视情况而定？请说明理由。

d. 美国会计学会道德决策模型。

运用美国会计学会道德决策模型，从希望采取合乎道德行为的首席合规官的角度分析此案。

彼得·马多夫的新闻稿

伯纳德·麦道夫证券投资有限责任公司前首席合规官兼高级董事总经理彼得·马多夫在曼哈顿联邦法院承认证券欺诈和税收欺诈共谋[①]

马多夫还承认伪造账簿和记录以及向投资者作出虚假陈述

美国检察官办公室，2012年6月29日　　　　　　　　　　　　　　　　纽约南区

美国纽约南区检察官普利特·巴拉拉（Preet Bharara），FBI纽约外地办事处负责人助理主管詹妮丝-费达赛克（Janice K. Fedarcyk），负责刑事调查的美国国税局纽约外地办事处（IRS-CI）的特别代理探员托尼·魏劳赫（Toni Weirauch），美国劳工部监察长办公室纽约地区劳工敲诈和欺诈调查办公室（DOL-OIG）特别代表罗伯特·帕内利亚（Robert L. Panella），以及美国劳工部雇员福利安全管理局（DOL-EBSA）纽约地区主管乔纳森·凯（Jonathan Kay）宣布，伯纳德·麦道夫证券投资有限责任公司（BLMIS）前首席合规官兼高级董事总经理彼得·马多夫今日承认了被指控的两项罪名，其中包括密谋进行证券欺诈、税务欺诈、邮件欺诈、ERISA[②]欺诈以及伪造投资顾问记录。欺诈的行为还包括，向投资者虚假陈述BLMIS的合规计划及其投资咨询业务的性质和范围。马多夫在曼哈顿联邦法院向美

---

① 从联邦调查局的网站上获得，www.fbi.gov。

② ERISA指的是1974年的《雇员退休收入保障法》，这是一项旨在保护雇员退休计划的联邦法律。

国地方法官劳拉·泰勒·斯温（Laura Taylor Swain）认罪。

检察官普利特·巴拉拉说："彼得·马多夫促成了人类历史上最大规模的欺诈案。现在，他被判入狱，直到年老为止，他会失去他的所有。我们对伯纳德·麦道夫的重大欺诈行为问责和许多受害者的遭遇补偿仍在持续进行。"

FBI纽约外地办事处负责人助理主管詹妮丝-费达赛克说："马多夫投资帝国是建立在欺骗的基础上的，它是一个以摩天大楼比例增长的纸牌屋。正如彼得·马多夫今天承认的那样，他确是"纸牌"摩天大楼的首席建筑师之一。多年来，他声称定期审查以确定公司对内部规则和监管规则的遵守情况。实际上，彼得·马多夫没有任何行动。他声明对公司贸易流程的检查建立了公司的诚信。他没有！他不能进行这样的检查：尽管有光鲜的外表，但投资咨询业务实际上并未交易任何股票。彼得·马多夫在美国历史上最大的投资欺诈案中发挥了至关重要的推动作用。他呈现了合规的假象；他真的是同谋者。"

IRS-CI特别代理探员托尼·魏劳赫说："该计划依靠复杂的团队合作谨防投资者和执法部门发现。隐瞒的后果之一是，美国国税局无法履行其法定职责，损害了遵守国家法律的纳税人以及欺诈的受害者。美国国税局刑事调查组将财务调查技能运用到这一复杂的联合调查中，成为致力于解开谎言网并理清涉案人员的团队的一员。今天的抗辩是向前迈出的重要一步。"

DOL-OIG特别代表罗伯特·帕内利亚表示："在今天的申辩中，彼得·马多夫承认自己参与了一个欺诈计划，损害了成千上万投资者的存款。马多夫认罪的调查，向那些有意损害工人的财务利益的人发出了严厉的警示。此外，由于密谋作出虚假陈述并伪造《雇员退休收入保障法》所要求的文件，他未能保护雇员福利计划资产的完整性，并从这些虚假陈述所得收益中私自获益。OIG将继续坚持不懈地与美国检察官和我们的执法伙伴合作，调查此类犯罪。"DOL-EBSA纽约地区主管乔纳森·凯说，"今天的抗辩是多个联邦机构之间的良好工作和强有力的合作的见证。该机构仍致

第二章 伦理道德

力于保护员工福利计划，使其免受那些旨在谋取私利的舞弊。"

根据马多夫提交的信息和其他法院文件：

马多夫从1965年到2008年12月11日受雇于BLMIS，于1969年开始成为BLMIS的首席合规官和高级董事总经理。马多夫在担任首席合规官期间，编造了虚假和误导性的合规文件及向SEC提交的虚假报告，这些报告错误地陈述了BLMIS投资咨询（IA）业务的性质和范围。

具体而言，马多夫以首席合规官的身份编造了许多虚假的合规文件，他表示，他定期对BLMIS IA业务的交易进行合规审查，实际上，这些审查从未进行过。这些虚假陈述旨在误导监管机构、审计师和IA客户。

此外，BLMIS于2006年8月在SEC注册为投资顾问。作为注册投资顾问，BLMIS必须至少每年一次向SEC提交表格用于指导投资顾问的审查程序。马多夫参与了SEC的注册过程和被称为"ADV表格"的表格的创建，这些表格实质上是虚假和误导性的。ADV表格中的大量虚假陈述造成了虚假的表象，即BLMIS的IA业务拥有少量高度成熟的客户和比实际情况少得多的资产管理的假象。例如，ADV表格指出，BLMIS仅管理23个IA账户，而实际上，超过4 000家公司在2008年倒闭，并且其IA服务"仅面向机构和高净值客户"。表格还指出，2008年，BLMIS实际管理的资产规模仅为171亿美元，而当时的资产账面价值超过650亿美元。马多夫还歪曲了他作为首席审计官（CCO）的职责，说明自己确保了对IA交易进行审查。

此外，从1998年到2008年，马多夫参与了一项税收欺诈计划，涉及在马多夫家族内部转移财富，使他避免向国税局缴纳数百万美元的税款。大部分"财富"都是直接或间接地来自BLMIS持有的IA客户资金。他参与的计划还使伯纳德·麦德夫得以逃避纳税义务。马多夫从事税收欺诈的方法包括以下几种：

● 马多夫从伯纳德·麦道夫和他的妻子那里收到大约1 570万美元，并签了伪造的票据，以使转账看起来是贷款，以逃避纳税。

● 马多夫向家庭成员给付大约990万美元，为了避免纳税，签发了伪造的票据，以表明这些资金的转移是贷款。

● 马多夫从 BLMIS 收到的大约 775 万美元没有缴纳税款。

● 马多夫通过两次虚假交易从伯纳德·麦道夫获得了约 1 680 万美元，并将交易收益伪装成长期股票交易，利用较低的税率获得长期资本收益。

● 马多夫向一张美国运通卡收取了大约 17.5 万美元的个人费用，但没有将这些费用列为收入。马多夫还为其妻子安排了一份"不用露面"的工作，可以得到 10 万~16 万美元的年薪、401（k）以及其他本来无权享受的福利。

2008 年 12 月，当 BLMIS 的倒闭几乎是确定无疑的时候，马多夫与他人达成协议，将 IA 账户中剩余的 3 亿美元转给首选员工、家人和朋友。BLMIS 在资金发放之前就崩溃了。2008 年 12 月 10 日，即 BLMIS 倒闭的前一天，马多夫还从 BLMIS 提取了 20 万美元自用。

现年 66 岁的马多夫来自纽约老韦斯特伯里，面临法定最高刑期 10 年的监禁。每项罪名的法定最高刑期载于附录。根据与政府达成的认罪协议，马多夫接受不判处 10 年以上徒刑。马多夫还可能遭受强制性赔偿和刑事罚没，并面临最高可达犯罪所得或损失总额两倍的刑事罚款。他同意没收 1 431 亿美元，包括所有不动产和个人财产。该巨大金额的来源包括从 1996 年开始马多夫涉嫌共谋到 2008 年 12 月投资者向 BLMIS 支付的所有投资资金。

作为被告没收的一部分，政府已与马多夫的家人达成和解，要求没收其妻子玛丽昂和女儿莎娜的所有资产以及其他家庭成员的资产。交出的资产包括几处房产、一辆法拉利跑车以及超过 1 000 万美元的现金和证券。玛丽昂剩余约 771 733 美元，可以继续余生。根据司法部的适用规定，没收的资产，包括出售没收财产的净收益，将用于补偿欺诈行为的受害者。

斯温法官将麦道夫的判刑日期定为 2012 年 10 月 4 日下午 3 时 30 分。①

巴拉拉赞扬了 FBI 的调查工作。他还感谢 SEC、美国国税局和美国劳

---

① 彼得·马多夫最终于 2012 年 12 月 19 日被判处 10 年监禁。他还同意没收所有资产（Van Voris and Glovin, 2012）。2009 年 6 月，伯纳德·麦道夫被判处 150 年监禁（Henriques, 2009）。

工部的协助。

  这些案件是美国总统奥巴马设立的金融欺诈执法工作组协调进行的,巴拉拉担任证券和商品欺诈工作组的联席主席。奥巴马总统成立了跨部门金融欺诈执法特别工作组,以调查和起诉金融犯罪。该特别工作组包括来自联邦机构、监管机构、监察长以及州和地方执法部门的代表,他们的共同努力带来了一系列强大的刑事和民事执法资源。该工作组正在努力改善联邦行政部门的工作,并与州和地方合作伙伴一起调查和起诉重大金融犯罪,确保金融犯罪的人得到公正和有效的惩治,打击资本市场中的歧视现象,为受害者追回利益。

  该案由证券和商品欺诈工作组处理。助理检察官丽莎·巴罗尼、朱利安·摩尔、马修·施瓦茨、阿洛·德夫林·布朗和芭芭拉·沃德负责起诉。

United States v. Peter Madoff,S7 10 Cr. 228(LTS)

Detecting Accounting Fraud

第三章
阳光传奇[*]

阳光公司的历史

　　就结局来看，阳光公司的兴衰其实是一家公司在一次试图扭转颓势的激进尝试中被其管理层所彻底击垮——阳光的高管们不当地虚增了利润，徒劳地为濒死的公司寻找买家，试图摆脱他们造成的恶果。不过，这也是两方力量相互碰撞和纠缠的故事。收购阳光的基金管理公司聘请了一位铁血CEO。这是分析师和记者们的故事——当审计师审计这家在1996年任命阿尔·邓拉普（Al Dunlap）为CEO的公司虚报利润的行为时，他们旁观了这一切并表示赞同。

　　为什么阳光要雇佣一个以将公司削减、破坏和过度裁员而闻名的CEO？为什么邓拉普如此热衷于冷血地砍掉工厂和裁减员工？为什么华尔街不去质疑通过减少工厂、生产线和工人数量提升产量、销量和利润的可能性？为什么几乎没有人注意到沮丧和恐惧的雇员在寻找更安全的工作，而关键的主管们纷纷辞职？又是怎样的会计机制使得虚增销量和利润的目

---

[*] 本章的背景资料主要来自 Byrne（2003），Byron（2004），Laing（1997；1998a；1998b），Scherer（1996），Schifrin（1998）。

第三章　阳光传奇

标得以实现？为什么高管们都没有将正在发生的混乱告知董事会？到底是什么出了问题？为什么它发生得这么迅疾又如此残酷？

要回答这些问题，我们必须回顾一下，与整个股市以及该公司的不合理预期相比，阳光在20世纪90年代的表现如何。我们将调查了解邓拉普的成长背景和性格，以及华尔街对邓拉普之前的"变革性"规模缩减的反应——即通过减少生产线、工厂、办公室和企业人员的数量来缩小公司的规模，为"不惜任何代价削减成本"而付诸努力。

阳光成立于1897年，当时是一家名为芝加哥柔性轴公司（Chicago Flexible Shaft Company）的农具制造公司。随着电力技术的革新，它开始生产烤面包机和熨斗，并更名为阳光集团（Sunbeam Corp.）。20世纪60年代，它收购了奥斯特公司（Oster Co.），在当时的"高科技"产品系列中增加了搅拌机和电热毯。然而，家用电器的竞争迅速加剧。1981年，在越来越大的压力下，阳光认为其最佳选择是被阿勒格尼国际公司（Allegheny International, Inc）收购。这被证明是一个糟糕的选择，因为阿勒格尼的CEO罗伯特·伯克利（Robert Buckley）在某种程度上走在了他所处的时代的"前方"——他是我们今天所熟悉的那些奢侈的CEO的先驱。他将自己所经营的公司视为个人的——搭乘公司专机环游世界，住在豪华的公司公寓和托管公寓里，他觉得自己有权以极低的利率获得公司大额贷款，并获得超过100万美元的年薪。他的业务重心略有分散，这也并不奇怪。在巨额亏损和挥霍无度的支出之下，公司利润很快蒸发殆尽，表现糟糕的伯克利也在1986年遭到了解雇。

新的管理团队开始实施一项激进的裁员计划——他们削减了公司1/3的工作岗位，并出售了部分产品线，这点也在阳光后来的故事中反复出现。不出所料，销售业绩下降了而非上升。1988年初，该公司申请破产。

阳光在互惠系列投资基金（Mutual Series Investment Fund）的迈克尔·普里斯（Michael Price）和斯坦哈特伙伴基金（Steinhardt Partners Fund）的迈克尔·斯坦哈特（Michael Steinhardt）的控制下从破产中崛起。在两位交易撮合者——保罗·卡泽里安（Paul Kazarian）和迈克尔·

莱德曼（Michael Lederman）的敦促下，两人各自投出了约 6 000 万美元。两人随后被任命管理这家公司，卡泽里安担任 CEO。他们将公司更名为阳光-奥斯特（Sunbeam-Oster）。卡泽里安成功实现了公司的扭亏为盈，让公司产生了真实的利润，并成功地将公司上市。

虽然卡泽里安减少了伯克利时代的奢侈浪费，也停止了前任为了扭转颓势而对公司规模进行的疯狂缩减，但他似乎是个工作狂，对一些人来说过于激进。他被解雇了，接替他的是罗杰·席普克（Roger Schipke），后者是和卡泽里安一样的悠闲"绅士"。不过，他可能过分强调了他的绅士风度，因为在这个阶段，阳光有许多十分自我的人，他们都与新任 CEO 唱反调。在没有一个强有力的领导核心的情况下，公司利润持续地大幅下降。

作为从破产中购买阳光的收获，即使在它上市之后，普里斯和斯坦哈特两位基金经理仍然拥有其大量股票及对公司的大量控制权。时间来到了1996 年，对于华尔街而言，这是一个纷繁复杂的时期。普里斯以自己是一位出色的选股者而自豪。他知道如何找到便宜的股票，也确信阳光可以再次盈利，其股票价格也会飙升。他认为他只需要任命一个合适的 CEO——一位能够再次扭转乾坤的领导者。他需要这样一位领导者：他能够削减公司的成本、缩减生产工厂和产品规模，并且在短暂的亏损之后迅速实现盈利，甚至使公司的经营成果好得令人难以置信。事实上，他的确认识这样一个人——阿尔·邓拉普，邓拉普为斯科特纸业公司（Scott Paper Co.）实现了这一切。邓拉普把斯科特纸业卖给了金佰利公司（Kimberly-Clark），从中获得巨额利润。

或许，在斯科特纸业的年度报告迅速扭亏为盈，又迅速卖给金佰利之后，普里斯并没有关注斯科特纸业的后续。又或许他的确这么做了，但他并不在意这些；也许他认为这些问题不是由裁员所引起的。在金佰利收购斯科特纸业后，管理部门发现它一团糟——斯科特纸业的老底被揭了出来。然而，普里斯需要的是一个能够迅速削减成本并使公司扭亏为盈的人，他认为邓拉普正是阳光新任 CEO 的合适人选。

第三章 阳光传奇

阿尔·邓拉普的故事

阿尔·邓拉普的经历（包括他的个人背景和他后来遭遇困境而缩小企业规模的商业履历）是给予分析师（比如普惠经纪公司（PaineWebber, Inc. brokerage house）的安德鲁·肖尔（Andrew Shore））的第一个警告信号，要谨防阳光无法持续盈利。

1996 年，59 岁的邓拉普被任命为阳光的 CEO。虽然他声称自己出身贫寒，长大后更穷，但他姐姐说他的童年过得"非常舒适"。11 岁之前，他一直住在新泽西州"霍博肯花园街的一幢三层红砖连排别墅"。他 11 岁的时候，"他的家人搬到了新泽西州的哈斯布鲁克高地，一个中产阶级社区，有安静的、绿树成荫的街道和朴素的住宅。"邓拉普的姐姐和他高中时的橄榄球教练都说他总是脾气暴躁，教练认为他是"好斗的"，他的姐姐说他"会在一秒钟之内对你大发雷霆"。（Byrne，2003，pp. 97-98）

邓拉普童年的行为与他在阳光威名赫赫的脾气相比，已然温和许多。在阳光，他会大喊大叫，在《特斯托斯罗恩公司疯狂 CEO 的故事》（Testosterone Inc. Tales of CEOs Gone Wild）中被形容为"董事会里的激战"。

经历了高中的努力学习之后，邓拉普进入了美国西点军校。他完成了三年的兵役，并在此期间与格雯·唐纳利（Gwyn Donnelly）结为连理，当时他 24 岁，格雯 19 岁。格雯很快看到了邓拉普的另一面。数年之后，在格雯的离婚诉状中，她声称在一次清理邓拉普收藏的枪支时，邓拉普说："你最好小心点，要守规矩。"如果她没有把房间打扫得让他满意，他会生气的。起诉书还提到，邓拉普曾经威胁她，如果她不把电话给他，他就用电话打她的头。邓拉普断然否认了离婚指控。然而，法官最终认定邓拉普有着"极端残忍"的行为，并将他们儿子的监护权判给格雯。（Byrne，2003，pp. 101-104）

邓拉普在 1968 年再婚，他的新婚妻子茱蒂（Judy）始终支持"链锯阿尔"（Chainsaw Al），她似乎很欣赏他的攻击性。据报道，她曾经骄傲地告诉一群人，邓拉普自己没有心脏病发作，但他把心脏病传染给了别人。邓拉普和茱蒂看上去很般配。他们没有孩子，都是爱狗人士，他们的德国牧羊犬是他们的骄傲和快乐源泉。然而，邓拉普对世界其他地方的愤怒却丝毫不减。"他是我这辈子遇到的最不招人喜欢、最让人反感的商人"，邓拉普曾想雇佣的一位纽约形象顾问说。（Byrne，2004，pp. 18-19）

邓拉普的商业生涯和他的个人生活一样，也处于动荡之中。从西点军校毕业并完成三年兵役后，邓拉普在金佰利公司位于康涅狄格州的新米尔福德工厂找到了一份工作。1965年，他被转到威斯康星州金佰利公司的工厂工作。这个工厂的主管是个脾气暴躁的人，喜欢惩罚雇员。毫无疑问，邓拉普和他相处得很好，甚至可能模仿他。邓拉普被推荐担任同样位于威斯康星州的标准纸浆及纸张制造公司（Sterling Pulp and Paper）的工厂经理。受到他所受过的军事训练的影响，加之其"愤怒"的管理风格，他很快就下达了不受欢迎的裁员命令。邓拉普在自传中提到，在接受这个新职位后不久，他就开始收到死亡威胁。尽管如此，他还是在工作岗位上坚持了六年之久，直到老板去世才离开。

邓拉普的下一份工作是在麦克斯菲利普斯父子公司（Max Phillips and Sons），据称他在那里工作不到两个月就因为对老板的无礼而被解雇。他并没有就此放弃，而是在纽约州尼亚加拉瀑布城的奈特克纸业公司（Nitec Paper Corp.）得到了一份首席运营官（COO）的工作。邓拉普被雇来扭转奈特克的颓势。然而，邓拉普在那里只待了大约两年，结果也并不尽如人意。奈特克的董事长乔治·佩蒂（George Petty）解雇了他，宣称"邓拉普已经完全疏远了他周围的人，以至于如果奈特克不解雇他，公司所有的副总裁都会辞职"。当时，公司的利润似乎出现了好转，于是邓拉普和公司谈妥了120万美元的遣散费。然而，就在邓拉普离开公司之后，"来自亚瑟杨有限公司（奈克特的审计公司）的审计人员在审计报告中提到，邓拉普所承诺的预期利润显然是公司账簿上大量作假和虚假会计分录的结果"。尽管没有证据表明邓拉普与造假有任何关系，但公司也没有实现真正的扭亏为盈。结果，奈克特违背了支付遣散费的承诺，邓拉普提起诉讼，要求以5万美元达成和解。（Byron，2004，p. 7）

离开奈克特公司后，邓拉普最终获得了一份美国罐头公司（American

第三章 阳光传奇

Can）的中层管理的工作。在那里，他晋升为塑料部门的负责人。之后，他又跳槽到曼维尔公司（Manville Corp.）。受到石棉诉讼案的影响，曼维尔公司在他上任后不到一年就申请破产。

巧合的是，邓拉普的下一个位置似乎完美匹配了他的基因。他被百合花公司（Lily-Tulip, Inc.）聘用，目的是削减成本，并使这家负债累累的公司扭亏为盈。对邓拉普来说，削减成本这一任务再适合他不过了。他满怀热情地完成了这项任务，甚至开始在媒体上塑造一个毫不回避裁员或冒犯同事等问题的高管形象。1984年，媒体刊登了几篇关于邓拉普的文章，指出他在向员工灌输恐惧。这是一个"愤怒"的人的漫长传奇的开始，他塑造并自豪于自己强硬、无情的公众形象，这也进一步助长了他显然已然冷酷无情的性格。他把"刻薄"解释为"强大"，将自己的回忆录命名为《不开玩笑：我如何拯救坏公司以及让好公司变得伟大》（*Mean Business: How I Save Bad Companies and Make Good Companies Great*）。邓拉普从媒体那里得到了启示：没有什么比铁血的裁员政策更能吸引商业媒体的注意了。他裁员越多，媒体就会让他看起来更强硬、更聪明。待到他在百合花公司的最后一段时间，邓拉普已经巩固了他作为一个无情的裁员和扭亏专家的公众形象——他为此感到自豪。

离开百合花公司之后，邓拉普先后在英国和澳大利亚为克里·帕克（Kerry Packer）的联合报业控股公司（Consolidated Press Holdings）工作。他离开联合报业时卷入了与许多同事的冲突，这在一篇名为《阿尔·邓拉普的耻辱》（Williams, 2001）的文章中有描述。然而，当他寻求斯科特纸业的CEO的职位时，澳大利亚发生的那些争议对他似乎没有任何影响，而该公司也确实急需扭亏为盈。

时间来到了1993年的最后一个季度，斯科特纸业出现了巨额亏损，CEO菲利普·利平科特（Philip Lippincott）计划离职，并没有多少经验丰富的高管想夺取他空缺出的职位。利平科特此前已经公布了一项裁员计划，要求在数年内解雇8 000多名员工。对于"链锯阿尔"而言，这看起来是一次绝佳的机会。邓拉普于1994年4月开始掌舵斯科特纸业，在不到一年的时间里就裁掉了1.1万个工作岗位。他出售了大型出版和印刷业务，以及公司在国内的林地和一些海外造纸厂。如果有人做复盘，也很难事后反思这些被出售的公司中哪些应该留下，哪些应该被舍弃。然而，当研发支出被大幅削减，财产、厂房和设备的维护被推迟时，我们往往可以很好地猜测管理层关注的是短期收益而不是长期增长和利润。通过削减研发来提高今年的利润很容易，但这将扼杀未来的成长性和利润。

在对斯科特纸业的一位高管的采访中，约翰·拜恩（John Byrne）被告知："到1994年底，这只是一个以销量为导向的计划，仅仅为了美化销售业绩的空间……我们谈论的是一个全新的短期定义。"此外，"邓拉普将公司的研发预算削减了一半，降至3 500万美元左右，并裁减了研发部门60%的员工。"邓拉普还减少了行业组织的会员人数，并"取消了公司向慈善机构的所有捐赠"。(Byron，2003，p. 27)

在阳光大难临头之前，公司给出了巨大的销售折扣，从而加快销售，"在公司被出售前的最后几个月，折扣增加了一倍。"根据公布的利润，股价大幅上涨。1995年7月，邓拉普成功地将斯科特纸业卖给了金佰利公司，使斯科特纸业增值了1亿美元。不足为奇的是，金佰利很快就意识到，事实上斯科特纸业已是外强中干。可以预见的是，由于斯科特纸业被卖掉前的大减价，它在下一个时期的销售将十分缓慢。工厂关闭、企业裁员，再加上研发少、维护少，销量并没有成长，而是陷入不可避免的下滑。金佰利为整合斯科特纸业支付了14亿美元的重组费用。邓拉普似乎并不在意，他离开斯科特纸业的时候已经是一个富有的人——而且是幸运的人。金佰利被留下了烂摊子。然而，"链锯阿尔"并不准备退休，他在寻找一家新公司"扭亏为盈"。(Byron，2003，pp. 28-32)

华尔街是如何接受阳光的裁员计划的

当邓拉普卖掉斯科特纸业公司后开始寻找新工作时，大众普遍认可裁员的有效性，而且邓拉普在裁员方面的声誉可谓是世界领先。1996年，阳光持续亏损，董事会正在寻找接替CEO罗杰·席普克（Roger Schipke）

第三章　阳光传奇

的人选。罗杰·席普克行事风格过于温和，无法为这家陷入困境的公司提供其所需要的果断的领导，而邓拉普恰恰是最合适的人选。1996年7月18日，邓拉普被任命为阳光公司的CEO。

尽管邓拉普通过削减成本实现的转变并没有带来真正积极的扭亏为盈，但商业媒体普遍忽视了他无情裁员后利润的短暂性。20世纪90年代，华尔街乐于在绝大部分充斥着公司满满信心的计划中解读那些令人乐观的消息。一个计划对未来盈利前景的预测越引人注目，新闻界和分析师就越喜欢它。在那个时代，公司上市没有利润记录，有时甚至没有销售记录——在网站上简单地点击就足以被视为客户。

因此，当邓拉普宣布阳光未来盈利的愿景，以及实现这一愿景的计划时，媒体表达了热情的支持。毕竟他是一个聪明的商人，也只有一个简单的策略——削减成本。他将如何削减成本？他要关闭生产工厂，取消产品生产线，削减工人的工作，这就是邓拉普对阳光的设想。如果一家公司的CEO突然奇迹般地在财务报表中报告了利润，却没有戏剧性地宣布重组计划——一项对公司进行重组的重大计划，其形式是缩小规模或者改变公司的资本结构或者债务协议，这着实有些可疑。有人可能会怀疑财务报表是否存在虚假报告，或至少有人可能会怀疑报告中存在一些错误。同样地，如果管理层宣布将通过削减产品来扩大销售，并通过关闭工厂和解雇员工来增加产量，这听起来也有违直觉。这种逻辑可能会受到质疑，而在这种情况下关于收入增长的预测听起来可能也不太可信了。然而，如果CEO宣布他将在短时间内通过实施大规模裁员和削减成本的计划来实现扭亏为盈，华尔街将会欣然接受这个计划，并盛赞这一快速扭亏、实现高利润甚至更高股价的愿景。

事实是，当总收入超过总成本的最大值时，利润就会最大化，这不是通过削减生产设施和员工或削减研发和营销支出就能实现的。削减开支对收入的影响可能大于对成本的影响，从而导致利润减少。如果目标只是削减成本，你可以通过清算公司来将成本一直削减到零，然而这不会使利润最大化，只会让它产生零利润。因此，削减成本本身并不是目的。它必须以科学的方式进行，注意只削减对增加收入无益的成本。分析、识别和精准是至关重要的。为了增加短期利润而削减成本所造成的意外后果很容易导致长期亏损。

"裁员还是过分裁员？"

《杨百翰大学杂志》（BYU Magazine）上一篇题为《裁员还是过分裁员？》（"Downsizing or Dumbsizing?"）的文章简明扼要地描述了这些意外后果的危险性。它讲述了一个发生在1994年的故事，李·汤姆·佩里（Lee Tom Perry）教授和埃里克·德纳（Eric L. Denna）向斯科特纸业公司的执行委员会提出了一项削减成本的计划。计划大受欢迎，但在落实之前，佩里和德纳提供的咨询工作因为邓拉普接任斯科特纸业公司的CEO而结束。佩里教授后来说："显然，有些事情需要落实。但阿尔·邓拉普让我困扰的是他不够精准。他的观点非常简单：越小越好。"（Jenkins，1997）

阳光显然没有意识到裁员和过分裁员之间的关键区别。显然，公司必须对变化作出反应，并主动接受变化。经济学家瓦尔·兰布森（Val Lambson）观察到：

> 资本主义运作的方式是通过价格发出信号，告诉人们应该做什么，这是基于消费者的价值。自由市场制度的优点是它以一种高生产力和高效率的方式分配资源，这样的结果对整体是有益的。（Jenkins，1997）

裁员领域的组织行为学专家金·卡梅隆（Kim S. Cameron）解释说，裁员必须只是改进中的一个过程，而不是一个目标："如果他们仅仅削减工作量和员工人数，却不解决导致效率低下和缺乏竞争力的根本问题，那么在裁员之后这些问题仍然会存在。"卡梅隆承认，虽然裁员有时是必要的，但如果裁员做得不好，这是一种最无效的改善公司的方法。卡梅隆把这比作"手榴弹战略"，他解释说："当你向一家公司扔出一枚手榴弹，它就会爆炸，消灭一定数量的人。问题是你没有办法确切地知道谁会受到影响。"（Jenkins，1997）

第三章 阳光传奇

卡梅隆指出：

> 最后，一个公司几乎总是失去"公司记忆与公司能量"。原因之一是，当非正式网络被破坏，信息共享受到限制，有经验的员工就会离开。原因之二是，当公司的士气下降，员工失去忠诚和承诺，最有才华的员工就会离开——他们知道自己是有市场的。(Jenkins，1997)

当然，削减研发和维护开支会不利于一家公司的未来。同时，正如兰布森指出的那样，"当技术水平或者消费者品味发生变化时，这些变化会反映在价格上。这对行业生产者（例如黑白电视机行业）是一个信号：公司需要重新培训、重组，并转向其他领域，这可能会导致一定的裁员行为的发生。"正如佩里所解释的："提高资源利用率对企业和社会都有好处。这并不意味着裁员被排斥在外，正如阿尔·邓拉普会这么做。"(Jenkins，1997)

成本会计分析表明，当一个公司关闭一个部门时，它失去了该部门的收入，但它不会失去在典型的损益表中分配给它的所有成本。其中一些支持多个业务部门的共同分摊的固定成本，如果其中任何一个部门被淘汰，这些成本不会减少。它们将会延续下来，由其他部门承担。如果某个分部被关停，只有那些真正由部门延续所造成的成本（可追溯的固定成本和可变成本）才能得到节省。通常情况下，某个细分市场在没有进行分析的情况下就被舍弃了，而其结果往往是公司会惊讶地发现，在该细分市场关闭后公司的总利润更少了，而非更多。

邓拉普的软硬兼施

邓拉普实现了对阳光管理团队的结构性控制，采取了美国商业史上最严厉的胡萝卜加大棒的组合策略。"胡萝卜"是，如果阳光的股价大幅上涨，高管和经理们会被分配大量的股票期权，这些期权会让他们成为千万富翁。这是一个巨大的诱惑，将促使大量高管（甚至是那些过去对邓拉普不屑一顾的人）加入他的行列，共同扭转公司现有的局面。因为这笔软硬兼施的交易的另一个关键部分是邓拉普发放的期权只要三年就可以行权，所以这也鼓励了许多第一次为邓拉普在阳光工作的经理们留在公司。许多整个任期都是在邓拉普掌控下的高管陷入了进退两难的境地：他们非常想离开，但只要阳光的股价继续上涨或走高，他们就得放弃可能获得的数百万美元的股票期权收益。在邓拉普胡萝卜加大棒的策略中，"大棒"是指他灌输给每个为他工作的人的原始危机感。所有的报告都认为这确实适用于每个人。

邓拉普在阳光工作的第一天，危机感便开始蔓延。所有的高层管理人员聚集在佛罗里达州劳德代尔堡办公室的会议室开会。邓拉普走进会议室，开始"谈自己和公司"。然后他转向聚集在一起的员工，开始高呼，告诫他们"阳光的终结"。他不断地重复："旧有的阳光在今天终结了，它已然成为历史。"在他对这一场景的描述中，拜恩写道："邓拉普怒目而视，一遍又一遍地重复这句话，唾沫横飞。他的胸膛鼓起，脸涨得通红。人们默默地注视着他，丝毫不信这种蛮横的表演。"（Byrne，2003，pp. 2-3）

邓拉普随后质问 CFO 保罗·欧哈拉（Paul O'hara），指责他应为阳光未能达到前一年的财务业绩预期而负责。接下来，邓拉普要求高管对他们所在单位或部门的状况进行总结。他首先点名了不幸的 COO 詹姆斯·克莱格（James Clegg）（克莱格原本希望得到邓拉普的职位）。邓拉普"打断了他，指责他不知道自己生意的细节"。邓拉普厉声斥责了那些迟疑的人。阳光的全国销售经理理查德·博因顿（Richard Boynton）后来说："他（邓拉普）只是大喊、怒吼和咆哮。"第一天全天，邓拉普一直保持这样的状态。第二天，邓拉普要求克莱格离开会议，并让他离开公司，同时立即签署一份解除合同的协议，其中包括他一年的工资和期权。离开会议室不到 15 分钟，克莱格就回来拿他的公文包。他对震惊的同事们说："我离职了。"（Byrne，2003，pp. 5-8）

在接下来的几天里，邓拉普又解雇了五名高管。恐惧感深深烙印在了每一个人心里，每个高管和经理头上都悬着一根大棒。以极其慷慨的期权形式提供的胡萝卜向剩下的高管们招手，令他们拥有获得巨额财富的希望。

要理解阳光管理团队所处的恩威并施的处境，我们必须注意到那一年是

第三章 阳光传奇

1996年——股票价格狂飙猛涨，重组和裁员在华尔街分析师和记者中非常流行。而裁员和重组之王邓拉普本人也承诺要在12个月甚至更短的时间内扭亏为盈。7月19日，也就是邓拉普被任命为CEO的第二天，华尔街分析师对该股给出了买入评级，其市场价格从12.50美元跃升至18.63美元。

到11月初，该公司股票的交易价格约为每股25美元。考虑到1996年股市的整体上涨速度，在邓拉普被任命的消息公布后，阳光股票最初的上涨幅度相对较小。为了把股价推得更高，他打算为华尔街制定一个声势浩大的铁血裁员计划。为了达成这一真正引人注目的、激进的成本削减计划，邓拉普请了一位长期以来十分信任的顾问来主持这个项目。

1996年11月12日，邓拉普在与分析师们的电话会议上宣布了他惊人的成本削减计划。第二天，《华尔街日报》刊登了一篇引人注目的文章，标题是《邓拉普的斧头在阳光下落了6 000次》（Dunlap's Ax Falls—6 000 times—at Sunbeam.）。在文章中，Frank and Lublin（1996）详细解释了邓拉普所宣布的计划：

- 立即裁掉阳光12 000名员工中的一半。
- 关闭61个仓库中的大约40个。
- 砍掉将近90%的生产线。
- 关闭26家工厂中的一半以上。
- 取消公司的大部分办公室。

文章接着评论道："阿尔·邓拉普几乎摧毁了阳光公司，这再次证明了他的绰号'链锯阿尔'的起源。"邓拉普的计划估计需要花费"一次性3亿美元的税前支出，其中7 500万美元将作为与关闭工厂有关的遣散费"。此外，6 000人的裁员规模"似乎是美国大型企业有史以来宣布的最大比例的裁员决策之一"。裁员领域的专家兼作家艾伦·唐斯（Alan Downs）评论道："如果不在公司内部制造混乱，就不能大幅裁员。"（Frank & Lublin，1996）

令人惊讶的是，华尔街第一次对邓拉普的铁血声明不以为然，股价没有上涨。也许这个计划太令人震惊了，它引起了人们的关注——阳光的状况比任何人想象得都要糟糕。或许是金佰利与斯科特纸业带来的麻烦，在邓拉普所谓的扭亏为平之后，华尔街对邓拉普的成本削减策略有所警惕。或许是已经有消息透露，一些经理对他们认为是经济自杀的做法感到震惊——关闭那些他们认为高效、低成本/高利润的工厂。无论出于何种原因，华尔街都没有对这一无情的声明做出回应。事实上，阳光的股价甚至在消息公布的当天下跌了50美分。

毫无疑问，股票市场对这一切表示怀疑。为什么关闭这么多工厂就能提高产量和销量呢？更少的人怎么能生产和销售更多呢？然而，无论是有意还是巧合，这些引人注目的削减成本方案的宣布，都为不久之后公布的突然增加的虚假利润给予了可信度。如果阳光在1997年开始虚报销售和利润，却根本没有任何浩大的计划，那么财务报表中的数字可能会更早受到质疑。在这场声势浩大的铁血行动之后，阳光所要做的就是发布销售和利润增长报告，这一切都是可信的。伴随着报告利润的增长，工厂和仓库的关闭不必是合乎逻辑的——它们只需引人注意，它们也确实做到了这一点。

有两家工厂的关闭尤其显得考虑不周。拜恩报告了与田纳西州麦克明维尔工厂的员工和经理的交谈，表示这是阳光最赚钱的工厂之一。该工厂每天生产15 000个剪发器和修剪器，而且销售额还在增长。此外，其产品质量非常高，其利润率远高于阳光在其搅拌器或毛毯上的利润率。阳光在麦克明维尔的租金也很低，据披露"每平方英尺的租金只有几分钱，一年大约29 000美元"（Byrne，2003，p.131）。然而，尽管运输成本会更高，而且工厂搬迁将花费数百万美元，他们仍然计划将工厂搬到墨西哥以节省劳动力成本。这家工厂的经理和高级销售副总裁唐纳德·伊兹（Donald Uzzi）（接替纽特·怀特（Newt White））以及总经理威廉·柯克帕特里克（William Kirkpatrick）努力维持麦克明维尔工厂的运转，并设法保住了一些工作岗位。然而，由于重组计划造成的预料外的生产短缺，一批钳子的生产已经被移出了麦克明维尔，造成了大量的销售损失。

在密西西比州的贝斯普林斯小镇，邓拉普决定关闭为阳光的电热毯生产高质量电线的工厂，这被认为是最不具有经济可行性的决策。市政府已经允许阳光免费使用这座建筑作为工厂。为了保住城里的工作，市长进行了一场公开活动，指出把工厂迁走在经济效益上是愚蠢的选择——为了每年节省几十万美元的运输成本，搬迁工厂将花费数百万美元。尽管市长说得明明白白，邓拉普还是对反对派表示了不满，工厂被关闭了。

Lublin and Suris（1997）在《华尔街日报》的一篇文章中记录了在阳光被重组计划摧毁后，管理者试图运营它所遇到的众多问题——公司在向其最大客户沃尔玛（Wal-Mart）发货的过程中出现的条形码问题、15万件熨斗未能发货问题、发票系统和计算机系统问题。事实上，由于这些故障，沃尔玛曾考虑结束与阳光的关系。其他大客户则声称，发货延迟、员工流动率高也使业务难以延续。

在推进裁员和工厂关闭之后，邓拉普开始运用他的标志性激励措施（通过股票期权扩张财富的恐惧与希望）给管理层施加压力。由于生产设施破败不堪，员工士气低落，邓拉普开始向管理团队施压，要求他们同意接受极高的销售和生产目标。

满足销售数字的压力首先落在了销售部门的领导身上，而他必须将其传递下去，因此同样的压力也落在了生产部门的领导身上。经理们根本无法实现不切实际的数字，但他们觉得如果不同意接受这些数字，自己就会受到影响。他们不想失去他们的股票期权，这些期权已经增值，但大部分还没有被授予，因此他们陷入了困境。许多员工离开了，而那些留下来并接受了无法实现的目标数字的人必须设法达到这些目标。

尽管有些经理对邓拉普十分反感，但让他们仍然决定为他效力的一个重要原因是邓拉普告诉他们，他的计划要让阳光快速扭亏为盈，然后为公司找到直接买家——正如他当初对斯科特纸业所做的事情一样。许多经理认为，如果能在一年内完成这一任务，就值得继续等待他们的股票期权变成一笔巨大的金融财富。有了这样的激励，他们相信自己可以在一年的时间里忍受任何事情。然而，重组计划导致了公司的崩溃，再加上华尔街对该计划的冷淡反应，导致一些管理层对此产生了怀疑。消费产品执行副总裁纽特·怀特的情况就是如此。在阳光宣布裁员和华尔街冷淡的反应几天后，怀特意识到这不会是一个迅速的转型，也不会有一家公司那么容易上当去收购阳光并把目前的管理团队从阳光的烂摊子中拯救出来。于是，在邓拉普宣布他的计划后不到一个星期，怀特就离开了阳光。

许多人认为，阳光从未从失去怀特的打击中恢复过来。当阳光失去了怀特时，它失去了一个极有天赋和能力的经理和一股至关重要的"公司能量"（Jenkins，1997）。卡梅隆认为他的离开代表着"非正式网络"和"信息共享"的丧失（Jenkins，1997）。怀特的离职是不分青红皂白裁员的无意后果之一：由于"士气下降"，最有才华的员工都离开了。据怀特的朋友说，他"鄙视邓拉普"（Byrne，2003，p. 68），怀特难以忍受在邓拉普创造的环境多待哪怕一小会儿。

阳光虚构财务报告方案

阳光通过两大计划使其财务报表看上去比实际情况更健康：不当的收入确认时点（将收入正式确认在财务报表中的时点比其应确认的时点更早或更晚）和不当使用重组准备金。

我们不妨来看看阳光的策略：

方案1：通过开票持有销售、寄售和其他或有销售实施不当时点的收入确认

在实现销售和利润目标的巨大压力下，阳光将未来期间的销售情况记录在了本期。SEC的调查结果解释了在近两年的时间里，阳光公司的高管层是如何通过一系列造假手段来增加公司的潜在价值的（AAER 1393）。[①]

以下是阳光从1997年第一季度开始至1998年第二季度所使用的所谓

---

① 在不承认或否认 AAER 1393（2001年5月15日）中规定的法律结果或结论的情况下，阳光同意执行该命令。

的策略概要,该策略旨在增加公司未来的销售,以提高当期利润,并使销售增长产生感知上的误导:

1. 从 1997 年第一季度开始,阳光提供了大幅折扣和延长付款条件,以促使客户提前下订单。这样一来,公司可以将未来几个季度的销售提前到本季度,从而"对公司当前的经营结果产生了感知上的误导"。当然,更糟糕的结果是它"还导致了公司利润率的下降和后期销售的低迷"。简而言之,这开始了恶性循环——为了公司宣布成功实现销售目标,这种策略在未来将不得不反复使用。此外,SEC 报告称,阳光"没有按照 S-IC 法规第 101 条和第 103 条的要求,在其季度 10-Q 报表中披露这种做法"。(AAER 1393,2001)

2. 从 1997 年第一季度开始,阳光将或有销售或保证销售记录为正常的当期销售。这些销售订单的销售协议允许客户在不销售商品的情况下将商品退回给阳光,其中一些协议甚至规定,如果发生退货,阳光将支付运费和仓储费用。有些客户确实在后来的季度将货物退给了阳光。这种违背公认会计原则的销售增加了阳光报告的账面收益;然而,"公认会计原则不允许在缺乏经济实质的交易中确认收入"(Cullinan and Wright,2003,p.192)。收入确认是指在财务报表中记录一笔已满足取得收益条件的交易的过程。一般来说,收入是指销售、提供服务或其他经营活动导致的资产增加或负债减少。

根据财务会计准则委员会(FASB)的财务会计概念第 5 号声明,企业确认收入必须满足两个条件:

i. 收入必须实现或可实现。

ii. 收入必须已赚取。

当前的公认会计原则有许多行业导向和交易导向的收入确认规则。财务会计准则委员会正与国际会计准则委员会(IASB)密切合作,发布一份新的、与后者趋同的原则导向的收入确认准则。财务会计准则委员会暂时要求,对于上市公司来说,新准则将适用于"自 2016 年 12 月 15 日以后的年度报告期间"。(收入确认计划,2013,p.15)

3. 1997年第二季度开始，阳光变得更加激进和决绝，开始使用开票持有销售——客户已经开票且销售订单已被记录，但货物被保留到较晚的日期交付，以吸引客户提前下未来的销售订单。阳光再次提供折扣和延长付款条件，有时甚至向客户提供了在无法将货物销售的情况下可以退货的权利。然而，由于订单时间太长，客户不愿意提前将货物留在库存中。因此，阳光同意持有当期"售出"的货物，直到客户在下一时期真正需要这些货物。根据规定，在允许将开票持有销售记录在当期销售和收益之前，必须满足一些标准：

a. 买方（而非卖方）必须基于使用汇票进行交易并持有。

b. 买方必须有一个以开票持有为基础订购货物的实质性商业目的。

c. 与所有权相关的风险一定已经转移给了买方。为了确定与所有权相关的风险已经转移给了买方，应该考虑这笔交易的条款，查看销售合同是否指定交货运输（FOB shipping）——当货物移交给托运人时所有权已经转移给了客户，或目的地交货（FOB destination）——当货物到达目的地时所有权发生转移。

其他相关因素包括"［卖方］是否为该买方修改了其正常的票据和信贷条件"以及"卖方过去的开票持有交易的经验和模式"。（AAER 1393，2001）

然而，尽管他们没有达到标准，阳光还是将这些销售记录为当期销售了。

4. 为了劝诱更多的销售订单，阳光越来越多地给予客户退货权，但在会计记录中并没有增加退货准备金。这夸大了报告的收入。此外，SEC的调查结果称，1998年1月，首席财务官罗素·克什（Russell Kersh）"命令删除公司电脑系统中的所有退货授权……（和）删除延迟接受一定数量的待售退货的授权文件，以避免它们计入第一季度的净销售额"（AAER 1393，2001）。此外，当退货权的销售额不断增长时，阳光公司却在1997年底，将退货准备金从650万美元减少到250万美元。

5. 在1997年第一季度，作为重组计划的一部分，阳光销售的产品计划停产。阳光知道，由于产品线已被取消，这些产品的销售将终结于此。

此外，为了充分处理产品，他们以巨额折扣进行销售。这些销售应该作为一个独立于持续销售之外的非经常性的事件进行单独报告，但它们被记录为常规的持续销售（这使大众对阳光的销售"增长"和未来盈利能力产生了误解）。SEC的调查结果显示，1997年第一季度，此类交易总额为1 960万美元（AAER 1393，2001）。

6. 此外，根据1996年重组计划中将要关闭的生产线的情况来看，阳光夸大了所有将要关闭的部门的存货记录数量。这是该公司建立的"饼干罐准备金"（cookie-jar reserves）的一部分——通过高估未来负债在未来期间释放该负债而产生的准备金，意味着公司将在未来一段时间内减少其支出。从1997年第一季度开始，利润就被高估，因为这些存货的销量高于1996年记录的库存量。在1997年第一季度，季度收入被夸大了"大约210万美元"（AAER 1393，2001）。

7. 在1997年第四季度，阳光与一家执行服务公司签订了一项不具备决定性的"销售"协议，向客户销售不确定数量的备件。该合同称，"如果双方对存货的价值没有达成协议，合同将于1998年1月终止"。阳光甚至保证"客户"在未来转售这些存货时获得5%的利润。尽管该协议有条件且不确定，阳光还是在1997年记录了1 100万美元的销售额和500万美元的利润。然而，SEC称："销售价格与阳光可能获得的付款没有任何实际关系。"由于审计人员不愿意将这样一份协议归类为出售，阳光同意建立300万美元的准备金，以抵销它所获得的利润，但将收入的余额留在1997年的财务报表中。（AAER 1393，2001）

8. 阳光将未来购买的返利计入当期销售成本费用中。1997年，该公司积极与供应商谈判，以确保在未来采购合同中可以获得回扣。回扣合同包括对未来购买的预付款项。一般来说，根据公认会计原则，回扣应该会降低销售期间的销售成本费用。阳光并没有对这些产品进行评级，而是在签订折扣合同期间使用这些回扣来降低商品的销售成本。委员会发现："阳光从1997年第二季度开始获得的供应商回扣是考虑到未来的采购，因此应被确认为相关的销售。"（AAER 1393，2001）

9. 阳光通过将季度末日期延长两天获得了"额外"收入。在1998年第一季度，为了将其新收购的公司科尔曼（Coleman）这一成果纳入报表中，阳光将财务报告季度末从3月29日改为3月31日。这本身是合法的。不过，阳光在4月3日发布的公告中，并未提及当季销售下滑是在增加这两天的销售之后仍然出现的。然而，阳光在1998年4月13日提交的8-K文件和1998年5月15日提交的10-Q文件中都披露了这一变化。

10. 阳光还被指控发布误导性的公告，以及对分析师进行模棱两可、欺骗性的新闻发布会和电话会议。阳光断然否认其"渠道填充"（channel stuffing）——说服客户在当前时期提前下好后期的订单。从本质上讲，即卖方"塞"进顾客仓库的存货超过了顾客目前的需要，例如卖方通过大额折扣和延长付款期限，诱使客户提前订货。阳光还公然夸大了其销售和盈利预期，并故意隐瞒了之前提到的九种操纵手段。该公司曾利用这些手段，使人对其销售和利润增长产生错误的感知。在公布1997年第一季度业绩的公告中，阳光的销售额与1996年第一季度相比增长了10%。然而，正如前面第2点所解释的那样，在公布业绩时，阳光并没有透露大部分增长来自停产产品的销售和保证销售。此外，SEC宣称，"无论阳光的管理层知道与否，这些错误的陈述和遗漏都使阳光的公告在很大程度上是虚假的和具有误导性的"。SEC还发现，虽然阳光通过加速未来阶段的销售，表面上达到了1997年第三季度的盈利目标，"但管理层公开否认了某些分析师关于阳光是依靠渠道填充来实现收入目标的说法"。（AAER 1393，2001）

到了1997年第四季度，所有的技巧（包括但不限于以上所述）仍不足以达到阳光不切实际的预定目标。邓拉普随后指责温暖的天气影响了电热毯的销售。然而，"投资者不知道的内容会导致阳光股票的全面崩溃"（Byrne，2003，pp.169-170）。尽管略低于阳光自己所制定的不切实际的目标，但在采取了所有提前未来销售的策略之后，该公司公布的业绩可能是创纪录的。在1998年1月28日的公告中，阳光坚称其销售额的增长"清楚地表明（阳光的）战略正在发挥作用"。SEC随后得出结论，"这次新闻发布以及阳光与其分析师之间的电话会议实质上夸大了运营结果"（AAER

第三章 阳光传奇

1393，2001）。

1998年3月19日，邓拉普极不情愿地发布了另一篇（相当突然的）公告，而推动此举的原因是摩根士丹利（Morgan Stanley）对其为阳光承销的5亿美元债券发行所做的"尽职调查"（due diligence）。这项"尽职调查"研究发现，阳光的主要客户存在库存积压的情况，且其1998年第一季度的销售增长非常缓慢。摩根士丹利的律师和阳光的内部和外部律师坚持要求发布一份公告，披露该公司1998年第一季度的销售额可能达不到分析师的预期。阳光发表声明称，1998年第一季度净营收"可能低于华尔街分析师预估的2.85亿~2.95亿美元，但预计将超过1997年第一季度的2.534亿美元"。该公司还表示，库存短缺的情况"如果存在的话，将归因于该公司某些主要零售客户的库存管理和订单模式发生了变化"。（AAER 1393，2001）

SEC坚称，该报告"错误地暗示了阳光对零售商的销售情况不佳的成因是零售商普遍努力降低投资水平，而不是该公司1997年的加速销售"。此外，阳光管理层获得的信息并没有为净销售额超过1997年第一季度这一预测提供任何依据。

事实上，阳光在4月3日的一份公告中宣布，它预计1998年第一季度将出现亏损。SEC的声明中提到了以下内容：

在公告和相关电话会议中，阳光管理层并未透露：
- 阳光对退货的准备金不足；
- 开票持有销售将本季度的净销售额拉高了3 500万美元；
- 本季度财务报告期被延长了两天，这为本季度增加了2 000万美元的净销售额。（AAER 1393，2001）

1998年5月11日，阳光发布了1998年第一季度收益报告。该公司没有披露1997年的加速销售如何耗尽了当前季度的销售收入，但披露了每股52美分的亏损。该公司也没有披露"第一季度开票持有销售额的实际影响，以及未能为退货做好充足的准备金"。此外，阳光对这一年的预测

"与内部分析相反"。（AAER 1393，2001）

方案2：不当使用重组准备金

根据SEC的指控，阳光另一种主要的虚报行为是它为资产减值以及未来的损失或负债设立了巨额准备金。后来它"发现"这些准备金是不需要的，于是它把这些饼干罐准备金放回收益中，以提高未来的利润。阳光在实施裁员和重组策略以及收购科尔曼、第一警报和签名品牌后，创建了这些夸大的重组准备金。

法定准备金通常用于确认未来的负债或损失，费用于当期确认。当未来的付款或损失发生时，该金额将与准备金相抵，而不作为后期的费用报告。有时公司会滥用这一程序，依SOX报告（SEC 2002年根据《萨班斯-奥克斯利法案》的报告），对法定准备金的滥用或不当使用的描述如下：

> 准备金可能被不当地用于盈余管理。这些公司通常在一个会计期间建立准备金（利用最初对负债的过度累积），然后在以后的会计期间减少超额准备金。准备金冲回所创造的净收入可以用于弥补收益的不足。(p.17)

具有欺骗性的公司特别喜欢将未来费用确认为本期的特殊费用。特殊费用很可能被视为一些不会重复发生的项目，因此，它通常不会对股价产生负面影响。因此，如果这种一次性支出有一个听起来很正面积极的名字（比如"重组准备金"），那就最好不过了。在未来该费用实际发生并与准备金抵销，而不是确认为一项费用时（因为该费用已在较早的时期被记录了），未来的利润就会被虚增。这样"重组"看起来似乎就奏效了，公司将再次出现更高的利润，股价通常也会相应地有所上涨。与此同时，在重组之后所发生的一切是：公司不必对那些被先前建立的夸大的饼干罐准备金所抵销的费用做出解释。

阳光在为其宏大的瘦身重组计划创建准备金时并没有遮遮掩掩。在1996年的最后一个季度，它进行了一次十分重大的重组。SEC发现其中至

少虚增了3 500万美元。（AAER 1393，2001）

此外，SEC发现，阳光在重组后不仅降低了正在减少的存货的账面价值，还降低了将继续正常持有的存货的账面价值。最终，1996年底的存货少报了210万美元，而当存货售出时，这一数字将会夸大1997年的收益。

在1996年最后一个季度，阳光还为一项可能进行的环境行动设立了1 200万美元的诉讼准备金。但是，委员会发现这笔准备金至少被夸大了600万美元。同样在1996年的最后一个季度，阳光建立了一项2 180万美元的合作广告准备金，然而委员会发现该项准备金"没有经过任何合理性检验"。（AAER 1393，2001）

在整个1997年，阳光每个季度都会释放一部分上述超额准备金，用以夸大收益。例如，在1997年第二季度，公司通过释放820万美元的非公认会计原则的超额准备金夸大其账面收益，另外580万美元的超额收益则来自先前发布的合作广告准备金。又如，阳光第四季度的盈利被夸大，因为公司释放了150万美元的重组准备金，而在以300万美元了结了一桩环境诉讼案时，公司又夸大了900万美元利润，因为它将之前设立的1 200万美元的诉讼准备金中剩余的900万美元重新冲回了利润之中。（AAER 1393，2001）

正是在提前记录未来销售方面，阳光自我标榜为灵活运用书中所有技巧以提高销售额和利润的经典案例研究对象。阳光利用了广泛使用的渠道填充的每一美元，创造了一种全新的方式来玩这场快速而不受约束的把戏。

阳光的至暗时刻

1996年7月19日，当阿尔·邓拉普被任命为阳光的CEO时，公司的股价上涨了56%，从12.50美元涨到了18.63美元。华尔街被这样一种想法所吸引，即这位好斗的裁员专家将会像他推动之前公司的股价一样迅速提振阳光的股价，而不在意这些公司在股价快速提升之后又发生了什么。

当邓拉普在 7 月份表示，他已经开始研究一项能够扭转局面的裁员计划后，公司股价继续上涨。到 1996 年 11 月 12 日，股价涨到了 20 多美元。就在那天，阳光宣布了大规模裁员计划的具体细节。这一次，计划中所裁撤的员工数量、工厂设施和产品的规模之大震惊了华尔街。那天公司股价下跌了一点，但一直保持在 20 美元的高位，一直持续到了 1997 年 3 月。

就在 1997 年第一季度，阳光开始发布财务报告，依此看来削减设施、产品、工作岗位和研发支出似乎确实可以提高销售和收益。1997 年初，阳光开始将 1996 年重组时产生的虚假准备金重新计入收益。它还开始通过我们前文讨论的一系列技巧，将未来的销售提前到当前报告期。阳光在 1997 年每个季度都重复了这样的做法，其盈余管理也在当年的第四季度达到最高水平。（AAER 1393，2001）

如前所述，阳光在这些误导性的销售和盈余报告中，对公司未来的增长做出了不切实际的估计，也未考虑到未来收入提前确认所带来的影响。基于这些虚幻的盈利和销售增长报告以及对未来业绩的不切实际的估计，公司股票价格在 1997 年 3 月突破了 20 美元的高位，并开始稳步攀升，直到 1998 年 3 月达到 52 美元的峰值。这发生在阳光宣布收购三家公司（科尔曼、第一警报和签名品牌）的几天之后。自 1996 年 7 月邓拉普任职以来，阳光的股价已经上涨 400%。

然而，阳光正处于燃烧殆尽的边缘。1998 年 11 月，公司股票价格暴跌到大约 7 美元（AAER 1393，2001）。阳光越是将未来阶段的销售提前到当前阶段，就越难以实现未来阶段的销售预期，该公司也陷入了一个不断加剧的恶性循环之中。客户没有为提前记录的销售额提前付款，而更糟糕的是，他们库存的阳光产品在稳步增加。此外，阳光本身也储存了大量"已售出"的库存。

虽然许多人接受了裁员计划对公司经营情况迅速转变的解释，但对其他人来说，裁员使销售的快速增长似乎仍是难以置信。一些持怀疑态度的人一直在仔细观察夸大销售和收入的迹象。早在 1997 年 6 月中旬，《巴伦周刊》（*Barron's*）的一篇文章就在应收账款和存货同时增加的情况下对

第三章 阳光传奇

销售增长的有效性提出了质疑（Laing，1997）。然而，这一点被市场所忽视，又被耀眼的股价所蒙蔽。旧金山白金汉研究小组（Buckingham Research Group）的分析师威廉·斯蒂尔（William H. Steele）在 1997 年 7 月将阳光的评级下调至中性，原因是存货的增加以及他注意到"营运资金的现金变化为负"（Byrne，2003，152）。1998 年 3 月 2 日，当邓拉普的新雇佣合同在一次电话会议上宣布时，贝尔斯登公司（Bear Stearn）的分析师康斯坦斯·马尔蒂（Constance Maneaty）询问了邓拉普慷慨的新期权是否会在未来拖累他的收入。

在此期间，阳光面临的一个真正威胁是摩根士丹利对其为收购科尔曼、第一警报和签名品牌筹集资金而承销债券所发起的"尽职调查"的测试的逼近。当邓拉普在路演中对阳光的计划大谈特谈，以争取其对债券发行的支持时，摩根士丹利的"尽职调查"团队一直在与阳光的管理人员、外部审计师安达信以及阳光最大的客户进行交谈。他们所听闻的一切都表明，阳光对 1998 年第一季度的销售预期将无法实现。随后，摩根士丹利联系了阳光的内部律师大卫·范宁（David Fannin）和外部律师布莱恩·福克（Blaine Fogg），后者进行了进一步调查。3 月 18 日，双方同意在第二天发布公告，宣布阳光可能无法实现销售目标。然而，这份声明并没有说明问题的严重性。该公司承认，销售额可能低于华尔街分析师的估计范围，但它"预计销售额将超过 1997 年第一季度"。该公司还将下降归咎于客户"库存管理和订单模式的变化"。由于 1997 年的超前销售，阳光的客户拥有大量库存，该公司在 1998 年受到了它们的影响。（AAER 1393，2001）

作为一家销售和盈利快速增长的公司，这一声明标志着阳光坚硬的外壳第一次出现了裂痕。该消息公布当天，阳光的股价跌至 45.375 美元。尽管如此，该公司仍通过发债筹集了 7.5 亿美元——这将使那些债券持有者在后来懊悔不已。然而，关于阳光的实际销售增长及其估算的有效性的问题现在已经暴露出来，并且随着库存积压在阳光和客户的仓库中，这些问题的答案将持续不利于管理层维持阳光的泡沫。

1998 年 3 月 20 日，在阳光发布公告的第二天，《纽约邮报》（New

York Post）刊登了一篇题为《阳光前景黯淡：董事长阿尔对利润发出警告》的文章，这篇文章质疑了邓拉普是否能够实现阳光对销售增长的预期。更糟糕的是，分析师安德鲁·肖尔正在重新考虑之前对阳光股票的上调。肖尔从来都不是阿尔·邓拉普的粉丝，但他又一次关注到其公司的库存不断积压的情况，也听说过阳光内部的混乱。

4月初，肖尔接到消息，阳光的国内销售主管唐纳德·伊兹被解雇了。为了防止阳光的销售完全崩溃，伊兹一直肩负着巨大的责任，公司不顾一切地将其被解雇这一消息封锁了起来。随着伊兹离职的传言以及公司计划主管查德·古迪斯（Richard Goudis）的辞职，肖尔在一次电话会议上认为，他必须冒着风险下调阳光股票评级。"这次会议将纽约的分析师和全球5 000多名股票经纪人联系在一起，它产生了惊人的影响，阳光的股价开始暴跌，几分钟内下跌了4美元"（Byrne, 2003, pp. 241, 242）。如果他错了，肖尔的名声就会一落千丈。几个小时后，肖尔松了一口气，事实证明他的那通电话是正确的，因为彼时阳光的内部律师坚持要发布一份新闻声明来解释以下情况：

- 阳光现预计在1998年第一季度产生亏损。
- 销售额将达不到阳光在几周前所发布的预期。
- 销售额将低于1997年第一季度。（AAER 1393, 2001）

同一天，阳光的股价下跌了近25%至34.38美元。肖尔被证明是正确的并收到了祝贺。阳光的内部审计师迪德拉·登丹托（Deidra DenDanto）在同一天辞职，她曾因对开票持有销售的担忧而被管理层边缘化。阳光的CFO罗素·克什对这些财务报告中的错误负有最终责任，现在他只能眼睁睁地看着虚报利润的烟花在他眼前绽放。至于邓拉普，他继续"将阳光1997年盈余管理对1998年第一季度的影响粉饰为意料之外的放缓"。（AAER 1393, 2001）

华尔街分析师开始下调阳光的股票评级，调查记者开始寻找造假的迹象：不断增长的应收账款和不断增加的存货。伪造记录的销售存在的一个问题是：它仍然是应收账款，而不像一笔诚实的买卖那样变成现金。再者，开票持有销售的库存商品必须存在于某处——卖方或买方的仓库。此

第三章 阳光传奇

外,经营现金流滞后于虚假报告的利润,很难在下一时期实现销售。经营现金流(cash flows from operating,CFFO),也称经营活动产生的现金流量,是指公司主要经营活动所产生的现金流量,一般是指某一期间内由于销售或提供服务或是其他经营活动及其相关费用的发生而导致的实际现金金额的增加或减少。华尔街和媒体终于明白了邓拉普"扭亏为盈"的实质。《福布斯》(*Forbes*)杂志上的一篇文章写道:"七个月前,阿尔·邓拉普宣布成功扭亏……阳光……但自3月中旬以来,其股价已从52美元跌至最近的28美元,下跌幅度接近50%。扭亏为盈实际上并没有发生,也不太可能发生了。"文章继续指出,在1997年12月阳光是如何"出售6 000万美元的应收账款以筹集现金的"。然而不幸的是,分析人士没有对阳光的数字提出质疑。如果他们有所怀疑,就会发现阳光正在崩溃。(Schifrin,1998)

在5月11日与财务分析师的会议上,阳光宣布了另一项裁员计划。受到收购科尔曼、第一警报和签名品牌影响,阳光计划裁员6 400人,关闭24家工厂中的8家。《纽约时报》(*New York Times*)在5月12日的分析师会议上指出:"邓拉普将'超前购买'的失败归咎于种种原因,从批准与零售商进行'愚蠢交易'的营销主管到厄尔尼诺现象……无论什么原因,不理想的业绩表现比投资人预期的还要糟糕"(Canedy,1998c)。未来将会更加糟糕。

对邓拉普和CFO罗素·克什而言,终极炸弹是几周后乔纳森·莱恩(Jonathan Laing)在《巴伦周刊》上发表的一篇文章。莱恩认为:"阳光所谓的获得突破性进展之年的收入似乎主要来自人为捏造。"文章推测,公司的大部分预期收益来自阳光将其准备金重新转为的盈利,而这笔准备金的来源正是其1996年所虚增的重组费用。此外,该报告推测当时阳光也记录了财产、厂房和设备的价值,以减少未来的折旧费用;同时作者还观察到,阳光的坏账和折扣的准备金的下降推动了收益的增长。作者还怀疑:"阳光的存货在1997年猛增了约40%,即9 300万美元。"此外,"有迹象表明,阳光将尽可能多的销售额挤进了1997年,以同时增加收入和利润"。《巴伦周刊》上的那篇文章成了阳光虚假外壳上的最后引爆点。(Laing，1998b，pp. 18-19）

接下来的那个周一，阳光发布了一份公告，称《巴伦周刊》文章中关于阳光大量捏造利润的指控没有事实依据。不过，这次通告很成问题——因为它十分笼统，没有回应任何一条具体的质疑。第二天，阳光召开董事会审议外界对公司的指控。参加会议的有内部和外部法律顾问，以及罗素·克什（CFO）、罗伯特·格卢克（财务主管）和菲利普·哈洛（安达信的外部审计师）。在会议上，董事们并没有从相关会计数据或当前季度业绩的反馈中找到安慰。此外，邓拉普和克什表示，如果他们得不到董事会更多的支持，可能会递交辞呈。会议结束后，外部董事们讨论并得出结论：邓拉普似乎要完蛋了，阳光可能也要完蛋了。在接下来的几天里，总法律顾问范宁会见了外部法律顾问，他们进行了进一步的内部调查。约翰·拜恩在他的书《链锯》中解释了6月13日（星期六）范宁和独立董事是如何秘密会面的。他们决定接受邓拉普和克什在上次董事会上提出的辞职申请，从而解雇他们。董事会召开了另一次会议，并给邓拉普和克什打了电话。在这两个人的工作岌岌可危之际，董事之一彼得·朗格曼（Peter Langerman）向他们宣读了一份事先准备好的声明：

以下是我们的建议：

1. 你将被立即从公司及子公司的所有职位上撤职。但是你可以继续担任阳光的董事，除非你主动选择从董事岗位离职。

2. 董事会任命了新的董事长，我们将继续寻找你的继任者……（Byrne，2003，p. 324）

在解雇了邓拉普和克什之后，朗格曼继续深入调查阳光的问题。他了解到阳光可能在月底违反其债务契约，彼时可能有巨额贷款需要偿还。董事会意识到了公司破产的可能性，他们决定请（露华浓化妆品公司的）罗恩-佩雷曼（Ron Perelman）安排杰瑞·莱文（Jerry Levin）（他曾是科尔曼公司的CEO）经营一段时间——佩雷曼在把自己的公司科尔曼卖给阳光时，获得了阳光的大量股票。莱文接受了这一请求，并开始重新聘用在邓拉普任内辞职的高管。此后，他开始对财务报表进行全面分析。SEC 也在 6 月份开始了对阳光的调查。外部审计师安达信开始审查阳光以前的财务报表。莱文、安达信和 SEC 立刻明白，阳光的财务报表必须重述。一项正在进行的调查将会确定重述的数额。

作为调查的结果，阳光于 1998 年 11 月"发布了从 1996 年第四季度到 1998 年第一季度六个季度的关键财务报表。根据修正之后的报表，阳光报告了其 1997 年的收入实际为 9 300 万美元，大约是它之前所报告的数额的一半"（AAER 1393，2001）。仅在 1997 年，阳光就将其收入夸大了近 100%。阳光的惊人复兴只不过是一种"人造的幻觉"（Byrne，2003，p.345）。

在解雇邓拉普的几周内，该公司的股价已跌至每股 10 美元以下。在 10 月份宣布了要求的重述后，阳光的股价落至 7 美元的范围内，从每股 52 美元的峰值大幅下跌至此，仅仅过了 8 个月。（AAER 1393，2001）

尽管杰瑞·莱文勇敢地尝试了扭转阳光破产的局面，该公司在遭受了一系列的严重损失后，仍于 2001 年申请了破产保护。根据重整计划，大部分银行债务将转换为股权，而股东们将血本无归（"Bankruptcy Judge，"2002）。

阳光舞弊的信号

有一些迹象表明，阳光可能发布了虚假的财务报告。以下是对其中一些信号的核查。

阳光舞弊手法 Ⅰ（利用开票持有销售、寄售和其他或有销售实施不当时点的收入确认）的信号

许多信号可能已经提醒投资者应当注意报告的真实性，这些诡计与收入确认的不当时间点有关。

信号1：领导者素质

公司领导的素质是一项重要的信号，它决定了公司的财务报表是否有可能存在虚假报告的情况。公司领导人的道德、能力、管理风格和过往履历应该是分析师或投资者在审查财务报告的可信度时首先考虑的依据。邓拉普在加入阳光之前所管理过的公司中最著名的是斯科特纸业，而其业绩记录让安德鲁·肖尔从一开始就对阳光所谓的"转机"表示怀疑。基于长期以来对邓拉普的质疑，在1998年4月3日的早晨，就在阳光发布公告称其不会对1998年第一季度做出预测之前，肖尔成了第一个下调阳光股票评级的分析师。

这种对公司领导人的素质和业绩记录的一般信号，应该与对管理层拟定的商业计划是否能够转化为报告业绩的分析结合起来考虑。阳光凌厉的成本削减计划（关闭生产工厂和削减产品、员工和研发支出）不太可能带来1997年创纪录的快速销售增长。这与阳光的主要裁员计划所产生的相关财务报告的不可信是财务报告造假案的一个主要信号。

信号2：应收账款占销售额百分比的增加

夸大销售额的主要信号是应收账款占销售额百分比的增加，这通常可以用应收账款周转天数（days sales outstanding，DSO）来衡量。如果下一期间的销售超前计入当期，或者销售完全是虚构的，公司会借记应收账款和赊销，将其作为合法销售。然而，正当的销售收入很快就会由客户支付并变成现金，下一时期的销售收入可能只在下一时期支付，并以应收账款的形式留在本期资产负债表上，而不是现金。

这种夸大销售额（以及相应夸大的利润）的信号很容易发现——我们只需查阅利润表，从中提取销售数字，并在资产负债表中提取应收账款金额，然后计算应收账款占销售额的百分比。为了说明这种技术的有效性，让我们审阅一份来自阳光的利润表（表3-1）的摘录，以及一份来自其资产负债表（表3-2）的摘录。将每季度末的应收账款除以其过去四个季度的销售收入的加总（即过去12个月的销售），可以看到应收账款占销售额的比例呈上升趋势（如表3-3所示），从1997年第一季度销售额的29%

上涨至1998年第一季度的近49%。

表3-1 阳光的利润表摘要① 单位：千美元

	季度利润表摘要								
	1996			1997				1998	
	Q2	Q3	Q4	Q1	Q2	Q3	Q4	Q1	Q2
净销售额	253 896	231 770	268 863	253 450	287 609	289 033	338 090	244 296	578 488
（销货成本）	206 685	202 998	309 282	185 669	213 080	200 242	238 692	211 459	630 965
毛利润	47 211	28 772	（40 419）	67 781	74 529	88 792	99 398	32 837	（52 477）

表3-2 阳光的资产负债表摘要 单位：千美元

	重述前的季度资产负债表摘要								
	1996			1997				1998	
	Q2	Q3	Q4	Q1	Q2	Q3	Q4	Q1	Q2
资产负债表账户									
现金及现金等价物	35 794	24 638	11 526	30 415	57 970	22 811	52 378	193 543	43 151
应收账款	228 749	194 559	213 438	296 716	252 045	309 095	295 550	562 294	523 065
存货	327 093	330 213	161 252	14 811	208 374	290 875	256 180	575 109	646 626
流动资产总额	621 411	586 012	624 163	609 654	634 848	692 552	658 005	1 438 638	1 278 465
资产总额	1 230 310	1 196 333	1 072 709	1 053 155	1 089 345	1 145 071	1 120 284	3 443 422	3 519 121
流动负债总额	187 535	253 331	2 771 583	260 154	258 149	245 997	198 099	443 719	1 861 243
留存收益			35 118				141 134		（310 233）

表3-3 应收账款占销售额的百分比增量

	应收账款占销售额的百分比					
	1997				1998	
	Q1	Q2	Q3	Q4	Q1	Q2
应收账款占销售额的百分比	29.43%	24.20%	28.13%	25.30%	48.51%	36.08%

信号3：毛利率百分比的突然变化

第三个标志是毛利率百分比（gross margin percentage）的突然变化，

---

① 表3-1和表3-2取自阳光提交给SEC的文件，www.sec.gov。

即销售额减去销货成本所占销售额的百分比发生改变。对于制造商来说，短时间内提高公司的毛利率是很困难的，如果毛利率短时间内大幅下降也值得怀疑。这个信号很容易发现。简单地浏览几个季度的利润表，投资者就可以察觉到公司毛利率的可疑变化，请参看阳光季度利润表的摘录（见表3-1）。如表3-4所示，毛利润占销售额百分比的计算显示了各季度毛利率的异常变化，从1996年第二季度的19%到1996年第四季度的-15%。此后，一场可疑的"优化"（即所谓的"扭亏为盈"）在1997年发生了。阳光的毛利率由1997年第一季度的27%提升至1997年第三季度的31%，然后又在1998年第一季度跌至13%，并在1998年第二季度降至-9%。

表3-4 毛利率变化

应收账款占销售额的百分比									
	1996			1997				1998	
	Q2	Q3	Q4	Q1	Q2	Q3	Q4	Q1	Q2
毛利率	19%	12%	-15%	27%	27%	31%	29%	13%	-9%

这些毛利率的异常变化可能在一定程度上归因于一些行为，例如1997年以高于重组调整后的价格出售存货——因为一些存货被错误地低估了数额。此外，阳光的计划（例如低报了存货准备金和将未来购入存货的折扣收益计入当期）虚增了1997年和1998年第一季度的毛利率。

信号4：经营现金流落后于营业利润

第四个信号是经营现金流落后于营业利润，或者说经营现金流相对于经营收益发生下降。针对这一信息，我们再次简单地回顾阳光提交给SEC的财务报表。在1997年的前三个季度，我们观察到阳光在其利润表中报告了1.32亿美元的营业利润。然而，再观察现金流量表，我们可以发现阳光同时期的经营现金流是负的，这是一个巨大的危险信号。如果阳光的利润如此之高，为什么还要烧如此之多的现金呢？

现金流量表分为三个部分：经营活动产生的现金流量、投资活动产生的现金流量以及筹资活动产生的现金流量。因此，经营现金流不应该表现出明显少于经营利润（在利润表中列为"营业利润"）且没有非常明确的解释。

当然，仅从前四个信号来看，任何阅读了阳光 1997 年末财务报表的人都应该注意到该公司公布的销售和营业利润是不可靠的。如果这些销售是合法正常的，那么它们的现金转化率应该是不一样的，而且公司经营毛利率波动很大却没有明确的原因能够解释这一波动。

信号 5：采用更激进的收入确认政策

第五个信号是公司通过采取激进的收入确认政策夸大其销售额，这种激进政策的典型案例就是在货物发货给客户之前就确认销售收入。两种主要的会计策略分别是通过"开票持有销售"和"完工百分比"（percentage of completion）核算正在履行中的合同。对于阳光来说，虚增销售和利润的方法就是它的开票持有销售——让客户提前于付款和向其发货之前的很长一段时间就下后续的订单。在阳光 1997 年第四季度确认的 3 500 万美元的开票持有销售中，有 2 900 万美元后来被修正并重新列为其未来期间的销售。

就阳光而言，这个信号很容易被发现——公司 1997 年年报附注中就提到了这项会计政策。

这里的教训是阅读季度和年度财务报表的注释和脚注，并搜索任何新的、激进的表明公司在货物交付前记录销售的政策。

信号 6：大额折扣和延长付款时限

当一家公司通过提供大额折扣和延长付款时限以吸引客户订单时，这便是提示当期报告的销售收入被虚增的信号，未来的销售情况将因为这些早期的订单而陷入疲软。阳光季度报告中的财务报表附注（10-Q 表格）应是根据 S-K 规定的第 101 条和第 103 条披露的。然而，阳光并没有披露这部分信息（AAER 1393，2001）。要想了解这类信息，分析师和投资者应该通过谷歌等搜索引擎和 LexisNexis 或 ProQuest 等数据库进行文章搜索，从而浏览 10-Q 和 10-K 报告。他们应该关注该公司所提供的异常慷慨的付款条件或折扣的数据。如果有必要，他们甚至可以采访该公司的员工和客户——就像阳光 1998 年发行债券时承销商在尽职调查测试中所做的那样。

此外，任何公司打算斥资建造新的库房以存放公司存货（与阳光一样），或公司的主要客户建立仓库，抑或是建造储存未售出存货或可回购存货的"回收中心"的消息应当被特别关注——公司可能会以牺牲未来的销售为代价，美化当前销售情况。

信号 7：附回购保证条款的销售

当客户有权退回产品时，这份销售记录将是虚报销售的信号之一。这种销售通常称为附回购保证条款销售，即如果顾客不能转售商品就可以退货，或者如果不能达到一定的转售价格或保证的加价，客户可以得到补偿。在阳光的案例中，SEC 发现"在 1997 年第四季度总共有 2 470 万美元的销售用于支付分销商的退货权"（AAER 1393，2001）。根据财务会计准则委员会的财务会计准则第 48 号①，应在财务报表中为这类退货设置一笔准备金。然而，SEC 报告称，由于这类交易对阳光构成重大变化，而且可能的退货金额尚不清楚，因此该公司不应将这些销售收入列入财报。

投资者或分析师应该在财务报表中寻找所有被披露的此类销售（尽管在某些情况下（比如阳光），会计政策的改变可能不会被合规地披露）。此外，还应该寻找有关公司政策重大变化的媒体报道，或者关于公司或客户建造回收中心或仓库的报道。同样，这些都是退货即将发生的迹象。

信号 8：无法达到销售预期的公告

声明此前的销售增长无法实现预期的公告是十分明显的警告信号。当一家公司发布第二份公告，向下修正了先前一份公告的数字（而该公告本身就是向下修正销售预期）时，这是公司孤注一掷地夸大销售和销售状况的强烈迹象。先前我们已经讨论过，阳光在 3 月和 4 月发布的公告就是如此。为了避免这一问题带来的不良后果，我们可以在互联网或数据库中搜索公告或频繁修改先前公开发布的公告有关的文章。

阳光舞弊手法Ⅱ（不当使用重组准备金虚增利润）的信号

以下也有一些预警信号，能够帮助我们发现通过不当使用重组准备金

---

① 财务会计准则第 48 号，www.fasb.org。

进行利润虚增的行为：

信号1：大额一次性费用

财务报告中的大额一次性费用（如重组费用和资产负债表上的准备金）应当提醒阅读者以后各期的收益被高估的可能性——企业通过将原本的准备金释放回利润或将已减值资产以正常的价格出售虚增利润。阳光的利润表列示了一笔1996年第四季度的高达1.549亿美元的重组费用，其中包括广告准备金和诉讼准备金等项目的超额费用。

信号2：重组准备金

如果在新CEO上任时，财务报表中出现了调整准备金或其他一次性费用引起的准备金，这是一个更加强烈的警告信号。这说明由于不当准备金的产生，未来的费用有可能提前计入本期。阿尔·邓拉普于1996年7月18日被任命为阳光的CEO，并在1996年最后一个季度建立了大规模的重组准备金。

信号3：准备金迅速减少

准备金迅速减少是一个信号，这表明该期间的收益可能已经通过冲回准备金减少账面费用，从而夸大当期利润。我们必须考虑到当一家公司无法再释放准备金来支撑利润时，还有什么能够支持它在未来实现利润增长。阳光的重组收益从1996年最后一个季度的6 380万美元下降到1997年第一季度的4 530万美元，然后稳步发展，直到1998年第一季度末降到零。

信号4：经营现金流明显低于营业利润

饼干罐准备金的释放提高了营业利润，但并不产生现金流。因此，经营现金流滞后或落后于营业收入也是财务报告造假的信号。在阳光的财务报表中，释放饼干罐准备金和超前销售（如方案1所讨论的）的后果结合起来形成一个非常强烈的信号，揭示了其极端激进的盈余管理手段。

要发现这种操纵行为，可以在财务报表中搜索利润表中的一次性大额费用或资产负债表中后期减少的准备金。当阳光在1997年报告了高额的营业利润，但同时对经营现金流产生反向影响时，这就是一个尽快抛售该公司股票的信号。

他们从此过着幸福的生活吗？[①]

● 2002年，阳光前CEO兼董事长阿尔·邓拉普与股东达成了一项1 500万美元的集体诉讼和解。同年，在与SEC的民事和解中，邓拉普在不承认或否认指控的情况下同意接受50万美元的民事罚款，并被禁止再次担任任何上市公司的高管或董事（LR 17710，2002）。

据报道，邓拉普和他的妻子茱蒂住在佛罗里达州奥卡拉的一个马场，并在南卡罗来纳的希尔顿海德有一处避暑别墅。2006年，邓拉普还给了佛罗里达州立大学一笔丰厚的捐款（Murphy and Ray，2006）。

2007年9月，邓拉普在向佛罗里达州立大学捐款500万美元一年后，获得了该大学的荣誉博士学位。他很快被称为"链锯博士"（Dr. Chainsaw）(Porter and Dizik，2007)。

2009年，邓拉普被评为史上最差CEO中的第六名（"投资组合史上最糟糕的美国CEO"）。

现在已经快70岁的邓拉普坚称，他并不像媒体所报道的那样在阳光任职期间是一个凶暴的人。他被描述为一个始终喜欢德国牧羊犬的人，而且显然很鄙视他那臭名昭著的绰号——"链锯阿尔"（Florian and Adamo，2010）。

● 阳光前CFO克什同意接受20万美元的民事罚款，但对这些指控持不置可否的态度。他也被禁止再担任上市公司的高管或董事（LR 17710，2002）。

● 2005年5月，陪审团裁定摩根士丹利犯有欺诈罪。就1998年罗恩-佩雷曼的科尔曼公司出售给阳光一事，该投资公司被责令支付总额超过14亿美元的"补偿金和惩罚性损害赔偿金"。当阳光破产时，佩雷曼损失了近10亿美元。摩根士丹利对该判决提出上诉，声称自己也是"阳光欺诈的受害者"（"Morgan Stanley…，"2005）。

2007年，佛罗里达州的一家上诉法院推翻了陪审团对摩根士丹利的裁

[①] 本书中这部分内容提供了选定的某些人和公司的信息，并不意味着已经明确或详尽地列示了所有项目。

决（Thomas, Jr., 2007）。

● 阳光在2002年以美国家庭公司（American Household, Inc.）之名从破产中重新崛起，随后在2005年1月被Jarden公司收购（"Jarden," 2005）。

本章案例的伦理道德

问题：

a. 通过功利主义的框架来探讨道德，讨论阳光公司的管理层在发布财务报表时实施了不恰当的收入确认时点是否存在道德问题，注意确定本案例中的主要利益相关者。（功利主义的框架见第二章"伦理道德"。）

b. 你认为在明知公司盈利被夸大的情况下，仍然交易该公司的股票是否不道德？请从有关道德决策的公正原则角度解释你的观点。（请参阅第二章中有关公正原则的内容。）

案例研究

美国贝泽房产公司

● 阅读以下关于贝泽房产公司（Beazer Homes USA, Inc.）的会计和审计执行公告（AAER 2884）[①]。

● 审阅下文中贝泽房产2004—2007年度财务报表概要。

● 回答下面的案例研究问题。

要求：

a. 虚增收入诡计：（注：本问题指售后回租交易）根据AAER 2884，贝泽房产将其2006年的收入夸大了1.17亿美元，并将2007年前两个季度的累计收入低估了260万美元。虚构财务报告最常见的20种方式见第一章表1-1。然后回答以下关于SEC对贝泽房产的AAER 2884诉讼的问题。

1. 你会如何描述贝泽房产夸大收入的特征？你认为它主要是一种"不当的收入确认时点"，还是"虚构收入"，抑或是"收入估计不当"？解释

[①] 贝泽在不承认或否认调查结果的情况下同意接受该命令中的条款。

你的观点。

2. 描述贝泽房产夸大收入的方法。

3. 参考贝泽房产以下 2004—2007 财年的财务报告，你能识别出什么信号，以表明贝泽房产夸大了其收入？（注：因为分析师直到 2007 年才有重述的数字，所以请使用原始数字，而非重述金额。）

b. 夸大利润和准备金：根据 AAER 2884，贝泽房产也通过先夸大应计利润和准备金，然后将其释放为收益来虚增利润。

1. 通过使用其某些土地储备账户，描述并解释贝泽房产是如何创建一笔饼干罐准备金，又在后来转为利润的。

2. 思考贝泽房产将其土地储备账户用作饼干罐准备金的做法，并解释该诡计与阳光的"不当使用重组和其他负债准备金"有何相似之处。

3. 解释贝泽房产的土地储备账户方案与阳光使用不当准备的主要区别。

对于贝泽房产公司的会计和审计执行公告（AAER 2884）[①]

美国证券交易委员会

1933 年证券法

发行编号 8960 / 2008 年 9 月 24 日

1934 年证券交易法

发行编号 58633 / 2008 年 9 月 24 日

会计和审计执行

公告编号 2884 / 2008 年 9 月 24 日

行政诉讼
第 3-13234 号文件
被调查人：
美国贝泽房产公司

根据《1933 年证券法》第 8A 条和《1934 年证券交易法》第 21C 条，作出调查结果，并实施终止诉讼的命令。

Ⅰ.

根据《1933 年证券法》（简称《证券法》）第 8A 条和《1934 年证券交易法》（简称《证券交易法》）第 21C 条，美国证券交易委员会（简称"委员会"）认为针对美国贝泽房产公司（简称"贝泽"或"被调查人"）的停止诉讼程序是适当的。

Ⅱ.

面对即将被提起的诉讼，被调查人提出一份委员会已决定接受的和解要约（简称"要约"）。仅用于这些诉讼以及委员会或代表委员会提出的任何其他诉讼（或委员会是其中一方，且不承认或否认本项裁决），且不包括委员会对这些诉讼的管辖权和这些诉讼的标的物被承认的情况之外，被调查人同意接受根据《证券法》第 8A 条和《证券交易法》第 21C 条的"停止诉讼程序"所做出的如下认定和实行"禁止令"。

---

① 取自美国证券交易委员会，www.sec.gov。贝泽在不承认或否认调查结果的情况下同意接受此命令中的条款。

Ⅲ.

根据这一命令和被调查人所提出的要约，委员会发现①：

概述

1. 在2000—2007年的某些期间，贝泽通过其部分高管和雇员以欺诈的方式虚报其净利润，伪造其季度及年度收入。2008年5月，贝泽因其盈余管理手段和其他错误重述了1998—2006财年以及2007财年第一和第二季度的财务报表调整情况。贝泽将其2006财年的净利润从3.89亿美元修正为3.69亿美元（减少了2000万美元，降幅约5%）。贝泽还将其2005财年净利润从2.63亿美元修正为2.76亿美元（增加了1300万美元，增幅约5%），并将其2005财年的初始留存收益增加了3400万美元（从7.42亿美元增加到7.76亿美元，增幅约5%），用以反映从1998财年到2004财年的一系列调整的累积效应。最后，贝泽还将其2007财年第一季度净亏损从5900万美元修正至8000万美元（增加2100万美元的亏损，增幅约36%），并将其2007财年第二季度净亏损从4300万美元修正至5700万美元（增加1400万美元的亏损，增幅约33%）。

被调查人

2. 贝泽是一家总部设在佐治亚州亚特兰大市的特拉华州公司，也是一家业务范围遍及至少21个州的房屋建造商。自1994年3月以来，贝泽的普通股股票已根据《证券交易法》第12（b）条在委员会注册，并在纽约证券交易所上市，代码为BZH。2006年6月6日，根据144A规则，贝泽发行并出售了总计2.75亿美元的2016年到期的8.125%优先票据，这些票据以私募方式出售给合格的机构买家，并根据监管规定进行离岸交易。2006年8月15日，贝泽提交了一份S-4登记声明，拟将2.75亿美元的新债券置换为2006年6月6日发行的非公开债券。与注册声明一同提交的招股说明书包括被调查人的年度报告和季度报告。在2006年6月的私募中，贝泽还发行了1.03亿美元的初级次级票据。此外，在2005年11月，贝泽宣布其先前的回购计划增加到1000万股，这导致其在2006财年回购365

---

① 此调查结果是根据被申请人的和解提议做出的，不对任何其他个人或实体具有约束力。

万股股票，总购买价格为 2.054 亿美元。

贝泽的盈余管理

3. 约在 2000—2007 年期间，贝泽通过其部分高管和雇员实行盈余管理，以欺诈的方式虚报其部分季度和年度净利润。大约 2000—2005 年是贝泽的成长速度和财务业绩都表现良好的时期，贝泽通过不当增加年度报告中的部分运营费用，减少了其报告的净利润。这在贝泽的账簿和记录中造成了不当的预提或"准备金"。在一定条件下，这些准备金的存在具有稳定贝泽报告利润的作用，使得贝泽公布的收益仍能达到或超过分析师对其季度净收入和每股收益（EPS）的预期，同时允许其不当地将部分收入跨期计入未来期间。

4. 从 2006 财年第一季度开始，贝泽的财务业绩开始下滑。为了继续达到或超过分析师对其季度净收入和每股收益的预期，贝泽开始冲回许多先前设立的不当准备金。在某些情况下，贝泽也开始有意地不确认部分当期费用。这些行为降低了公司的经营费用，不当地增加了公司的净利润。

5. 此外，在 2006 财年和 2007 财年的前两个季度，贝泽再次通过其部分高管和雇员，不当确认了向由第三方实体组成和支持的三个独立的投资者组合出售约 360 套模型住宅的收入。

不当的应计和转回

6. 约在 2000—2007 年期间，贝泽创建并于后期冲回了大量不当的应计项目和准备金，其方法之一是通过操纵两个系列账户的记录金额来进行盈余管理——土地储备账户和待完成房屋成本账户。

7. 土地储备账户。作为其住宅建设和销售业务的一部分，贝泽定期收购大片土地，并在上面建造房屋。贝泽将购买的土地作为资产记录在其资产负债表上的土地储备账户中。这些账户还包括该地区共同开发的资本化费用，例如下水道系统和街道费用。在贝泽的总分类账中，每一个正在建设的贝泽细分区域都至少有一个与之相关联的土地储备账户。

8. 随着细分区域的建立，贝泽将土地征用成本以及过去和未来的共同开发成本分配给后期出售的个人住宅地块。当一笔房屋销售收入被记入贝泽的总分类账时，所有相关的房屋建造成本（包括土地储备账户中记录的土地成本）都被计入销售成本。作为这些日记账分录的一部分，土地储备账户减少，销售费用成本账户增加，以反映土地价值和贝泽出售这些房屋的升值部分。因为贝泽在一个细分区域内销售房屋，随着这个细分区域的发展，每一处被销售的房屋所包含的土地费用都应得到估算。当一个开发项目中单独的房屋被出售时，土地储备账户减少了一定数量，这个数量代表分配给每个单独房屋的土地成本和开发成本。在一个开发项目的最后一套房屋被出售后，土地储备账户的余额将为零或接近零。

9. 然而，在2000—2007年的某些季度，贝泽通过部分高管及雇员操纵土地储备账户上的账目记录，进行盈余管理。具体来说，在2000—2005年的不同财政年度，贝泽将土地存货费用过度分配给了其各笔房产销售交易。这种过度分配使得贝泽在年报中记录的每一处房屋销售的费用都增加了，导致利润减少。当一个开发项目中的所有或大部分房屋最终被出售时，这些超额分配导致受影响的土地储备账户出现负向（或贷方）余额。故意过度分配导致的贷方余额在贝泽的总账中被不当地持有（转化为不当的准备金）。通过这些手段，贝泽将其2000—2005财年的净利润合计低估了4 200万美元。

10. 至少从2006年第二季度开始，贝泽通过高管和雇员开始冲回土地储备账户中存在的超额准备金，这增加了当时的当期利润。土地储备账户的贷方余额被记入借方，即将本科目余额清零；同时将销售费用的成本记入贷方，即减少该科目本期发生额。这种做法不当地减少了当期费用，增加了贝泽的利润。2006年，贝泽通过"清零"其土地储备账户的贷方余额，将其累计报告的3.89亿美元净利润夸大了1 600万美元之多。2007财年前两个季度，由于土地存货准备金的不当使用，贝泽将1.02亿美元的累计净亏损减记了100万美元。

11. 待完成房屋成本账户。根据其会计政策，贝泽在将房屋出售给第三方的交易完成后才能记录该房屋销售的收入和利润。在记录出售交易的日记账分录中，贝泽通常会保留从该房屋获得的利润的一部分。这一部分

第三章 阳光传奇

留存储备被称为"待完成房屋成本"准备金,用于支付贝泽在交易结束后可能对出售的房屋产生的任何已知和未知的费用(如未付清的票据、未列入预算的成本超支、小额维修或最后的装修)。虽然准备金的数额因地区而异,但通常是每幢房子2 000~4 000美元——这高于已知的应付未付票据。贝泽的政策是,在房子关闭后的4~9个月内,收回未使用的待完成房屋成本,并将所有未使用的部分计入当期收入。虽然建立这样一笔待完成房屋成本准备金是正当的,但在某些情况下,贝泽通过其部分高管和雇员利用这些准备金进行了不当的盈余管理。在2000—2005年的不同季度,贝泽超额留存了待完成房屋成本费用,以便将利润延迟记录到未来期间。在后来的会计期间,贝泽冲回了这些待完成房屋成本准备金,导致这些时期的利润膨胀。在某些情况下,贝泽也有意不确认某些当期待完成房屋成本费用,这再次导致这些期间的利润膨胀。

12. 2000—2005财年,由于超额应计待完成房屋成本,贝泽虚减了600万美元的净收入。在2006财年,贝泽开始冲回部分超额应计项目,虚增了超过120万美元的净利润。贝泽还将2007财年前两个季度的累计净亏损虚减了100万美元。

售后租回交易

13. 作为其营销活动的一部分,贝泽通常为其每个住宅开发项目提供和建造1~5个样板房。在2006年之前,贝泽通常保留了大部分样板房(高达70%~80%)的所有权,并就剩余的样板房与第三方签订售后租回协议。从2006财年开始,贝泽大幅增加了租赁样板房的数量。截至2006财年末,贝泽的793套样本房中有557套来源于租赁,占比70%。为了改善贝泽的财务业绩,贝泽将半数以上的租赁样板房违规以售后租回入账。

14. 具体地说,从2005财年末开始,贝泽通过其部分高管和雇员与代表投资者组合的第三方实体就可能的售后租回交易进行了谈判。根据讨论中的交易条款,投资者组合将以房屋评估价值的92%购买特定的贝泽样板房。而后,贝泽租赁这些样板房,每月的租赁费用等于投资者组合的购买价格乘以当前30天的伦敦银行同业拆息(LIBOR)再加上450个基点

(按月比例计算)。在租期结束时，贝泽还将保留一项权利，即在样板房出售时，获得其升值部分（"升值权"）。

15. 然而，贝泽的外部审计师告知贝泽的某些高管和雇员，任何升值权都代表着一种"持续权益"，根据公认会计原则，贝泽被要求将此类交易记录为融资，而不是作为售后租回。正当的会计处理方式不允许贝泽在租赁期开始时记录样板房的销售收入和利润。

16. 为了规避公认会计原则，欺骗其外部审计师，贝泽通过某些高管和雇员使其与投资者组合签订的售后租回样板房书面协议中没有提及任何增值或权利，将样板房交易记录为售后租回，并确认为2006财年的房屋销售收入。根据书面协议的条款，外部审计师同意交易符合以售后租回入账的条件。然而，外部审计师不知道贝泽通过某些高管和员工与投资者组合达成了包含增值权的口头协议，并允许贝泽在租赁期限结束时获得样板房销售时的增值部分。

17. 由于不恰当地将这些交易记录为售后租回，贝泽将其2006财年的收入夸大了1.17亿美元，同时将净利润夸大了1400万美元。由于不当的售后租回核算，贝泽在2007财年的前两个季度的报告中将其累计收入虚减了260万美元，并将其累计净亏损虚增了390万美元。

贝泽的反欺诈违规行为：《证券法》第17（a）条和《证券交易法》第10（b）条及第10b-5条

18. 由于上述行为，贝泽违反了《证券法》第17（a）条，该条款禁止在任何证券（主体）的合约或销售中出现重大虚假或误导性陈述或重大遗漏。具体来说，贝泽在注册表、提交给委员会的其他备案文件和其他投资者信息披露中，通过使用某些准备金和其他应计负债将从2000年到2005年赚取的利润确认到2006年和2007年，故意违背了公认会计原则，并虚报了部分时期的净利润。贝泽还被认定有意地不当确认了某些房屋租赁交易的销售收入，原因是被调查人在明知不符合公认会计原则的情况下，仍对这些交易使用售后租回会计处理。

19. 此外，贝泽违反了《证券交易法》第10（b）条和第10b-5条——

第三章　阳光传奇

禁止证券买卖有关的一切欺诈行为。正如前文所述，贝泽在登记注册表、定期提交给委员会的报告以及其他投资者信息披露中做出不实陈述，或遗漏了任何必要的用以防止其中根据有关情况所做的陈述产生重大误导事实。具体来说，贝泽在提交给委员会的各种文件和其他投资者信息披露文件中虚报了某些时期的净收入。

贝泽的报告违规行为：《证券交易法》第13（a）条及其下的规则12b-20、13a-1、13a-11和13a-13

20. 由于上述行为，贝泽违反了《证券交易法》第13（a）条以及《证券交易法》所颁布的规则12b-20、13a-1、13a-11和13a-13，该规则要求每位根据《证券交易法》第12条注册的证券发行人均应向委员会提交委员会要求的信息、文件以及年度和季度报告，并要求定期报告包含必要的进一步的重要信息，以使所要求的声明不会产生误导。

贝泽违背记录保存和内部控制的规定：《证券交易法》第13（b)(2)(A）条和第13（b)(2)(B）条

21. 由于上述行为，贝泽违反了《证券交易法》第13（b)(2)(A）条的规定，该规定要求报告公司制作和保存账簿、记录和账目，合理、详细、准确和公正地反映发行人的交易和资产处置情况。

22. 由于上述行为，贝泽违反了《证券交易法》第13（b)(2)(B）条的规定，该规定要求所有需要报告的公司设计并运行维护一套会计内部控制系统，以提供合理的会计保证，使交易得以入账，从而按照公认会计原则编制财务报表。贝泽的内部控制力度不足，未能防止在其总分类账和会计分录中记录虚假的会计分录，导致被调查人向委员会提交的财务报表不符合公认会计原则。

贝泽的补救措施

23. 在决定接受该提议时，委员会考虑了被调查人迅速采取的行动和委员会工作人员给予的合作。

承诺

24. 在与本命令所述事项有关或由其引起的任何调查、诉讼或其他程序中，被调查人应与委员会充分合作。关于此类合作，被调查人已承诺：

在没有通知或传票送达的情况下，出示监察委员会工作人员所要求的任何和所有文件及其他资料；

尽最大努力使其雇员在合理的指导下接受委员会工作人员的访谈；

在委员会工作人员可能要求的调查、证词、听证或审判中，尽最大的努力使其雇员在没有通知或传票送达的情况下，真实完全地出庭作证；

就被调查人根据通知或传票在呈交、聆讯或审判时所做的任何证词而言，被调查人应该：

i. 同意任何有关被调查人出庭作证的通知或传票可通过普通邮件送达其律师 David G. Januszewski, Esq.，地址：纽约松树街80号卡希尔戈登和莱茵德尔有限公司（Cahill Gordon & Reindel LLP），邮编：10005-1702；

ii. 同意在联邦民事诉讼规则所规定的地域范围之内，任何在美国地区法院未决诉讼中要求被调查人出庭作证的通知或传票均可送达，并可要求提供证词。

25. 在决定是否接受该提议时，委员会审议了这些承诺。

Ⅳ.

鉴于上述情况，委员会认为实施答辩人贝泽的提议中商定的制裁是适当的。

因此，兹命令：

根据《证券法》第8A条和《证券交易法》第21C条的规定，被调查人贝泽禁止违反《证券法》第17（a）条和《证券交易法》第10（b）条、第13（a）条、第13（b）(2)（A）和13（b）(2)（B），以及根据《证券交易法》颁布的规则10b-5、12b-20、13a-1、13a-11和13a-13的现在及未来的任何违法行为。

委员会，
佛罗伦萨 E. 哈蒙代理秘书

财务报表

美国证券交易委员会

华盛顿特区 20549

摘自 10-K 表格[①]

根据《1934 年证券交易法》第 13 或第 15（d）条编制的年度报告

截至 2007 年 9 月 30 日的财年

美国贝泽房地产公司
合并利润表

（单位：千美元，每股数据除外）

	截至 9 月 30 日		
	2007 年	2006 年	2005 年
		重述后	
收入总额	3 490 819	5 356 504	4 992 973
房屋建设及土地销售费用	2 944 385	4 061 118	3 766 517
存货减值与期权合约放弃	611 864	44 175	5 511
毛利总额	(65 430)	1 251 211	1 220 945
销售、行政与管理费用	454 122	629 322	548 161
折旧与摊销	33 594	42 425	36 068
商誉减值	52 755	—	130 235
营业利润（亏损）	(605 901)	579 464	506 481
未合并合营企业的权益变动	(35 154)	1 343	5 021
其他收益净额	7 775	2 450	1 712
税前利润（亏损）	(633 280)	583 257	513 214
所得税费用	(222 207)	214 421	237 315
净利润（亏损）	(411 073)	368 836	275 899

[①] 摘自美国贝泽房地产公司 10-K 文件。获取自 SEC，www.sec.gov。

美国贝泽房地产公司
合并资产负债表

（单位：千美元，每股数据除外）

	截至 9 月 30 日	
	2007 年	2006 年
		重述后
资产		
现金及现金等价物	454 337	167 570
限制性现金	5 171	4 873
应收账款	45 501	338 033
应返所得税	63 981	—
存货		
持有存货	2 537 791	3 137 021
合并的非自持存货	237 382	471 441
存货总额	2 775 173	3 608 462
可售住房抵押贷款	781	92 157
未合并合资企业投资	109 143	124 799
递延所得税资产	232 949	71 344
物业、厂房及设备净值	71 682	76 454
商誉	68 613	121 368
其他资产	102 690	109 611
资产总计	3 930 021	4 714 671
负债和股东权益		
应付账款	118 030	140 008
其他负债	453 089	557 754
与合并的未持有存货相关的义务	177 931	330 703
优先票据（分别扣除 3 033 000 美元及 3 578 000 美元折扣）	1 521 967	1 551 422
次级票据	103 093	103 093
仓单质押贷款	—	94 881
其他应付担保票据	118 073	89 264
样板房融资债务	114 116	117 079
负债合计	2 606 299	2 984 204

续表

	截至 9 月 30 日	
	2007 年	2006 年
		重述后
股东权益：		
优先股（面值 0.01 美元，授权 500 万股，尚未发行）	—	—
普通股（面值 0.001 美元，授权 8 000 万股，已发行 42 597 229 股和 42 318 098 股，未发行 39 261 721 股和 38 889 554 股）	43	42
实收资本	543 705	529 326
留存收益	963 869	1 390 552
库存股，按成本计算（3 335 508 股和 3 428 544 股）	(183 895)	(189 453)
股东权益合计	1 323 722	1 730 467
负债和股东权益总计	3 930 021	4 714 671

美国贝泽房地产公司
合并现金流量表

（单位：千美元）

	截至 9 月 30 日		
	2007 年	2006 年	2005 年
		重述后	
经营活动产生的现金流量：			
净利润（亏损）	(411 073)	368 836	275 899
净利润（亏损）与经营活动产生的现金净额之间的调整：			
折旧及摊销	33 594	42 425	36 068
基于股票的补偿费用	11 149	15 753	11 945
存货减值与期权合约放弃	611 864	44 175	5 511
商誉摊销费用	52 755	—	130 235
递延所得税备抵（收益）	(161 605)	25 963	(51 186)
股票交易税收优惠	(2 635)	(8 205)	11 551

续表

	截至 9 月 30 日		
	2007 年	2006 年	2005 年
		重述后	
未合并合资企业的权益变动	35 154	(1 343)	(5 021)
未合并合资企业利润的现金分配	5 285	352	5 844
经营资产和负债变动情况：			
应收账款减少（增加）	292 532	(181 639)	(84 637)
应返所得税增加	(63 981)	—	—
存货减少（增加）	134 953	(486 727)	(593 521)
可出售住房抵押贷款减少（增加）	91 376	(92 157)	—
其他资产减少（增加）	9 180	(20 736)	(16 780)
贸易应付账款的增加（减少）	(21 978)	(1 641)	18 336
其他负债增加（减少）	(108 809)	(83 044)	208 794
其他变更	1 610	(8)	806
经营活动产生的现金流量净额	509 371	(377 996)	(46 156)
投资活动产生的现金流量：			
资本支出	(29 474)	(55 088)	(48 437)
未合并合资企业投资	(24 505)	(49 458)	(42 619)
限制性现金变动	(298)	(4 873)	—
未合并合资企业的分红或出售	2 229	4 655	5 597
投资活动产生的现金流量净额	(52 048)	(104 764)	(85 459)
筹资活动产生的现金流量：			
偿还定期贷款	—	—	(200 000)
信用贷款和仓单质押贷款	169 888	1 937 528	439 700
偿还信用贷款和仓单质押贷款	(264 769)	(1 842 647)	(439 700)
偿还其他应付担保票据	(31 139)	(20 934)	(16 776)
优先票据借款	—	275 000	346 786
次级票据借款	—	103 093	—
优先票据回购	(30 413)	—	—
样板房融资借款	5 919	117 365	—
偿还样板房融资借款	(8 882)	(286)	(1 118)
债务发行成本	(2 259)	(7 206)	(4 958)
股票期权执行收益	4 422	7 298	5 875

续表

	截至 9 月 30 日		
	2007 年	2006 年	2005 年
		重述后	
普通股赎回	(348)	(2 624)	—
库存股购买	—	(205 416)	(8 092)
股票交易税收优惠	2 635	8 205	
股利支付	(15 610)	(16 144)	(13 884)
筹资活动产生的现金流量净额	(170 556)	353 232	107 833
现金及现金等价物增加（减少）	286 767	(129 528)	(23 782)
期初现金及现金等价物余额	167 570	297 098	320 880
期末现金及现金等价物余额	454 337	167 570	297 098

摘自 10-K 表格[①]

截至 2006 年 9 月 30 日的财年

美国贝泽房地产公司
合并收入报表

（单位：千美元，每股数据除外）

	截至 9 月 30 日		
	2006 年	2005 年	2004 年
收入总额	5 462 003	4 995 353	3 907 109
房屋建设及土地销售费用	4 201 318	3 823 300	3 099 732
毛利总额	1 260 685	1 172 053	807 377
销售、行政及管理费用	649 010	554 900	429 442
商誉减值	—	130 235	—
营业利润（亏损）	611 675	486 918	377 935
未合并合营企业的权益变动	(772)	5 021	1 561

① 摘自美国贝泽房地产公司 10-K 文件。获取自 SEC，www.sec.gov。

续表

	截至 9 月 30 日		
	2006 年	2005 年	2004 年
其他收益净额	2 311	7 395	7 079
税前利润（亏损）	613 214	499 334	386 575
所得税费用	224 453	236 810	150 764
净利润	388 761	262 524	235 811
加权平均股份数：			
基础	39 812	40 468	39 879
稀释后	44 345	45 634	42 485
每股收益：			
基本	9.76	6.49	5.91
稀释后	8.89	5.87	5.59
每股现金股利	0.40	0.33	0.13

美国贝泽房地产公司
合并资产负债表

（单位：千美元，每股数据除外）

	截至 9 月 30 日	
	2006 年	2005 年
资产		
现金及现金等价物	162 570	297 098
限制性现金	9 873	—
应收账款	333 571	161 880
存货		
持有存货	3 048 891	2 671 082
合并的未持有存货	471 441	230 083
存货总额	3 520 332	2 901 165
可售住房抵押贷款	92 157	—
未合并合资企业投资	122 799	78 571
递延所得税资产	59 842	101 329

续表

	截至 9 月 30 日	
	2006 年	2005 年
物业、厂房及设备净值	29 465	28 367
商誉	121 368	121 368
其他资产	107 454	80 738
资产总计	4 559 431	3 770 516
负债和股东权益		
应付账款	141 131	141 623
其他负债	547 014	636 106
合并的未持有存货相关的义务	330 703	166 163
优先票据（分别扣除 3 578 000 美元及 4 118 000 美元折扣）	1 551 422	1 275 882
次级票据	103 093	—
仓单质押融资	94 881	
其他应付担保票据	89 264	46 054
负债合计	2 857 508	2 265 828
股东权益：		
优先股（面值 0.01 美元，授权 500 万股，尚未发行）	—	—
普通股（面值 0.001 美元，授权 8000 万股，已发行 42 318 098 股和 41 844 414 股，未发行 38 889 554 股和 41 701 955 股）	42	42
实收资本	528 376	534 523
留存收益	1 362 958	990 341
库存股，按成本计算（3 335 508 股和 3 428 544 股）	(189 453)	(8 092)
未获得补偿	—	(12 126)
股东权益合计	1 701 923	1 504 688
负债和股东权益总计	4 559 431	3 770 516

美国贝泽房地产公司
合并现金流量表
（单位：千美元）

	截至 9 月 30 日		
	2006 年	2005 年	2004 年
经营活动产生的现金流量：			
净利润	388 761	262 524	235 811
净利润（亏损）与经营活动产生的现金净额之间的调整：			
折旧及摊销	10 304	9 229	8 374
基于股票的补偿费用	15 753	11 945	7 381
商誉摊销费用	—	130 235	
存货相关的减值和摊销	43 477	5 511	3 180
递延所得税备抵（收益）	41 487	(54 631)	(22 740)
股票交易税收优惠	—	11 551	8 127
未合并合资企业的权益变动	772	(5 021)	(1 561)
未合并合资企业利润的现金分配	352	5 844	—
经营资产和负债变动情况：			
应收账款增加	(171 251)	(91 306)	(4 571)
应收所得税增加			
存货增加	(171 251)	(91 306)	(4 571)
可出售住房抵押贷款增加	(92 157)	—	
其他资产增加	(19 462)	(16 775)	(16 828)
应付账款增加（减少）	(492)	18 336	(2 234)
其他负债增加（减少）	(92 342)	199 076	123 210
其他变更	680	1 333	1 837
经营活动产生的现金流量净额	(304 463)	(84 263)	(73 719)
投资活动产生的现金流量：			
资本支出	(11 542)	(13 448)	(10 271)
对未合并合资企业的投资	(49 458)	(40 619)	(25 844)
限制性现金变动	(9 873)	—	
未合并合资企业的分红或出售	4 655	5 597	5 639
投资活动产生的现金流量净额	(66 218)	(48 470)	(30 476)

续表

	截至 9 月 30 日		
	2006 年	**2005 年**	**2004 年**
筹资活动产生的现金流量：			
收到定期贷款	—	—	200 000
偿还定期贷款	—	(200 000)	(200 000)
信贷借款	1 937 528	439 700	—
偿还信贷借款	(1 842 647)	(439 700)	—
偿还其他应付票据	(20 934)	(16 776)	—
应付优先票据和次级票据借款	378 093	346 786	380 000
债券发行成本	(7 206)	(4 958)	(10 654)
股票期权执行收益	7 298	5 875	5 362
普通股赎回	(2 624)	(8 092)	—
库存股购买	(205 416)	—	(17 546)
股票交易税收优惠	8 205	—	—
股利支付	(16 144)	(13 884)	(5 459)
筹资活动产生的现金流量净额	236 153	108 951	351 703
现金及现金等价物增加（减少）	(134 528)	(23 782)	247 508
期初现金及现金等价物余额	297 098	320 880	73 372
期末现金及现金等价物余额	162 570	297 098	320 880
补充现金流信息：			
已支付利息	111 501	79 088	65 237
已支付所得税	228 181	233 965	170 475
非现金活动的补充披露：			
未拥有的合并库存增加	164 540	—	188 585
通过发行应付票据获得的土地	64 144	40 608	21 502

摘自 10-K 表格[①]
截至 2005 年 9 月 30 日的财年

美国贝泽房地产公司
合并资产负债表

（单位：千美元，每股数据除外）

	截至 9 月 30 日 2005 年	2004 年
资产		
现金及现金等价物	297 098	320 880
应收账款	161 880	70 574
存货		
持有存货	2 671 082	2 089 330
合并的未持有存货	230 083	254 765
存货总额	2 901 165	2 344 095
对未合并合资企业的投资和垫款	78 571	44 748
递延所得税资产	101 329	47 052
物业、厂房及设备净值	28 367	24 671
商誉	121 368	251 603
其他资产	80 738	59 407
资产总计	3 770 516	3 163 030
负债和股东权益		
应付账款	141 623	123 287
其他负债	636 106	437 608
与合并的未持有存货相关的义务	166 163	219 042
定期贷款	—	200 000
优先票据（分别扣除 4 118 000 美元及 1 095 000 美元折扣）	1 275 882	928 905
其他应付票据	46 054	22 067
负债合计	2 265 828	1 930 909

[①] 摘自美国贝泽房地产公司 10-K 文件。获取自 SEC，www.sec.gov。

续表

	截至 9 月 30 日	
	2005 年	2004 年
股东权益：		
优先股（面值 0.01 美元，授权 500 万股，尚未发行）	—	—
普通股（面值 0.001 美元，授权 8 000 万股，已发行 41 844 414 股和 53 605 047 股，未发行 41 701 955 股和 41 191 419 股）	42	54
实收资本	534 523	593 874
留存收益	990 341	741 701
库存股，按成本计算（142 459 股和 12 413 628 股）	(8 092)	(88 150)
未获得补偿	(12 126)	(14 748)
累计其他综合损失	—	(610)
股东权益合计	1 504 688	1 232 121
负债和股东权益总计	3 770 516	3 163 030

Detecting Accounting Fraud

第四章
花样收入

在几年前的一次演讲中，SEC前主席阿瑟·莱维特（Arthur Levitt，1998）谈到，许多公司"在合法和公然欺诈之间的灰色地带运作"。他感叹道："诚信可能会输给幻想。"为了实现这些虚幻的收益和伪造的资产负债表，许多公司诉诸莱维特所说的"骗局"。

本章简要概述了一些不太为人所知的、故意围绕收入确认的会计欺诈行为（严重的状况），或者用激进的会计方法来"改善"公司财务报表的误导性尝试（稍好的状况）。不管哪种状况，其主要目标要么是提升企业利润的表象，要么是增强资产负债表的表面实力。在大多数情况下，公司人员使用各种花样手段来实现这一点。

为什么这么多公司高管准备采取如此铤而走险的措施来歪曲或伪造会计记录？原因很明显：更好的资产负债表或更高的收益意味着吸引更多的投资者、更高的股票价格、更有价值的股票期权、更高的奖金和改善融资条件等。从本质上讲，所有这些原因都归结为一种基本且明显的动力——贪婪。然而，还有其他不那么明显的原因。就像安然公司和世通公司一样，本章讨论的许多公司都是由那些有时看起来魅力四射、很有说服力的男性管理的，这些男性个性强烈、自我意识更强。有些人不惜一切代价避免失败的尴尬，有些人则开始相信他们不受通常的规则与监管的影响。

第四章 花样收入

先讯美资：午夜的疯狂

先讯美资主要是作为在不恰当的时点确认收入的一个例子，其通过在报告期结束后继续持有未结清的账簿来实现。

先讯美资电子公司（Sensormatic Electronics Corporation）曾是一家在特拉华州注册的上市公司，其总部位于佛罗里达州的博卡拉顿。目前该公司仍然存在，但已不再是上市公司。先讯美资制造电子安全设备，并以其防盗窃安全设备而闻名。它在华尔街以总是能达到收入和利润的预期而闻名遐迩，并且这些预期是相当激进的。例如，先讯美资预计在1988—1995年期间每年实现20%以上的收入增长。至少从1994财年第一季度开始，该公司就面临实现这些惊人增长预期的巨大困难。令人惊讶的是，尽管存在困难，先讯美资的季度财务报告仍然几乎达到了分析师的盈利预期。先讯美资的管理层完全致力于满足这些预期，并且显然在这方面很有创造力。

在对先讯美资的诉讼中，SEC审查了该公司许多前高管的角色，包括前CEO罗纳德·阿萨夫（Ronald Assaf）、前COO和CFO迈克尔·帕杜（Michael Pardue）以及前财务副总裁劳伦斯·西蒙斯（Lawrence Simmons）。

先讯美资主要是作为在不恰当的时点确认收入的一个例子，其通过在报告期结束后持有未结清的账簿来实现。先讯美资的股票被用来为收购融资，股价对公司的收入增长以及分析师估计的收入和利润非常敏感。因此，高管有强烈的动机向股票分析师传达有关公司财务状况和前景的正面信息。管理层也意识到公司的高市盈率以及不稳定的增长对股价的影响。高管们变得过于迫切地寻求能够提供在每个季度都达到分析师的高增长预期的收入和利润数据。由于季节性因素的影响，每年第三季度的销售额都较低，而这一季度通常都会成为最大的挑战。到了1994财年，所有季度都得到了精确的会计操作的大力支持,他们提前一点确认了下一个季度的销售额。

先讯美资虚构财务报告方案

SEC 发现,先讯美资至少从 1994 年第一季度到 1995 年第三季度,错报了其季度收入和利润。[①] 此外,SCE 还声称,先讯美资的高级管理层(包括帕杜和西蒙斯)都"清楚实施该计划所使用的方法,并且纵容和指导他们。其他各级和各部门的人员也参与其中"。(AAER 1017,1998)

据 SCE 称,公司每个季度末都会准备备忘录,规定了在本季度结束前需要实现的销售目标,以符合已公布并分发给高级管理层和各部门的激进的销售预算。当公司明显无法达到预算目标时,"先讯美资采用各种不正当的收入确认做法……这些做法不符合公认会计原则……"(AAER 1017,1998)。收入确认不当,是指在财务报表中错误地记录一项交易,表明它满足取得收入的条件。

舞弊手法 I:在报告期结束后依旧保持账簿未结

SOX 报告审查了 1997 年 7 月 31 日至 2003 年 7 月 30 日期间 SEC 的所有执法行动,发现在此期间有 25 项执法行动"涉及发行人在报告期结束时未能正确结账"(2002,p.8)。简单地说,保持账簿未结可以使公司将下一季度的收入记录在本期报告,即在报告期结束后将当前期间的账簿和记录再开放几天以记录额外的销售额。该诡计据称是先讯美资所使用的"各种不当收入确认做法"之一。委员会认为,先讯美资设计了一种复杂且成

[①] 如 1998 年 3 月 25 日 AAER 1017 所述,先讯美资同意接受这项指令,但不承认或否定指令中包含的调查结果。

本高昂的程序，使得货物或设备的计算机记录实际上可以追溯：

> 在该季度最后一天的午夜前不久，记录并标注发货日期的计算机系统被"关闭"，因此计算机时钟日期将反映上一季度的最后一天。然后，公司系统错误地将发货记录为在上一季度的最后一天发生。（AAER 1017，1998）

舞弊手法Ⅱ：错误地确认提前运送的商品

先讯美资用来满足季度销售预算的另一个不正当的收入确认做法是在当期结束时将客户为下一阶段订购的货物"运送到自己的仓库中"。在财务记录中，公司将在货物运输到自己的仓库时确认这一收入。这一诡计非常周密，公司需要建立一套所谓的"账外"记录，以便跟踪提前装运的货物，以确保这些货物后来按照客户最初的要求，在适当的时间从仓库运往客户。有时货物在仓库里存放好几个月才运给顾客。

舞弊手法Ⅲ：延缓运送的请求

据称，先讯美资用来加速收入确认的另一种方案是所谓的慢运（slow shipping），即要求运输公司延迟货物的运输。当客户订购下个季度的商品时，先讯美资有时会提前发货，以便在本季度记录下销售额。不过，根据SEC的说法，为了避免货物在客户要求的日期之前到达客户手中，先讯美资会指示承运人将交货时间延迟几天到几周。利用这种慢运的策略，该公司可以在特定季度多记录几天的销售额。

舞弊手法Ⅳ：发货时确认离岸货价销售

当销售订单规定离岸货价时，意味着存在一份销售协议，规定所有权仅在所购商品到达目的地时才移交给客户。根据公认会计原则，只有当客户取得所有权时才能确认销售。但是 SCE 声称,在某些季度的最后一周,先讯美资在发货时而不是在货物到达目的地时就确认了其部分离岸价销售。这是委员会指控先讯美资试图满足分析师季度收入和利润预期时使用的另一种"不当收入确认做法"。

表 4-1 总结了先讯美资在两年时间里的错报。

表 4-1 先讯美资季度错报总览①

金额单位:百万美元

	不当确认的 收入金额	先讯美资报告的 净收益	高(低)估的 净收益	净收益 高(低)估的比例
1994 Q1	8.5	14.8	(0.8)	(5.3%)
1994 Q2	4.6	18.8	(1.9)	(9.1%)
1994 Q3	15.8	16.4	3.6	28.1%
1994 Q4	15.5	22.0	(0.9)	(3.8%)
1995 Q1	12.8	20.1	(0.5)	(2.2%)
1995 Q2	13.8	25.3	0.3	1.2%
1995 Q3	30.2	24.1	6.7	38.3%
1995 Q4	29.3	18—21*	5.2	40.5%

*先讯美资在新闻发布会上的估计额。

舞弊手法Ⅴ:误导审计师

SCE 还指出,先讯美资谨慎地掩盖了其欺诈行为。除了在一个时期结束后停止计算机时钟以追溯销售之外,还提供了一些文件,表明运往公司自己仓库的货物是对客户的销售。根据委员会的说法,先讯美资指示员工从审计人员那里扣留某些账单,因为这些账单会表明一种提早确认收入的做法,即收入在财务报表中记录的时间比它本应该记录的时间要早。公司高管齐心协力向审计人员隐瞒信息,"导致会计记录造假,向独立审计人员做出虚假陈述,并故意规避公司内部会计控制"(AAER 1020,1998)。

---

① 取自 AAER 1017,1998。www.sec.gov。

第四章　花样收入

SEC 的调查结果还表明，在 1994 年的审计中，一名员工被指示扣留审计人员的文件，这些文件可能"揭露了对超期发货收入的不当确认"。此外，该员工显然被告知"要么服从命令，要么辞职"（AAER 1027，1998）。

先讯美资舞弊的信号

虽然先讯美资使用了与阳光公司不同的方法，但先讯美资所有的造假报告都加速并夸大了销售额，最终产生了与阳光公司加速销售相同的效果。下面列出的两个信号可能适用于任何夸大销售额的方法。

信号 1：应收账款占销售额的百分比增加

夸大销售额的最主要迹象是应收账款占销售额的百分比增加，通常以销售变现天数来衡量。如果下一个期间的销售已加速到当前期间确认，或者如果该销售完全是虚构的，公司将借记应收账款，贷记主营业务收入，以作为合法的销售。但是，正当的销售收入很快就会由客户支付并转化为现金，而下一时期的销售收入很可能只在下一时期支付，并以应收账款的形式留在本期资产负债表上，不会转化为现金。

信号 2：经营活动产生的现金流量落后于营业利润

销售收入记录不当的第二个信号是经营活动产生的现金流量落后或滞后于营业利润或净利润。这是一个主要信号：如果一家公司是盈利的，为什么不以同样的速度产生经营活动现金流量呢？

他们从此过着幸福的生活吗？

● 阿萨夫、帕杜和西蒙斯"既不承认也不否认指控"，同意接受 SEC 的最终裁决，他们"分别支付 5 万美元、4 万美元和 5 万美元的民事罚款"。（AAER 1020，1998）

● 先讯美资于 2001 年 11 月被泰科公司（Tyco Inc.）收购，并被纽约证

券交易所除名，理由是"公众持有的股份不到 60 万股"。（NYSE，2001）

● 阿萨夫在先讯美资被泰科收购后辞职。据报道，阿萨夫夫妇住在佛罗里达州的博卡拉顿，他们在社区中非常活跃。2012 年 1 月，阿萨夫夫妇因其"领导能力和慈善捐赠"被授予诺瓦东南大学的最高荣誉——总统社区奖。（"诺瓦东南大学（NSU）向阿萨夫夫妇致敬……"，2012）

施乐：不要"复制"

施乐（Xerox）主要是作为通过滥用多元合同或捆绑合同以在不恰当的时间确认收入的一个例子。

施乐是一家位于康涅狄格州的价值数十亿美元的公司，专门从事复印机的生产、销售和租赁以及服务。这家公司享誉全球，其名字已成为"影印"的代名词。在 1997—2000 年间，施乐向其审计师——毕马威会计师事务所支付了"5 580 万美元用于审计其财务报表"。（AAER 2234，2005）

施乐虚构财务报告方案

SEC 发现，施乐在 1997—2000 年间提前确认其设备收入超过 30 亿美元，"税前利润增加了 15 亿美元"①。SEC 的调查报告还称，"毕马威未能遵守一般公认审计准则，导致并故意协助和唆使施乐的违规行为"②。（AAER 2234，2005）

---

① 如 2005 年 4 月 19 日 AAER 2234 所述，根据施乐同意接受的和解协议，该公司还被处以 1 000 万美元的民事罚款。在同意和解的过程中，施乐既不承认也不否认委员会的指控。

② 如 2005 年 4 月 19 日 AAER 2234 所述，毕马威同意接受该指令，但不承认或否认其中的裁定，除非委员会对其以及这些诉讼的主题具有管辖权。

施乐提供了一个戏剧性的例子,通过滥用多元合同或捆绑合同,在不恰当的时间确认收入从而虚构报告。

舞弊手法 I:不正确地使用多元合同或捆绑合同

SEC 指控施乐的主要违法会计行为与其对租赁合同的处理有关。通常而言,施乐的客户租赁业务从以下三个方面产生收入:

1. 设备收入在施乐被称为"盒子"(box)收入。该收入是通过向客户提供实物资产(复印机本身)而获得的,并在租赁开始时在销售型租赁中得到合法确认。

2. 设备服务收入。公认会计原则要求在租赁期内确认该收入。

3. 向承租人提供有效贷款的融资收入。公认会计原则同样要求在租赁期内确认该收入。

SEC 发现施乐通过以下方式转移收入:

● 施乐将其服务收入转移到盒子收入中,使其看起来像是将设备实际转移给客户而得到的收入。这样做是为了在租赁开始时就确认未来的服务收入。施乐内部将这种收入转移的会计方法称为权益回报率法。

● 施乐还将其融资收入的某些部分转入盒子或设备收入,以便在租赁开始时就确认该收入。施乐将这种收入转移的会计方法称为毛利标准化系统。

根据 SEC 的说法,"这两种方法不符合公认会计原则,从 1997 年到 2000 年,施乐的设备收入增加了 28 亿美元,税前利润增加了 6.6 亿美元。"SEC 指控施乐没有披露其使用这些方法的情况,"这是会计方法和会计估计的变更"。(AAER 1542,2002)

舞弊手法 II:估计折现率和剩余价值

此外,《会计师》杂志上的一篇文章描述了 SEC 对施乐的审计师——毕马威的控诉:"1995—2000 年间,施乐始终假定 15% 的回报率……尽管租赁公司实际获得的回报率波动很大"("SEC 指控……",2003)。租赁公司在确认当期收入金额时对未来现金流进行折现。（折现未来现金流是指公司预期收到或支付的未来现金的现值。）租赁公司可以通过选择特定的折现率来操纵其报告的收入。SEC还指控施乐通过改变对其租赁资产剩余价值的估计来增加其报告的收益。（注：毕马威为其在施乐的审计工作强烈辩护。）

舞弊手法Ⅲ：不当披露租赁转售

施乐还出售了约4亿美元的现有租约。这发生在施乐巴西公司（Xerox Brazil）将重点从销售型租赁转向经营租赁之后。经营租赁产生的收入在租赁期内的若干年内都会收到。但是，将应收账款出售给贷款人能够使收入立即得到确认，现金立即收到。对这些销售不进行披露具有双重效应，一方面使销售期间的营业收入看起来比原来更好，另一方面也使现金流状况看起来更为强劲："这使施乐1999年的业绩增加了1.82亿美元的税前利润"。（AAER 1542，2002）

其他错报　　SEC还声称，施乐通过创造饼干罐储备金[①]，然后在后期将这些不需要的储备金转回利润，从而提高收益。此外，该公司错误地披露了一次性事件的收益，其结果是增加了来自常规的、经常性运营的额外利润。

施乐舞弊的信号

下面列出的前两个信号适用于识别所有夸大收入的舞弊手法，后两个信号适用于识别施乐夸大收入的舞弊手法。

[①]　回想一下，饼干罐准备金是指在某一时期内夸大未来负债，以便在未来一段时间内予以释放而产生的准备金，从而虚假地暗示公司在未来一段时间内的支出较少。

110

信号1：应收账款占销售额的百分比增加

检查应收账款占销售额的比率，例如，按销售变现天数或应收账款周转天数进行衡量。当公司将应在以后期间确认的收入转移到当期时，其收入、营业利润和净利润都会增加，收到的现金却没有增加。相反，公司的应收账款增加了。

信号2：经营活动产生的现金流量落后于营业利润或净利润

当经营活动产生的现金流量相对于营业利润或净利润减少时，这是公司提前确认任何形式利润的主要信号。经营活动产生的现金流量是指公司在销售、提供服务或其他经营活动等主要经营活动中，扣除费用后所产生的现金金额。在施乐公司，经营活动产生的现金流量从1996年净利润的26%增长到1997年净利润的33%。1998年，该公司经营活动产生的现金流量实际上为负11.65亿美元，报告的净利润却为正的3.95亿美元。经营活动产生的现金流量远远落后于净利润，这应该是一个重大的危险信号，表明施乐报告的利润出现了严重问题。1999年，经营活动产生的现金流量突然出现了戏剧性的转变，大幅回升至正的12.24亿美元，而当年净利润为14.24亿美元，经营活动产生的现金流量占净收入比率达到86%。

后来发现，施乐在1999年出售了大约4亿美元的应收账款。当一家公司出售其应收账款时，就会增加其报告的经营活动产生的现金流量。要检验经营活动产生的现金流量是否滞后于营业利润或净利润，必须在将经营活动产生的现金流量与营业利润或净利润进行比较之前，从其中扣除已销售的应收账款金额。进行此番调整后，任何看到经营活动产生的现金流量滞后于报告净利润这一信号的人，都应该怀疑施乐正在大幅提高其报告的收入。（对于此信号和信号1，应将证券化或出售的应收账款加回到应收账款中，并从经营活动产生的现金流量中扣除。）

信号3：收入来源比例的变化

如果收入流是单独报告的，并且立即确认收入的收入流与延迟确认收入的收入流（在合同期限内）成比例增加，则表明公司可能正在转移收入以加速其确认。如果伴随信号1（应收账款占销售额的比率增加），这一信号就会变得更强烈。

信号 4：应收账款转让

任何在财务报表（或媒体）中披露的公司已经"保理"或出售其应收账款（或任何未来的收入流），都是在提醒财报使用者这是测试所有加速收入确认的信号。施乐出售应收账款时没有立即披露。在这种情况下，一旦有信息发布表明公司将其应收账款进行了保理，人们就应该意识到，这本身可能就是该公司加速销售的信号。此外，我们应该意识到这种应收账款保理会隐藏信号 1，因为保理会减少应收账款的累积。

他们从此过着幸福的生活吗？

- 六位施乐的前高管同意支付超过 2 200 万美元的罚款，但没有承认或否认 SEC 的指控（SEC 新闻稿，2003）。
- 对施乐会计行为的刑事调查于 2004 年 10 月结束，美国检察官未提起诉讼（"施乐已结案……"，2004）。
- 毕马威"同意就 SEC 指控其在 1997—2000 年间审计施乐公司一事达成和解"（LR 19191，2005）。作为这起民事诉讼的结果，毕马威同意支付总计 2 247.5 万美元的罚款。毕马威也被要求制定改革计划，以确保不再发生违反 SEC 的做法（LR 19191，2005）。
- "毕马威接受了该项指令，但并没有承认或否认 SEC 的调查结果"（LR 19191，2005）。
- 2008 年 3 月，施乐同意支付 6.7 亿美元，毕马威同意支付 8 000 万美元，以和解"代表施乐投资者提起的诉讼，他们声称施乐进行了会计欺诈以达到华尔街的盈利预期"（Taub，2008）。在此和解案中，没有任何人承认自己有不当行为。

第四章 花样收入

美国国际旅游服务公司：假基金[①]

美国国际旅游服务公司主要是作为一个通过报告虚假收入来不当确认收入的例子。

美国国际旅游服务公司（CUC International, Inc.）是一家在特拉华州注册的公司，向顾客出售汽车、餐饮、购物和旅行服务的俱乐部会员资格。另一家位于特拉华州的酒店特许连锁系统股份有限公司（HFS）控制着酒店、房地产经纪和汽车租赁行业的特许经营品牌。这两个公司于1997年12月合并，取名为山登公司（Cendant Corporation），该公司从事这两家原先独立的公司的合并业务。

SEC认为，欺诈始于最初的美国国际旅游服务公司，最早可追溯到1985年，据称是从一开始就由美国国际旅游服务公司的董事长兼首席执行官沃尔特·福布斯（Walter Forbes）指导的。SEC的指控还声称，美国国际旅游服务公司的总裁兼首席运营官柯克·E.谢尔顿（E. Kirk Shelton）至少从1991年就开始与沃尔特·福布斯联合指导该计划（AAER 1372, 2001；LR 16919, 2001）。委员会还声称，1983—1995年担任美国国际旅游服务公司主计长、1995—1997年担任首席财务官的科兹摩·科里利亚诺（Cosmo Corigliano）"对发起长期财务欺诈行为的美国国际旅游服务公司的高管进行了协助，并在其后来担任财务总监期间着手策划和完善了欺诈行为"（AAER 2014, 2004；LR 18711, 2004）。[②] 在谈到美国国际旅游服务公司案时，SEC的执法总监理查德·沃克（Richard Walker）指出，"大型、复杂和长期运行的财务欺诈通常源自公司的最高层"。（AAER 1372, 2001；LR 16919, 2001）

---

① 舞弊发生在CUC公司合并为山登公司之前。
② 如2004年LR 18711所述，科兹摩·科里利亚诺等人"在不承认或否认指控的情况下，同意接受最终判决"。

根据 SEC 的记录，另一个参与执行这些计划的关键人物是注册会计师玛丽·萨特勒·波尔韦拉里（Mary Sattler Polverari），她于 1995 年 12 月受聘于美国国际旅游服务公司，并于 1997 年成为财务报告经理。SEC 认为，波尔韦拉里执行的指令"包括调整增加收入……以及减少特定费用项目"。（AAER 1275，2000）①

美国国际旅游服务公司虚构财务报告方案

根据 SEC 的说法，至少从 1985 年开始，"美国国际旅游服务公司的某些高管实施了一项计划，旨在确保美国国际旅游服务公司始终达到华尔街分析师预期的财务业绩。美国国际旅游服务公司的管理者使用了各种手段以实现其目标"。（AAER 1275，2000）

SOX 报告（2002）发现了公司报告虚构收入的 80 个事项，并且该报告描述了涉及虚假确认收入的几种方式："操纵收入的手段包括伪造销售文件、与未记录的顾客签订附加协议以及高级管理层进行的顶层调整。"（p.11）

美国国际旅游服务公司虚构收入报告的主要方法之一是采用顶层调整。除了在财务报表中记录但没有在总分类账或其他正式会计记录中记录的顶层分录之外，美国国际旅游服务公司还将一些递延的俱乐部会员收入转入本期收入。此外，该公司还创造了巨额的被夸大的合并准备金，作为饼干罐储备金，以在以后的一段时间里释放到利润中。在美国国际旅游服务公司与酒店特许连锁系统股份有限公司合并后，新成立的山登公司发现了美国国际旅游服务公司的欺诈行为。在 1998 年，这是美国有史以来最大规模的会计舞弊案。然而，在 21 世纪的前十年，美国国际旅游服务公司的欺诈行为被几起规模更大的会计欺诈案所超越。本章介绍美国国际旅游服

---

① 如 2000 年 AAER 1275 所述，玛丽·萨特勒·波尔韦拉里"在不承认或否认调查结果的情况下，同意接受判决"。

第四章 花样收入

务公司，以作为通过使用虚构收入来夸大收入的案例。（请注意，本书将世通公司作为欺诈性使用并购准备金的案例。）

美国国际旅游服务公司通过顶层调整来报告虚构收入的方案

对于计划中需要进行顶层调整（在财务报表中而不是在总分类账中进行的调整）的实际操作部分，波尔韦拉里所扮演的角色非常重要。她接收所有业务部门的财务报告，并编制一份月度报告，以显示每个部门的业绩。她每个季度都会向主管提交季度合并报告。这就是计划开始的时候。波尔韦拉里的主管会设计一些指示来描述她要做的调整："一般来说，这些指示包括增加一定数额的收入和减少一定数额的特定费用项目的调整"（AAER 1275，2000）。大部分的更改集中在 Comp-U-Card 部门。调整总是增加了收入，而他们从来没有支持性文件。SEC 评论道：

> 这一调整完全是顶层调整。也就是说，这一调整只是简单地输入到波尔韦拉里在斯坦福德的电子表格中，没有创建日记账分录，也没有在美国国际旅游服务公司的总分类账中进行记录，并且调整也没有结转到 Comp-U-Card 部门或公司任何其他部门的账簿和记录中。（AAER 1275，2000）

显然，以这种方式确认的收入完全是虚构的，对分录没有提供任何会计解释。然而，波尔韦拉里对此的解释却是惊人的坦率。她显然被告知，"美国国际旅游服务公司的首席财务官已经对公司的季度业绩进行了调整，以使其符合华尔街分析师的收益预期"。波尔韦拉里甚至被告知，有些调整是为了实现某些费用项目的百分比目标，有些调整是为了"确保应收账款和现金等项目处于他（首席财务官）认为可取的水平"。（AAER 1275，2000）

SEC 发现，截至 1996 年 1 月 31 日、1997 年 1 月 31 日和 1997 年 12 月 31 日的财政年度，顶层调整的变更金额总计分别达 3 100 万美元、8 700 万美元和 1.76 亿美元。由于顶层调整的分录没有记入公司的总分类账，所以必须采取措施使留存收益与年度财务报表保持一致。SEC 坚持认为，1998 年 4

115

月，在山登公司提交年度财务报表后，"波尔韦拉里指示子公司给出 1998 年 3 月的分录生效日期，并声称'通常记入利润表的分录可直接计入留存收益，以避免打开去年的账簿'"（AAER 1275, 2000）。委员会还发现，在 1998 年 1 月，管理层下令在无支持的结账后的日记账分录中记录了大约 1.15 亿美元，从而转回了公司的合并准备金。这极大地夸大了报告的利润。（有关不当使用合并储备金的详细分析，请参阅本书的第五章"世通骗局"。）

美国国际旅游服务公司报告虚构收入的信号

夸大收入的主要信号与阳光公司加速收入确认的分析中所讨论的那些信号相同。此外，美国国际旅游服务公司还操纵了会员会费，以定期达到分析师的盈利目标。

信号 1：应收账款占销售额的百分比增加

再一次，以销售变现天数之类的方法衡量的应收账款占销售额的百分比是这种欺诈行为的主要信号。（请参阅第三章"阳光传奇"中识别阳光公司会计舞弊的信号。）

信号 2：经营活动产生的现金流量落后于营业利润

此外，经营活动产生的现金流量滞后于报告的营业利润或净利润是一个强烈的信号，表明利润表中可能存在收入高估的情况。在审查财务报表时，如果报告的收入不是以现金形式赚取，则必须要引起重视。

信号 3：递延收入占总收入的百分比减少

对于一家出售会员服务的公司来说，递延收入在总收入中所占的百分比下降，这可能表明该公司在激进地确认只有在未来才能真正获得的会员收入。这错误地提高了当前的收入和利润，牺牲了未来时期的收入和利润。

信号 4：准确地达到分析师的目标

当一家公司的收益和收入一个季度接一个季度地恰好达到分析师的预

期时，往往意味着情况可能好得令人难以置信。SEC 的执法行动经常对违反报告准则的公司如何始终如一地实现自己的盈利目标发表评论。

信号 5：固定成本占销售额的百分比不变

当主要费用项目在收入中所占的百分比在各季度之间都保持不变时，这通常表明所报告的费用和收入正在被操纵。当费用中包含大量的固定成本时，这是一个特别强烈的警报。当收入下降时，固定成本占收入的比例会上升；同样，当收入增加时，费用中的固定成本部分占收入的百分比预计将减少。

他们从此过着幸福的生活吗？

- 2005 年 1 月，联邦陪审团判定美国国际旅游服务公司的前总裁兼首席运营官柯克·E. 谢尔顿犯有"全部 12 项指控罪名：包括在山登公司和其前身美国国际旅游服务公司共谋欺诈性地虚增报告收益"（"柯克·E. 谢尔顿认罪"，2005）。2005 年 8 月 3 日，他被判处 10 年有期徒刑，并被责令向山登公司支付 32.7 亿美元（Haigh，2005）。他对判决提出上诉，但上诉失败，并被判处服刑 10 年（Farrell，2006）。此外，2010 年 6 月，SEC 禁止谢尔顿担任上市公司的高管或董事。（LR 21548，2010）

- 谢尔顿的三名同谋科兹摩·科里利亚诺、安妮·彭伯（Anne Pember）和卡斯珀·萨博迪诺（Casper Sabatino），均根据认罪协议在联邦法院认罪，其中"三名被告承认参与了合谋并在上级的指示下行动"（"柯克·E. 谢尔顿认罪"，2005）。2007 年 1 月，彭伯和萨博迪诺被判处 2 年缓刑和 200 小时的社区服务（Taub，2007 年 1 月 29 日）。科里利亚诺被判处 3 年缓刑。此外，他的判决包括 6 个月的家庭监禁、电子监控以及总共 300 个小时的社区服务。科里利亚诺进行了道歉并对自己的行为承担全部责任。据报道，他告诉法官："我意识到这是非常错误的。""我唯一的愿望就是头脑清醒"。（Taub，2007 年 1 月 30 日）

- 美国国际旅游服务公司前董事长兼首席执行官沃尔特·福布斯与科里利亚诺一同受审。沃尔特·福布斯的案子以无效审判结束，2005 年 10

月在康涅狄格州的哈特福德开始了重审（Mills & Voreacos，2005）。重审于 2006 年 2 月结束，陪审团无法做出裁决，法官再次宣判无效审判（"另一个山登公司悬而未决的陪审团"，2006）。2007 年初，福布斯最终被判在联邦监狱服刑 12 年 7 个月。他还被责令向山登公司及其投资者支付超过 30 亿美元的赔偿金（"前山登公司董事长……"，2007）。在狱中，福布斯于 2010 年秋天卖掉了他在康涅狄格州迦南的豪宅，据报道价格为 700 万美元。（Kershaw，2010）

● 迈克尔·帕杜与 SEC 达成和解，但未承认或否认任何违法行为。波尔韦拉里同意支付 25 000 美元的民事罚款。（Norris & Henriques，2000）

盈盛公司：退还给发货方

本节以盈盛公司作为收入不当计价的案例。

盈盛公司（Insignia Solutions）是一家英国上市公司，通过其子公司盈盛美国公司（Insignia Solutions，Inc.）在美国开展业务。它开发并支持跨平台兼容性软件，通常将这些软件卖给经销商，并授予经销商一定的退货权。盈盛公司擅长经营允许"移动设备的运营商（能够）远程更新和修复它们……"的软件。（Graebner，2006）

盈盛公司误估收入方案

SOX 报告（2002）将盈盛公司列为一个案例，用以说明通过提供不充足的退货准备金来不当估计收入。这意味着公司在利润表中预留的用于客户退货的金额是不足的。SEC 发现，盈盛公司涉嫌在 1996 年第一和第二

第四章 花样收入

季度"夸大其收入和净收入……（和）……低估了其退货准备金"。①盈盛公司有一个标准做法，即对超过45天销售期限的经销商库存记录退货准备金："实际上，盈盛公司从总收入中减去这个备抵额，就得到了收入。"因此，如果盈盛公司低估其经销商所持有的存货数量，就将导致它低估退货准备金从而高估其收入。这是该公司对其收入进行不当估价的方法。委员会的调查结果引用了盈盛公司自己的收入确认政策，称"如果没有重大的卖方义务存在，并且认为有可能收取由此产生的应收款，则在装运时确认收入"。(AAER 1133，1999)

1995年12月，销售经理向一个经销商发出了120万美元的商品并签署一份附函，给予经销商丰厚的退货权。根据SEC 1999年5月发布的报告，"发货后，经理指示下属'放弃零库存'，或仅报告经销商持有的10%的库存……这就减少盈盛公司的产品退货准备金，从而增加了报告的收入"。(AAER 1133，1999)

在1995年，这方面不需要进行重述，因为当时计提了足够的退货准备金。但是，在1996年第一季度末，大部分货物仍未售出，委员会发现这导致虚增了110万美元的收入。另外，后来货物因过时而退回，这一点瞒过了财务部门，因此一份替换订单被记录为新的销售。此外，在1996年6月，一笔75万美元的有60天退货权的销售得到确认，却没有计提退货准备金。

盈盛公司重述了1996年第一和第二季度的财务报表。该公司报告称，第一季度重述收入为1 310万美元，而此前报告的收入为1 470万美元。第二季度，该公司报告的收入为1 490万美元，而此前报告的收入为1 570万美元。

1997年2月27日，盈盛公司宣布它正在重述1996年前两个季度的财务报表。在宣布这一消息后，该公司的股价在一天之内下跌了35%，从3.88美元跌至2.53美元。

---

① 如1999年AAER 1133所述，盈盛公司在不承认或否认调查结果的情况下同意接受这项指控。

盈盛公司误估收入的信号

由于未能计提足够的收入准备金而虚增收入，应收账款无法以现金形式实现，因此下文所述的前两个信号与第三章"阳光传奇"中阳光公司案例所讨论的高估收入的主要信号相同。下文所列的后两个信号与操纵收入准备金相关。

信号 1：应收账款占销售额的百分比增加

高估销售收入的主要迹象是应收账款占销售额的百分比增加，这通常用销售变现天数来衡量。如果下期的销售收入已经加速到本期确认，或者销售完全是虚构的，公司将借记应收账款并贷记销售收入，以作为合法销售。但是，合法的销售收入将会很快由客户支付并转化为现金，而下一期的销售收入很可能只在下一期得到支付，并以应收账款的形式留在本期的资产负债表上，不会变成现金。

信号 2：经营活动产生的现金流量落后于营业利润

销售收入记录不当的第 2 个信号是经营活动产生的现金流量落后于营业利润或净利润。这是一个主要信号。如果一家公司是盈利的，为什么不以同样的速度产生经营活动产生的现金流量呢？

信号 3：退货准备金减少

如果公司单独报告退货准备金的金额，退货准备金占销售额的百分比显著下降，则表明退货准备金可能被低估了。

信号 4：会计政策变更

财务报表附注中提及的任何有关退货准备金确认方法的政策变更或任何导致退货准备金减少的会计估计的变更，均应视为公司可能低估了其退货准备金的信号。

第四章　花样收入

他们从此过着幸福的生活吗？

● 由于不遵守纳斯达克的上市规定，盈盛公司一度处于失去在纳斯达克上市的风险之中。然而，该公司获得了额外的资金，2006年1月，纳斯达克同意盈盛公司可以"继续在交易所上市"。(Graebner，2006)

● 2009年12月，盈盛公司被美国供应商公司（America's Suppliers，Inc）接管。"盈盛公司现在是美国供应商公司的全资子公司"。（"盈盛公司"，2009）

本章案例的伦理道德

问题：

a. 从道义论框架探讨道德规范，讨论施乐管理层发布加速收入确认的财务报表是否不道德。（有关道德框架的描述，请参阅第二章"伦理道德"。）

b. SEC前主席阿瑟·莱维特于1998年指出，许多公司"在合法和公然欺诈之间的灰色地带运作"。请记住阿瑟·莱维特的评论，考虑这样一种情况：一家公司的财务报表在形式上遵循公认会计原则，但对公司的经营业绩和财务状况产生了误导性的描述。管理层发布此类财务报表是否不道德？公司应遵守"法律条文"还是"法律精神"？请加以解释。

案例研究

百瑞勤系统股份有限公司

● 阅读下面给出的百瑞勤系统股份有限公司（Peregrine Systems，Inc.）的诉讼公告第18205A号。

● 检查下列年度的财务报表：1999年3月31日、2000年3月21日和2001年3月21日，如下所示。

● 回答案例研究的问题。

要求：

a. 高估收入的策略：诉讼公告第 18205A 号描述了百瑞勤在其财务报表中高估收入的方法。

1. 识别并简要评估百瑞勤高估其收入的主要方法。

2. 检查百瑞勤下列年度的财务报表：1999 年 3 月 31 日、2000 年 3 月 31 日和 2001 年 3 月 31 日。将"应收账款占销售额的百分比"视为可能表明百瑞勤高估了其收入的信号。在不知道应收账款销售情况，并且不知道应收账款的冲销被错误地分类为"购置成本"的情况下，执行此信号的计算。对你的发现结果进行评论。

b. 应收账款的不当"销售"和应收账款"销售"的不当披露：描述百瑞勤不当"销售"其应收账款和不当披露其应收账款"销售"的策略。

c. 将应收账款的冲销错误地分类为"购置成本"：根据 SEC 的说法，"作为掩盖真相的一部分，百瑞勤的工作人员在与收购相关的账户上冲销了数百万美元的坏账，这些坏账主要是假账"。(LR 18205A)

1. 解释这将如何影响经营活动产生的现金流量落后或滞后于营业利润的信号，这一信号通常意味着收入的高估。

2. 解释错误地将应收账款冲销列为"购置成本"将如何影响应收账款占销售额百分比增加的信号。

d. 计算应收账款占过去 12 个月销售额的百分比：检查下面的表，并使用百瑞勤的季度财务报表中的销售收入和应收账款金额计算 2000 年第三季度、2000 年第四季度和 2001 年第一季度的应收账款在过去 12 个月的销售收入中所占的百分比。作为高估收入的信号，对你的计算结果进行评论。

e. 重新计算应收账款以与销售收入进行比较：考虑以下信息：SEC 的指控称，百瑞勤计划在 2001 财年将 2 665 万美元的渠道应收账款冲销记为"购置成本和其他"。(par. 28)

假设这一金额已冲销应收账款。现在，将金额加回到应收账款中，并重新计算应收账款占你在上述问题 a2 中计算的销售额的百分比。作为高估销售收入的信号，评价新的计算结果。

第四章 花样收入

百瑞勤 1999—2001 年季度财务报表摘要① 单位：千美元

	1999 - 3 - 31	1999 - 6 - 30	1999 - 9 - 30	1999 - 12 - 31	2000 - 3 - 31	2000 - 6 - 30
销售收入	46 110	51 605	57 807	67 544	76 344	94 324
应收账款	38 947	43 737	51 058	59 629	69 940	127 845

百瑞勤系统股份有限公司的诉讼公告

美国证券交易委员会

诉讼公告第 18205A 号，2003 年 6 月 30 日②

会计和审计执行公告第 1808 号，2003 年 6 月 30 日

SEC 诉百瑞勤案

民事诉讼第 03CV 1276K 号（LAB）(S. D. Cal.)（2003 年 6 月 30 日）

SEC 指控百瑞勤存在财务欺诈，并接受部分和解

SEC 今天在美国加州南区地方法院起诉了圣迭戈的软件公司百瑞勤系统有限公司，原因是该公司长达 11 个财政季度的大规模财务欺诈。在提出诉讼的同时，委员会向法院提出了对百瑞勤的部分解决办法，供法院核准。

根据委员会的控诉，欺诈计划的目的是抬高公司的收入和股价。为了达到这个目的，百瑞勤向委员会提交了从截至 1999 年 6 月 30 日季度至截至 2001 年 12 月 31 日季度的严重错误的财务报表。2003 年，百瑞勤重述了这些季度的财务业绩。在其重述中，百瑞勤将此前公布的 13.4 亿美元营收减少了 5.09 亿美元，其中至少 2.59 亿美元是因基础交易缺乏实质内容而被撤销。

指控称，百瑞勤不正确地记录了数百万美元的收入，是关于向经销商销售所谓的软件许可证。这些交易是对百瑞勤软件的非约束性销售，其实质反映在秘密协议中，即经销商没有义务向百瑞勤付款。参与该计划的人称此为"暂存"交易。当无法完成与终端用户协商（或希望与之进行协商）的直接销售但需要收入来实现其预测时，百瑞勤的工作人员会停止交

---

① 取自 SEC, www.sec.gov.
② 取自 SEC, www.sec.gov. 百瑞勤同意接受部分解决方案，但不承认也不否认调查结果。

易。百瑞勤还采取了其他欺骗手段来夸大公司的收入，包括进行互惠交易。在互惠交易中，百瑞勤实质上为其客户购买的百瑞勤软件支付了费用。百瑞勤通常在财政季度结束后保持账簿开放的状态，并不当地将上一季度的软件交易记录为收入，这些交易直到季度结束后才完成。某些百瑞勤高管将这些交易描述为已于"12月37日"完成。百瑞勤的高级主管、销售和财务人员知道，或者是鲁莽地不知道，适用的会计准则禁止对百瑞勤已计入收入的这些交易及其他交易进行收入确认。

指控称，某些百瑞勤的高管和员工以各种手段欺诈性地隐瞒了夸大收入的诡计。当百瑞勤将非约束性经销商合同收入入账时，客户不出其料地没有付款，应收账款（其中一些是虚构的）在百瑞勤的资产负债表上激增。大量高账龄的应收账款没有得到支付，表明百瑞勤的财务状况正在恶化。为了让投资者觉得百瑞勤收回应收账款的速度比实际上更快，一名高管与银行达成了融资安排，将应收账款换成现金。百瑞勤不当地将这些融资安排作为应收账款的销售入账，并将其从公司的资产负债表中剔除。这里有几个问题：第一，由于百瑞勤给予了银行追索权，并经常向其支付或回购未付的应收账款，因此百瑞勤应该将融资安排记为贷款，并将应收账款留在其资产负债表上。第二，一些"已售"的应收款是无效的，因为客户没有义务向百瑞勤付款。第三，一些"已售"的发票是伪造的。例如，2001年6月，百瑞勤的高级财务经理在高级管理层的批准和鼓励下，伪造了一张1959万美元的假汇票并将其出售给一家银行。因此，百瑞勤的财务报表和账簿及记录高估了百瑞勤的经营现金流量，并低估了其应收账款。

委员会的指控还声称，为了掩盖事实，百瑞勤的工作人员在其财务报表、账簿及记录中与收购相关的账户上冲销了数百万美元的坏账，这些坏账主要是假账。这些冲销是不合理的，因为它们与收购没有任何关系，并且因为指导冲销的百瑞勤的工作人员知道，或者是鲁莽地不知道，某些被冲销的应收账款在一开始就不应该被记录为收入。百瑞勤误导了投资者，因为它没有将这些冲销计入预估的经营成果中，并且将这些冲销作为一次性费用而不是经营费用列示在其利润表上。通过其管理人员和员工，百瑞

第四章 花样收入

勤知道：(a) 这些应收账款中的很大一部分本来就不应该记录为收入；(b) 这些应收账款并没有因收购而减值；(c) 不应使广大投资者觉得应收账款冲销是非经常性事件。

委员会的指控旨在永久禁止百瑞勤违反联邦证券法的某些反欺诈条款（《1933年证券法》第17（a）条、《1934年证券交易法》第10（b）条和第10b-5条），以及禁止百瑞勤违反某些报告、账簿和记录以及内部控制规定（《1934年证券交易法》第13（a）、13（b）(2)(A) 和 13（b）(2)(B) 条，以及第12b-20、13a-1和13a-13条）。诉讼还要求返还非法所得、判决前利息和民事罚款。

百瑞勤在不承认或否认委员会指控的情况下，同意：(1) 不再违反联邦证券法的反欺诈、报告、账簿和记录以及内部控制的规定；(2) 当《破产法》第11章规定的重组计划生效时，披露其内部控制和财务报告程序的现状；(3) 加速遵守管理层关于内部控制报告的规定，执行2002年《萨班斯-奥克斯利法案》第303条；(4) 聘请一名内部审计师，以确保百瑞勤的财务业绩在其公开的财务报表中得到准确报告；(5) 任命一名公司合规官对百瑞勤的公司治理政策和实践情况进行持续审查；(6) 开始对其高管和员工进行培训和教育，以防止其违反联邦证券法。部分和解协议规定，百瑞勤应支付的索赔和/或民事罚款金额（如有）应在稍后日期确定。在决定接受百瑞勤提出的部分解决办法时，委员会考虑了百瑞勤迅速采取的补救措施以及向委员会工作人员提供的合作。

这是委员会在此次调查中提起的第四次民事欺诈诉讼。2002年11月，委员会对百瑞勤的前高级财务经理伊尔丝·卡佩尔（Ilse Cappel）提起民事禁令诉讼（LR 17859A）。2003年4月，委员会对百瑞勤的前首席财务官马修·C.格莱斯（Matthew C. Gless）提起民事禁令诉讼（LR 18093）。2003年6月，委员会对百瑞勤的前销售副总裁史蒂文·S.斯皮策（Steven S. Spitzer）提起了民事禁令诉讼（LR 18191）。

委员会正在继续调查百瑞勤财务舞弊案的参与者。

委员会感谢美国加州南区检察官办公室和联邦调查局在此事上的合作。

穿透会计舞弊

财务报表

美国证券交易委员会

华盛顿特区 20549

摘自 10-K 表格[①]

根据《1934 年证券交易法》第 13 或 15（d）条编制的年度报告

截至 2001 年 3 月 31 日的财年

百瑞勤系统股份有限公司

合并资产负债表

（单位：千美元，每股数据除外）

	2001 年 3 月 31 日	2000 年 3 月 31 日
资产		
流动资产：		
现金及现金等价物	286 658	33 511
应收账款，分别扣除坏账准备 11 511 000 美元和 2 179 000 美元	180 372	69 940
其他流动资产	62 811	22 826
流动资产合计	529 841	126 277
固定资产净值	82 717	29 537
商誉，分别扣除累计摊销 334 178 000 美元和 54 406 000 美元	1 192 855	233 504
其他无形资产、投资及其他，分别扣除累计摊销 24 015 000 美元和 1 398 000 美元	198 353	134 112
	2 003 766	523 430
负债和所有者权益		
流动负债：		
应付账款	36 024	19 850
应计费用	200 886	49 064

---

① 摘自百瑞勤系统股份有限公司 1998—2002 年的 10-K 文件。从 SEC 获得，www.sec.gov。

续表

	2001年3月31日	2000年3月31日
递延收入的流动部分	86 653	36 779
长期债务的流动部分	1 731	74
流动负债合计	325 294	105 767
递延收入，扣除流动部分	8 299	4 556
其他长期负债	17 197	—
长期债务，扣除流动部分	884	1 257
可转换次级票据	262 327	
负债合计	614 001	111 580
所有者权益：		
优先股，面值0.001美元，授权5 000股，无已发行或流通股	—	—
普通股，面值0.001美元，授权500 000股，分别已发行和流通160 359股和109 501股	160	110
额外的实收资本	2 342 235	480 957
累积赤字	(917 104)	(64 863)
递延薪酬中未实现部分	(22 151)	(678)
累计折算调整	(3 950)	(666)
库存股，按成本计价	(9 425)	(3 010)
所有者权益合计	1 389 765	411 850
负债和所有者权益总计	2 003 766	523 430

摘自 10-K 表格[①]
截至 1999 年 3 月 31 日的财年

百瑞勤系统股份有限公司
合并资产负债表

（单位：千美元，每股数据除外）

	3 月 31 日 1998 年	3 月 31 日 1999 年
资产		
流动资产：		
现金及现金等价物	14 950	21 545
短期投资	7 027	2 000
应收账款，分别扣除坏账准备 485 000 美元和 1 248 000 美元	16 761	38 947
递延所得税资产	7 297	5 798
其他流动资产	2 905	10 370
流动资产合计	48 940	78 660
固定资产净值	5 455	15 895
无形资产净值及其他	29 173	113 158
	83 568	207 713

[①] 摘自百瑞勤系统股份有限公司的 10-K 文件。从 SEC 获得，www.sec.gov。

第四章 花样收入

摘自 10-K 表格①
截至 2001 年 3 月 31 日的财年

百瑞勤系统股份有限公司
合并利润表

（单位：千美元，每股数据除外）

	截至 3 月 31 日的年度		
	2001	2000	1999
收入：			
许可证	354 610	168 467	87 362
服务	210 073	84 833	50 701
收入总计	564 683	253 300	138 063
成本和费用：			
许可证成本	2 582	1 426	1 020
服务成本	111 165	51 441	31 561
外购技术摊销	11 844	1 338	50
销售和营销费用	223 966	101 443	50 803
研发费用	61 957	28 517	13 919
总务及行政费用	48 420	19 871	10 482
购置成本及其他	918 156	57 920	43 967
成本和费用总计	1 378 090	261 956	151 802
息税前经营亏损	(813 407)	(8 656)	(13 739)
净利息收入（费用）	(538)	38	664
税前经营亏损	(813 945)	(8 618)	(13 075)
所得税费用	38 296	16 452	10 295
净亏损	(852 241)	(25 070)	(23 370)
每股基本和摊薄净亏损：			
每股净亏损	(6.16)	(0.24)	(0.27)
用于计算的股份数	138 447	102 332	87 166

① 摘自百瑞勤系统股份有限公司的 10-K 文件。从 SWC 获得，www.sec.gov。

百瑞勤系统股份有限公司
合并现金流量表
（单位：千美元）

	截至 3 月 31 日的年度		
	2001	2000	1999
经营活动产生的现金流量：			
净损失	（852 241）	（25 070）	（23 370）
净损失与经营活动产生的现金金额之间的调整：			
折旧、摊销、购置成本及其他	954 231	68 293	47 781
因下列原因而增加（减少）的现金：			
应收账款	（100 474）	（24 364）	（18 984）
其他流动资产	（25 955）	1 485	（5 678）
其他资产	7 648	2 717	（245）
应付账款及其他负债	18 563	4 755	2 939
应计费用	（32 794）	17 328	12 486
递延收入	20 851	12 467	4 874
经营活动（使用）的现金流量净额	（10 171）	57 611	19 803
投资活动产生的现金流量：			
收购和投资，扣除获得的现金	17 974	（41 249）	（11 128）
购买短期投资	—	—	（49 000）
收回短期投资	—	2 000	54 027
构建固定资产	（49 031）	（20 713）	（12 426）
投资活动（使用）的现金流量净额	（31 057）	（59 962）	（18 527）
筹资活动产生的现金流量：			
发行（偿还）长期债务	1 284	（7 832）	（1 174）
发行普通股	42 501	23 427	7 921

续表

	截至 3 月 31 日的年度		
	2001	2000	1999
发行应收票据	(1 611)	—	—
购买库存股	(6 415)	(1 285)	(1 463)
发行可转换次级票据	261 900	—	—
筹资活动产生的现金流量净额	297 659	14 310	5 284
汇率变动对现金及现金等价物的影响	(3 284)	735	
现金及现金等价物的净增加额	253 147	11 966	6 595
期初现金及现金等价物余额	33 511	21 545	14 950
期末现金及现金等价物余额	286 658	33 511	21 545
期间内支付的现金：			
利息	1 069	451	26
所得税费用	1 587	3 015	155
非现金投资活动的补充披露：			
为收购和投资而发行的股票和其他非现金对价	1 762 952	253 209	105 499

Detecting Accounting Fraud

第五章
世通骗局[*]

世通的"巫师"

2003年9月,在由大卫·法伯尔(David Faber)主持的CNBC电视采访中,世通公司前副总裁罗伯特·哈德斯佩斯(Robert Hudspeth)描述了世通公司的内部数据与华尔街吹捧的数字之间似乎存在差异。哈德斯佩斯补充说,很难向他的4 000名销售人员解释,为什么投资者被告知世通的收入在增长,而据销售人员所知收入在下降(Faber,2003)。在那次电视采访几年后,几名世通公司的高管被判犯有欺诈罪。

首席巫师:伯纳德·埃伯斯

伯纳德·埃伯斯(Bernard Ebbers)是加拿大埃德蒙顿市中心维多利亚综合高中校篮球队的一名首发队员。他已经有了一些模棱两可的特点:

---

[*] 本章的背景资料主要来自 Jeter(2002)、Krim(2002)、Malik(2003)、迪克·索恩伯格(Dick Thornburgh)的《第一份中期报告》(2002)、《第二份中期报告》(2003)、《第三份及最终报告》(2004)。

第五章 世通骗局

给人的印象要么是极度害羞,要么是有着强大的动力和魅力。篮球队在他四年级时赢得了市冠军。对于队里最好的朋友伯纳德·埃伯斯和布伦特·福斯特(Brent Foster)来说,那个冠军似乎将成为他们职业生涯的巅峰。高中毕业后的几年里,两人都做着送牛奶之类的零工。之后,他们以前的高中教练带布伦特·福斯特去西雅图旅行。当福斯特在银行等教练的时候,他拿起了一本放在大厅桌子上的小册子,这个看似微不足道、分散注意力的行为改变了许多人的生活轨迹。奇怪的是,这本小册子是克林顿镇密西西比学院(Mississippi College)的广告。校园和城镇的迷人照片看起来很诱人,而福斯特认为这是他需要的新的开始。

非常传统的密西西比学院是美国最古老的浸信会学院,克林顿镇两旁都是高大的老橡树,点缀着引人注目的木兰。在随后对密西西比学院的访问中,福斯特这个笃信宗教、保守的年轻人对这所大学和小镇以及那里许多维多利亚时代的豪宅都有着很好的感觉。在杰克逊被包围期间,克林顿的市政厅曾是谢尔曼将军的总部所在地,这一事实引起了年轻的福斯特的共鸣,于是他进入了这所学校。当福斯特回到埃德蒙顿的家中过暑假时,他的高中老朋友埃伯斯很清楚,福斯特又回到了他的巅峰时期。

那年夏天结束时,埃伯斯和福斯特夫妇一起踏上了回密西西比学院的蜜月之旅。作为比福斯特更虔诚的浸信会教徒,埃伯斯非常喜欢这所学校和克林顿镇,并喜欢上了南方小镇的生活,与埃德蒙顿闹市相比,这里的绿色开放令人耳目一新。埃伯斯加入了大学篮球队,很快就获得了篮球奖学金。不久,他也恢复了自己的巅峰状态,自信与日俱增,他早期的羞怯现在被一种傲慢的狂妄抵消了。

然而,埃伯斯的篮球奖学金在一年后就结束了,他在与一些当地暴徒搏斗时,被一个破瓶子弄伤了跟腱。为了维持生计,他帮助执教大学青年队。他在获得了体育教育学士学位后,在附近的海兹赫斯特得到了一份高中教练的工作。

一年后,埃伯斯去一家服装制造商工作,他在那里待了五年,然后在密西西比州的哥伦比亚买了一家破旧的廉价旅馆和餐馆。到这时,他已经和琳达·皮戈特（Linda Pigott）结婚了，他们有了三个孩子：特雷热（Treasure）、乔伊（Joy）和费思（Faith）。1977年，他与几个朋友合作并开始扩张，到1983年已经有了9家酒店。就在这一年，法院命令将AT&T公司拆分为AT&T和7家本地电话公司，以便在长途电话行业展开更多竞争。"资产剥离迫使AT&T以极低的折扣价将长途电话线路租给小型的区域性公司，这些公司可以将线路的数据传输能力或带宽转售给小型企业"（Jeter，2003，pp. 17-18）。这就是世通成立的动力。当来自田纳西州的商人穆雷·沃尔德伦（Murray Waldron）决定在乡村城镇从事长途电话服务的转售业务时，世通公司才真正成立。

埃伯斯现在住在密西西比州的布鲁克海文市，经营着9家酒店，是埃伯斯在布鲁克海文第一浸信会教堂的祈祷团的朋友大卫·辛格尔顿（David Singleton）向他介绍了这家企业。辛格尔顿邀请埃伯斯参加一个关于创办一家公司以转售长途电话服务的会议。埃伯斯知道法院下令分拆AT&T，也听说了一些小公司在利用AT&T被迫放弃的租约。当他接到辛格尔顿的电话时，他已经准备好倾听了。

沃尔德伦、辛格尔顿和埃伯斯在密西西比州哈蒂斯堡的一家咖啡店会见了沃尔德伦的朋友比尔·菲尔德（Bill Fields）。他们选择哈蒂斯堡是因为它在地图上看起来像是一个农村地区的中心城镇，而且它没有长途电话公司。关于公司的初始名称是如何确定的，传说中有两个相互矛盾的故事。不管怎样，这两个故事的共同点是，关于创办一家转售长途电话服务公司的第一次会议是在哈蒂斯堡的一家咖啡店举行的，沃尔德伦当时也在场。有一种说法是，参加会议的男士们请服务员为他们的新公司推荐一个名字。女服务员在餐巾纸上写下了"长途折扣公司"（Long Distance Discount Company）的首字母LDDC。与会的小组成员对此做了一个小小的改动，改为"长途折扣服务"（Long Distance Discount Services）。此时，注定要经过70多次收购从而发展成为声名狼藉的世通公司的LDDS公司诞生了。（当一个企业通过发行股票或以现金或其他资产换取另一个企业有表决权的股票时，就发生了收购。收购方继续作为一个独立实体经营。）

第五章 世通骗局

世通故事的怀疑者则称，餐巾纸和女服务员的故事不完全准确，会议是在四个创始人没有全部到场的情况下进行的。然而，如果傲慢、害羞但魅力四射的埃伯斯和其他三位创始人能在一个寒冷的夜晚出现在哈蒂斯堡一家朴实温暖的咖啡馆里，出现在这片美国的土地上，这听起来更符合公司神话。这些人正准备和他们的新公司一起踏上疯狂的过山车之旅。在将近20年后的2002年7月21日，也正是这家公司宣布了公司历史上最壮观的破产案之一。

最后，实际上几乎世通公司每一个被赋予信托责任以确保诚实地报告其财务状况（从财务报告的编制到旨在提供制衡以确保编制这些报告的适当会计核算方法）的实体或部门，都背叛了这一点。就连董事会也放弃自己的职责，并忽略世通肆无忌惮的、毫无重点的增长，对其他公司进行了70多起未经协调的收购。世通的破产审查员索恩伯格在他的《第一份中期报告》（2002）中列出了以下方面的制衡失败：

- 内部控制系统；
- 审计委员会；
- 薪酬和股票期权委员会；
- 安达信会计师事务所——世通的外部审计师；
- 世通的内部审计部门；
- 董事会；
- 管理层；
- 所罗门美邦（SSB）的投资银行公司；
- 首席投资银行家兼分析师杰克·格鲁曼（Jack Grubman）；
- 世通的高级会计人员。

多年来，成千上万的员工、客户、企业投资者和个人都被大规模的会计操纵所蒙骗。世通是怎么失控的？为什么所有的制衡都失败了？安达信是如何忽略了这些隐藏性很差的大规模欺诈行为的？为什么所罗门美邦的分析师如此激进推荐这家不断恶化的公司？为什么董事会允许混乱的收购清单和给埃伯斯的巨额贷款？

9月份在哈蒂斯堡的咖啡店会面后,埃伯斯、辛格尔顿、菲尔德和沃尔德伦联系了朋友和熟人。连同另外5个投资者,包括他们在内的9个投资者以约60万美元的资本成立了LDDS。他们将其1 000股股票做了分配。1984年1月14日,在LDDS系统上首次拨打了长途电话。在这个阶段,LDDS基本上是租用带宽,再转售给长途电话。该公司以45万美元购买的交换设备位于南密西西比大学对面的一栋小建筑内。第一个客户是一家房地产公司——Floyd Franks & Associates,它的所有者是密西西比大学的外接员弗洛伊德·弗兰克斯(Floyd Franks)。在弗兰克斯的推荐下,LDDS开业不久就有了200名顾客。不过,它有能力容纳更多的客户,而且固定成本如此之高,它需要扩大客户群。(固定成本指的是企业的一类费用,当生产的产品或提供的服务在一定数量范围内时,这一费用将保持不变。)

另外,由于没有技术专家来优化电路的配置,其线路成本非常高。在AT&T分拆后,LDDS并不是唯一一家想到长途折扣的公司。当时有很多初创公司,但大多数是亏损经营的,就像LDDS在1984年每月亏损2万美元一样。到那年年底,LDDS的债务已经超过150万美元。

埃伯斯于1985年接管公司的运营,除了大力削减成本外,他立即将目光投向了收购一些小型长途经销商。在市场竞争和公用事业委员会的要求之间,对客户的收费或多或少是固定的。然而,带宽的成本取决于容量。更大的容量降低了每分钟的成本。埃伯斯决定,他必须获得更多的客户和带宽,并以比其他小镇竞争对手更低的价格销售带宽。最重要的是,他必须这样做,而像MCI等大公司正专注于其他领域。埃伯斯巧妙地决定,在不引起大公司注意的情况下,增加客户和带宽的最佳方法是收购小公司。他的第一笔收购是田纳西州杰克逊市的电话公司(The Phone Company),沃尔德伦曾在那里短暂工作过,以积累电话业务的经验。此后,埃伯斯和他的合伙人买下了同样位于田纳西州的ReTel通信公司。接下来,为了收购阿肯色州的一家小型电话经销商,埃伯斯说服他的同事做了一件他们后来一遍遍反复做的事情,直到世通最终破产——他们发行了自己公司

(LDDS）的股票，以获得收购所需的现金。

密西西比州布鲁克海文附近的许多人都因为早年购买了LDDS的股票而成了千万富翁。通过这些收购，公司的销售额增长了，数据交换设备的数量也增加了。每次收购，新公司的收入、资产和利润都包括在原始的LDDS公司中。大约在那个时候，LDDS最早的两名注册会计师离开了公司——表面上是因为"个性冲突"。回首过去，人们不得不怀疑是否还有其他原因。

到目前为止，埃伯斯已经是一个热衷于收购公司的人，并且逐渐发展成为一个狂热的收购者。他开始相信，是时候让LDDS上市了。他意识到，如果LDDS在证券交易所上市，它就可以很容易地通过发行股票来筹集现金。此外，LDDS不需要为收购额外支付现金，而是可以通过向这些公司的股东发行LDDS公司的股票来作为收购新公司的对价。只要LDDS的公开交易股票价格上涨，它就能无止境地进行收购。只要LDDS在其财务报表中公开报告利润增长和销售增长，它就可以继续收购公司，其股价的增长就没有限制。对于埃伯斯来说，毫无疑问，LDDS必须上市。

LDDS可以通过两种方式成为一家上市公司。它可以公开上市，也可以收购一家上市公司，在此过程中，LDDS将上市交易。1989年，LDDS收购了在亚特兰大上市的优势股份有限公司（Advantage Companies, Inc.）。通过这次收购，LDDS成为一家上市公司。

助理巫师：杰克·格鲁曼

埃伯斯现在不得不与投资者以及公共机构打交道。他与所罗门美邦的股票分析师杰克·格鲁曼进行了第一次具有决定性意义的会面。埃伯斯和格鲁曼的关系很快就融洽起来。相较于其所拥有的知识，两人都有着巨大的雄心壮志（这是危险的属性），而且他们都是新富起来的，均出身于工人阶级。他们都渴望给人留下深刻印象。例如，格鲁曼就谎称自己"曾就读于麻省理工学院"（Jeter, 2003, p. 62）。有趣的是，两个人都认为对可疑的钱要慷慨大方。两人都被驱使和困扰，但都很有魅力。他们结下了不解之缘，有时候一起喝喝酒、打打台球。

后来，埃伯斯和格鲁曼高估了当时对互联网流量容量的需求。他们不太了解互联网或互联网流量的技术细节，也不知道整个电信行业的运作方式（Jeter，2003）。

会计巫师：斯科特·沙利文

上市后不久，LDDS 将其一部分新上市股票用来交换先进电信公司（Advanced Telecommunications Corp.，ATC）的股票。通过这笔交易，埃伯斯和格鲁曼又获得了一位似乎与他们截然不同的合伙人。斯科特·沙利文（Scott Sullivan）是一位才华横溢、沉默寡言又略显保守的年轻注册会计师，此前曾在八大会计师事务所之一做过审计。沙利文搬到了南佛罗里达，担任一家电信公司的首席财务官。埃伯斯收购 ATC 时，他也得到了沙利文，后者成了 LDDS 的副总裁和助理财务主管。沙利文从佛罗里达州的家里通勤到密西西比州的一间公寓，在那里他对工作几乎着迷，经常工作到凌晨。他正是埃伯斯所需要的：一个严肃又非常聪明的伙伴，为伯纳德提供了强大的头脑。尽管他们之间存在差异（或者可能正是因为这些差异），沙利文和埃伯斯相处得非常好，沙利文成了埃伯斯交易背后的"真正力量"。（Malik，2003，p. 7）

显然，沙利文像格鲁曼和埃伯斯一样喜欢收购的想法，但原因有所不同。沙利文明白，收购有可能为操纵公司在财务报表中报告的利润或收入提供机会。当然，报告的收益会推动股价上涨，高股价反过来又可以用来为更多的收购提供资金，从而使这一循环往复进行。世通的破产审查员索恩伯格最终解释说："世通的增长在很大程度上是因为其股价急剧上升。它的股票是推动世通收购引擎高速运转的燃料。世通需要将其股价保持在高水平，以继续其惊人的增长。"（《第一份中期报告》，2002，p. 6）

沙利文似乎认为，一家公司不需要实际收益就可以报告一定数额的利润。破产审查员接着说，"世通给自己施加了巨大的压力，以满足证券分析师的期望。这种压力创造了一种环境，在这种环境中，满足这些预期的

报告数字（无论这些数字是如何得出的）显然变得比准确的财务报告更为重要"。（《第一份中期报告》，2002，p.7）

收购狂潮

这三名影响世通的人出于自身复杂的原因利用了这家公司。埃伯斯希望公司尽可能大、尽可能快地发展，格鲁曼似乎想在电信分析师领域扮演领导者的角色，而沙利文则致力于创造高报告收益和高股价。

1992年收购先进电信公司似乎是一个不错的举动。线路的租赁成本很高，有了先进电信公司，埃伯斯就获得了大量的光纤线路供应。通过这些线路，LDDS不仅可以利用互联网传输数据，还可以传输语音和视频。

1994年底，为了寻求更多收购，LDDS收购了IDB通信集团（IDB Communications，Inc.），这是一个从事全球卫星业务的集团，其中包括IDB世通（IBD WorldCom），后者有着大型国际业务分部。IDB世通为LDDS提供了一个在东欧的国际平台，并最终赋予了LDDS一个新的名字——世通（WorldCom）。

在那笔交易之后，埃伯斯和沙利文继续收购了另一家公司，这家公司的核心业务经历了非常有趣的变化。威廉姆斯电信股份有限公司（Wil-Tel）的前身是威廉姆斯石油和天然气公司（Williams Oil and Gas），其天然气需求经历了严重下降，并困惑于该如何处理其天然气管道的闲置产能。当对光纤线路的需求增长时，该公司认为仅通过将光纤线路穿过其现有但闲置的天然气管道即可节省大量资金。LDDS于1995年以25亿美元的现金收购了威廉姆斯电信股份有限公司，从而获得了一个拥有超过11 000英里光纤电缆的有线网络。在那笔令人满意的交易之后，沙利文被晋升为首席财务官，LDDS公司也正式改名为世通公司，而这三个团队正在酝酿着准备震撼金融界。

到目前为止，在所有的收购中，有太多的公司加入了这个集合体，却没有被恰当地整合成一个协同的整体。公司之间几乎没有联系，许多工作都是重复的。员工们已经开始嘲笑世通。他们嘲笑著名的迈克尔·乔丹/世通的"团队合作"广告，因为世通的各个公司实际上在回避团队合作并且互相轻视。

1996年，《电信法》通过，允许在本地电话市场上进行更多的竞争。这给了世通又一次提振，公司在那一年以指数级的速度增长。

埃伯斯的自我意识也在不断增强。他性格中随和的部分更加明显，打扮得也越来越像约翰·韦恩（John Wayne）。那些只能从远处看到他的人（他在密西西比州周围非常显眼），无法理解他是一个多么脚踏实地的亿万富翁，总是穿着蓝色牛仔裤和靴子。他还为密西西比州各地的公民事业和大学提供了大量捐助。此外，世通公司也为该州带来了福音，它为密西西比州众多的大学毕业生提供了就业机会，学校甚至专门针对世通的需求开设了课程。当远处的人们将埃伯斯视为英雄时，一些更接近他的人开始看到他变得越来越卑鄙。尽管他在镇上很务实，总是穿着朴素的衣服，开着朴素的卡车，但他总是四处寻找公司。他还买下了一些大型牧场和其他地产，以及一艘大游艇，他恰如其分地将这艘游艇命名为"ACQUASITION"。

这个拼写错误的 Acquasition 恰如其分地描述了他的自我，也恰如其分地描述了他唯一且真正的商业策略，即收购越来越偏离焦点的公司集团。埃伯斯是一个充满矛盾的人：虔诚的宗教信徒和慷慨的捐赠者，但脾气暴躁且吝啬。他控制着微小的细节，却对他以前所未有的疯狂速度推动管理层和董事会进行的所有收购没有宏观计划或重点。

破产审查员最终断言，"世通并不是通过遵循预先确定的战略计划来实现增长的，而是通过机会主义和快速收购其他公司实现的。这些永不停止的收购步伐促使该公司不断地重新定义自身及其重点"。（《第一份中期报告》，2002，p.6）

世通继续以过快的速度向过多的方向发展。1996年，公司立志成为一家主要的互联网提供商，并将其注意力转向了当时世界领先的互联网提供商 UUNet。UUNet 是最早向个人用户提供电子邮件和互联网接入服务的公司之一。随着公司开始吸引大量的投资资金，来自通用电气（General Electric）的约翰·斯基莫（John Sidgmore）被任命为首席执行官。UUNet 随后开始为大型企业提供通过互联网传输数据的方法。接下来，该公司为微软的在线服务 MSN 提供硬件。UUNet 自 1995 年上市以来股价一路飙升，直到 1996 年在来自 AT&T 和 MCI 的竞争之下股价才开始承压。因此，斯基莫带领 UUNet 在 1996 年 8 月 12 日接受了 MFS 通信公司（MFS Communications）的收购要约。大约两周后，1996 年 8 月 26 日，世通通过发行股票交换 MFS 公司的股票，收购了 MFS 通信公司。这是一笔 120 亿美元的交易，世通同时收购了 UUNet。到那时，UUNet 已经有超过 400 万个拨号端口供用户登录互联网。

通过这次收购，世通在世界各地拥有了宽带和网络，成为互联网接入和数据传输的主要供应商。世通的股价飙升，原因是其报告的利润，加上其巨大的互联网容量，以及全世界对互联网流量预计将出现天文数字般增长的信念。

互联网增长的神话

每个人都接受了互联网流量"每 100 天翻一番"这一热情洋溢的说法。唯一的问题是，这种对互联网增长的预期并不准确。Om Malik（2003）在他的著作 *Broadbandits* 中澄清了这个误解，他"把'互联网流量每 100 天翻一番'看作一个城市传说"（p. 13）。与当时的需求相比，在光纤线路和互联网主干硬件方面出现了巨大的过度投资；事实上，预期的投资至少是实际需求的 10 倍。不仅需求被严重高估，而且包括世通、环球电讯（Global Crossing）、奎斯特通讯（Qwest）、AT&T、安然和 Sprint 在内的所有大公司都在建设和收购产能，以满足这种虚构的需求。每一家公司似乎都不关心这样一个事实，即它们所做的每一件事情都被竞争对手做了

10 倍。

Broadbandits 指出，两位 AT&T 的科学家安德鲁·奥德里兹科（Andrew Odlyzko）和凯瑞·科夫曼（Kerry Coffman）不敢相信互联网流量每 100 天就翻一番，所以他们进行了一项研究来分析其增长情况。在他们的论文《互联网的规模和增长》中，奥德里兹科和科夫曼证明了"互联网流量每 100 天翻一番的概念完全是一派胡言"。当时互联网的实际增长率大约是每年 70%~150%。研究人员发现，每提到互联网流量每 100 天翻一番，都会让人想起世通的斯基莫和埃伯斯。1997 年 8 月，斯基莫在接受电信杂志采访时说："我们看到了前所未有的增长。我们的主干网每 3.7 个月就会翻一番……所以，我们预计三年后我们的网络规模将是今天的 1 000 倍。以前从来没有一种技术模式拥有如此惊人的增长速度。"（Malik，2003，pp. 13-15）

除了互联网需求增长缓慢外，至少 30% 的互联网接入仍然是普通的老式拨号接入，而当时满足需求的宽带容量严重过剩。然而，为了证明收购互联网容量的合理性，世通不得不坚持认为，对互联网的需求正在以惊人的速度增长。格鲁曼参与了传播关于互联网流量和宽带增长的歇斯底里的活动。由于斯基莫、格鲁曼和埃伯斯大喊容量是唯一的限制，业界没有人愿意相信奥德里兹科和科夫曼关于互联网流量增长真相的研究。业内其他人则无视这座众所周知的冰山，高喊着"互联网流量每 100 天翻一番"的口号，他们蜂拥到全国各地和海底，安装了比当时所需多 10 倍的光纤线路。

埃伯斯和沙利文继续疯狂收购。他们也许是由对权力的追求以及强烈的贪婪所驱动。他们不想失去所持有的世通股份的价值，而追求收购是他们掩盖这一事实的方法，即由世通组建的杂乱无章的公司集团并非如他们在财务报表中报告的那样盈利。沙利文和埃伯斯不得不进行更多的收购，以维持利润和股价飙升的假象。他们用烟幕、镜子和会计魔术做到了这一点。

第五章 世通骗局

用收购创造会计魔术

收购为公司提供了一个简单的工具，使公司可以在收购后利用会计手段来夸大收益。（收购还可以使一个集团的收入看起来在增长，而事实上，母公司和被收购公司可能已陷入停滞。）虚报的收益反过来推动集团股价上涨，然后公司可以将其股票作为下次收购的对价，这又可以用来夸大收购期后的利润。整个循环可以一次又一次地重复。在《第一份中期报告》（2002）中，破产审查员描述了世通夸大其利润的行为：

> 我们发现，早在 1999 年，为了应对世通盈利的压力，管理层采取了一系列旨在支撑公司利润表的措施。这些措施恶化为一个协调一致的操纵计划，导致大量虚假的日记账分录和调整。（p. 105）

当一家公司收购另一家公司时，母公司可以利用若干时间段来操纵利润。例如，母公司有时会在收购后的一段时间内确认与被收购公司有关的一大笔一次性费用或重组费用。从表面上看，这项费用是为了预测未来发生的某一事件并在当期为其做好准备，也就是说，拨出本期利润，为将来发生的费用或负债设立准备金。可以设立准备金的情况包括下列情况：

● 母公司或收购公司预计被收购公司资产的可变现价值低于资产负债表上所列资产的价值，也就是说，该资产在未来将不得不亏本出售。例如，该公司的存货可能不得不以低于其目前所列成本的价格出售。因此，要为这种可能的、预期的未来损失设立准备金。

● 公司"很可能"在未来将对尚未被记录在被收购公司账簿中的负债情况承担负债，例如，税收、诉讼或员工遣散费所造成的负债。

当然，前面提到的所有准备金只有在未来不利情况真的"很可能"会发生时才应该设立。当不利的情况不太可能发生的时候，错误地为未来设立这样的准备金，对收购公司有两个好处。首先，由于该费用在收购完成时立即被描述为"一次性费用"，因此分析师可能不会认为该费用是会重复发生的，这意味着他们不会将其视为对未来的指示，而任何金融工具

（例如股票）的价值是其未来现金流入的现值。因此，利润表中的当期费用通常被分析师和投资者"折现"。换言之，这可能在很大程度上被市场忽视，因为这与之前的管理层有关，而目前的想法往往是新的所有者将扭转局面。

假准备金的第二个好处是回报巨大。随着未来时期的临近，当收益未能达到炒作的预期时，该公司就有了一个以并非其真正需要的准备金形式存在的饼干罐。这样就可以通过"发现"这一并不需要的准备金，非常容易地将这一盈余准备金转回新时期利润表的收益中。因此，当设立的准备金因为不需要而被转回时，它会错误地表现为释放该准备金的期间内收益的增加。相反，在准备金最初设立的时期，它以一种明显的非经常性的方式高估了费用、低估了利润。正如破产报告所指出的，"正是这些准备金的不当释放导致了一种形式的盈余管理"（《第一份中期报告》，2002，p.107）。世通的做法是，它需要一个接一个的收购，以释放一个又一个的假准备金，以支撑一期又一期的利润。

还有一个类似的会计诡计，公司可以利用收购来呈现虚假的收益和虚假的资产负债表。在这一策略下，母公司在收购的时候创建了一个收购会计准备金。一个不道德的公司可以夸大这一准备金，并通过在未来释放准备金来操纵未来期间的利润。如果一家公司高估了准备金，它也就相应地高估了商誉。（商誉是指对被收购公司的收购成本超过其净资产公允价值的部分。）

这将在记录收购的时点（而不是收购之后的时期）进行。无须确认任何费用。

此外，在收购时，公司可以通过使其看起来好像为商誉支付了大部分对价，为收购资产支付了较少的对价，从而低估其所收购资产的公允价值。对经济学家来说，商誉是一种净资产赚取未来超额收益的能力。（另一方面，会计师虽然有着相同的概念，但对于如何计算收购价格并将其中的一部分分配给商誉仅有一些粗略的规则。）在收购时，母公司将被收购公司的资产和负债赋予一个公允价值。如果母公司支付的对价超过公司的净值，则购买价格超过净资产公允价值的部分将全部分配给商誉。将购买价格的一部分归属于商誉而不是厂房和设备的好处是，厂房和设备必须在资产的估计使用年限内合理且快速地摊销。然而，在2001年之前，商誉只需在40年内摊销，因此，公司利润表中每个期间的摊销费用要小得多，而报告的收益则高得多。自2001年起，商誉除非发生减值，否则根本不需要摊销。此外，夸大购买价格中归属于商誉的部分意味着公司可以低估其资产并创建虚假准备金，以释放回收益中，正如上文所述。

这种会计诡计的另一个极端版本是，在收购后的一段时间内，公司决定所收购资产的价值低于最初计算的价值，然后为这种预期的可变现价值的减少创建准备金。然而，在这一版本中，在收购后一期的财务报表中，分录的另一边不是确认一项费用（如本会计诡计第一版所述），而是对购买价格中分配给商誉的部分进行错误的重新估价。这表明，母公司现在已经认定收购的净资产价值低于最初估计的价值。因此，这就需要为这些资产可能发生的预期损失预留准备金，并相应地增加购买价格中用来支付商誉的分配额。

世通侧重于在收购时或收购后不久的时期内利用收购来夸大准备金。这可以通过利润表中的一次性费用或在收购时将购买价格的一部分分配给商誉来实现。随后，当世通"发现"由于预期的负面事件没有成为现实而不再需要这些准备金时，就会在后期将这些饼干罐储备金转回收益（利润）中。正如破产审查员所说，"除非风险是可能的和可估计的，否则记录准备金是不合适的。世通似乎违反了这一原则"（《第一份中期报告》，2002，p.106）。此外，SEC在对沙利文的执法行动中发现，"除其他外，虚假的调整和记录通过提取某些准备金不当地减少了费用"。（AAER 1966，2004）

世通需要继续记录不必要的准备金。埃伯斯和沙利文进行了规模更大、效果更好的收购，从而制造出越来越多的虚假储备，这些储备将在未来一段时间内释放到利润中，以支撑不足的收益。这有助于提高股价，随后股票被用于更多的收购，庞氏骗局的引擎不断运转。

到 1997 年，世通的收购狂潮更加疯狂。埃伯斯和沙利文在走向混乱的道路上成了一对搭档。他们从收购 MFS/UUNet 开始，收购了 BLT 技术公司（BLT Technologies），后者提供预付电话卡。回到办公室后，埃伯斯毫不客气地解雇了一名成员，随后又将沙利文任命为董事会成员。这场混乱不仅仅局限于埃伯斯的董事会。一段时间以来，有未经证实的传言称，虔诚的主日学校教师埃伯斯有外遇。不管是不是真的，这位虔诚的执事和妻子琳达离婚了，不久便再婚。在这一切的过程中，他设法挤出时间和精力从美国在线（America Online）收购了 ANS 通信公司（ANS Communications）。

人们可能会认为 1997 年已经够忙的了，但埃伯斯和沙利文似乎没有喘口气，就把目光投向了收购一家比他们自己的公司大三倍的公司——他们决定收购微波通信公司（MCI）。

微波通信公司陷入了世通的魔咒之下

微波通信公司成立于 1963 年，当时通用电气前雇员约翰（杰克）·戈肯（John（Jack）Goeken）组建了一个团队，以践行一个投资理念。戈肯曾向卡车司机出售双向无线电，以便他们与调度员保持联系，当然，也可以相互"说唱"。戈肯认为他们应该在圣路易斯和芝加哥之间著名的 66 号公路上安装一些微波塔，以支持双向无线电通信，然后出售这些无线电——因此命名为微波通信公司。这是一个如此创新的想法，以至于微波通信公司不得不立即筹集资金来应对 AT&T 和通用电气发起的法律诉讼，以免将其关闭。微波通信公司招募了哈佛法学院的校友威廉（比尔）·麦高文（William（Bill）McGowan），以帮助筹集资金并为这家刚刚起步的公司而奋斗。麦高文于 1974 年接替戈肯担任首席执行官。1984 年 AT&T 解体后，微波通信公司在麦高文的领导下迅速扩张，开发了一个巨大的光纤网络以支持我们众所周知的长途电话服务。1987 年，麦高文在心脏手术后逐渐退出公司事务，1991 年退休后，公司失去了一些重心和纪律。由于微波通信公司在互联网业务试验和"即时音乐"服务上的巨大亏损，微波

第五章 世通骗局

通信公司管理费用的增长与收入不成比例。

1996 年，英国电信（British Telecom，BT）提出以 240 亿美元收购微波通信公司，通用电话电子公司（GTE）也提出了收购要约。英国媒体普遍认为英国电信为微波通信公司给出的对价太高，因此英国电信撤回了第一次报价，后来又出价 190 亿美元。电信分析师杰克·格鲁曼也加入了这场炒作，他认为微波通信公司值得这个虚高的价格。林恩·W. 基特（Lynne W. Jeter）的《脱节：世通的欺骗与背叛》（2003）一书认为，英国电信在美国市场需要微波通信公司，通用电话电子公司在海外市场需要微波通信公司，而小贝尔公司（Baby Bells）在长途和海外市场都需要微波通信公司。

如果世通能够吸引微波通信公司，那它将挫败所有这些竞争者的努力，世通将成为唯一一家拥有大规模本地服务的电信公司，同时也将成为美国第二大长途服务公司。世通已经通过 UUNet 控制了一半的国内互联网流量，并通过收购 IDB、威廉姆斯电信股份有限公司和 MFS 对带宽进行了惊人的投资。如果世通能从微波通信公司中获利，它的收入估计将在 280 亿～300 亿美元之间。

在世通、通用电话电子公司和英国电信对微波通信公司的激烈竞争中，世通以 300 亿美元的出价开始，最终以大约 420 亿美元的价格收购了微波通信公司。其中大部分是用世通的股票支付的。因为英国电信已经拥有微波通信公司 20% 的股份，因此必须向其支付 70 亿美元的现金。世通通过承担数十亿美元的额外债务来支付这笔款项。（Jeter，2003）

事实上，美国所有的商业杂志、报纸和刊物都对埃伯斯印象深刻，纷纷称赞他是一位才华横溢的企业家。他被认为是一个有独创性的梦想家和有远见的天才。每个人都重复着"互联网流量每 100 天翻一番"的口号。埃伯斯成为商业界点石成金的人物，因为他接触的每一样东西似乎都能变成金子。

所罗门兄弟公司（Salomon Brothers）的杰克·格鲁曼在传播世通的神话中尽了自己的一份力。1997 年，他告诉《红鲱鱼》（*Red Herring*）媒

147

体:"世通正处在我们所喜欢的一切的交汇处——世界上没有一家运营商能像它那样提供综合设施。公司没有什么可失去的,一切都可以得到"(Malik,2003,p. 21)。然而,这与欧洲媒体在世通击败英国电信后的说法恰恰相反。《信息社会趋势》(*Information Society Trends*)的一篇社论指责美国股市"使世通这样的二流公司能够在短短几年内成为全球巨头"(Jeter,2003,p. 81)。

与此同时,美国电信行业对此予以否认。因为每个人都接受了互联网流量每100天就翻一番的谎言,所以世通的竞争对手正在建立大量昂贵的带宽和数据网络。埃伯斯和他着了魔的团队相信他们有大量的商品供不应求,而实际上他们的商品供应过剩。尽管他们声称世通与微波电信公司有着惊人的协同作用,而且两家公司的整合进展顺利,但事实上,内讧愈演愈烈,不必要的重复简直是荒唐至极。尽管世通报告的收益在飙升,但在幕后,公司管理层正在动用收购所创造的饼干罐储备金,以满足收益预期。

世通的问题

在与微波电信公司合并后(世通收购了微波电信公司的全部股票),事情开始失控。然而,世通并未就此却步。在收购了一家规模超过其三倍的公司后,世通继续在1998年以29亿美元收购了布鲁克斯光纤公司(Brooks Fiber),然后以12亿美元的世通股票收购了美联网(CompuServe)。华尔街为之拍手叫好,但回到工作场所的员工们坐立不安。首先,UUNet互联网公司的员工认为他们是"技术专家",远远优于"低技术"的微波电信公司电话运营商"无产阶级"。在麦高文离职后,微波电信公司的员工士气低落。互联网部门高人一等的态度加剧了人们缺乏热情的情况。更为雪上加霜的是,世通决定对其由于支付合并而产生的所有债务以及从合并公司继承来的债务所面临的现金流问题采取措施。它决定通过一个戏剧性的成本削减计划来降低微波电信公司高昂的管理费用，包括商务旅行时不再乘坐头等舱，不再入住昂贵酒店等。

每当一个惯常的公司福利被撤回时，通常都会引起负面反应。如果加上敌意收购后的合并，再加上一家公司觉得自己比另一家优越，那么员工的情绪就会受到伤害，士气通常会大幅下降。公平地说，埃伯斯试图让整个世通大杂烩的预算降到最低——当然，他自己的数亿美元薪酬、现有贷款、担保贷款和豁免贷款除外。有关公司出现问题的谣言开始在媒体上传播。越来越明显的是，世通公司的不同部门之间没有沟通，造成了资源的重复性浪费。1998年，当世通收购微波电信公司，并增加了销售相同产品的部门数量时，问题变得更为严重。（Krim，2002）

此外，由于收购了微波电信公司，世通拥有了两个账单系统。一些员工甚至会将现有客户转到另一个系统，并获得"新"账户的额外佣金。著名的吹哨人和内部审计师辛西娅·库珀（Cynthia Cooper）在2001年6月报告说，这种旧客户到新账户的转换导致佣金被多支付了近100万美元。然而，世通公开报告说，这种做法只是少数。（Krim，2002）

各个合并公司之间存在如此混乱的局面，导致效率低下和组织混乱蔓延至公司各个层面。未完成的工作存在大量的双重计费以及客户计费。另外，还会向外部承包商收取未完成工作的费用，有时还会雇佣员工的朋友来做简单的数据录入工作，但费用很高。此外，由于各部门面临实现销售增长目标的压力，并且销售人员希望获得佣金，销售往往以低于成本的价格进行。《华盛顿邮报》2002年的一篇文章说，销售人员有时会与客户签订相当离谱的合同，导致公司亏损。在所有的收购之后，大多数员工都不知道世通持有什么样的存货。有时，外部供应商会以高于世通最初支付的价格将世通库存中的产品卖给世通。到2000年，世通公司成为一个由60多家电信公司组成的无能且笨拙的集团。（Krim，2002）

埃伯斯无视所有的混乱，把注意力转向了无关紧要的小事。在随后的CNBC采访中，世通公司前副总裁罗伯特·哈德斯佩斯解释了当世通崩溃

时，埃伯斯是如何沉迷于诸如差旅费用、员工用餐或吸烟休息等琐碎的细节。（Faber，2003）

尽管世通报告其1999年利润丰厚，且2000年第一季度的收入和利润都有了更大的增长，但残酷的事实是，公司已经陷入困境。不仅一堆不协调和不称职的公司使运营变得混乱不堪令人困惑，而且电信行业本身也感受到了为过高估计的未来增长预测建立产能的影响。（Krim，2002）

随着亏损不断增加、收入放缓和债务失控，沙利文深知公司面临真正的危险，他也知道世通能够延长其表面上的利润和存在的唯一办法就是再进行一次巨大的收购。这将给世通提供一个额外的虚假准备金来源，以将其转化为利润。现在仅剩下两家规模如此之大的电信公司：Sprint 和 AT&T。所以世通开始紧追 Sprint。

公平地说，收购 Sprint 将为世通的长途和互联网流量能力增加一个重要的无线业务，使其在电信领域的全面影响力得以实现。1999年10月5日，世通公司与 Sprint 公司达成了1 290亿美元的收购交易。大部分的价格是通过发行世通股票来支付的，当时世通股票的交易价格为43.53美元。股东在2000年4月28日的会议上批准了这笔交易。但是，该交易仍需得到美国联邦通信委员会（FCC）监管机构的批准，而欧洲监管机构担心合并后的公司将控制太多的长途和互联网流量市场。2000年6月27日，美国司法部提起诉讼，要求停止两家电信巨头的合并。

全世界都不知道的是，世通与 Sprint 的合并是其继续庞氏骗局的最后希望。到目前为止，世通是一个效率低下的烂摊子。这是一场规模巨大的、无法控制的骗局，有着300亿美元的债务、停滞的收入和螺旋上升的成本。与 Sprint 合并的结束实际上是世通的结束。股价开始下跌，沙利文在试图在财务报表中将公司描述为盈利的过程中达到了绝望的地步。根据后来针对沙利文和世通公司总会计主管布福德·耶茨（Buford Yates）的起诉，世通公司的会计人员被指示"减少世通报告的线路成本，从而增加世通所报告的收益"。工作人员被告知"将线路成本费用账户借记在日记账分录中"。为了使这些分录在总分类账上保持平衡，工作人员还被进一

第五章 世通骗局

步指示"将世通资产负债表上的各种准备金账户，如应计线路费用、递延所得税负债和其他长期负债，按相应的金额记入借方"。在世通的总分类账中记入某些分录之后，它产生了"使线路成本减少约 8.28 亿美元的净效果，从而使世通 2000 年第三季度公开报告的收益增加了相同数额"。（2002年美国诉斯科特·沙利文案）

然后在 2001 年的第一季度，绝望的沙利文开始了进一步的策略。他指导了第一个现在臭名昭著且引人注目的欺诈行为，即将线路成本费用转移到资产账户。（当然，花在费用上的钱会进入利润表，从而减少利润。然而，花在资产上的钱会被记录在资产负债表中，并不减少利润。资本支出将一种资产（现金）变为另一种资产。）但是，如果沙利文不愿意承认这一收购循环是用基于夸大的收益而被高估的世通股票进行的，那么他还能做什么呢？他开始着手进行一系列神奇的会计操作。

破产审查员索恩伯格总结了沙利文用来伪造财务报表的主要会计骗局：

> 看来，一旦准备金的释放无法再充分增加收入，沙利文和世通的某些人就指示从 2001 年第一季度开始的连续几个报告期内对线路成本进行一系列调整。（《第一份中期报告》，2002，pp. 105-106）

世通虚构财务报告方案

现在，我们有必要研究一下世通用来夸大其收益的两大方案：

1. 世通通常在收购公司时或收购后的一段时间内人为创建不必要的饼干罐储备金，以便在以后的时期将这些储备转回至收益。这样做是为了增加以后的收入，并呈现出一种财务健康和增长的假象，从而抬高世通公司的股票在股市上的价格。

151

2. 世通将 38 亿美元的线路成本费用重新分类为资本资产，从而将这些成本在资产负债表中作为资产列示而不是在利润表中作为费用列示，以错误地夸大其报告的收益。

这两种方案都是以不择手段和厚颜无耻的方式实施的，完全不顾事实的真实性和报告的准确性。

舞弊手法 I：合并准备金使用不当

世通创造虚假储备的首选方法是收购公司。沙利文和他的同僚所要做的就是收购众多公司，并且假装他们在为巨额商誉买单，因为他们高估了准备金，低估了资产价值。未来的时期，当"发现"这些储备并不是真正需要的时候，他们就会把这些储备转化为利润。这给人一种财务状况良好的印象。

世通破产审查员（索恩伯格）随后指出，"操纵准备金账户是世通财务报表中违规行为的重要组成部分"（《第一份中期报告》，2002，p. 106）。他审查了下列七项准备金的适当性（《第一份中期报告》，2002，p. 107）：

- 收入准备金；
- 坏账准备金；
- 税收准备金；
- 折旧；
- 采购购置账户准备金；
- 法定准备金；
- 线路成本准备金。

显然，沙利文和他的伙伴们疯狂地低估了他们收购的公司的资产净值，并夸大了负债，同时将很大一部分购买价格分配给了"商誉"。他们的大胆可以从审查员关于世通重大收购的商誉分配金额的清单摘录中看出。数额之大令人难以置信，但这不是印刷错误。截至 2001 年 12 月 31 日，世通在其资产负债表上列示了一项名为"商誉"的资产，总额为 505 亿美元。

其中，498亿美元的商誉是在通过减记收购资产的价值或预计负债创造的饼干罐储备金后，为被收购公司支付的超过资产净值的款项。表5-1概述了破产报告中提供的商誉分配表。

表5-1 截至2001年12月31日，与下列收购有关的商誉*

单位：10亿美元

传统世通（Legacy WorldCom）	1.9
微波电信公司（MCI）	28.2
WNS	2.2
技术（Technologies），电信（Telecom），MESI，MFSCC	8.3
Intermedia，PA	4.7
其他**	4.5
	498

* 摘自破产审查员迪克·索恩伯格的《第一份中期报告》，2002，p.113。
** 包含超过12起收购。

在2002年的中期调查中，安永估计这部分商誉的减值减记额为150亿～200亿美元。世通随后在2002年的破产申请中宣布注销了约500亿美元的商誉。关于世通破产案的《第三份及最终报告》（2004）分析了两类不恰当的释放准备金以夸大收益的方法：（1）操纵应计线路成本，通过减少所报告的线路成本来提高收益；（2）不恰当地将收入和其他准备金释放到利润中，以"缩小"华尔街预测的收益目标和实际收益之间的差距。

关于线路成本的操纵，必须指出的是，到1999年，本地和国际线路成本都迅速失去了控制。为了减少生产线成本，沙利文和他的团队只需释放他们之前创建的生产线成本准备金，并将这一转回额分配到生产线成本费用中。在会计术语中，他们将准备金记入资产负债表的借方，并在利润表中相应地贷记或减少成本费用。因为借方的金额大小与贷方相等，所以一切都保持平衡，费用减少，利润增加。尽管现在的费用被低估，收益被高估，他们也毫不在意。而安达信从未要求世通对这些条目作出解释。审计师通过或者忽略了表5-2中所列出的调整。

表 5-2 世通所做的调整*

1999 年第四季度	2.39 亿美元
2000 年第一季度	3.699 亿美元
2000 年第三季度	8.28 亿美元

* 摘自《第三份及最终报告》，2004，p. 273。

索恩伯格表示，对于 2.39 亿美元的分录，"唯一支持该分录的是一张贴有'23 900 万美元'字样的便笺"。在某些时候，尽管员工已经确定"需要留有这些准备金，以确保公司就其债务积累了适当水平的储备"，但这些准备金还是被释放了。在其他时候，所释放的是饼干罐储备金，这些准备金是在需要降低成本时创建的。为了不适当地降低线路成本，世通释放了约 33 亿美元的准备金。在每个季度末，沙利文的办公室都会动用所有必要的准备金来提高报告的利润，以"缩小华尔街预期与实际收益之间的差距"。总的来说，通过低估线路成本，准备金的释放使得税前利润多报了约 33 亿美元。此外，审查员的《第一份中期报告》指出，至少还释放了 6.33 亿美元的准备金以满足华尔街的预期。(《第三份及最终报告》，2004，p. 274)

舞弊手法Ⅱ：费用的不当资本化

一旦准备金用完，世通这一团伙就会用一种更简单、更老套的伎俩来夸大收益。他们只不过是利用了世界上最古老的财务欺诈行为：不恰当地费用资本化。他们将费用支出记录为购置资产——就好像这些钱是花在购买资本品上一样，而这些资本品在接下来的几个时期保持了它们的价值。

破产审查员这样描述这个骗局：

> 审查员了解到，从 2001 年第一季度开始，沙利文指示将数亿美元的线路成本费用资本化，消除了这些本应在接下来几个季度中作为利润抵减项的费用，并通过将其作为公司固定资产的增加来掩盖大部分的费用减少。(《第三份及最终报告》，2004，p. 278)

第五章　世通骗局

在每个季度结束后通过的分录共计 38 亿美元，主要是在 2001 年 1 月至 2002 年 3 月期间减少的线路成本和夸大的房产、厂房及设备（PPE）。其次，"日记账分录缺乏任何佐证文件或解释"（《第三份及最终报告》，2004，p.278）。此外，SEC 的调查结果称，在 2001 年和 2002 年期间，世通错误地描述了其盈利能力：

> 世通是通过资本化（和递延）而不是费用化（和立即确认）大约 38 亿美元的成本来做到这一点的：公司将这些成本转移到资本账户，违反了公认会计原则。这些行为的目的是误导投资者，操纵世通的收益，使其与华尔街分析师的估计相符。（AAER 1585，2002）

面对如此厚颜无耻和粗暴的欺诈行为，一个显而易见的问题是，审计人员在哪里？根据审查员的说法，审计师——安达信——并没有要求同时访问世通的所有总分类账和日记账。此外，世通还向安达信提供了误导性的特殊的"MonRevs"，即每月收入明细表，隐藏了顶级日记账分录调整。这些调整是为了"缩小目标收益与预计实际收益之间的差距"。它们还将不规律的金额分散到几个月内和多个资产账户中，这样就不会有任何一个金额显著突出。世通还根据安达信计划查阅财务记录的时间，将虚假资产从某些账户转入其他账户。"通过参与这种骗局，那些对不当账目负有责任的人比安达信早几步，就把这些账目挡在了审计人员面前。"（《第三份及最终报告》，2004，pp.276-283）

安达信对会计记录的查阅受到限制，再加上世通欺骗审计人员的阴谋，导致安达信完全忽略了从费用到资产的顶层转移。至于审计人员是否确实知道这些会计行为，破产审查员陈述如下：

> 证据是没有争议的：安达信并不知道该公司对线路成本进行了不恰当的资本化，也不知道该公司对线路成本、收入和其他准备金进行了不当操纵，以夸大其收益。（《第三份及最终报告》，2004，p.279）

然而，安达信是否应该以一种更认真的方式进行审计从而揭露违规账目，则是另一回事。可以认为，世通的外部审计人员在特定时间内访问完整的总分类账时不应该接受如此多的限制。

  审计人员要求必要的访问权限，如果该要求没有得到满足，他们有义务对财务报表发表保留意见或无法表示意见。如果审计人员不打算将审计文件与他们必须批准的财务报表进行核对，那么审计文件就没有多大意义了。审计安排的重点是测试他们对财务报表的支持度。如果为了编制财务报表而在对公司的文件、账目或附表进行了大量的日记账审计之后，再对其进行调整，那么首先对基础信息进行审计就是徒劳的。

  在对审计师的讨论中，《第三份及最终报告》（2004）称，"由于未能发现公司会计欺诈的任何方面，该公司对安达信提出了索赔"（p. 261）。

"巫师"的崩塌

  与大多数财务欺诈一样，世通的问题始于滑向深渊的道路上的一小步。然而，这很快就升级为一场大规模的雪崩。

埃伯斯失控

  除了欺诈性地虚报其利润和净资产外，世通人员还通过向埃伯斯提供总额超过4亿美元的贷款或担保，使其从公司掠夺了巨额资金。有些贷款是不道德的，因为利率很低，而且埃伯斯向公司偿还债务的可能性很小。此外，埃伯斯直到2002年才向薪酬委员会披露他有问题的财务状况，即使在那时，他的披露也具有误导性。

  20世纪90年代，当世通经营状况良好时，埃伯斯开始以自己的名义或其他商业利益向银行申请贷款。关键的一点是，他将自己持有的世通股份抵押给个人银行贷款，从而将公司的利益拖入自己的私人活动中。埃伯斯既渴望从事慈善事业，又迫切需要安抚自己渴望得到认可的贪得无厌的自我，他还为密西西比学院抵押了他在世通的股票以获得贷款。随着这些

第五章 世通骗局

贷款的增长（而且确实如此），大量埃伯斯所拥有的世通股票被用来作为担保，以至于事实上，埃伯斯可以辩称，如果他被迫出售世通股票用来支付贷款，这样大量的出售将给世通股价带来巨大的下行压力。令人惊讶的是，埃伯斯已经抵押或担保了数亿美元的世通股票。

对世通的冲击是，这些贷款中很大一部分都有条款规定，如果世通股票跌破规定的水平，则埃伯斯必须偿还债务，而后来这些股票果然跌破了规定的水平。在与 Sprint 的合并被取消后，世通的股价从 1999 年 6 月的每股 64.50 美元的高位跌至 2000 年 7 月中旬的 46.07 美元。为了偿还巨额债务，埃伯斯开始向世通借款。破产审查员注意到，世通的薪酬委员会声称这是埃伯斯的想法，世通借钱给他是为了避免他通过出售其持有的世通股票来偿还外部贷款。埃伯斯对此提出异议，声称薪酬委员会要求他从世通借钱，而不是出售自己的股票，因为这将给公司股价带来进一步的下行压力。埃伯斯的说法似乎表明，接受来自世通的巨额贷款是他给予公司的一个宽宏大量的帮助；这是一种全心全意的姿态。当然，问题的关键在于，如果埃伯斯没有为个人贷款和担保质押大量公司股票，那么他和世通的股票都不需要得到救助。埃伯斯似乎不明白，他通过贷款帮助世通的论点只是循环论证。事实上，他似乎更喜欢用这种循环逻辑来合理化他的行为。

2000 年 9 月 6 日，世通薪酬委员会向埃伯斯提供了 5 000 万美元的第一笔贷款。10 月，委员会又批准为埃伯斯的个人银行贷款提供 2 500 万美元的担保。2001 年 1 月，担保额增加到 1 亿美元，然后又增加到更惊人的 1.5 亿美元。（埃伯斯最终于 2001 年 9 月签署了一份说明，同意偿还担保下延期的款项。）

2001 年 1 月，环球电讯公司（Global Crossing）申请破产保护，世通的股票受到沉重打击，埃伯斯的棺材上又钉了一颗钉子。当月，该公司股价跌破每股 10 美元。埃伯斯继续他绝望的收购策略，并对 Intermedia 进行收购，以获得对互联网公司 Digex 的控制权。这次收购的处理方式后来引起了破产审查员的特别批评。埃伯斯被指控向世通董事会隐瞒信息并误导他们。董事会因在批准收购前未进行尽职调查而受到批评。2001 年 7 月，埃伯斯收购 Intermedia 的价格超过 60 亿美元，这被普遍认为是超额支付。更糟糕的是，世通卷入了一场与 Digex 股东的昂贵诉讼中。世通的股价持续下跌，人们越来越多地把矛头指向了曾经不可动摇的埃伯斯。尽管他越来越崩溃，但在 2002 年 1 月，薪酬委员会又批准了另一笔 6 500 万美元的贷款给埃伯斯。他们到底在想什么？

《第三份及最终报告》显示，2002 年 4 月 2 日，向埃伯斯提供的贷款和担保已超过 3.79 亿美元。当天，世通公司在一份协议书中正式保护了其在埃伯斯持有的世通股票中的权益，以作为其贷款的担保。几周后的 4 月 18 日，埃伯斯将自己的其他个人和商业利益作为担保。4 月 29 日，埃伯斯的所有贷款和担保被合并为一张 4.082 亿美元的期票，无论如何，这都是一笔惊人的数目。报告显示，其中 1.987 亿美元用于偿还埃伯斯所控制的其他公司的贷款，3 650 万美元用于支持密西西比学院的信用证，1.65 亿美元是埃伯斯的个人贷款，760 万美元是这些贷款的利息。简言之，这是一个关于自我意识逐渐疯狂的故事，一个疯狂的消费狂欢，以及一个顺从 CEO 意愿的薪酬委员会的故事。

破产审查员索恩伯格主要指控埃伯斯和薪酬委员会的两名成员。然而，由于董事会的其余成员"在几乎没有任何数据，也没有询问或质疑过低利率的情况下批准了薪酬委员会的行动"，审查员认为可以对世通的所有前董事提起诉讼。(《第三份及最终报告》，2004，p. 18)

2002 年 3 月 7 日，SEC 最终不可避免地就一系列问题正式向世通提出了质疑，包括对埃伯斯的贷款以及收购的会计处理。2002 年 4 月 3 日，世通裁员 3 700 人。股价持续下跌，埃伯斯承受的压力打破了他继续执掌公司的决心。2002 年 4 月 9 日，埃伯斯辞去世通首席执行官一职，约翰·斯基莫接替了他的职位。薪酬委员会再一次为他们的（相当有失光彩的）金童埃伯斯做了令人难以置信的事。他们向他提供了一份慷慨的离职补偿金，其中包括每年 150 万美元的终身补偿金，以及每年可使用 30 小时世通公司的飞机。

第五章 世通骗局

沙利文时代的结束

此时，一场暴风雨正在酝酿之中，它将揭露斯科特·沙利文及其同伙的大规模会计欺诈行为。业务在下滑、世通为了伪造利润而进行的收购活动已经告罄、股价在下跌、埃伯斯的贷款正在吞噬现金、一些可疑事件引起了当时世通著名的内部审计师辛西娅·库珀的注意。

2002年3月，世通无线部门的约翰·斯图帕克（John Stupka）向库珀控诉说，沙利文从斯图帕克部门提取了一笔坏账准备金，用于其他部门。库珀认为这是可疑的，但并非明显违法。她向安达信的审计人员提出了这个问题，但安达信的一位发言人表示，斯图帕克的部门不需要这4亿美元的准备金。普利亚姆和所罗门（Pulliam & Solomon，2002）后来在《华尔街日报》上报道说，诺顿的回应激发了库珀的决心，要找出到底发生了什么。库珀组建了一个团队，由她自己、内部审计部门的吉恩·摩尔斯（Gene Morse）和格林·史密斯（Glyn Smith）组成。

库珀决定不接受安达信的答复，并于2002年3月6日向审计委员会主席马克斯·鲍比特（Max Bobbit）报告了此事。沙利文在准备金的问题上做出了让步，但他没有忘记。据普利亚姆和所罗门报道，第二天，沙利文在库珀的美发沙龙找到她，并警告她不要再干涉斯图帕克的业务。一天后，SEC递交了一份有关其对世通进行调查的"信息请求"。这给了库珀更多的回旋余地，使其可以超出内部审计部门狭窄的业务审计范围，涉足财务审计领域。当年5月，新任首席执行官斯基莫任命库珀负责对世通的账簿进行全面调查。

5月21日，内部审计团队的格林·史密斯收到了马克·阿柏德（Mark Abide）的一封电子邮件，阿柏德在得克萨斯州负责房产、厂房及设备的记录。阿柏德附上了2002年5月16日《沃斯堡在线周刊》（*Fort Worth Weekly Online*）的一篇文章，内容是关于得克萨斯州的一名世通员工金姆·埃米（Kim Emigh）因质疑房产、厂房及设备的会计问题而被解雇。这引起了调查组的注意。整个世通的骗局可能是由埃伯斯跟随他的高中篮球队友去密西西比学院玩而开始的,但它即将被另一个完全不同的团队揭开——一个由值得信赖的内部审计员组成的团队。库珀、摩尔斯和史密斯开始组成三人组。该小组已经发现一项价值14亿美元的可疑的资本设备。到了那个阶段,调查人员已经对近20亿美元的未经授权的资本支出产生了怀疑。(Pulliam & Solomon,2002)

调查组继续调查,5月21日,他们发现了5亿美元的计算机开支没有文件支持,这些费用被不当地归类为资本支出。大卫·迈尔斯(David Myers)试图停止调查时,库珀确信,经营费用被欺诈性地记为资本资产。内部审计小组没有被吓倒,于是他们在寻找所需信息方面变得富有创造性和隐蔽性。吉恩·摩尔斯设计了一个新的软件程序来检索总账项目的日记账分录来源。起初,摩尔斯下载了太多的数据,以至于他差点关闭了整个系统。为了避免被发现,他每天开始在无窗口的审计档案室工作。他甚至开始将会计信息复制到光盘上,以防其他人试图通过销毁财务记录来删除证据。沙利文开始怀疑,并试图找出摩尔斯在做什么,但摩尔斯转移了问题。(Pulliam & Solomon,2002)

6月11日,沙利文把内部审计小组叫到他的办公室,询问他们在做什么。在其他项目中,格林·史密斯随意地提到了资本支出审计,这时沙利文要求他们将审计工作推迟几个月。他们拒绝并离开了。库珀和史密斯随后向审计委员会主席鲍比特通报了公司将38亿美元的营业费用错误分配为资产一事。鲍比特建议他们通知世通的新审计师——毕马威会计师事务所,后者在安然破产后接替了安达信。(有趣的是,鲍比特在第二天的董事会议上没有提到这个问题。)当毕马威要求库珀重新核实事实时,她就资本支出分录向贝蒂·文森(Betty Vinson)(管理报告总监)和布福德·耶茨(Buford Yates)提出了质疑。文森说,她曾被要求填写这些分录,但没有得到任何解释。耶茨声称他对这些一无所知。库珀和史密斯随后向主计长迈尔斯提出了质疑,后者承认他知道有关会计错误的信息。根据大陪审团的起诉书:

沙利文,大卫·迈尔斯,布福德·耶茨,JR……同意再也不可能

160

通过减少世通公司总分类账上的各项准备金来掩盖公司不断上升的费用收入比。因此，合谋者讨论了一个方案，通过将世通的大部分线路成本从经常性费用账户转入资本支出账户，来掩盖公司不断增加的费用。这一转移将使世通得以推迟确认其相当大一部分当前经营费用，从而使世通得以报告更高的收益。（美国诉斯科特·沙利文案，2002，p.23）

6月20日，库珀和史密斯以及毕马威告诉审计委员会，这些线路成本转移不符合公认会计原则。沙利文准备了一份白皮书，试图为转移提供理论支持，但没有人相信他的论点。

6月24日，世通的股价跌破1美元。第二天，世通向全世界宣布，它发现了一起大规模的财务欺诈，在过去几年里，该公司虚报了38亿美元的利润。同一天，首席财务官斯科特·沙利文和主计长大卫·迈尔斯被要求辞职。一个月后，2002年7月21日，世通申请破产，创下了当时美国规模最大的破产纪录。（如今，它已成为美国第三大破产企业，被排名第一的雷曼兄弟和排名第二的华盛顿互惠银行超越。）

让世通走向失败的"守门人"

多年来，费用资本化和准备金的操纵使得世通的利润被高估了90多亿美元：

> 委员会修订后的控诉称，世通至少早在1999年至2002年第一季度就开始误导投资者，并进一步指出，公司承认，在那段时间内，由于未披露和不当的会计处理，世通公司实际上在其财务报表中虚增了大约90亿美元的收入。（AAER 1678，2002）

经进一步调查，所估计的90亿美元增加到接近110亿美元。

两名主犯——沙利文和迈尔斯,于 2002 年 8 月 1 日被捕,并被指控犯有证券欺诈、串谋实施证券欺诈以及向 SEC 提交虚假陈述。8 月 28 日,又对沙利文提起了七项控告,指控他串谋通过隐瞒经营费用来增加收入。沙利文对三项与欺诈有关的指控表示认罪。迈尔斯认罪并同意协助检察官处理此案。第二个月,布福德·耶茨、贝蒂·文森和特洛伊·诺曼德承认了欺诈、共谋和证券欺诈的指控。埃伯斯后来被捕,随后被判定"犯有协助策划世通 110 亿美元的会计欺诈案的全部九项罪名"。(Crawford,2005)

这起令人厌恶的财务报告失败案的责任不仅仅在于犯下欺诈行为的世通管理层和员工,也不仅仅在于安达信,后者的审计未能发现违规行为。如前所述,破产审查员展示了每个"守门人"是如何未能有效履行其职能的。

关于安达信,审查员的《第三份及最终报告》比先前的报告更进一步,得出结论称,安达信涉嫌"未能实施那些因风险而应进行的实质性测试"。尽管这是"严重的欺骗",安达信依旧缺乏应有的"职业怀疑"(p. 20)。

索恩伯格把注意力转向了董事会,他仔细研究了董事会"很少参与"大规模收购所产生的后果。索恩伯格承认,尽管这方面的公司治理很糟糕,"但最终,只有一宗收购……Intermedia……似乎真的值得怀疑"。这项大规模的收购交易未经明显的尽职调查就获得了批准。2000 年 9 月 1 日,第一份 Intermedia 协议在没有"有意义或预先数据"的情况下提交给董事会批准,董事会"被动"批准了该交易。审查员认为,即使有更好的信息,董事会也可能会批准这项购买。但是,Intermedia 的价格上涨了,到 2001 年 2 月修订合并合同时,"一个警觉知情的董事会应当拒绝这次合并"。然而,沙利文和埃伯斯在未经授权的情况下,最终敲定了修改后的合并协议,而审查员得出的结论是,董事们"没有了解有关合并修正案的所有情况,违反了他们勤勉谨慎的信托责任"。该报告还(在不同程度上)将世通公司代表埃伯斯以及向埃伯斯提供的 4 亿多美元贷款和担保的惨败

归咎于前董事会,其"违反了忠诚和诚信义务"。(《第三份及最后报告》,2004,pp. 17-21)

当然,世通的内部审计部门未能正确执行内部审计部门应履行的职能,因此受到了破产审查员的指责。然而,该部门的设立有缺陷,其并不是真正独立的。它没有足够的资源,只能进行业务审计,而不能进行财务审计。考虑到这一点,审查员指出:"鉴于其审计重点是业务问题,因此内部审计部门人员在 2002 年调查了线路成本资本化的问题,这是值得表扬的"(《第一份中期报告》,2002,p. 7)。2004 年的《第三份及最终报告》不建议对内部审计部门的工作人员提出索赔。同样,尽管董事会的审计委员会无效,审查员也提到了该委员会对高级财务管理人员所表现出的"错误的尊重",但索恩伯格并未建议对审计委员会提出索赔。

世通的主要投资银行所罗门美邦代表了另一个重大的"守门"失败。审查员声称埃伯斯违反了其受托责任,而"所罗门美邦协助并教唆了这些违法行为"(《第三份及最终报告》,2004,p. 17)。该报告认为,为了从埃伯斯手中换取世通的投资银行业务,所罗门美邦以两种重要方式给予了埃伯斯优惠待遇。首先,投资银行在其他公司上市时向他分配了大量首次公开发行股票;其次,所罗门向埃伯斯提供了不寻常的经济援助。

分配给埃伯斯的第一批 IPO 股票是所罗门为之首次公开发行的 McLeod 公司,当时埃伯斯甚至尚未成为该银行的客户。埃伯斯以 400 万美元的价格购买了 20 万股,四个月后以 610 万美元的价格出售。出乎意料的是,在出售其持有的 McLeod 股份两个月后,埃伯斯在世通与 MFS 通信公司合并时,雇佣所罗门美邦作为其投资银行。这是巧合吗?审查员并不这样认为:"证据支持这样的结论,即埃伯斯获得了巨额的 McLeod 股份分配,至少部分原因是这一巨额分配使得埃伯斯更有可能授予所罗门投资银行这一业务"(《第三份及最终报告》,2004,pp. 14-15)。所罗门从世通与 MFS 通信公司的合并中获得了 750 万美元的收入。

在世通随后所有的并购中,所罗门在各种 IPO 股票中赚取了超过 1 亿美元的费用和超过 1 200 万美元的毛利润。投资银行家们试图证明 IPO 股票的合理性，声称埃伯斯是他们最好的客户之一。然而，审查员驳回了这一说法，理由是埃伯斯除了他的 IPO 股票外，没有在他的所罗门银行账户上进行任何交易。

除了向埃伯斯提供首次公开发行的股票外，所罗门美邦还在埃伯斯因个人银行贷款的保证金追加而无法购买更多股票时，给予他另一种优惠的财务援助。这些银行家要求其附属机构花旗银行（Citibank）不要出售其持有的埃伯斯的任何股票，这些股票是花旗银行作为向埃伯斯提供的 4 000 万美元贷款的担保而持有的。在埃伯斯辞去世通首席执行官的一星期后，不再有业务能够扩展到银行，所罗门美邦亏本出售了作为其贷款担保的股票。

表 5-3 显示了埃伯斯的 IPO 分配与所罗门美邦在世通的投资银行业务之间的相互关系。

表 5-3　1996 年和 1997 年所罗门向埃伯斯进行的 IPO 分配概况和世通的投资银行业务摘要[*]

- 1996 年 6 月 10 日，所罗门首先在 McLeod 公司的 IPO 中向埃伯斯分配了 20 万股股票，使其实现了 215.5 万美元的利润。
- 1996 年 8 月 14 日，世通首次与所罗门接洽收购 MFS 通信公司事宜，所罗门收取了 750 万美元的费用。
- 1996 年 11 月 15 日，在 McLeod 公司的二次发行中，所罗门向埃伯斯分配了 89 286 股股票，使其实现了 390 172 美元的利润。
- 1997 年 3 月 18 日，世通委托所罗门发行和出售 20 亿美元的优先票据，收取的费用为 8 330 600 美元。
- 1997 年 5 月 15 日，世通委托所罗门进行 MFS 债券的交换发行，收取约 150 万美元的费用。
- 1997 年 6 月 23 日，所罗门在奎斯特通信公司的 IPO 中向埃伯斯分配了 20.5 万股股票，使其实现了 1 957 475 美元的利润。
- 1997 年 9 月 26 日，所罗门在 Nextlink 公司的 IPO 中向埃伯斯分配了 20 万股股票，使其实现了 1 829 869 美元的利润。
- 1997 年 9 月 29 日，世通与所罗门就 MCI 交易进行了接洽，所罗门收取了超过 4 800 万美元的费用，其中包括相关投资级债券的发行费用。
- 1997 年 10 月 26 日，在 MFN 公司的 IPO 中，所罗门向埃伯斯分配了 10 万股股票，使其实现了 455 871 美元的利润。

[*] 摘自破产审查员迪克·索恩伯格的《第三份及最终报告》，2004，p.176。

所有这些都是在所罗门美邦的"独立"明星电信分析师杰克·格鲁曼与埃伯斯一起吃喝玩乐时发生的。格鲁曼还吹捧着世通的股票，参加了世通的一些董事会会议，并附和"宽带需求每100天就翻一番"的荒谬说法。由于世通的股价飙升（在暴跌之前），所罗门美邦从投资银行业务中赚取了1亿美元的费用。格鲁曼坚决拒绝给该股票一个"出售"的评级。破产审查员在分析埃伯斯与所罗门美邦的关系时表示：

> 审查员认为，埃伯斯将个人利益置于公司利益之上，违反了其忠诚和诚信的受托责任。审查员还认为，所罗门美邦协助并唆使了这些违规行为。事实上，所罗门美邦和埃伯斯对这些违规行为负有连带责任。收回的款项可能包括世通支付给所罗门美邦的费用。（《第三份及最终报告》，2004，p. 17）

因此，所有的机构"守门人"都没有履行其公司"守门人"的职责。

世通舞弊的信号

世通主要通过两个方式虚增其收益：第一个是不当使用收购或合并准备金；第二个是资本化其线路成本费用。

识别世通舞弊手法Ⅰ（不当使用收购或合并准备金）的信号

使用企业合并来夸大收益会在财务报表中留下许多信号。让我们来看看其中的一些信号。

信号1：母公司在收购其他公司时会分配大量商誉

潜在投资者应该留意，在收购其他公司时，母公司是否有大量资金被用于商誉。这可以表明可能母公司已经创建了虚假的饼干罐储备金，以便于释放回利润中，从而虚假地提高收购后期间的利润。

正如本章前面所述，世通在收购时支付的超过净资产价值的商誉数额为 498 亿美元。（企业资产净值是指企业资产的公允价值减去负债和准备金价值后的净额。）在这笔巨额款项中，有 282 亿美元与收购微波电信公司有关。在随后对世通财务报表的重述中，以及在其破产账户中，几乎所有的 498 亿美元都被作为无价值资产冲销了。只要商誉（影响利润的一个因素）随着连续的收购而大幅增长，就会成为这家公司财务报表非常值得怀疑的一个信号。此外，当商誉占总资产的百分比随着连续的收购而增加时，人们就应保持警觉。

信号 2：与收购无超常资产回报的公司相关的商誉

当收购产生的商誉与一个没有或不太可能有超常资产回报的公司相关时，表明该商誉可能是假的，因为从经济角度来说，商誉是一种赚取超额利润的能力。如果母公司不是在为超额利润买单，那么当它为一家公司支付的对价超过其净资产价值时，它又在为什么买单呢？人们应该保持怀疑的态度，看看这些利润是否可以实现。

信号 3：母公司在收购其他公司时创建大量准备金

当一家公司进行了多次收购，同时也创建了大量的准备金时，这就意味着该公司可能在创造虚假储备，以提高以后期间的收益。世通公司建立了大量的储备资金，这些资金后来成了破产审查员调查的对象。

信号 4：利润表中有大量的"一次性费用"

投资者应该警惕利润表中的大额一次性支出，尤其是在收购期间，因为这些支出往往表明公司在虚报准备金，以提高以后期间的收益。

信号 5：母公司在收购后进行了大调整以提高商誉金额

在收购后期增加商誉的调整进一步表明，一家公司可能在制造虚假准备金。有时，公司希望获得额外的虚假准备金，该数额超出了收购时创造的准备金。母公司甚至可能希望避免在利润表中记入一大笔一次性费用，来获得饼干罐储备金。在这种情况下，公司可能会在收购后的一段时间内通过建立虚假准备金和增加收购时支付的商誉来重新确定收购时的商誉价值。这些后来增加商誉的调整是一个巨大的警示信号，表明虚假的准备金正在被创造出来，以提高以后期间的利润。

识别世通舞弊手法Ⅱ（通过不当资本化来低估费用）的信号

这种舞弊行为夸大了利润表中报告的收益，并夸大了资产负债表上的资产。此外，这种舞弊行为夸大了经营活动产生的现金流量，并夸大了现金流量表中报告的"用于投资活动的现金"的金额。

当然，世通欺诈性地将数十亿美元的线路成本费用重新分配到指定为房产、厂房及设备的资产中。

信号1：销售收入占资产的比率下降

这类舞弊的第一个信号通常是销售收入占资产的比率下降（即资产周转率），即一个企业的总销售额与该企业对其所有资产的投资总额的比率。

归根结底，公司投资资产是为了利用这些资产来创造收入。显然，虚构的资产是不能产生收入的。由于房产、厂房及设备（PPE）是欺诈性公司选择用于错误分类费用的最常见资产之一，识别这种欺诈的一个常用方法是检查销售额与房产、厂房及设备资产的比率。

在表5-4中，值得注意的是，在世通操纵其财务报表的期间，低估了利润表中的线路成本，并将这一金额分配给了房产、厂房及设备，其收入在房产、厂房及设备资产中所占的百分比越来越小。2000年第二季度，销售收入占PPE的59.2%，到2001年第二季度稳步下降至44.1%。此后，随着世通从线路成本到房产、厂房及设备的欺诈性转移增加，收入占PPE的百分比急剧下降，2001年第四季度仅为35.6%，2002年第一季度仅为32.3%。

信号2：房产、厂房及设备资产增加，同时收入减少

当资产负债表上房产、厂房及设备的金额增加而收入实际却在减少时，这是一个双重危险信号，表明公司可能存在严重的问题。"销售收入/房产、厂房及设备"这一比率是指企业的销售收入与其在房产、厂房及设备中投资的金额之比。当然，这一信号与信号1基于相同的逻辑和动态，

表 5-4 世通：比率的选择*
2000 年第三季度—2002 年第一季度

	2000 06/30	2000 09/30	2000 12/31	2001 03/31	2001 06/30	2001 09/30	2001 12/31	2002 03/31
线路成本/收入	40.73%	38.49%	42.53%	42.26%	41.86%	41.77%	42.09%	42.84%
销售收入/总资产	10.47%	10.06%	9.71%	9.76%	8.74%	8.55%	8.16%	7.82%
销售收入/PPE	59.2%	55.1%	47.4%	45.5%	44.1%	40.7%	35.6%	32.3%

*摘自世通提交给 SEC 的 10-K 文件，www.sec.gov。

但它是一个更明显的信号，也很容易识别，甚至无须计算百分比，潜在的投资者在阅读财务报表时可以简单地检查收入是否随着时间的流逝而减少，同时报告的投资于房产、厂房及设备的金额在增加。

从表 5-5 中可以看到，对于世通而言，其所报告的投资于房产、厂房及设备的金额从 2000 年第二季度的 172 亿美元稳步增长到 2001 年第二季度的 202 亿美元，并在 2002 年第一季度跃升至 252 亿美元，达到了财务欺诈的高峰。在同一时期，该公司的收入从 102 亿美元下降到 89 亿美元，再降至 81 亿美元。

表 5-5 世通：季度报表和资产负债表摘录*
2000 年第三季度—2002 年第一季度　　　　　　　单位：百万美元

	2000 06/30	2000 09/30	2000 12/31	2001 03/31	2001 06/30	2001 09/30	2001 12/31	2002 03/31
收入	10 193	10 047	9 607	9 720	8 910	8 966	8 478	8 120
原本报告的线路成本	4 152	3 867	4 086	4 108	3 730	3 745	3 568	3 479
不当资本化的线路成本	292	292	292	1 063	902	1 035	1 223	1 089
减：税盾	119	117	197	419	352	403	474	390
总资产	97 373	99 893	98 903	99 580	101 944	104 902	103 914	103 803

续表

	2000 06/30	2000 09/30	2000 12/31	2001 03/31	2001 06/30	2001 09/30	2001 12/31	2002 03/31
商誉	46 670	46 594	46 594	46 113	50 820	50 820	50 531	50 607
房产、厂房及设备	17 226	18 243	20 288	21 381	20 191	22 053	23 814	25 219
累计折旧	6 104	6 707	7 204	7 770	8 241	9 061	9 852	10 807

* 摘自 SEC, www.sec.gov。

当然,这一信号背后的逻辑是,企业将现金投资于房产、厂房及设备,以提高其生产商品和提供服务的能力,并通过这些商品和服务赚取收入。一家公司增加其在生产能力上的现金支出,却减少其从生产能力中获得的收入,这一状态是不可能维持下去的。如果这种趋势随着时间的推移持续下去,至少有两件事情已经发生了——而且都很糟糕。该公司要么错误地将部分用于经营费用的现金报告为投资于房产、厂房及设备的现金;要么是在如实报告,且其业务模式存在严重问题。在后一种情况下,对房产、厂房及设备资产的投资不会产生最初投资的收入。如果在公司年度报告的管理层讨论和分析(MD&A)部分或在前后一致的新闻发布中都没有清晰可理解的解释时,财务报表中的这两个信号都是对投资者考虑下调股票评级的强烈警示。

就世通而言,可以通过访问 SEC 网站(www.sec.gov/edgar.shtml)上的 EDGAR 数据库并仔细阅读世通在 10-Q 和 10-K 文件中的利润表和资产负债表,然后将报告为收入的金额与报告为总资产和房产、厂房及设备的金额随时间进行比较,就可以很容易地发现这两个信号。很明显,有些地方出了很大的问题。

在一段时间内,将世通的销售收入与房产、厂房及设备的金额进行比较,就会发现其高估房产、厂房及设备的强烈信号,因为有太多的线路成本费用都被错误地分配至房产、厂房及设备。因此,测试以下各比率也很有用,以寻找销售收入占这些特定资产的百分比下降的相同趋势:

- 销售收入与资产负债表上各类固定资产的比率;

- 销售收入与固定资产总额的比率；
- 销售收入与总资产的比率。

信号3：收入下降的同时，固定成本占销售收入的百分比不变

当具有固定成本组成部分的费用随着收入减少而保持着与销售收入的恒定百分比时，这表明费用被低估了。当收入随着时间的推移而减少时，应将所有包含固定成本部分的费用与销售收入进行比较，检查这些费用占销售收入的百分比有没有增加。

当收入随着时间的推移而减少时，可变成本通常可以相应地减少。然而，按照定义，固定成本不随经营规模的变化而变化；因此，固定成本在萎缩的销售收入中所占的比例就会增大。（例如，如果一家公司生产和销售较少，房东依旧会收取相同数额的厂房租金；因此，租金费用在销售收入中所占的比例就更大了。）

就世通而言，线路成本是一项非常重要的费用，同时具有固定成本要素和可变成本要素。从表5-5中可以看到，公司的收入从2000年第二季度的102亿美元下降到2001年第二季度的89亿美元，再降至2002年第一季度的81亿美元。然而，在表5-4中，我们看到"线路成本"费用占比在整个期间仍然惊人地接近41%。如果这么多的费用被重新分配到线路成本之外，以至于其在销售收入中所占的比例实际上下降了，那将是非常可疑的。过去没有人去探究为什么在销售收入下降的时候，这一包含固定成本的支出仍然保持着令人怀疑的恒定百分比。我们现在知道，世通正在计算它需要减少多少费用才能达到利润目标。如果有必要，公司会在每个季度将线路成本低估至接近销售收入41%的固定水平。

事实上，任何费用在销售收入中所占的百分比波动太大，或者每季度都保持在一个恒定的百分比，都会引起怀疑。当具有固定成本成分的费用在销售收入的一定百分比内保持不变时，这部分费用就更有可能被记为资产。此外，当资产的增长速度快于销售收入的增长速度时，一些费用可能正被报告为资产。当资产（如世通的房产、厂房及设备）在增长，销售收入却在下降，而费用（如世通的线路成本）在销售中所占的比例保持不变或下降时，这些信号结合在一起就形成了一个警示。在世通公司，这些信号表明线路成本费用被错误地分配为房产、厂房及设备这一资产。

信号 4：财务报表附注揭示了通常被费用化却被该公司资本化的成本

当财务报表附注显示公司正在资本化同行业的其他公司所费用化的成本时，就会出现将费用误列为资产的第四个信号。人们可以浏览公司的会计政策附注来寻找此类证据。尽管世通的附注并没有披露太多，但附注通常会标明公司正在将可疑的费用资本化。一般而言（尽管世通并非如此），这些激进的费用资本化发生在以下方面：

- 直接响应广告费用。
- 客户获取成本和用户获取成本。
- 软件开发成本。
- 资本化利息成本（当对在建资产的投资额产生利息时发生）。资本化的利息费用必须是特定期间发生的，这一期间以与在建工程相关的成本开始投入为开始，并以资产建造完成可供使用为结束。

信号 5：会计政策变更，从而开始资本化某一成本

如果某个公司改变了其会计政策，开始资本化之前被归类为费用的一项资产，则是在提醒财报使用者，公司有可能采取了激进的资本化政策。

信号 6：冲销以前资本化的成本

如果公司过去在利润表中有一项特殊费用用于冲销以前资本化的成本，这就表明公司可能在将项目分类为资产而不是费用方面采取了激进的做法。（1989 年，山登公司在 1997 年出现严重问题之前，就已经冲销了之前资本化的会员获取成本。1999 年，美国软件公司（American Software）不得不冲销以前已资本化的软件成本。）

值得注意的是，对于这种将费用错配为固定资产的特殊欺诈行为，经营活动产生的现金流量滞后于营业收入通常不如它在发现其他欺诈行为时那么有用。原因是在现金流量表中，舞弊同时夸大了经营活动产生的现金流量和投资活动使用的现金。因此，这一欺诈行为使公司看起来确实在经营活动中产生了现金，但它把这些现金用于投资房产、厂房及设备等固定资产。因此，对于这种骗局，我们必须更多地依赖上述信号。

他们从此过着幸福的生活吗？

- 世通的前首席执行官伯纳德·埃伯斯于 2005 年 3 月 17 日被判犯有证券欺诈罪、串谋实施证券欺诈和虚假申报罪。他被判处 25 年有期徒刑。上诉失败后，他于 2006 年进入路易斯安那州的奥克代尔联邦惩教所。他的妻子克里斯蒂（Kristie）于 2008 年提出离婚。埃伯斯定于 2028 年 7 月从监狱释放。（"埃伯斯的妻子提出……"，2008）
- 伯纳德·埃伯斯与分析师杰克·格鲁曼"接受了证券行业的终身禁令，并被处以 1 500 万美元的罚款"（Guyon，2005）。格鲁曼未被指控有任何与世通有关的犯罪行为。
- 世通的前主计长大卫·迈尔斯对一项串谋实施证券欺诈的罪名表示认罪。2005 年 8 月，他被判处一年零一天的有期徒刑。（联邦监狱管理局，2005；"世通的前主计长……"，2005）
- 2004 年 3 月 2 日，世通前首席财务官斯科特·沙利文承认了三项与欺诈有关的指控。他是对伯纳德·埃伯斯案进行起诉的主要证人。据报道，沙利文承认"他多次就公司的财务困境及其欺诈性会计操作向董事会撒谎"（"世通公司的财务总监……"，2005）。沙利文被判处 5 年徒刑，他的刑期于 2005 年 11 月开始（"沙利文被判 5 年……"，2005）。2009 年，由于表现良好，沙利文获得了一年的减刑，之后他被从监狱释放，并搬回佛罗里达州的博卡拉顿。他没有搬进"他正在该市西部高档的勒拉克区建造的价值 1 500 万美元的梦想豪宅。相反，他回到了 1990 年花 17 万美元在伍德伯里社区买的那栋不起眼的房子里"。（Clough，2009）
- 该公司会计主管贝蒂·文森对一项串谋实施证券欺诈罪和一项证券欺诈罪表示认罪。她被判处 5 个月的有期徒刑和 5 个月的家庭监禁。（"前世通高管被判刑……"，2005）
- 总账主管布福德·耶茨对一项串谋实施证券欺诈的罪名表示认罪。他被判处一年零一天的有期徒刑，并于 2005 年 10 月开始服刑。他还被处

以 5 000 美元的罚款。("前世通高管被判一年……"，2005)

● 2004 年 4 月，世通从破产中复苏，并以微波通信公司的名义开展业务。2006 年 1 月 6 日，威瑞森通信公司（Verizon Communications，Inc.）完成了与 MCI 的合并。新的营业单位命名为威瑞森企业（Verizon Business）。世通公司的破产是美国历史上的第三大破产案，近年来被华盛顿互惠银行和雷曼兄弟取代，这两者分别是第二大和最大的破产案。（Tkaczyk，2009）

> **本章案例的伦理道德**
>
> 问题：
>
> a. 请描述辛西娅·库珀和世通内部审计团队的其他成员在揭露世通会计欺诈行为中所扮演的角色。
>
> b. 在伦理道德的背景下考虑举报问题。举报需要哪些"高尚"的品格？
>
> c. 描述一个有效的内部审计部门最重要的特征或品质，并解释世通的内部审计部门是否缺少这些品质。

案例研究

泰科国际有限公司

● 阅读泰科国际有限公司（Tyco International，Ltd.）的第 19657 号诉讼公告，如下所示。

● 阅读 2006 年 4 月 SEC 对泰科的指控摘录，如下所示。

● 审查泰科 1998—2002 财年的财务报表，如下所示。

● 回答下列案例研究的问题。

要求：

a. 本书第五章列举了滥用收购或合并准备金的一些信号。在泰科的财务报表中（如下所示）找出其中的一些信号，并解释你的发现如何向泰科财务报表的使用者表明公司可能滥用了在收购时创建的准备金,以增加收购后的收入。

  b. 泰科销售收入与总资产比率:计算 1998—2002 年泰科销售收入与总资产比率的趋势,然后讨论投资者是否应该对这一比率趋势感到困扰。

  c. 收购新公司时低估资产或夸大负债和准备金:当收购一家新公司时,低估资产或高估负债和准备金如何增加母公司收购以后的期间里报告的收入?

泰科国际有限公司的诉讼公告
美国证券交易委员会

诉讼公告第 19657 号,2006 年 4 月 17 日①

会计和审计执行公告第 2414 号,2006 年 4 月 17 日

SEC 诉泰科国际有限公司案,案件第 06CV 2942 号(S.D.N.Y. 于 2006 年 4 月 17 日提交)

SEC 对泰科国际有限公司提出了结指控,声称存在数十亿美元的会计欺诈

  SEC 今天在纽约南区美国地方法院对泰科国际有限公司提起民事禁令诉讼。委员会在起诉书中称,从 1996 年到 2002 年,泰科违反了联邦证券法,其中包括利用各种不正当的会计做法以及一项涉及无经济实质交易的计划,将其报告的财务业绩夸大了至少 10 亿美元。

  该委员会在起诉书中称,泰科在那段时间进行的许多收购中都存在不正当的会计操作,至少虚增了 5 亿美元的营业收入。泰科不正当的收购会计包括低估所收购的资产、高估所收购的负债以及滥用有关建立和使用收购会计准备金的会计准则。起诉书进一步指出,除了收购活动之外,泰科公司还不恰当地建立和使用各种准备金,以在报告期末进行调整,从而提高和平滑其公开报告的业绩并达到盈利预期。

---

  ① 摘自 SEC,www.sec.gov。泰科在既不承认也不否认指控的情况下,同意接受最后判决。

第五章　世通骗局

指控称，泰科从1998财年至2002年12月31日止的财年，通过其子公司安达泰安全服务公司（ADT Security Services, Inc.）向其购买安全监控合同的经销商收取连接费的方式，虚增了5.67亿美元的营业收入。由于安达泰分配给经销商的安全监控合同的购买价同时增加，完全抵消了连接费，因此连接费交易缺乏经济实质，不应该被记录在泰科的利润表中。2003年，泰科公司重述了与连接费相关的营业收入和现金流量。

起诉书进一步指出，从1996年9月至2002年初，泰科没有在其委托书和年度报告中披露前高级管理人员的某些高管薪酬、高管负债和关联方交易。泰科还错误地将其在2000财年和2001财年支付的某些高管奖金入账，从而将与这些奖金相关的成本从其经营费用中剔除。最后，起诉书称，泰科的子公司巴西地球科技有限公司（Earth Tech Brasil Ltda.）的员工或代理商向巴西官员支付款项，以获取或保留泰科的业务，这违反了《反海外腐败法》的反贿赂条款。

在1996—2002年间，由于这些不同的做法，泰科在提交给委员会的文件以及向投资者和分析师发布的公开声明中做出了虚假和误导性的陈述或遗漏。

泰科不承认或否认委员会的指控，但是同意接受永久禁止其违反《证券法》第17（a）条，《证券交易法》第10（b）条、第13（a）条、第13（b）(2)(a)条、第13（b）(2)(b)条、第14（a）条和第30A（a）条，以及第10b-5、12b-20、13a-1、13a-13、13b2-1和14a-9条的规定。拟议的最终判决还命令泰科支付1美元的非法所得和5 000万美元的民事罚款。

委员会正在继续对个人进行调查。委员会感谢曼哈顿地方检察官和纽约市警察局的协助与合作。

对泰克国际有限公司起诉书的摘录

案件 06-CV-2942 于 2006 年 4 月 13 日立案[①]

美国地方法院

纽约南区

16. 低估所收购的资产有利于泰科的收益,因为对于长期资产而言,它减少了长期资产在未来期间的折旧费用;对于流动资产而言,泰科可以在资产使用时记录更大的利润。夸大收购的负债使泰科得以在其账簿和记录中维持虚增的准备金,并在未来的时期使用这些准备金来提高其收益。

17. 在 1996 年进行的某些收购中,泰科的管理人员说服被收购公司在其账簿和记录中低估泰科将要收购的资产并高估负债。例如,在泰科高管的敦促下,被泰科收购了其消防部门的 Thorn-EMI 进行了调整,减少了其资产并增加了 7 650 万美元的负债,导致泰科在未来财务期间的营业收入被虚增了大约 2 900 万美元。在泰科收购安全监控公司 Zettler AG 时,同样对 Zettler 的账簿进行了调整以夸大其负债,导致泰科在之后报告期间的营业收入增加了大约 660 万美元。而在卡莱尔塑料公司(Carlisle Plastics),卡莱尔管理层应泰科的要求,在其账簿和记录中作了分录,从而减少资产并增加了 3 640 万美元负债,导致泰科收购后的收益被夸大。

---

① 摘自 SEC,www.sec.gov。

第五章 世通骗局

财务报表

美国证券交易委员会

华盛顿特区 20549

摘自 10-K 表格[①]

根据《1934 年证券交易法》第 13 或 15（d）条编制的年度报告

1998—2002 财年

泰科国际有限公司

1999 年合并资产负债表

（单位：百万美元，每股数据除外）

	9 月 30 日	
	1999 年	1998 年
流动资产：		
现金及现金等价物	1 762.0	1 072.9
应收账款，分别扣除坏账准备 3.298 亿美元（1999 年）和 3.176 亿美元（1998 年）	4 582.3	3 478.4
在建合同	536.6	565.3
存货	2 849.1	2 610.0
递延所得税	711.6	797.6
预付费用及其他流动资产	721.2	430.7
流动资产合计	11 162.8	8 954.9
房产、厂房及设备净值	7 322.4	6 104.3
商誉及其他无形资产净值	12 158.9	7 105.5
长期投资	269.7	228.4
递延所得税	668.8	320.9
其他资产	779.0	726.7
资产总计	32 361.6	23 440.7

---

① 摘自泰科国际有限公司 1999—2002 年的 10-K 文件。获取自 SEC，www.sec.gov。

续表

	9月30日	
	1999年	1998年
流动负债：		
应付贷款和当前到期的长期债务	1 012.8	815.0
应付账款	2 530.8	1 733.4
应计费用及其他流动负债	3 599.7	3 069.3
在建合同——超出成本的账单	977.9	332.9
递延收入	258.8	266.5
所得税	798.0	773.9
递延所得税	1.0	15.2
流动负债合计	9 179.0	7 006.2
长期债务	9 109.4	5 424.7
其他长期负债	1 236.4	976.8
递延所得税	504.2	131.2
负债合计	20 029.0	13 538.9
承诺和或有事项（附注17）		
所有者权益：		
优先股，面值1美元，授权1.25亿股，未发行	—	—
普通股，面值0.20美元，授权25亿股；1999年发行在外1 690 175 338股，1998年发行在外1 620 463 428股，减去1999年子公司持有的11 432 678股，1998年子公司持有的6 742 006股	338.0	324.1
超额资本：		
股本溢价	4 881.5	4 035.0
捐助盈余，扣除1999年3 070万美元和1998年6 730万美元的递延薪酬	3 607.6	2 584.0
累计收益	3 955.6	3 162.6
累计其他综合亏损	(450.1)	(203.9)
所有者权益合计	12 332.6	9 901.8
负债和所有者权益总计	32 361.6	23 440.7

泰科国际有限公司
1998—1999年合并经营报表[1]

（单位：百万美元，每股数据除外）

	截至1999年9月30日的年度	截至1998年9月30日的年度
净销售额	22 496.5	19 061.7
销售成本	14 433.1	12 694.8
销售、总务及管理费用	4 436.3	4 161.9
合并、重组及其他非经常性费用	928.8	256.9
计提长期资产减值费用	507.5	—
冲销购入的在制品研究和开发	—	—
营业收入	2 190.8	1 948.1
利息收入	61.5	62.6
利息费用	(547.1)	(307.9)
所得税、非经常性项目及会计变更的累计影响前收益（亏损）	1 705.2	1 702.8
所得税	(637.5)	(534.2)
非经常性项目及会计变更的累计影响前收益（亏损）	1 067.7	1 168.6
非经常性项目，税后净额	(45.7)	(2.4)
会计变更的累计影响，税后净额	—	—
净收益	1 022.0	1 166.2

---

[1] 摘自1998—2002年泰科国际有限公司的10-K文件。获取自SEC，www.sec.gov。

泰科国际有限公司
1998—1999 年合并现金流量表①

(单位:百万美元)

	截至 1999 年 9 月 30 日的年度	截至 1998 年 9 月 30 日的年度
经营活动产生的现金流量:		
净收益(亏损)	985.3	1 166.2
净收益(亏损)与经营活动产生的现金净额之间的调整:		
合并、重组和其他非经常性费用……	517.1	253.7
计提长期资产减值费用	335.0	—
冲销购入的在制品研究和开发	—	—
非经常性项目	45.4	2.4
会计变更的影响	—	—
折旧	979.6	895.1
商誉和其他无形资产摊销	331.6	242.6
债务和再融资成本摊销	10.4	11.3
ITS 供应商票据的利息	(12.1)	(11.5)
递延所得税	334.3	(8.2)
应收账款和存货跌价准备	211.5	192.9
其他非现金项目	(6.7)	2.5
资产和负债变动,扣除收购和资产剥离的影响:		
应收账款	(796.0)	(88.9)
应收账款销售收入	50.0	—
在建合同	642.2	(91.4)
存货	(124.4)	(226.2)
预付费用及其他流动资产	(154.1)	(57.7)
应付账款、应计费用及其他流动负债	361.1	(96.4)
应交所得税	(10.2)	66.3

① 摘自 1998—2002 年泰科国际有限公司的 10-K 文件。获取自 SEC,www.sec.gov。

续表

	截至 1999 年 9 月 30 日的年度	截至 1998 年 9 月 30 日的年度
递延收入	(54.1)	(6.5)
其他净额	(96.1)	35.6
经营活动产生的现金流量净额	3 549.8	2 281.8
投资活动产生的现金流量净额:		
购买房产、厂房及设备	(1 632.5)	(1 317.5)
购买租赁财产	(234.0)	—
企业收购，不含所收购的现金	(4 901.2)	(4 251.8)
业务处置	926.8	—
减少（增加）投资	10.5	6.4
其他	(13.7)	(83.1)
投资活动使用的现金流量净额	(5 844.1)	(5 646.0)
筹资活动产生的现金流量净额:		
短期债务净收益	162.3	287.1
发行公共债务的净收益	1 173.7	2 744.5
偿还长期债务，包括债务投标	(2 057.8)	(1 074.6)
长期债务收益	3 665.6	802.0
出售普通股的收益	—	1 245.0
行使期权和认股权证所得收益	872.4	348.7
股息支付	(187.9)	(303.0)
购买库存股	(637.8)	(283.9)
其他	(7.1)	(36.5)
筹资活动产生的现金流量净额	2 983.4	3 729.3
现金及现金等价物的净增加额	689.1	365.1
重述后的期初现金及现金等价物余额	1 072.9	707.8
期末现金及现金等价物余额	1 762.0	1 072.9
现金流量补充披露:		
利息支付	509.1	250.7
所得税支付（扣除退款）	209.7	345.9

摘自 10-K 表格

泰科国际有限公司

2000—2002 年合并经营报表[①]

（单位：百万美元，每股数据除外）

	截至 9 月 30 日的年度		
	2002	2001	2000
产品销售收入	28 794.8	28 987.4	24 958.4
服务收入	6 848.9	5 049.2	3 973.5
净收入	35 643.7	34 036.6	28 931.9
产品销售成本	19 510.8	18 334.4	15 959.8
服务成本	3 570.2	2 615.9	1 971.4
销售、总务及管理费用	8 086.8	6 361.5	5 252.0
重组及其他非经常性费用净值	1 203.9	233.6	175.3
计提长期资产减值费用	3 489.5	120.1	99.0
商誉减值	1 343.7	—	—
冲销购入的在制品研究和开发	17.8	184.3	—
营业利润（亏损）	(1 579.0)	6 186.8	5 474.4
利息收入	117.3	128.3	75.2
利息费用	(1 077.0)	(904.8)	(844.8)
其他（费用）收入净值	(233.0)	250.3	(0.3)
出售子公司普通股的净收益	(39.6)	64.1	1 760.0
不含所得税和少数股东损益的持续经营所得（亏损）	(2 811.3)	5 724.7	6 464.5
所得税	(257.7)	(1 275.7)	(1 925.9)
少数股东损益	(1.4)	(47.5)	(18.7)
持续经营利润（亏损）	(3 070.4)	4 401.5	4 519.9
泰科资本终止经营产生的收入（亏损）（分别扣除截至 2002 年 9 月 30 日的年度和 2001 年 9 月 30 日的年度的税务费用 3.161 亿美元和 1.95 亿美元）	(6 282.5)	252.5	—

---

① 摘自泰科国际有限公司 1998—2002 年的 10-K 文件。获取自 SEC，www.sec.gov。

续表

	截至 9 月 30 日的年度		
	2002	2001	2000
出售泰科资本的损失，扣除 0 美元税款后的净值	(58.8)	—	—
会计变更累积影响前的收益（亏损）	(9 411.7)	4 654.0	4 519.9
会计变更累积影响的税后净额	—	(683.4)	—
净收益（损失）	(9 411.7)	3 970.6	4 519.9

泰科国际有限公司
2001—2002 年合并资产负债表[①]

（单位：百万美元，每股数据除外）

	9 月 30 日	
	2002 年	2001 年
资产		
流动资产：		
现金及现金等价物	6 186.8	1 779.2
限制性现金	196.2	—
应收账款，分别扣除坏账准备 6.291 亿美元（2002 年 9 月 30 日）和 5.504 亿美元（2001 年 9 月 30 日）	5 848.6	6 453.2
存货	4 716.0	5 101.3
递延所得税	1 338.1	980.2
其他流动资产	1 478.9	1 532.3
流动资产合计	19 764.6	15 846.2
终止经营业务的净资产	—	10 598.0
泰科全球网络	581.6	2 342.4
房产、厂房及设备净值	9 969.5	9 970.3
商誉净值	26 093.2	23 264.0

① 摘自泰科国际有限公司 1998—2002 年的 10-K 文件。获取自 SEC，www.sec.gov。

续表

	9月30日	
	2002年	2001年
无形资产净值	6 562.6	5 476.9
其他资产	3 442.9	3 524.8
资产总计	66 414.4	71 022.6
负债和所有者权益		
流动负债：		
应付贷款和当前到期的长期债务……	7 719.0	2 023.0
应付账款	3 170.0	3 692.6
应计费用及其他流动负债	5 270.8	5 181.8
在建合同——超出成本的账单	522.1	935.0
递延收入	731.3	973.5
应交所得税	2 218.9	1 845.0
流动负债合计	19 632.1	14 650.9
长期债务	16 486.8	19 596.0
其他长期负债	5 462.1	4 736.9
负债合计	41 581.0	38 983.8
承诺和或有事项（附注20）少数股东权益	42.8	301.4
所有者权益：		
优先股，面值1元，授权1.25亿股，在2002年及2001年9月30日发行在外的为1股	—	—
普通股，面值0.20美元，授权25亿股；截至2002年9月30日和2001年9月30日发行在外的股份分别为1 995 699 758股和1 935 464 840股，分别减去子公司持有的22 522 250股和17 026 256股	399.1	387.1
超额资本：		
股本溢价	8 146.9	7 962.8
捐助盈余，扣除2002年9月30日5 120万美元和2001年9月30日8 530万美元的递延薪酬	15 042.7	12 561.3
累计收益	2 794.1	12 305.7

续表

	9月30日	
	2002年	2001年
累计其他综合亏损	(1 592.2)	(1 479.5)
所有者权益合计	24 790.6	31 737.4
负债和所有者权益总计	66 414.4	71 022.6

泰科国际有限公司
2000—2002年合并现金流量表

(单位：百万美元，每股数据除外)

	截至9月30日的年度		
	2002	2001	2000
经营活动产生的现金流量：			
持续经营产生的收益（亏损）	(3 070.4)	4 401.5	4 519.9
净收益（亏损）与经营活动产生的现金净额之间的调整：			
非现金的重组和其他非经常性费用（贷项）净额	851.5	145.2	(84.2)
冲销购入的在制品研究和开发	17.8	184.3	—
计提长期资产减值费用	3 489.5	120.1	99.0
商誉减值	1 343.7	—	—
合并子公司净收入中的少数股东损益部分	1.4	47.5	18.7
出售业务的净亏损（收益）	(7.2)	(410.4)	—
投资亏损	270.8	133.8	—
出售子公司普通股净损失（收益）	39.6	(64.1)	(1 760.0)
折旧	1 465.5	1 243.1	1 095.0
商誉及其他无形资产摊销	567.4	897.5	549.4
递延所得税	(535.6)	219.0	507.8

续表

	截至 9 月 30 日的年度		
	2002	2001	2000
应收账款和存货跌价准备	493.9	593.5	354.3
债务和再融资成本摊销	194.0	108.4	6.8
与以前年度有关的费用（见附注 1）	222.0	—	—
其他非现金项目	(26.0)	81.8	60.0
资产和负债变动，扣除收购和资产剥离的影响：			
应收账款	1 014.5	(434.1)	(992.4)
出售应收账款计划下（减少）的收益	(56.4)	490.6	100.0
在建合同	(336.5)	(192.5)	28.9
存货	(47.2)	(678.8)	(850.0)
其他流动资产	(51.9)	313.7	100.2
应付账款	(833.7)	(249.1)	443.9
应计费用及其他流动负债	272.2	(606.1)	53.1
所得税	335.1	370.7	896.4
递延收入	(35.5)	304.1	(0.2)
其他	117.0	(94.2)	128.4
经营活动产生的来自持续经营业务的净现金	5 695.5	6 925.5	5 275.0
经营活动产生的来自（用于）终止经营业务的净现金	1 462.9	(260.2)	—
经营活动产生的现金流量净额	7 158.4	6 665.3	5 275.0
投资活动产生的现金流量：			
购买房产、厂房及设备的现金净额	(1 708.7)	(1 797.5)	(1 703.8)
在建合同——泰科全球网络	(1 146.0)	(2 247.7)	(111.1)
企业收购，不含所收购的现金	(3 084.8)	(10 956.6)	(4 246.5)
购买会计和保留/盈余负债支付的现金	(624.1)	(894.4)	(544.2)
出售 CIT 取得的净收入	4 395.4	—	—

第五章　世通骗局

续表

	截至 9 月 30 日的年度		
	2002	**2001**	**2000**
处置其他业务，不含所出售的现金	138.7	904.4	74.4
购买投资所支付的现金净额	(16.8)	(142.8)	(353.4)
限制性现金	(196.2)	—	—
其他	(83.2)	(177.2)	(52.9)
投资活动用于持续经营业务的净现金	(2 325.7)	(15 311.8)	(6 937.5)
获得的 CIT 现金余额	—	2 156.4	—
投资活动产生的来自终止经营业务的净现金	2 684.3	1 516.8	—
投资活动产生（使用）的现金流量净额	358.6	(11 638.6)	(6 937.5)
筹资活动产生的现金流量：			
债务导致的现金净流入	1 951.3	8 535.6	680.4
出售普通股所得收益	—	2 196.6	—
行使期权所得收益	185.7	545.0	355.3
子公司出售普通股所得收益	—	—	2 130.7
股息支付	(100.3)	(90.0)	(86.2)
回购泰科公司普通股	(789.2)	(1 326.1)	(1 885.1)
回购子公司的少数股权	—	(270.0)	—
对泰科资本的出资额	(200.0)	(675.0)	—
其他	(9.7)	(15.4)	(29.8)
筹资活动产生的来自持续经营业务的净现金	1 037.8	8 900.7	1 165.3
筹资活动用于终止经营业务的净现金	(2 874.6)	(2 605.0)	—
筹资活动产生的现金流量净额	(1 836.8)	6 295.7	1 165.3
现金及现金等价物的净增加额	5 680.2	1 322.4	(497.2)
泰科资本转移至终止经营业务的现金及现金等价物	(1 272.6)	(808.0)	—

续表

	截至 9 月 30 日的年度		
	2002	2001	2000
期初现金及现金等价物余额	1 779.2	1 264.8	1 762.0
期末现金及现金等价物余额	6 186.8	1 779.2	1 264.8
现金流量的补充披露：			
利息支付	943.8	896.5	814.2
所得税支付	668.3	798.9	491.1

泰科国际有限公司
2000 年合并资产负债表①

（单位：百万美元，每股数据除外）

	2000 年 9 月 30 日
流动资产：	
现金及现金等价物	1 264.8
应收账款，分别扣除坏账准备 4.421 亿美元（2000 年）和 3.298 亿美元（1999 年）	5 630.4
在建合同	357.3
存货	3 845.1
递延所得税	683.3
预付费用及其他流动资产	1 034.8
流动资产合计	12 815.7
在建合同——泰科全球网络	111.1
房产、厂房及设备净值	8 218.4
商誉及其他无形资产净值	16 332.6
长期投资	1 653.7
递延所得税	532.5
其他资产	740.3
资产总计	$40 404.3

① 摘自泰科国际有限公司 1998—2002 年的 10-K 文件。获取自 SEC，www.sec.gov。

续表

	2000 年 9 月 30 日
流动负债：	
应付贷款和当前到期的长期债务	1 537.2
应付账款	3 291.9
应计费用及其他流动负债	4 038.2
在建合同——超出成本的账单	835.0
递延收益	265.7
所得税	1 650.3
递延所得税	60.6
流动负债合计	11 678.9
长期债务	9 461.8
其他长期负债	1 095.3
递延所得税	791.6
负债合计	23 027.6
承诺和或有事项（附注 17）少数股东权益	343.5
所有者权益：	
优先股，面值 1 美元，授权 1.25 亿股，未发行	—
普通股，面值 0.20 美元，授权 25 亿股；2000 年发行在外 1 684 511 070 股，1999 年发行在外 1 690 175 338 股，减去 2000 年子公司持有的 31 551 310 股和 1999 年子公司持有的 11 432 678 股……	336.9
超额资本：	
股本溢价	5 233.3
捐助盈余，扣除 2000 年 5 940 万美元和 1999 年 3 070 万美元的递延薪酬	2 786.3
累计收益	8 427.6
累计其他综合收益（亏损）	249.1
所有者权益合计	17 033.2
负债和所有者权益总计	40 404.3

Detecting Accounting Fraud

第六章
费用魔术

李文特：财务欺诈

李文特主要被作为一个通过少计费用和不恰当递延费用来不当确认费用的案例。

李文特娱乐公司（Livent，Inc.）是一家加拿大戏剧公司，20 世纪 80 年代末创立于多伦多。李文特扩张迅速，仅仅数年便在美国纳斯达克上市。它的创始人是《活力》这部戏剧传奇的两位主演加斯·德拉宾斯基（Garth Drabinsky）和迈伦·戈特利布（Myron Gottlieb）。他们举办了许多大型奢华的演出，如《拉格泰姆》、《演戏船》和《歌剧魅影》。SEC 称，他们不仅仅满足于在舞台上制造宏大的幻想，似乎也试图在公司的财务报表上采取一些创造性的策略。

1998 年，李文特被好莱坞著名偶像迈克尔·奥维茨（Michael Ovitz）领导的美国财团收购。然而，没过多久，"新老板说他们发现了会计违规行为"（Simon，2002）。1998 年底，李文特在美国和加拿大宣布破产。1999 年 1 月，德拉宾斯基和戈特利布在美国被就 16 项欺诈和阴谋罪起诉，但他们拒绝面对这些指控，仍留在加拿大。

2002 年 10 月，加拿大皇家骑警对德拉宾斯基和戈特利布提出 19 项欺诈指控。

李文特的不定期报告诡计特别有趣，它的实施不仅是为了呈现一个整体上更好看的利润表和资产负债表，从而抬高其股价，而且使某些演出看起来比实际情况更成功。例如，如果《拉格泰姆》的票房收入低于 50 万美元，舒伯特剧院（位于洛杉矶）可能会驱逐该公司。根据 SEC 的说法，如果《拉格泰姆》被驱逐出去，这将破坏其在百老汇的开业计划（AAER 1095，1999）。因此，即使座位没有坐满，李文特也必须报告高票销售情况。

这个生动的案例之所以出现在这里，是因为它涉及了一些明确的例子以提醒读者注意经常犯下的老掉牙的舞弊行为，即仅仅是没有在正确的期间内将单据进行记录，从而漏掉了费用和相应的负债。这种不恰当的费用确认低估了费用和负债，高估了利润。（不恰当的费用确认（improper expense recognition）是指在财务报表中遗漏了费用或改变了某些费用的确认期间，而这些费用本应记录在前一个或后一个期间。）李文特案例很好地向我们展示了一个不当递延费用的例子，其做法是通过将费用从正确的账户转移到其他账户。（费用的不当递延（improper deferral of expenses）是指任何将费用转移到以后期间的财务报表中进行确认从而避免将其计入当期的方法。）

SOX 报告对 SEC 执法行动的研究发现，错报财务报告最常见的方法是通过少计应计费用和相应的负债来不当确认费用。这是 SEC 分类中的一个类别，被描述为"通过不当资本化/延期或少计应计项目来不当记录费用或损失"（SOX 报告，2002），这实际上可分为以下三个部分：

- 未记录费用或损失；
- 费用或损失的不当延期；
- 费用或损失的不当资本化。

虽然世通公司代表了不当资本化这一类别中最主要和最大的案例，但李文特的案例旨在通过上述第一和第二部分的有趣的解释性案例来呈现该类别。李文特的财务报告中也有一些不当资本化的例子。

与通常情况一样，SEC 的调查结果还指控李文特的财务报告存在其他重叠的违规行为。公司将部分费用资本化为资产（并将费用转移到不同的资产或戏剧演出，从而将费用转移到不同的时期），使其摊销得更慢，并推迟对该费用的确认。SEC 还发现，李文特通过确认附加协议规定的收入，提前记录了收入。他们还记录了虚构的售票情况。此外，SEC 发现李文特的管理层参与了一个"旨在挪用资金以自用的回扣计划"（AAER 1095，1999）。

李文特虚构财务报告方案

据称，李文特的操纵是由高级管理层精心策划的。在两名主计长每季度制作总账后，他们将这些信息交给负责财务和行政的前副总裁戈登·埃克斯坦（Gordon Eckstein），后者负责汇总这些信息。SEC 称，埃克斯坦随后会见了李文特的高管。在这些会议上，他们"为了达到预定的虚假财务状况，就调整的大致性质和数量达成一致……"①（AAER 1095，1999）。调整完成后，埃克斯坦就调整后的总账再次与最高管理层会面，并接受进一步的具体调整指示。

SEC 称，高级管理层提供"他们（即员工）需要对资产负债表和利润表中的各种账户进行的大概的金额调整，包括支出类别、特定项目和固定资产账户"。此外，SEC 还发现，李文特的前 CEO 德拉宾斯基和前总裁戈特利布"……至少从 1994 年到 1998 年第一季度……故意操纵李文特的账簿和记录"。这些与公司的其他管理人员和员工一起策划的操纵，使得公司少报了费用而虚增了利润。然而，有许多调整是他们无法进行的，因为这样的调整"会给审计人员留下'危险信号'的痕迹"。因此，高管们设

---

① 李文特提交了和解要约，并同意接受该指令，但不承认或否认 AAER 1095（1999）中所述调查结果。

计了一个特殊的计算机程序，使会计人员能够"在没有书面记录或交易记录的情况下推翻会计系统"。委员会还坚持说，"这一过程具有篡改账簿的效果，公司的记录和账目如此完整，以至于调整显示为原始交易，公司总分类账中没有实际原始分录的踪迹。"（AAER 1095，1999）

通过上述方案，李文特的财务报告以三种方式少报费用：

- 从会计系统中删除费用发票；
- 通过将当前戏剧演出的成本转移到其他演出以推迟资产摊销的方式来递延费用；
- 把生产成本转为固定资产。

舞弊手法Ⅰ：通过从记录中删除发票以少报费用

李文特抹去了费用性的发票，这对财务报告中未能记录费用的计划有极大作用。SEC的调查结果描述了该公司的行为：

> 在每个季度末，李文特从总账中删除某些费用和相关负债，从公司的账簿中删除这些费用和负债。在下一个季度，费用和相关负债将作为原始分录重新记入账簿。这种明目张胆的会计操纵违反了公认会计原则。李文特将从当前期间转移到未来期间的费用金额作为"费用清单"进行跟踪。这种操纵使得演出费用大幅调整，同时也增加了利润。例如，1997年第一季度被调整至第二季度的总开支约为1 000万美元。（AAER 1095，1999）

定期确定具体发票是调整报告利润的一部分。然后，将这些发票从会计系统中逐个删除。对1997年第一季度1 000万美元费用和负债的低估是财务误报的一个重要部分。委员会发现，1997年，李文特报告的税前损失为6 210万美元，而实际损失最少为8 360万美元。

舞弊手法Ⅱ：费用的不当延期

李文特还代表了一个通过不当延期方式少计费用或损失的例子。在这种情况下，就像通常的情况一样，李文特通过将成本从一个资产账户转移到另一个资产账户，从而实现了费用的递延，在这种情况下，摊销可能会延迟。这是一种将费用从当前期间转移到未来期间的常用方法。SEC 称：

> 李文特将成本从当前正在进行的一个表演转移到另一个尚未开幕或摊销期较长的节目。这种会计操纵通过降低生产前成本的摊销来虚增特定季度的利润，因为摊销只适用于生产开始后。例如，在1996年和1997年，与7场不同演出和27个不同地点有关的大约1 200万美元转入了大约31个不同的未来地点和当时正在进行的其他10场演出的账户。（AAER 1095，1999）

李文特在内部跟踪以这种方式从本期转移到未来期间的摊销，并将其隐藏在"滚动摊销"的标签下。

这种将当期费用推迟到以后期间的舞弊手法导致延长资产摊销的时间段和更改关于成本资本化的会计政策。需要注意的两个可能的操作是软件成本资本化和启动成本资本化的会计政策的变化。

舞弊手法Ⅲ：费用的不当资本化

作为费用不当资本化的一个例子，李文特还将演出的前期成本转入固定资产账户，例如剧院建设费用。一旦演出开始，李文特的前期制作成本就应在演出期间（最长不超过5年）摊销。但是，固定资产的摊销期长达40年。1997年，李文特将"总计1 500万美元的前期成本和运营费用从30个地点的6场不同演出转移到3个不同的固定资产账户"（AAER 1095，1999）。

第六章 费用魔术

其他舞弊手法

除了发现李文特在之前提到的事项中少报了费用外,SEC 还发现李文特虚报了收入。在 1996—1997 年期间,李文特确认了 3 400 万美元的收入,这些交易附带要求李文特偿还其所收到的收入的条款。这是一个非当期的收入(即使以后有完全经济实质的交易实现)或虚拟收入(如果不打算在以后完成该交易)。

此外,为了使《拉格泰姆》在洛杉矶的制作看起来更成功,李文特的高级管理层安排外部关联人士用个人信用卡购买约 381 000 美元的门票,并在未来使用个人支票购买门票。这些金额偿还给这些个人的公司,并记录为对李文特的固定资产付款。这是一个既报告虚构收入又夸大资产的明显例子。而且,甚至在李文特在美国上市之前,SEC 就宣称德拉宾斯基和戈特利布策划了一个回扣计划,让外部人士向李文特虚报发票金额,李文特为此付出了代价,并在 1990—1994 年间将约 700 万美元退还给了德拉宾斯基和戈特利布(AAER 1095,1999)。

总之,根据毕马威匹特·马威克(Peat Marwick)的独立调查,李文特重述了 1996 年至 1998 年第一季度的财务报表。这些重述导致"对净利润的累积不利影响超过 9 800 万加拿大元"(AAER 1095,1999)。李文特的股票被停牌,重述后短暂复牌时,股票"从每股 6.75 美元跌到每股 0.28 美分,暴跌超过 95%,市值损失超过 1 亿美元"(AAER 1095,1999)。SEC 进一步声称,在李文特作为美国上市公司的每一年,公司或者公布了过高的税前收益,或者低估了税前亏损:

> 1995 财年,李文特公布的税前收益为 1 820 万美元。事实上,该公司的实际收益约为 1 500 万美元。1996 财年,李文特公布的税前收益为 1 420 万美元。事实上,这家公司在那一年损失了 2 000 多万美元。1997 财年,李文特的税前亏损为 6 210 万美元。事实上,该公司在 1997 财年的实际亏损至少为 8 360 万美元。(AAER 1095,1999)

195

识别少报费用的信号

以下是对一些信号的检查，这些信号表明一家公司可能存在不当的费用确认。

识别舞弊手法Ⅰ（通过少计应计项目而低估费用和相应的负债）的信号

大量的信号可以提醒投资者，这种虚构财务报告的诡计只是省略了当期费用的记录。

信号1：费用占销售额的百分比降低

与任何少报费用一样，你应该测试每一类费用占销售额的百分比，看看它是否比前几个季度或期间有所下降，或者费用占销售额的百分比是否低于行业平均水平。此外，如果某一类别的费用具有重要的固定成本要素，并且该费用在销售额中所占的百分比与销售额减少的百分比相同，则表明有些固定费用可能没有入账。当销量下降时，固定成本占销售额的百分比增加。

信号2：流动负债占流动资产或销售额的百分比降低

当公司第一次遗漏记录费用和流动负债时，这种漏记降低了公司流动负债占流动资产的百分比和占销售额的百分比。当然，这种变化可能是效率提高的结果，也可能是提前合法偿还流动负债的结果，例如通过获得长期贷款。然而，如果流动负债的减少似乎不能用效率或资产负债表上的长期融资形式来解释，而且信号1也有效，即费用占销售额的百分比下降，那么警告信号就越强烈。如果财务报表附注列示了流动负债的构成，请检查各个流动负债的应计项目占销售额的百分比是否比以前期间减少。

这两个信号的存在可能是一个强烈的警告，即没有记录费用和相应的负债。对于这些欺诈行为，应尽早尝试追踪这些信号。虽然最初对费用的漏记降低了报告的费用和负债，但请记住，该费用将结转至以后期间，因此，相对于销售，后期的费用不会显得很小，因为它们包括了上一期被漏记的费用。

信号 3：不在应付账款清单上的正规供应商

如果你有权访问公司的内部记录，可以通过选择与公司有业务往来的供应商，检查他们是否在应付账款列表中，然后将应计金额与供应商的欠款对账单进行核对，以测试应计项目的不足。为了测试未记录的负债，从公司记录的流动负债清单开始，简单地检查这些金额是没有意义的。重要的是要记住，因为这个测试是为了检查漏记，它必须从原点开始。选择一个已知的供应商，并跟踪该供应商到支持最终记录资产负债表中所列金额的应付账款列表。

如果你无法访问公司的内部记录，则必须依赖已发布财务报表中的警报，例如前面提到的信号。然而，当一个公司漏记其费用和负债时，它也经常通过将其资本化为固定资产并将其推迟到以后的时期来低估费用。因此，对这些错报的信号保持警觉，将会在总体加强对这种低估费用方法的警惕。

识别舞弊手法 II （通过延迟费用少报费用）的信号

以下是对一些信号的检查，这些信号表明一家公司可能存在不当的费用递延。

信号 1：递延成本或预付费用增加占总资产的百分比

如果递延成本或预付费用在总资产中的比例显著增加，这可能是经营费用正在资本化的迹象。

信号 2：费用占销售额的百分比减少

与舞弊手法 I 一样，如果某一类别的费用与行业或以前期间相比，占销售额的百分比有所下降，则表明部分费用可能被递延到未来期间。

信号 3：资产折旧周期异常长

如果财务报表的会计政策表明某项资产的折旧或摊销期限比过去更长，或比行业平均水平更长，则表明公司可能会积极将当前成本推迟到未来期间，这是一个危险信号。

信号 4：递延资产占销售额的比例上升

当担心一家公司可能通过将费用记录为资产（例如将生产准备期间的成本记录为资产）的方式进行递延时，将递延资产占销售额的比例与可比公司比较。一定要考虑到公司生命周期中的阶段和会计政策说明中所述的递延逻辑。

识别舞弊手法Ⅲ（通过费用资本化低估费用[①]）的信号

以下是对一些信号的检查，这些信号表明一家公司可能存在不适当的费用资本化行为。

信号 1：资产周转率下降

将本公司资产周转率、固定资产周转率与行业及本公司前期资产周转率进行比较。如果该比率低于行业平均水平或正在下降，则表明某些费用可能被记为资产，或者资产投资效率不高，因为它没有产生足够的收入。

信号 2：成本资本化政策的变化

注意财务报告中的注释，这些注释表明有关成本资本化的政策发生了变化。尽管李文特的案例中没有这个信号，因为 SEC 发现李文特在将成本错误资本化时与自己的会计政策描述相矛盾，但有关资本化政策变更的注释通常是一个明显的信号，表明其采取了积极的会计政策，有意减少费用的记录。

信号 3：前期资本化成本的核销

当一家公司核销前期资本化的成本时，必须警惕成本的过度资本化。

---

① 有关这种欺诈信号的详细内容，请参阅第五章中的讨论。世通公司是此类欺诈的主要例子。

根据 Mulford and Comiskey（2002），一个很好的激进会计处理的例子是，美国软件公司在 1997 年将其大部分软件成本资本化，并在 1999 年减记了大量资本化软件成本，然后再在 2000 年提高资本化的百分比。前期资本化成本的冲销表明，对公司以前期间"现行成本"在未来期间的持续保持能力上的判断是错误的。

信号 4：异常资本化政策

阅读财务报表附注，将本公司的资本化政策与同行业其他公司的资本化政策进行比较。如果一家公司将某项成本资本化，而业内其他公司没有，这可能是一个信号，即该公司可能会激进地将费用资本化。

他们从此过着幸福的生活吗？

加斯·德拉宾斯基和迈伦·戈特利布 2009 年被加拿大安大略省高级法院裁定犯有欺诈和伪造罪。德拉宾斯基被判 7 年监禁，戈特利布被判 6 年监禁。2011 年，安大略省上诉法院维持了对他们的定罪，但他们的刑期分别减少了两年（Dobby，2011）。德拉宾斯基"服刑 18 个月，2012 年 10 月假释后获释。戈特利布也被定罪并被判处 4 年监禁，他已经被释放"（Shecter，2013）。

来爱德："通往王国的钥匙"

来爱德主要是作为一个夸大期末存货价值以降低销售成本的案例。

来爱德（Rite Aid）于 1962 年由亚历克斯·格拉斯（Alex Grass）在宾夕法尼亚州斯克兰顿镇创立，从一家单一的药店发展成为美国最大的药房集团之一，在全国经营超过 3 500 家分店。1995 年 2 月，亚历克斯·格拉斯将他称之为"通往王国的钥匙"的东西交给了长子马丁·格拉斯（Martin Grass），马丁成为来爱德的首席执行官。几年前，马丁的弟弟罗杰辞去了来爱德高级副总裁的职务，因为"他认识到最高职位将由一个他认为不称职的兄弟来担任。"（Berner & Maremont，1999）

在掌管来爱德不到五年后，马丁·格拉斯就被解雇了。同一周，《华尔街日报》的一篇文章评论说，马丁·格拉斯在来爱德任职期间的影响是"灾难性的"。（Berner & Maremont，1999）

根据大陪审团的说法，来爱德充斥着"大规模的会计舞弊、故意伪造财务报表以及故意伪造 SEC 文件"（"8 年徒刑"，2002）。SEC 的文件称，从 1998 财年到 2000 年第一季度，来爱德在两年多的时间里夸大了其净收入，而且前高级管理层没有披露重大信息，包括 1999 年的关联方交易（AAER 1579，2002）。SEC 认为，来爱德在 2000 年 7 月和 10 月的重述报告（公司分别重述了 23 亿美元的累计税前收入和 16 亿美元的累计净收入），在报告当天代表了 SEC 所称的"上市公司最大的收入重述"。（AAER 1579，2002）

虽然来爱德确实少报了各种费用，但其少报的费用大多是少报销售商品的成本，即该期间销售存货的成本。来爱德是一个典型的通过低估销售成本来夸大收益的例子。它通过多种机制操纵商品的销售成本。

来爱德虚构财务报告方案

来爱德实施了一系列降低商品销售成本的计划。

舞弊手法 I：虚增期末存货价值以降低销售成本

来爱德用来低估销售成本的三种最重要的方法之一，是它高估了期末存货，因为它没有从存货金额中减去其发生的全部损耗。（损耗（shrinkage）是指从生产点或从供应商处采购到销售点之间的存货损失。）这一差错并没有占所售货物少报成本中的最大部分，但之所以先列报，是因为通过夸大期末存货价值而低估销售成本是一种非常常见的财务报告欺诈行为。SOX 报告（2002）发现，这种不正当费用确认方法在研究期间涉及25 个 SEC 强制执行案例。

来爱德在其许多门店定期进行实物盘点。如果实际清点显示的库存量低于其记录中的库存量，来爱德的官方政策当然是基于差额是由于盗窃或损失造成的这个假设，通过"缩减"费用，在其记录中记下库存量。SEC 的调查结果称，"在 1999 财年，来爱德未能记录 880 万美元的损耗"①（AAER 1579，2002）。对于那些来爱德没有进行实际库存盘点的商店，来爱德的政策是估算一个损耗金额，并累计该金额。SEC 进一步声称，"在 1999 财年，来爱德不当地减少了 2 000 家商店的应计损耗费用，导致总收益增加了 500 万美元"（AAER 1579，2002）。因此，据称 1999 年的税前收益总共多报了1 380 万美元，原因是没有确认全部的损耗，而夸大了期末存货。

舞弊手法Ⅱ：调整毛利分录以降低销货成本

在其对销售成本和净收入的所有操纵中，来爱德通过调整毛利日记账分录来操纵销售商品成本，是迄今为止最大的舞弊。这也是它最厚颜无耻的财务诡计。来爱德只需通过日记账分录来降低销售商品的成本，并将应付账款相应地减少。这些分录在内部被称为"毛利分录"。根据 SEC 的说法，这些分录是"由一个人决定的，没有任何人的输入或审查，完全没有根据"。这些调整的规模之大令人震惊，其中最恶劣的一次发生在 1999 财年第二季度。SEC 发现，来爱德"不当地降低了销售成本和应付账款约 1 亿美元"。有趣的是，来爱德每年都会以这种方式调整其销售成本，它在每年前三个季度这样做，然后在第四季度撤销这些分录。撤销使得来爱德需要在第四季度找到新的调整，以抵消撤销的影响。其中一项调整是之前讨论过的对库存减少的误报。另一项调整是来爱德对供应商回扣的处理。（AAER 1579，2002）

---

① 来爱德同意接受该指令，但不承认或否认 AAER 1579（2002）中的调查结果。

舞弊手法Ⅲ：对供应商回扣不当确认以降低销售成本

来爱德能够根据销售供应商产品的情况，从欠某些供应商的款项中获得回扣。在其利润表中，来爱德本应只将回扣用于与已售出商品相关的采购。但SEC表示，来爱德在1999财年确认了7 700万美元的此类回扣退款，相关的产品销售尚未完成，有的甚至采购协议尚未在法律上定稿。尽管如此，在1999财年的最后一天，来爱德将销售商品成本和应付账款减少了4 200万美元，并以同样的方式重新开设账簿，以确认1999财年结束后的另外3 300万美元的回扣。SEC相当有针对性地指出，在那个特定阶段，"很明显该公司的业绩将低于华尔街分析师的预测。这些分录违反了公认会计原则，因为截至1999财年，回扣尚未赚取。"（AAER 1579，2002）

其他舞弊手法

SEC表示，来爱德还采用了其他一些方法夸大其报告的收入。其中一个策略是，当它决定放弃建造此商店时，它没有冲销已经资本化的成本，例如关于该商店的法律服务和产权查询。据SEC称，来爱德的另一个诡计涉及该公司的"将催缴"应付账款。来爱德的客户已经订购了一些处方药，但没有收取。然而，来爱德已经通过客户的保险公司支付了这些药物的费用。来爱德没有将付款退还给保险公司，而是"在没有充分理由或依据违反公认会计原则的情况下"将应付账款转回利润。"最终，应计项目重新确定，应支付的660万美元将偿还给保险公司"。（AAER 1579，2002）

SEC还发现，据称来爱德未能就公司授予某些现场经理的股票增值权（SARS）适当地每季度计提一笔费用。（股票增值权（stock appreciation rights）是指员工有机会参与公司股票的任何增值，而不必承担实际购买股票的成本。）每个季度，来爱德应根据其股票在季度末的市场价格计提费用。委员会发现，在1998和1999财年，来爱德声称"应分别记录大约2 200万美元和3 300万美元的应计费用"。（AAER 1579，2002）

SEC对来爱德夸大税前收入的总结见表6-1。

表6-1 来爱德财务舞弊对相关季度和年度的影响

来爱德在上述领域的做法对其报告的税前收入的可量化影响总结如下。

单位：百万美元

	1998财年 Q1	Q2	Q3	全年	1999财年 Q1	Q2	Q3	全年	2000财年 Q1
报告税前利润	114.3	101.5	113.7	530.0	151.3	135.2	144.7	199.6	141.1
调整金额									
公司分录									17.5
销售分录	0.0	9.0	(4.0)		1.0	12.2	1.7		8.0
毛利分录	25.3	26.2	5.9		47.1	100.4	39.6		23.8
不恰当的豁免数	2.6	1.7	1.5	7.6	5.9	6.5	7.0	27.8	
药品削价补偿								29.7	
购货折扣								75.6	
法律和解								17.0	
"死交易"费用								10.6	
股票增值权	3.4	3.6	12.6	22.1	9.0	13.7	21.9	33.2	
预定售货应付款								6.6	
存货减损								13.8	
折旧				14.6					
调整金额合计	31.3	40.5	16.0	44.3	63.0	132.8	70.2	214.3	49.3
调整后利润（损失）	83.0	61.0	97.7	485.7	88.3	2.4	74.5	(14.7)	91.8
虚增比例	38%	66%	16%	9%	71%	5 533%	94%	—	54%

说明：

（1）1999财年第二季度报告的税前收入为2.897亿美元，不包括因关闭商店而取的税前费用；

（2）此表并未包括来爱德相关期间的全部会计造假项目。

识别降低销售成本的信号

三种低估销售成本的方法都产生了类似的信号。为了降低销售成本而夸大期末存货，以及其他低估销售成本的方法，都会影响类似的关键比率。例如，当销售商品的成本被低估时，存货占销售商品成本的百分比会增加。无论是通过虚报存货还是通过其他方式降低销售成本，都会发生这种情况。如果期末存货被高估，这个比率会被更大地扭曲。因此，可以综合考虑各种低估销售成本方法的信号。

信号1：存货占销货成本的百分比增加

当存货占销货成本的百分比增加时，表明存货可能被高估，销货成本可能被低估。这种衡量方法有很多种计算或表示方式。存货周转率是衡量一个企业的存货在一个时期内被出售或更换了多少次的常用指标。比率计算如下：

存货周转率＝销货成本÷平均存货

另一个常用的衡量标准是存货销售天数，是指公司将存货转化为销售额所需的时间长度。计算如下：

存货销售天数＝期间天数÷存货周转率

因此：

存货销售天数＝365[①]÷存货周转率（如果周期为一年）

如果存货周转率下降或存货周转天数增加，则表明可能高估了存货而低估了销货成本。如果存货日销售额显著增加，即使原因不是实际多报存货，也要警惕销售跟不上生产。

信号2：毛利润在销售额中所占百分比异常大幅度增长

毛利润在销售额中所占百分比的突然大幅增长，表明可能存在多报存货和少报销货成本的迹象。突然的变化（增加或减少）应该伴随着简单、合理的解释，例如，一种新技术的应用或销售价格的变化。公司年报的管理层讨论与分析部分应解释毛利率指标的重大变化。如果没有明确合理的解释，则令人怀疑。

[①] 按照惯例，90天通常是一个季度（或三个月）的大致天数。

信号3：存货准备金占存货的百分比降低

当存货跌价准备占存货的百分比降低时，这是一个信号，表明公司可能低估了其存货跌价准备，高估了存货。

信号4：经营活动产生的现金流量低于营业利润

通常情况下，经营活动产生的现金流量明显低于营业利润和净利润，这是一个有用的信号，表明利润可能被错报。事实上，来爱德在截至1998年5月30日的13周内的净收入为9 080万美元，而同期的经营活动产生的现金流量为负900万美元。这个信号本身就已经向任何检查来爱德财务报表的人发出了警告。

他们从此过着幸福的生活吗？

- 2004年5月，来爱德的前首席执行官马丁·格拉斯被判入狱8年。他在佛罗里达州的联邦监狱服刑。据报道，格拉斯是一名模范囚犯（Scolforo，2005）。格拉斯在7年后被释放，缓刑3年。他现在五十多岁了，据说住在佛罗里达州，"是一家房地产公司和一家生产护发产品公司的负责人"（Miller，2011）。

- 前副主席兼首席法律顾问富兰克林·C. 布朗（Franklin C. Brown）被指控在该案中扮演重要角色。他被判处10年监禁（Scolforo，2005）。布朗的律师因为他当时已76岁的高龄，将判决描述为"实质上的死刑判决"（Scolforo，2004）。然而，在几次上诉和近6年的监禁后，布朗被缓刑释放（Miller，2011）。

- 2011年，富兰克林·C. 布朗的妻子卡伦·布朗（Karen Brown）向格拉斯提起诉讼，索赔近500万美元（Miller，2011）。卡伦·布朗最终败诉（Reisinger，2012）。

- 蒂莫西·J. 努南（Timothy J. Noonan），前首席运营官兼临时首席执行官，在舞弊行为被发现之前离开了来爱德。尽管他没有积极参与这些计划，但还是被指控疏于举报来爱德的欺诈行为。他最终与调查人员合作，承认因没有报告欺诈行为而受到的"误导"指控。他被判2年缓刑和少量罚款（Federwisch，2007）。

阿勒格尼：不给糖就捣蛋？

阿勒格尼主要是作为一个低估坏账准备的案例。

SEC 的执法文件将阿勒格尼健康教育与研究基金会（Allegheny Health Education & Research Foundation，aka AHERF）描述为一个非营利的急性病护理医院、一所医科大学、医师团体和其他附属实体的集合。自 1983 年在匹兹堡成立以来，阿勒格尼的发展非常迅速，在 1998 年 7 月突然衰落和破产之前，它已经成为宾夕法尼亚州最大的非营利医疗机构。SEC 随后发现，阿勒格尼及其部分子公司（统称为 Delaware Valley）据称"发布了年度财务报表和市政披露报告，其中严重歪曲了阿勒格尼和 Delaware Valley 的净利润"（AAER 1283，2000）。

阿勒格尼的快速增长是以巨额负债为代价的，伴随着债务的堆积，财务稳定的压力也随之而来。当一家公司似乎处于财务紧张的情况下，会导致一个恶性循环，公司很难获得未来的融资，并推高其利率。这反过来又会增加要求偿还债务的可能性，最终可能导致破产。由于如此高负债的环境，SEC 的结论是"阿勒格尼通过某些高管，以及违反适用会计原则的方式，错误地陈述了其财务报表和附表"（AAER 1283，2000）。

作为一家控股公司，阿勒格尼不承担其收购实体先前存在的债务。偿还债务的义务被交给 Delaware Valley，这个非营利的"义务团体"。到 1998 年破产时，阿勒格尼的"义务团体"已经承担了超过 9 亿美元的债务。在本案中，错报的报告不仅包括年度财务报告，还包括被称为全国公认的市政证券信息库的市政证券披露报告。在 2000 年 8 月 AICPA 全国医疗保健行业大会上的演讲中，SEC 律师斯蒂芬·韦恩斯坦（Stephen Weinstein）指出，"披露报告是通过资料库向公众提供的，是投资者和阿勒格

第六章 费用魔术

尼债券的潜在投资者最容易获得的信息来源"。

阿勒格尼虚构财务报告方案

阿勒格尼少计坏账的财务诡计

据 SEC 称，1996 年期间，阿勒格尼的高级管理层意识到，Delaware Valley 对病人的应收账款的收取存在重大问题。他们也意识到这些应收账款数额的大幅增长，并试图通过管理层的变动来解决这个问题。然而，SEC 发现早在 1996 年 10 月，"阿勒格尼决定注销 Delaware Valley 病人应收账款中约 8 100 万美元"①。为此，该公司需要在 1996 年 6 月 30 日的财务报表中增加坏账准备，在该财务报告中，该准备金少计了约 4 000 万美元。阿勒格尼本应将准备金增加 4 000 万美元，并在利润表中确认 4 000 万美元的费用。然而，该集团并没有调整其 1996 年的财务报表。相反，它决定按季度分期核销无法收回的应收账款。SEC 发现，在经审计的财务报表以及阿勒格尼向公众分发的披露报告中，适当调整 Delaware Valley 的坏账准备将"使其在非经常性项目和会计原则变更前的 2 700 万美元净收益减少约 4 000 万美元，以及同时报告的 2.53 亿美元的应收账款净额减少约 4 000 万美元。"此外，阿勒格尼披露报告中的管理层讨论与分析部分"暗示 1996 财年 Delaware Valley 应收账款增加 7 220 万美元是一个暂时现象，可以自行解决"。（AAER 1283，2000）

阿勒格尼的其他财务舞弊

SEC 还发现，阿勒格尼在 1997 年不恰当地将 9 960 万美元的准备金从

---

① 阿勒格尼同意参与这一判决并接受这一指令，但不承认或否认 AAER 1283（2000）中的调查结果。

各个医院转移到 Delaware Valley，以避免在利润表中确认费用，因为它必须注销应收账款，却没有足够的坏账准备。同样在 1997 年，阿勒格尼错误地将超过 5 400 万美元的不可撤销信托收入确认为自己的收入，夸大了其报告的综合净收益。

识别少计坏账的信号

以下是对一些信号的检查，这些信号表明一家公司可能低估了坏账准备。

信号 1：应收账款净额异常庞大

公司因未确认坏账而提高坏账准备，应收账款净额就会被高估。这很可能体现在衡量应收账款占销售额百分比的比率中（例如，DSO 的增加）。

信号 2：坏账准备占应收账款的百分比降低

当坏账准备占应收账款的比例下降时，表明公司可能低估了坏账准备。如果坏账准备或备抵减少，而应收账款总额增加，则应考虑重大错报。

信号 3：应收账款占流动资产总额的百分比上升

当应收账款净额占流动资产总额的百分比增加时，这可能是一个信号，表明公司没有注销坏账或没有适当估计其坏账准备。

信号 4：经营活动产生的现金流量落后于营业利润

当一个公司不能适当地确认一项费用时，经营活动产生的现金流量将落后于营业利润。未冲销的坏账是指在利润表中确认的收入，由于不会被偿付而本应被列为费用的。换言之，应收账款不会被支付，也就不会变成现金资产。因此，未核销的坏账，如果不被现金流量表中进一步的错报所掩盖，将以经营活动产生的现金流量低于营业利润的形式出现。

第六章 费用魔术

他们从此过着幸福的生活吗?

- 阿勒格尼前首席执行官谢里夫·阿卜德哈克(Sherif Abdelhak)表示,他对于盗取公司慈善捐款以支持阿勒格尼不断恶化的医疗体系的指控没有异议。2002年8月,他被判处长达23个月的监禁(Becker,2002)。在服刑3个月后,阿卜德哈克获得假释(Becker,2003)。根据2007年11月报纸上的一篇文章,"对阿卜德哈克先生来说,阿勒格尼破产后的这段时间包括入狱、离婚、石油购买业务流产、个人破产申请以及最近美国税务法庭下令他缴纳超过50万美元的欠税"(Fitzpatrick,2007)。

- 阿勒格尼前首席财务官大卫·麦康奈尔(David McConnell)同意参与"加速康复处置计划",并被SEC处以25 000美元的罚款(Bowling,2013)。

洛克希德:天价[1]

洛克希德主要是作为一个未能记录资产减值的案例。

随着20世纪60年代喷气式飞机的蓬勃发展,航空公司对大型宽体客机的需求如此之大,以至于两家大型航空公司麦克唐纳-道格拉斯(McDonnell Douglas)和洛克希德(Lockheed)计划设计具有相似航程和载重量的类似飞机。当麦克唐纳-道格拉斯启动其DC-10项目时,洛克希德开始设计和生产三星(TriStar)。尽管飞行员和航空爱好者仍对三星的性能和安全记录给予高度评价,但这项雄心勃勃、耗资巨大的三星计划几乎从一开始就受到财务问题的困扰。

---

[1] 本节的背景信息主要来自 "Lockheed L-1011 TriStar"、"Lockheed L-1011 TriStar History"(2003)和 Mondout and Schilit(2002)。

随着 20 世纪 70 年代汽油价格的飙升和航空旅行需求的下降，很明显只有一种新型飞机的交通量就足够了。然而，到目前为止，已经有太多的沉没成本投入到飞机的生产中。（沉没成本（sunk cost）是指已经发生的成本，且该支出不能通过任何未来决策或行动逆转。）正如帕特里克·蒙多（Patrick Mondout）所解释的，"即使 L-1011（TriStar）在技术上优于 DC-10，它的购买成本和每乘客英里数也要高于其竞争对手。"此外，洛克希德初步估计，三星的盈亏平衡点将是销售 300 架飞机。然而，由于成本超支，盈亏平衡点实际上需要销售 500 架飞机。

洛克希德与三星的问题最初始于它为其新飞机选择了英国劳斯莱斯 RB-211 发动机。有趣的是，当时劳斯莱斯航空发动机部门的负责人大卫·哈迪（David Huddie）后来因为得到为三星号提供发动机的合同而获得了英国女王授予的爵士头衔。然而，劳斯莱斯的发动机仍处于设计阶段，在它准备好推动飞机之前，它的成本就飞涨了。因此，洛克希德不得不承担一部分不断攀升的劳斯莱斯成本，而其自身的开发成本也远远超出了预算。

1970 年 12 月，三星号从加利福尼亚州的帕尔姆代尔起飞，开始了它的第一次飞行。同年，劳斯莱斯陷入准破产，据一些消息来源说，这是三星项目的结果。整个合资企业现在岌岌可危，为了让这项计划继续下去，英美两国政府共同努力，英国政府接管劳斯莱斯，而美国政府则为洛克希德提供联邦担保以获得 2.5 亿美元的信贷额度。

归根结底，洛克希德的会计故事是由于未能注销一项减值资产而虚报收益的故事，减值资产也就是其三星 L-1011 宽体客机的开发成本。（减值资产（impaired asset）是指账面价值低于公允价值或可收回价值的资产。）1981 年，当公司突然注销了三星 4 亿多美元的开发成本时，这一明显的会计疏忽引起了股东的注意，当时该项目已经损失了一大笔财产十多年了。

第六章 费用魔术

洛克希德虚构财务报告方案

洛克希德公司有一个会计政策,它将三星的开发成本资本化,打算在飞机出售时将其冲销。该公司估计了总开发成本以及它将出售的三星飞机的总数,然后计算出每架飞机的平均开发成本。当每架飞机售出时,这一平均开发成本被计入费用,相应的金额从开发成本资产中冲销。

到1975年底,洛克希德已将5亿美元的三星开发成本资本化(Schilit,2002)。三星计划继续遭受损失。很明显,未来的销售是不会盈利的,这个"资产"已经减值,需要冲销。然而,洛克希德没有冲销全部5亿美元,而是以每年5 000万美元的分期方式冲销这笔金额。直到1981年,三星计划损失了9亿美元,洛克希德最终一次性冲销了这一减值资产的剩余金额4亿美元(Mondout,"Lockheed L-1011")。到1983年底,洛克希德停止生产三星,只有250架飞机被成功制造,远远低于约500架飞机的盈亏平衡点("Lockheed L-1011 TriStar")。

洛克希德延迟注销受损资产导致资产和收益在延迟期间被高估。

识别未能记录资产减值的信号

以下是对一些信号的检查,这些信号表明一家公司可能没有记录资产减值。

信号1:存在经营或生产问题的重大无形资产

当产品或项目的开发伴随着重要无形资产(如开发成本或启动成本)的记录,且产品或项目遇到进度问题并亏损运行时,这强烈表明相关资产已减值，应予以冲销。与无形资产相关的产品或项目出现问题或挫折的迹象通常可以在新闻报道、财务报表附注、分部利润表或年度报告的管理层讨论与分析部分找到。以洛克希德为例，媒体大量报道了三星计划的失败，资产负债表和财务报表附注中都清楚地表明了该项目重大开发成本的资本化。这一信号本应提醒财务报表的使用者注意，洛克希德最终将不得不承认一笔巨大的费用来注销这笔资产。

信号2：拥有大量无形资产的公司发生亏损

当存在重大无形资产且公司整体发生亏损时，表明该无形资产发生了减值。虽然这一信号并不总是清楚哪些资产发生了减值，但可以合理地假设资产的总体目的是产生未来利润，如果资产目前没有产生利润，则表明它们将来可能不会产生利润。甚至有人认为，如果一家公司的有形资产不太可能产生超常回报，那么其所有无形资产的净值就是零。当然，一家公司不可能无限期地持续亏损，如果它破产或报废某个分部，某些无形资产，如开发成本、启动成本和商誉将无法出售。

信号3：公司资产周转率下降

当一家公司的资产周转率下降时，无论是一类资产还是总资产，都表明该资产可能发生减值。当销售与总资产比率下降或销售与特定资产比率下降时，财务报表使用者应警惕某些资产未能实现其目标（资产可能发生减值）或该资产最初不应资本化的可能性。

信号4：表明资产核销缓慢的会计政策

如果财务报表中的会计政策表明，该公司的政策在核销开发成本或启动成本等资产方面比业内其他公司慢，则该公司可能存在大肆高估资产价值的现象。这种激进的政策通常包括未能记录资产减值。

信号5：异常重组费用

本期的重组费用表明本公司未确认前期的资产减值。始终仔细检查解释重组费用的说明。如果有迹象表明该公司未能注销以前减值的资产，则可能表明该公司有过度夸大其收益的习惯，即未能确认其资产的减值。

他们从此过着幸福的生活吗？

洛克希德公司没有面临 SEC 的强制执法行动或故意违规的指控。

洛克希德公司于 1995 年与马丁-马里埃塔公司（Martin Marietta Corp.）合并，成为世界上最大的航空航天公司之一。

洛克希德·马丁公司（Lockheed Martin）在 2013 年《财富》500 强企业排行榜上排名第 59 位（"财富 500 强"，2013）。截至 2013 年 3 月的财年，其收入为 472 亿美元（Madhusudanan，2013）。

> **本章案例的伦理道德**
>
> 阅读安妮·费德维奇（Anne Federwisch）的文章《探索来爱德危机中的道德失误》。
>
> **问题：**
>
> a. 来爱德前首席运营官和前临时首席执行官如何看待自己在来爱德法律和道德危机中的错误及失败？
>
> b. 除了供应商欺诈，努南现在认为来爱德还存在哪些道德瓦解的迹象？

探索来爱德危机中的道德失误[①]

来爱德前首席运营官、临时首席执行官和董事会成员蒂莫西·J.努南在最近的商业和组织道德伙伴关系会议上谈到了他在 1999—2000 年公司处于法律和道德危机期间的经历。尽管他对自己的行为作出了解释，但没有找借口或推卸责任。相反，他坦率地讲述了一个他希望避免的道德失误。

---

① 最初于 2007 年由加州圣克拉拉大学的马库拉应用伦理学中心出版：www.scu.edu/ethics。经许可出版。

正如马库拉应用伦理学中心的常驻执行官吉姆·巴拉索内（Jim Balassone）在他的介绍中指出的那样，"努南和我同龄，有着相似的背景和教育。也许唯一的不同是，我去了一家很容易讲道德的公司工作，努南去了来爱德工作。我想我会采取不同的行动，或者避开努南谈到的一些陷阱——我是这样认为的，但我远不能确定这会是真的。"

努南概述了他的目的，他说，"我今天在这里花一点时间和你们谈谈来爱德的危机。可能是你们的公司、你们的社团也可能是任何人的。这是一场真正的危机。我希望这是一种你们都不会陷入的危机，"他说，"我做了一些糟糕的决定，但最终，你们必须做出一些正确的决定。我与你们没什么不同。我希望你们明白，这可能发生在你们身上，也可能发生在任何人身上。"

来爱德危机的历史

1962年，亚历克斯·格拉斯在宾夕法尼亚州斯克兰顿创建了一家名为来爱德的母婴健康和美容商店。该公司于1968年上市，到1995年，格拉斯的儿子迫使他辞去首席执行官一职。在其快速扩张、大量收购以及高昂的创新期间，来爱德卷入了一场金融危机，导致16亿美元的重述和股东诉讼，最终导致公司高管被起诉和定罪。努南最终自己承认了隐匿罪，隐匿罪被定义为不是从犯的人未能阻止或通知重罪当事人。

努南的职业生涯始于一家药店，最终被来爱德收购，他从一名库管男孩转行到药剂师，再到首席运营官，最终成为来爱德的临时首席执行官。该公司拥有最先进的仓库和创新的机器人制药系统、行业领先的技术、独特的门店设计，并在收购中非常活跃。"这是一家伟大的公司。员工都很棒。我做过的是你想要的最棒的工作。"他说。

不是说在他职业生涯的早期就没有道德问题。他就医疗保险处方上可能非法的50美分附加费与管理层对抗，并拒绝支付有问题的款项。

他问道，他当时应该离开公司吗？"这些事情少之又少，但它们确实发生了。他们的确竖起了眉毛。"总的来说，它们没有很好地反映公

第六章 费用魔术

司的道德文化，而反映出轻微的违规行为，努南总结道。

全部的真相

但是当努南离开公司时，确实发生了危机；出现了现金流危机、股价大幅下跌以及公司财务被操纵的传言。他被叫去和一家被请来调查情况的律师事务所谈话。"毫无疑问，当我去被访谈的时候，我没有完全说实话。"他承认，"坦率地说，绝大多数时候，我对他们非常诚实。但是有一些不诚实的事情成了这个案子的一部分。"

例如，尽管他向调查人员承认他得到了一份遣散费，但他省略了前首席法律顾问和前副主席交给他的秘密的、倒签的计划（他从未执行过）。这份协议是被罢免的首席执行官离开公司后签署的，签订时间往前追溯了近一年，比他的官方交易价值多数百万美元。尽管他告诉了他们一些他所知道的关于药品回扣的事情，但"我并没有完全告诉他们我所知道的一切。"

在努南与调查人员第三次会面后，谣言猖獗，含沙射影比比皆是，他决定直接与政府官员交谈。"我想清理我过去接受的任何采访。"他说。

他说，向调查人员撒谎是一个大错误。"最终，你必须改正它。你必须面对现实，"他说，"今天我想分享的是，每当你陷入这些情况时，你最好直接面对问题。这有点难，我想说。"

最终，努南告诉了政府他所知道的。他在和这个案子的其他负责人谈话时戴了窃听器。他没有获得豁免权，并且由于他对重罪隐匿指控的认罪，他被判处两年的缓刑和2 600美元的罚款。他最终支付了大量的金钱来解决股东诉讼，失去了他的遣散费，留下了巨额的法律账单。"毫无疑问，你的声誉会受到损害。"他说。

"你可能会问，为什么我去内部调查时没有对他们坦白。"他沉思着，"首先，我要告诉你这是我的错。毫无疑问是我的错。但是那些长期的友谊——30多年的关系——确实会妨碍我们。它们确实会对事情的发展产生影响。"

215

他说，让问题变得更复杂的是"多年的法律指导——如何表达证词，说什么，不说什么，这样说，不要那样说，改变这个问题的主题。所有这些都发挥了作用。它不正确，但它起了作用。"

回顾危险信号

在危机之前，来爱德有道德失误吗？"回想起来，是的。"他承认道。该公司没有交流或讨论道德价值观。行为准则和道德热线更多的是形式而不是实质。同时，公司缺乏积极的领导榜样。该公司强调短期结果，而不是长期结果。守门人无效。

他以玛丽安娜·詹宁（Marianne Jenning）的七种道德崩溃迹象为指南，指出他会给出每种迹象的具体例子。实现业绩的压力；普遍的恐惧和沉默；脱离实际的首席执行官；弱势的董事会；利益冲突；独一无二的创新；"那里的善良"弥补了"这里的错误"。

"它们都在那里。它们是你可以看到的东西吗？可能不是，"他说，"我不想画出你能在墙上看到的图画。还有很多其他的事情正在发生。"

但是有没有他可能应当注意的警告信号呢？"当然。"他承认道。他知道公司在灰色地带运营。"我知道供应商欺诈，因为在一次高管会议上，前首席执行官提出了这个问题，并说'我希望营销和财务人员这样做'，一直到 90 年代都是这样。"

但是，正如他在整个演讲中问的那样，当一个道德问题出现时，你会去哪里？你会做什么？

有了后见之明，他可以回头看清楚危险信号。他可以观察自己的行为，找出更好的替代方案。他说，他不是指挥欺诈的人，"但也许我应该对此做点什么，并说，'我们不会这么做'。"

他说，毫无疑问，他做了一些错误的决定。因此，他谈论自己的经历，以告诫他人不要付出极高的个人和职业成本让自己陷入一连串的事件中。

他总结自己的建议说："总之迟早你要做出正确的选择，因此越早越好。"

第六章 费用魔术

> **案例研究**

纳威司达国际公司（Navistar International Corporation）

- 阅读 2010 年 8 月 5 日 AAER 3165 的摘录。
- 审查截至 2002 年 10 月 31 日和 2003 年 10 月 31 日财年的纳威司达的利润表和财务状况表（即资产负债表）。
- 阅读纳威司达 2002 年和 2003 年财务报告（10-K）附注摘要 1—4。
- 回答以下案例研究问题。

要求：

a. 担保准备金。计算纳威司达 2002 财年和 2003 财年的"产品保修应计项目"占制造产品销售额的百分比，然后对结果进行评论。

【提示 1：请记住，李文特舞弊手法 I（少报费用和相应负债）的信号 2 是流动负债占销售额百分比的减少。此外，如果在附注中给出了流动负债的构成，很重要的一点是检查各流动负债的应计值占销售额的百分比是否与以前期间相比减少。】

【提示 2：你必须将产品责任和保修应计项目中的产品保修部分分开。】

b. 递延启动成本。回顾李文特舞弊手法 III（通过费用资本化低估费用）讨论中的信号 1—4；然后回答以下问题。

1. 指出纳威司达年报附注中有哪些信号。

2. 解释为什么在上一个问题（b.1）中确定的信号应提醒读者关注激进确认收入的可能性。

c. 供应商回扣。阅读 AAER 3165 的摘录后，回答以下问题：

1. 如本章所述，解释纳威司达对其回扣的不当会计处理与来爱德对其回扣的不当会计处理的相似之处。

2. 解释纳威司达对其不当使用回扣的会计处理与来爱德对其回扣的不当会计处理有何不同。

3. 如果你要写会计分录来描述来爱德和纳威司达是如何不当地计算回扣的，那么哪些账户会在每家公司的账簿或分类账中被记录？

纳威司达国际公司会计和审计执行报告（AAER 3165）摘录[①]

美国证券交易委员会

1933年证券法

版本号9132/2010.8.5

1934年证券交易法

版本号62653/2010.8.5

会计和审计执行

公告编号3165/2010.8.5

行政诉讼文件编号：3-13994

关于

纳威司达国际公司

AAER 3165 摘要[②]

1. 这是一起针对纳威司达以及某些现任和前任员工的财务欺诈、报告和内部控制案件，该公司是《财富》200强的商用卡车和发动机制造商。从2001年到2005年，由于各种不当行为，纳威司达多报了约1.37亿美元税前利润。威斯康星州一家铸造厂的欺诈行为以及与某些供应商回扣和供应商工具交易有关的欺诈行为约占欺诈总额的5 800万美元，其余约7 900万美元是对某些保修准备金和递延费用的会计处理不当造成的。这些调查结果并不反映高级管理层为谋取私利而操纵公司报告的业绩或行为的协调计划。相反，这些调查结果反映了不当行为，这些不当行为在很大程度上是内部控制制度的缺陷造成的，这在一定程度上表现为受过会计培训的员工人数不足，缺乏书面会计政策和程序，以及公司组织结构的缺陷。而内部控制的缺陷则是由于高级管理层没有投入足够的资源，也没有注意到纳

---

① 摘自 SEC，www.sec.gov。在不承认或否认调查结果的情况下，纳威司达接受指令。

② 本文件中的调查结果是根据被告的和解要约作出的，对本诉讼或任何其他诉讼中的任何其他人或实体不具有约束力。

第六章　费用魔术

威司达会计和报告职能的充分性。存在缺乏的内部控制未能对某些员工实现公司财务目标的努力进行充分检查。

AAER 3165 第 17—22 段：

供应商回扣

17. 在 2001—2004 年期间，纳威司达的发动机产量超出最初的预期，并相应地增加了从供应商处购买发动机零件的数量。纳威司达要求这些供应商以回扣的形式向公司返还一部分，以此来分享这些供应商的额外利润。根据公认会计原则，公司只有在实际获得回扣时才可以确认回扣，即企业实质上完成了有权获得此类回扣的必要条件。因此，纳威司达只有在其获得回扣的权利不存在意外情况的条件下，才可将全额回扣记为当期收入。相反，如果回扣是基于未来业务，则公司被禁止在当期将其作为收入入账。

18. 在此期间，纳威司达从其供应商处登记了 35 笔回扣和相关应收账款。在这些回扣和应收账款中，有多达 30 个是错误登记的。虽然这些回扣和应收账款采取了不同的形式——包括基于数量的回扣和纳威司达授予新业务的所谓"签约奖金"，但这些回扣和应收账款全部或部分是在未来期间赚取的，都被错误地计入本期收入。最终该公司对这些回扣和应收账款的重述在 2004 年和 2003 年分别为 970 万美元和 850 万美元，分别占当年重述所得税前损失的 27.7% 和 2.7%。

19. 这些应收账款中的绝大多数是纳威司达在财年结束时（甚至之后）从其供应商处获得的基于数量的回扣。然而，作为支付这些回扣的或有对价，许多供应商要求公司要么同意新业务，要么就已经商定的未来业务以放弃价格优惠的形式偿还回扣金额。发动机部门记录这些回扣，通常使用相同的格式信函（在某些情况下信函是过时的），错误地声明回扣是基于已有的购买，没有意外情况。在某些情况下，某些发动机部门的员工还与供应商签订了补充协议，其中详细说明了折扣取决于未来的采购和/或供应商可以通过虚高的未来价格收回回扣，公司将放弃商定的降价。此外，这些补充函中指出，如果公司未来未能进行足够的采购，纳威司达将相应地退还回扣。这些附函清楚地表明，在确认金额时，这些回扣实际上并未获取。

20. 在"供应商回扣1"例子中，一家供应商签署了一份由纳威司达起草的日期为2004年10月19日的回扣信，信中说供应商根据"2004年产量和单件价格生产率的提高"向公司提供210万美元的回扣，双方签署了一份补充协议，其中特别指出，一半的退税是基于预期2005年将实现的生产率提高。纳威司达还同意，如果上述6项改进未能实现，则向供应商退还所有差额。因此，附函明确表示，供应商的回扣取决于与公司未来的业务往来。然而，纳威司达批准了回扣，并在2004财年登记了全部金额。

21. 另一种形式的不当记录的回扣是所谓的"签约奖金"，纳威司达要求并从某些供应商处收取，以换取新业务的授予。尽管供应商的付款取决于从纳威司达获得的新业务，但公司在收到回扣的当期就将在未来期间才能赚取的回扣全部入账。

22. 在"供应商回扣2"例子中，麦金托什（McIntosh）在2003财年结束后的4天联系了斯塔纳韦（Stanaway），讨论了填补收入缺口的必要性。斯塔纳韦又与阿克斯（Akers）讨论了资金短缺的问题，阿克斯承诺在2004年向特定供应商提供未来业务，并说服该供应商同意向公司支付620万美元的签约奖金，并向纳威司达提供一封信，允许公司在2003年全额预订。纳威司达以前从未与该供应商做过生意。阿克斯之前曾与供应商就未来可能的业务和支付签约奖金进行过讨论，但签约奖金的条款直到2003财年结束后才最终确定。在获得回扣方面没有直接作用的斯塔纳韦随后批准了一项记录620万美元作为2003年收入的分录。

AAER 3165 第33—43段

保修准备金

33. 从1999财年开始，发动机部门负责核算其保修准备金，这反映了公司对安装纳威司达制造的大部分卡车上的发动机的预计未来保修成本。保修累积估算过程始于发动机部门的可靠性和质量小组，该小组为每台售出的发动机生成了每台机组的估计保修成本（cost per unit，CPU）。该计算包含了某些"超出范围"的项目,包括根据历史趋势或数据查看的已确立或已知的步骤(例如实施的工程修复),以有效降低保修成本。CPU是保修准备金金额的主要依据;CPU越高,准备金越高。

34. 保修准备金的设定过程应该受到与或有负债相关的会计规则的约束。根据《财务会计准则声明》(SFAS)第5号,或有事项的会计处理-附录A;对于与产品保修和产品缺陷相关的义务,当可能发生负债且损失金额可以合理估计时,必须建立保修准备金。

35. 当可靠性和质量小组的CPU计算结果被提交给斯塔纳韦,然后最终提交给麦金托什时,两者通常都表示,对于发动机部门的业务计划来说,最初的估计储备数量太高了。在没有充分考虑相关会计规则的情况下,斯塔纳韦和麦金托什通常会指示可靠性和质量小组在保修准备金计算过程中添加某些"线下"项目,因为它们认为这些项目将反映公司希望在未来保修成本中实现的潜在削减。这些"线下"项目包括预期的供应商补偿和工程修复①,它们缺乏历史趋势或其他数据来证明其可能的有效性。例如,斯塔纳韦和麦金托什指示可靠性和质量小组将预期的供应商补偿纳入保修准备金计算,尽管供应商合同中没有规定此类补偿的任何特定说明。相反,该公司依靠供应协议或伊利诺伊州商业法典中存在的标准条款来支持预期的供应商补偿。在相关期间内,从保修准备金计算中扣除的供应商追偿款中约有50%是基于特定合同说明以外的内容。此外,该公司经常得不到供应商对发动机保修索赔的补偿。斯塔纳韦和麦金托什还指示在保修权责发生制计算中纳入预期的工程修复,这些修复缺乏证明其可能有效性的历史和经验数据。某些预期的修复甚至在实现之前就已经被合并到CPU计算中。在麦金托什和斯塔纳韦的坚持下,可靠性和质量小组在其保修准备金计算中包括了这些"线下"项目,而这些部分一直在减少保修准备金。

---

① 供应商补偿涉及纳威司达寻求从故障发动机部件制造商处获得的付款,这些部件是向公司提出保修索赔的来源。工程修复包括发动机设计更改(例如,对尚未制造的发动机进行的改装)和维修套件(例如,为解决现场出现的发动机问题而在售后实施的改装)。

36. 包括这些预期的供应商补偿和工程修复均不符合公认会计原则。斯塔纳韦和麦金托什知道或本应知道保修准备金设置过程受与或有负债相关的会计规则的约束，但在建立纳威司达的保修准备金时没有考虑或应用这些规则。斯塔纳韦和麦金托什也知道或应该知道，在没有数据证明其有效性的情况下，包括预期的供应商补偿和工程修复不符合公认会计原则。

37. 在准备金计算中不适当地包括以下项目，导致保修费用在2002财年少计1700万美元，在2003财年少计1850万美元。1850万美元的总额占当年税前重述亏损的5.9%。

关于某些递延启动成本的不当报告

38. 2000年，公司与一家汽车制造商签订了一份长期供应合同，从2002年开始，一直到2012年，开发和制造V-6柴油发动机。从2001年第四季度到2002年第四季度，公司承担了与协议有关的大量启动成本，包括开发发动机、在亚拉巴马州亨茨维尔建造工厂和租赁发动机装配资产的费用。该公司在2001年第四季度开始推迟部分启动成本，截至2002年第四季度，该公司已累积了5700万美元的延迟生产成本。这些发动机的生产一直被汽车制造商推迟到2002年10月，当时它取消了协议，并停止了与纳威司达的V-6发动机项目。

39. 有关会计规则规定，只有在存在客观核实和计量的合同偿付保证的情况下，才能推迟此种启动成本。见财务会计准则委员会新兴问题特别工作组NO.99-5，与长期供应安排有关的生产前成本核算。（"EITF 99-5"）

40. 单独的协议条款并未规定以满足EITF 99-5规定的启动成本延期要求的方式进行偿付。只有当公司从汽车制造商那里收到具体偿付的书面保证时，启动成本才可以适当推迟。没有这样的书面保证，公司无权推迟这些费用。

41. 该公司从未从汽车制造商处收到足够具体的书面偿付保证书。从2001年9月开始，一直持续到2002年10月，当汽车制造商取消协议时，公司管理层多次以信函的形式寻求此类担保。这些努力一直遭到汽车制造商的拒绝。

第六章 费用魔术

42. 然而，该公司通过其高级会计人员，将这些开办费用从2001年第四季度推迟到2002年第四季度。具体而言，该公司在2001财年第四季度递延430万美元，在2002财年第一季度递延1280万美元，在2002财年第二和第三季度各递延1330万美元。①

43. 这些延迟的启动成本不符合公认会计原则。虽然高级管理层收到了纳威司达高级管理人员的口头保证说汽车制造商实际上已承诺向公司偿还这些启动成本，且外部审计师意识到并接受了持续延期，但公司依然不应允许延期，因为它没有收到上述书面偿付保证。与所有在委员会注册的发行人一样，纳威司达对其账簿、记录和账目的准确性负有最终责任。

---

① 公司没有提交2002年年度或季度的经调整后的合并经营报表。见上文第2条。尽管如此，2002财年前三个季度的每一个季度，被推迟而不是列入支出的金额都被认为是重要的。如果对2002财年前三个季度的这些递延款项进行调整，1280万美元、1330万美元和1330万美元的总额分别占该公司先前报告的所得税前亏损的12.5%、65.5%和25.4%。

财务报表

美国证券交易委员会

华盛顿特区 20549

摘自 10-K 表格

根据《1934 年证券交易法》第 13 或 15（d）条编制的年度报告

2002—2003 财年

纳威司达国际公司

2003 年利润表

截至 10 月 31 日的年度 百万美元计，每股数据除外	纳威司达国际公司 和合并子公司	
	2003	2002
销售额及收入		
产成品销售	7 033	6 493
投资收益	287	271
其他收入	20	20
总销售额及收入	7 340	6 784
成本和费用		
销售产品和服务的成本	6 229	5 817
与重组相关的产品销售成本	9	23
销售产品和服务的总成本	6 238	5 840
重组和其他非经常性费用	(41)	521
退休后福利支出	297	228
设计和研发费用	242	260
销售及管理费用	487	521
利息支出	136	154
其他支出	26	29

续表

截至 10 月 31 日的年度 百万美元计,每股数据除外	纳威司达国际公司和合并子公司	
	2003	2002
总成本和费用	7 385	7 553
税前持续经营净利润(亏损)	(45)	(769)
所得税费用(收益)	(31)	(293)
持续经营净利润(亏损)	(14)	(476)
终止经营		
终止经营损失(分别减去 0 美元、200 万美元和 0 美元的适用所得税)	—	(14)
处置损失	(4)	(46)
终止经营损失	(4)	(60)
净利润(亏损)	(18)	(536)

纳威司达国际公司
2003 年财务状况表

截至 10 月 31 日的年度 百万美元计	纳威司达国际公司和合并子公司	
	2003	2002
资产		
流动资产		
现金及现金等价物	447	620
有价证券	78	—
应收账款净额	869	1 043
存货	494	595
递延所得税资产净额	176	242
其他流动资产	146	107
流动资产合计	2 210	2 607
有价证券	517	116

续表

截至 10 月 31 日的年度 百万美元计	纳威司达国际公司和合并子公司	
	2003	2002
融资和其他应收款净额	955	1 239
固定资产净额	1 350	1 479
投资和其他资产	339	167
预付和无形养老金资产	66	63
递延所得税资产净额	1 463	1 286
资产总计	6 900	6 957
负债和所有者权益		
负债		
流动负债		
应付票据及一年内到期的长期债务	214	358
贸易类的应付账款	1 079	1 020
其他流动负债	911	1 029
流动负债合计	2 204	2 407
负债：制造业务	863	747
金融服务业务	1 533	1 651
退休后福利负债	1 435	1 354
其他负债	555	547
负债合计	6 590	6 706
承诺和或有事项		
所有者权益		
D 系列可转换次级优先股	4	4
普通股和额外实收资本（已发行 7 530 万股）	2 118	2 146
留存收益（亏损）	(824)	(721)
累计其他综合损失	(786)	(705)
库存普通股，按成本计算（持有 650 万股和 1 480 万股）	(202)	(473)
所有者权益合计	310	251
负债和所有者权益总计	6 900	6 957

摘自纳威司达 2002 年年度报告附注，第 53 页[①]
其他负债

截至 10 月 31 日，其他负债的主要分类如下：

百万美元计	2002 年	2001 年
产品责任和保修	273	241
员工激励计划	26	34
工资、佣金和员工相关福利	79	88
退休后福利负债	282	257
经销商储备金	21	22
税金	206	211
销售与营销	41	37
长期残疾和工伤赔偿	48	48
环保相关	10	11
利息	34	36
重组及其他非经常性费用	296	90
其他	246	155
其他负债合计	1 562	1 230
减：流动部分	(1 021)	(758)
其他长期负债	541	472

摘自纳威司达 2002 年年度报告附注，第 55 页
重组及其他非经常性费用

除了 2002 年的重组费用计划外，公司还记录了 1.7 亿美元的非经常性费用，主要与公司同福特公司的 V-6 柴油发动机项目有关。2000 年，该公司与福特公司签订了一份供应 V-6 柴油发动机的合同，从 2002 年开始，一直持续到 2012 年。合同规定，福特公司是这些柴油发动机的独家供应商，该公司只向福特公司出售某些特定车辆的发动机。为了支持这一计

[①] 摘自纳威司达的年度报告文件。获取自 SEC，www.sec.gov。

划，该公司开发了一台 V-6 柴油发动机，在亚拉巴马州亨茨维尔建造了一个发动机装配厂，签订了不可撤销的 V-6 柴油发动机装配资产租赁协议，并产生了一定的前期生产成本。2002 年，公司根据新兴问题特别工作组发布的 NO.99-5 "与长期供应安排相关的预生产成本核算" 推迟了与福特 V-6 柴油发动机项目启动相关的某些前期生产费用。截至 2002 年 10 月 31 日，有 5 700 万美元的此类费用和开支被推迟。2002 年 10 月，福特公司告知公司，它们目前在指定车辆上使用 V-6 柴油发动机的商业案例不可行，并且已经停止使用这些发动机的计划。福特公司正在寻求取消 V-6 的供货合同。因此，公司已确定 V-6 柴油发动机计划开始的时间既无法合理预测也不可能。相应地，该公司记录了 1.67 亿美元的非经常性税前费用，用于注销递延的生产前成本，将某些报废的与 V-6 柴油发动机相关的固定资产减记至公允价值，计提公司不会使用的某些 V-6 柴油发动机组件在不可撤销的经营租赁下产生的未来租赁义务，计提与 V-6 柴油发动机计划相关的供应商合同欠款，并将某些其他资产减记至公允价值。

摘自纳威司达 2003 年 10-K 附注，第 58 页
其他负债

截至 10 月 31 日，其他负债的主要分类如下：

百万美元计	2003 年	2002 年
产品责任和保修	253	273
员工激励计划	26	26
工资、佣金和员工相关福利	63	79
退休后福利负债	294	282
经销商储备金	22	21
税金	235	206
销售与营销	56	41
长期残疾和工伤赔偿	52	48
环保相关	8	10

续表

百万美元计	2003 年	2002 年
利息	30	34
重组及其他非经常性费用	157	296
其他	270	260
其他负债合计	1 466	1 576
减：流动部分	(911)	(1 029)
其他长期负债	555	547

摘自纳威司达 2003 年 10-K 附注，第 68 页
产品保修

与产品保修相关的预计费用在产品销售时计提。这些估计是利用有关保修索赔的性质、频率和平均成本的历史信息确定的。管理层积极研究保修索赔的趋势，并采取措施提高车辆质量，尽量减少保修索赔。管理层认为保修准备金是适当的；但是，实际发生的索赔可能与最初的估计不同，需要调整准备金。

截至 2003 年 10 月 31 日止年度的产品保修应计项目变动如下：

百万美元计	
期初余额	185
期间内担保责任的变化	166
先前存在的担保责任变化	11
已付款	(189)
期末余额	173

Detecting Accounting Fraud

第七章
安然金鹅[*]

安然的诞生

安然这家公司曾经代表着企业成功的顶峰，成为许多人的"金鹅"，现在却成为商业世界中犯下如此可怕错误的代名词。2000 年 8 月，安然的股价达到了每股 90 美元的历史最高点，到 2001 年 11 月，安然的股价则跌到 1 美元以下。到底发生了什么？这一切为什么会发生？这只"金鹅"是如何变成"熟鹅"的呢？

故事要追溯到 1985 年 5 月，当时北方内陆天然气公司（InternNorth）拥有美国最大最好的天然气管道网络，与休斯敦天然气公司（HNG）进行了合并。休斯敦天然气公司的前身可以追溯到 1901 年成立的休斯敦石油公司，24 年后，休斯敦石油公司进入天然气行业，成立了两家公司：一家是休斯敦管道公司，主要负责用管道输送天然气；一家是休斯敦天然气公司，负责分配天然气。到 20 世纪 80 年代初，休斯敦天然气公司已经拥有数百口气井，年收入为 3 亿美元。大约在这个时候，休斯敦天然气公司的董事会开始寻找一个充满活力的首席执行官，他们认为在 1984 年担任北方

---

[*] 本章的基本背景信息来自《破产报告 1 号》（2002），《破产报告 2 号》（2003），《破产报告 3 号》（2003），Bryce（2002），Eichenwald（2005），Entron Timeline（2005），Gruley and Smith（2002），McLean and Elkind（2004），Powers Report（2002），和 Swartz and Watkins（2003）。

第七章 安然金鹅

内陆天然气公司首席执行官的肯尼思·莱（Kenneth Lay）就是他们要找的人。休斯敦天然气公司和北方内陆天然气公司都是一流的公司，有着无可挑剔的资质，且都是恶意收购的目标。为了避免恶意收购，两家公司于1985年合并，并取名为安然，莱成为合并后新公司的首席执行官。

因此，安然真正的故事要从肯尼思·莱的故事展开。

肯尼思·莱

肯尼思·莱于1942年出生于美国密苏里州。他的父母都是可敬的、脚踏实地的人，他们辛勤工作努力维持一家的生计。在莱很小的时候，父母的饲料店破产了，莱和他的家人"被迫离开密苏里州前往密西西比州去投奔亲戚。那一年的感恩节晚餐只有午餐肉配面包"（Gruley & Smith, 2002）。后来，依靠一个小而贫瘠的农场过活的亲戚接纳了这个家庭。从那以后，莱的一家再也没有真正恢复他们的财务基础。肯尼思·莱小时候躺在拖拉机上，凝视着远处的市区建筑，幻想着居住在那个遥远又难以捉摸的世界里。

像肯尼思·莱之前的许多人一样，他通过提高教育水平的方法来摆脱贫困。高中毕业后，他进入密苏里大学（University of Missouri）学习经济学，"迷上了市场和公司如何运作的理论"。1965年，莱获得了经济学硕士学位，后来在休斯敦大学（University of Houston）获得了博士学位。1966年，莱和大学同学朱迪斯结婚，几年后他们就生育了一男一女。在结婚几年后，莱报名参军，投身美国海军。20世纪70年代初，莱的本科经济学教授平克尼·沃克（Pinkney Walker）被任命为联邦能源委员会（Federal Power Commission）的成员，并选择莱作为他的首席助手。在这段时间里，莱为沃克撰写的演讲稿展现了他们对于放松能源管制的极大热情，给美国政府留下了深刻印象，莱被任命为能源部临时副部长。（Gruley & Smith, 2002）

尽管肯尼思·莱从一个贫穷的农场男孩成长为副部长的过程非常艰难，但没人在见到这位讨人喜欢、总是彬彬有礼的外行时猜到他在调研美国能源部门时逐渐产生的野心。他特别注意到能源领域的天然气行业。莱发现天然气是一个高度管制的行业，因为天然气价格是强制性的，即管道公司向天然气生产商支付规定的价格，反过来从工业客户和天然气公用事业公司收取规定的价格，以便将天然气输送给它们。莱相信自由市场。他确信，天然气行业终有一天将放松管制，而那一天到来将产生大量能利用天然气发财的机会。秉承这一信念，1974年肯尼思·莱离开了公共部门，在沃克教授另一份推荐信的帮助下在佛罗里达天然气公司的企业规划办公室找到了一份工作。1979年，他成了这家公司的总裁，以任何人的标准来看，这个曾经贫穷的农场男孩现在已经很富有了。

1981年，莱被任命为特兰斯科能源公司（Transco Energy）的总裁，而当时特兰斯科能源公司总部位于休斯敦。莱和他的第二任妻子同时也是他的秘书——琳达·菲利普斯（Linda Phillips）也因此搬到了休斯敦。1984年，当休斯敦天然气公司寻找合适的首席执行官人选时，莱抓住了这个机会。休斯敦天然气公司是一家老牌的、备受尊敬的公司，而莱在42岁时就成为这家公司的首席执行官和董事长。

很快，莱开始担心休斯敦天然气公司没有足够大的管道网络。非常巧合的是，他意外地接到北方内陆天然气公司首席执行官萨姆·塞纳尔（Sam Segnar）的电话，在电话中塞纳尔询问莱是否对北方内陆天然气公司合并休斯敦天然气公司的计划感兴趣。塞纳尔希望能利用该合并计划来排除北方内陆天然气公司被企业掠夺者敌意收购的可能性，因为这个收购计划将导致北方内陆天然气公司产生巨额债务从而影响其股价，尤其对敌意收购中的杠杆收购不利。1985年5月，北方内陆天然气公司以23亿美元成功收购了休斯敦天然气公司。

尽管北方内陆天然气公司的规模是休斯敦天然气公司的三倍，但不同寻常的是，交易条款对休斯敦天然气公司非常有利。两家公司合并时休斯敦天然气公司每股仅48美元，但在协议条款中北方内陆天然气公司以每股70美元的高价收购。此外，根据合同，18个月后莱将取代塞纳尔担任北方内陆天然气公司的首席执行官。很快，北方内陆天然气公司董事会就后悔进行这场合并,并指责塞纳尔说服他们同意合并。由于令人费解的交易条款以及合并过程中的其他困难,合并后北方内陆天然气公司的董事会决定尽快更换首席执行官塞纳尔。1985 年 11 月,董事会任命肯尼思·莱为联合公司的首席执行官。

莱现在是一家大型公司的首席执行官,该公司拥有超过 37 000 英里的管道,控制着"全国最大的天然气分销系统,穿越边境、纵连海岸的天然气网络"(McLean & Elkind,2004,p. 10)。这里还有天然气勘探厂、生产厂、数百口气井和其他能源生意。莱自己也有很多东西可以送给新公司——他善于说服政客,而且他和未来的得克萨斯州州长安·理查兹(Ann Richards)关系很好,当时的州长乔治·沃克·布什(George W. Bush)也向莱示好。然而,尽管莱具有出众的才能以及这两家公司合并属于强强联合,这次企业并购有了一个奇怪而艰难的开端。

继北方内陆天然气公司对合并后悔之后,又一个关于新公司命名的小错误预示着北方内陆天然气公司多灾多难的未来。北方内陆天然气公司/休斯敦天然气公司董事会本已决定将合并后的公司名称改为 Enteron。然而,"在宣布这一消息的几天内,这个新公司名称就成了一个业界笑柄。显然,字典对 enteron 的解释是"消化道"。考虑到莱的公司生产天然气,这个名字有点"不幸",于是董事会决定将公司名称改为安然(Enron)。(Eichenwald,2005,pp. 33-34)

比这个令人尴尬的名字更让人不安的是,安然从一开始就有一个被隐瞒了很多年的问题:安然一开始就负债累累,而高负债的问题一直持续使安然迅速发展成为一个怪物。当时为了以 24 亿美元收购休斯敦天然气公司,北方内陆天然气公司借了数亿美元,再加上其他债务,这意味着新成立的安然以超过 40 亿美元的债务开始了它的生命。

尽管安然构建这样的债务是出于充分的理由,发挥了阻止未来恶意收购的作用,但如此巨额的债务也给公司本身带来了重大问题:高负债意味着高利息支出,这会侵蚀利润。此外,负债相对于利润和所有者权益的比例越高,债务人拖欠还款的风险就越高。因此,贷款机构对未来的借款收取更高的利率，加剧了高资本成本的问题。更令人不安的是，一家公司的高负债会导致分析师降低对该公司股票的"买入"评级。也许最令人沮丧的是，债务最终必须偿还，如果无法偿还，公司将面临破产。（具有讽刺意味的是，大约在 20 年后，在 2006 年初莱的刑事审判中，他的律师哀叹银行竟要求偿还贷款，并辩称如果银行没有提出这一不方便的要求，安然仍能好好经营下去。）

　　肯尼思·莱或"肯尼小子"（Kenny boy），当时的得克萨斯州州长乔治就是这样称呼他的，似乎并没有非常担心债务的存在——更确切地说，他不喜欢的只是债务的外表。尽管莱掌握了安然所有的管道和天然气井，但他并没有成为安然债务的掌控者。虽然安然的管理层确实操纵了如何报告债务，但他们从未控制过债务本身。安然在早期曾经历过另一场危机。合并时，北方内陆天然气公司的一大部分已经搬到了休斯敦，但后来被称为安然石油公司的小型石油交易部门仍留在纽约，并在很大程度上受到休斯敦办公室的放任。经营安然石油公司的路易斯·博格特（Louis Borget）喜欢这种方式。然而，一家与博格特有业务往来的银行开始怀疑，并联系了安然。肯尼思·莱和其他几名安然员工访问了安然石油公司，很快发现"交易员们保存着两套账簿，其中一套是出于法律合规的目的……而另一部则记录了他们的不当得利。"（Swartz & Watkins，2003，p.31）。有消息称，在运营期间公司一直在蒙受损失，而博格特则通过将自己的亏损石油期货出售给他自己设立的虚假公司制造"获利"来掩盖这些损失。毫无疑问，设立这些虚假公司的目的是报告虚假利润，好使博格特因此获得更高的奖金。

　　每个人都认为博格特会被解雇，而事实上莱忽视了欺诈并让博格特继续工作，这让每个人都感到惊讶。外面流言纷纷，莱不得不解释他的决定，并保证博格特将会受到管束。一位来自安然的审计机构安达信的审计师后来评论道："没有人敲着桌子说这些人是骗子。他们以为他们有了金鹅，而金鹅只是从他们的备用金中偷了一些钱。"（McLean & Elkind，2004，p.19）。莱的决定将会在未来反过来困扰他。

第七章 安然金鹅

博格特并不后悔，甚至更加疯狂地进行石油期货交易。1987年10月，莱在欧洲接到安然总裁约翰·M. 米克赛德（John M. "Mick" Seidl）的紧急电话，他在纽芬兰与莱召开了紧急会议。在会议上，赛德告诉莱，安然正处于崩溃的边缘。博格特曾承诺该公司将提供15亿美元的石油，而实际上安然根本没有这么多石油。如果有消息传出去说安然做空这个数量，其他的交易商就会买进现货石油，推高价格，最后安然就可能会破产。

莱让他的经纪人迈克·马克勒罗（Mike Muckleroy）负责收拾残局。马克勒罗购买了800万桶现货石油，然后向各大交易商提供了100万桶石油，声称安然有盈余，这一招成功地愚弄了市场。这一招奏效了，安然得以在接下来的60天里买进现货石油，卖出足够多的博格特的合同，以维持公司的生存。最终，安然险些失手的消息传出，莱做了他在2002年安然最后一次失误时将会做的事情——他否认他曾经知道交易操作的规模和风险。博格特后来被判欺诈罪，监禁一年，罚款600万美元。莱当时并没有意识到这是欺诈，他正凝视着一个水晶球，凝视着安然的未来。

最初，外人看不出有什么明显的问题。这只金鹅看上去又肥又滑。在接下来的几年里，安然向其高管提供了数量惊人的股票期权。事实上，在安然股票变得一文不值之前，莱最终卖掉了价值超过1亿美元的安然股票。

尽管莱在20世纪70年代从公共能源部门跳槽到企业时就抱着能源行业将放松管制的预期，他也确信放松管制将带来盈利的机会，他还没有为安然找到能够合理利用放松管制机会的盈利模式，这样的盈利模式已经开始起步，但并没有满足他的预期。事实上，以前受监管的天然气业务一直是稳定且可预测的，在放松管制的过程中产生了一些意想不到的后果。在固定的采购价格和固定的销售价格下，管道公司已经签订了长期合同来采购未来几年的天然气。当收购价格解除管制后，天然气价格下跌。各家公司被这些"要么接受、要么支付"的合同所困，不得不以预先安排的高于市场的固定价格购买天然气。此外，由于之前的价格上限规制，许多天然气生产商都已经倒闭，许多工业天然气发电厂和公用事业公司都遭遇了天然气短缺。

在放松管制之后，在需求较高的时期，天然气销售价格飙升，在其他时期却出现暴跌，这使得用户难以预测未来的购买价格，也难以估计工业天然气发电厂或天然气公用事业公司是否能够盈利。因此，新的公用事业公司和工厂越来越多地使用替代能源——比如说石油和煤炭——而不是天然气。很快，市场上的天然气供过于求，安然和其他管道公司一样，遇到了一个巨大的问题。不仅仅是肯尼思·莱，实际上整个天然气行业都需要有人能想出办法，使解除管制的天然气行业能够盈利。

杰弗里·斯基林

肯尼思·莱的求助对象是哈佛大学 MBA 毕业生杰弗里·斯基林（Jeffrey Skilling），他曾在著名的麦肯锡咨询公司（McKinsey & Company）工作。1953 年，斯基林出生于匹兹堡，他的父亲是一名旅行推销员，后来他的父亲失业了，全家不得不搬到芝加哥。斯基林非常聪明，几乎没有付出什么努力就能在高中取得优异的成绩。有趣的是，斯基林拒绝了普林斯顿大学，而选择了达拉斯的南卫理公会大学（Southern Methodist University）攻读本科学位。婚后，斯基林在银行工作了一段时间，之后就被哈佛商学院录取，以 MBA 课程前 5％的成绩毕业，最后加入了麦肯锡。

作为北方内陆天然气公司（后来成为安然的一部分）的顾问，斯基林开始意识到，如果没有稳定、长期的天然气价格，能源用户——包括工厂、公用事业公司和私人客户——将不愿依赖天然气。此外，生产商对勘探和生产天然气犹豫不决，甚至愿意生产天然气的潜在生产商也无法筹集到资金——天然气的每日现货价格变动太大，银行无法对天然气的价格作出更可靠的估计进而评估发电商是否能挣到足够的利润来偿还银行贷款，自然不愿意借钱给发电商。天然气作为一种重要的能源来源，只有在价格稳定的情况下才能发挥作用。

天然气行业迫切需要一种能为生产商和用户预测天然气的价格、需求和供应的可靠机制。作为安然的顾问，斯基林给出了答案——他称之为"天然气银行"。（Swartz & Watkins, 2003, p.45）

第七章 安然金鹅

斯基林的天然气银行 这个答案就是让安然自己成为天然气银行。天然气生产商可以与安然签订合同，以之前商定的价格在未来几年储备天然气。此外，天然气用户可以提前签订合同，决定以商定的价格从安然提取（购买）未来数年的天然气。安然会从利差中抽取一定百分比，就像银行以一定的利率从贷方借钱，然后以较高的利率借给借款者一样。天然气生产商、工业天然气用户和公用事业公司将能够更可靠地估计未来价格和现金流。潜在生产商可以更容易地获得银行贷款，用于勘探和生产新天然气。

1987年，在斯基林的建议下，安然成立了自己的天然气银行。工业用户和公用事业公司迅速签订了长期合同，以固定价格购买天然气。然而，由于天然气生产商不那么热衷于将自己锁定在长期销售价格上，这一计划未能成功。斯基林开始相信，如果他亲自经营安然的天然气银行，他将能够解决问题并使其成功运转。1990年，斯基林离开麦肯锡，加入安然，担任安然金融（Enron Finance）新部门的董事长兼首席执行官。

斯基林进一步扩展了他的天然气银行概念，他宣布安然将向天然气生产商支付未来输送天然气合同的预付款，也就是通过支付预付款的方式让天然气生产商参与进来。安然现在给天然气生产商融资，它们之后会提供确定的天然气供应来固定价格。因为安然已经和天然气用户签有合同确定了未来将以怎样的固定价格出售天然气，斯基林当然知道该如何为供应的天然气设置价格，从而获得利差。天然气银行是一个绝妙的概念。

斯基林还有更大的计划，打算进一步改变天然气行业。他决定将安然的长期供应合同和长期购买合同分割成较小的合同，并将它们全部出售。换句话说，斯基林把这些合约变成了在自由市场上出售的金融工具。他让交易员来买卖这些金融工具。公众现在可以购买关于天然气的期权。斯基林发明了天然气期货市场！（期货市场是买卖双方交易期货合约的交易场所。期货合约是指双方同意在未来某一特定日期以特定价格买入或卖出一定数量商品的金融工具。）不久，华尔街的公司纷纷效仿斯基林，1990年，纽约商品交易所（New York Mercantile Exchange）开始交易天然气期货。

安然垄断了市场,并且成为"在定价方面占主导地位的公司"。(Swartz & Watkins,2003,p.47)

斯基林与市值计价会计 斯基林建立了一个交易大厅,雇用了销售金融工具的交易员,开始宣称他的部门——安然金融——是安然真正的业务。金融服务公司为了确定所拥有并可以随时出售的金融工具的价值,通常参考现有的市场价格。根据公认会计原则,金融服务公司通常应在其资产负债表上以市场价格记载金融工具的现值。当金融服务公司持有的金融工具市值增加时,该公司会重估资产负债表上的资产(即调整到它现在的市场价值),然后在利润表把增加的数额记录为利润,这称为市值计价会计。(市值计价会计是指将企业资产负债表上的某项资产或负债按其市值或公允价值重估,并将增加或减少的金额作为收益记录在利润表或其他综合收益中。)尽管安然在根本上不是一家金融服务公司,但斯基林认为,他有理由让他的部门使用市值计价会计,理由是他的部门交易的是金融工具(天然气期货)。

不幸的是,滥用市值计价会计的可能性很大。一份在不太远的未来出售资产的期货合同才具有市场价值,会计上才能确认或者记录该合同价值的增加。事实上,你甚至可以今天就在期货市场上卖出该合同,然后以现金的形式得到市场价格。但如果你有在未来23年卖出天然气的期货合同,而且没有市场价格来说明你打算在23年后出售的天然气需要支付多少钱,那就完全是另一回事了。期货合同的期限越长,它准确估计价格的可能性就越小。由于这种风险,期货市场通常不签订这种长期合同。

现在确认这种长期期货合同的未来收益——即重新评估资产并将调整的金额计入当期利润——涉及不可靠的估计,市值计价会计很容易被滥用。此外,如果交易涉及必须要在未来完成实际工作才能实现未来的利润的情况,利润只有在工作完成后才能确认,也就是说在这种情况下不能使用市值计价会计。Bethany McLean & Peter Elkind(2004)在《房间里最聪明的人:安然惊人的崛起和丑闻般的衰落》一文中指出,"按照这种思路,通用汽车(General Motors)可以在车被设计好的时候就把新的汽车

第七章　安然金鹅

模型生产线的未来收益入账,而不是在汽车下了装配线组装好的时候"(pp. 39-40)。

自1990年进入安然以来,斯基林就对利用市值计价会计方法在现时记录未来利润的想法产生了浓厚的兴趣。然后在1990年末,安然与纽约电力管理局(New York Power Authority,NYPA)签订了一份长达23年、价值超过10亿美元的合同(Bryce,2002,p. 65)。根据公认的会计惯例,安然在接下来的23年每年只能报告该收入的1/23。然而,如果采用市值计价会计,安然将能够在当前季度报告23年的全部利润。

根据Bryce(2002)的说法,由于存在确认这种长期合同的利润的潜在可能性,斯基林采用了市值计价会计。1991年5月,斯基林说服安然的审计委员会采用按市值计价的会计方法。在安达信的游说下,SEC批准安然在其天然气服务部门使用按市值计价的会计方法。对于一家非金融机构的公司来说,获得SEC批准使用市值计价会计是很不寻常的。安然曾回信给SEC说它打算在SEC批准时点的前一年使用市值计价会计并继续使用下去。时至今日,为什么SEC并没有反对安然的来信内容仍是一个谜。在SEC批准斯基林使用新会计政策的信件送达的当天,斯基林买了香槟和部门员工一起庆祝。

从那时起,安然开始更多地关注记录会计利润而不是赚取现金——于是一个巨大的问题产生了。安然开始在任何可能的地方使用市值计价会计。关键点丧失的重要性是不容低估的。安然开始在不明智的项目上损失巨额现金,同时它将"估计"的未来利润作为当期利润,并隐藏其不断增加的债务,以掩盖它浪费的巨额现金。1991年5月,当斯基林打开香槟庆祝他有权使用市值计价会计时,他关注的是这能够将大量的预期未来收益报告为当期利润,而这能提高安然的股价同时也能够让他得到更多的薪酬。

大约在这个时候,斯基林的安然金融部门与安然天然气营销部门合并后被重新命名为安然资本和贸易资源(Enron Capital and Trade(ECT)Resources)部,斯基林成为这个新部门的首席执行官。作为安然资本和贸易资源部的负责人,斯基林是安然冉冉升起的明星。他把自己塑造成安然最酷的家伙,而安然在整个得州是当时最酷的公司。

斯基林任命卢·派(Lou Pai)担任场内和交易业务主管。卢是一位才华横溢的交易员,但对硬资产管道业务缺乏关注。从那时起,斯基林就希望安然能专注于交易业务,而不是专注于实际输送天然气的硬资产业务。在接下来的几年里,安然的交易业务向许多不同的方向发展,直到最后,交易部门开设了安然在线网站(Enron Online),买卖超过800种不同的商品。在安然剩余的商业生涯中,公司内部的两拨人一直存在矛盾,一拨是希望安然扩大其"轻资产"交易部门的人,另一拨则是希望巩固其硬资产管道业务的人。

安德鲁·法斯托

为了实现斯基林将安然打造成一家贸易公司的愿望,他意识到他必须找到一个了解交易系统的金融专家,不仅如此,这个专家还要能够紧紧控制住安然。在跳槽到安然几个月后,斯基林联系了一家猎头公司,想找到符合他条件的人。他们最终找到了安德鲁·法斯托(Andrew Fastow)。当时,法斯托是一位年轻的银行家,拥有塔夫茨大学(Tufts University)的学位和西北大学(Northwestern University)的工商管理硕士学位,他和来自休斯敦的富有妻子丽娅·温加滕(Lea Weingarten)住在芝加哥。法斯托当时在大陆银行(Continental Bank)工作,在那里他已经成为"证券化交易,或者更通俗的说法是结构性融资"方面的专家。(证券化是指将贷款集中起来,并以债务抵押证券的形式在证券市场上进行部分交易。)当他在安然接受面试时,法斯托已经非常擅长使用SPE,它使公司能够"货币化",或者"真正地将资产转化为金钱并产生收入"。(Swartz & Watkins,2003,pp. 154-155)

法斯托做得很好,但他想做得更好。他从未听说过安然,当他到休斯敦去见斯基林时仍持怀疑态度。毕竟,他生活在一个高高在上的金融世界里,而不是"在昂贵、肮脏的管道里"(Eichenwald,2005,p. 51)。然而,斯基林凭借其无限的热情以及将安然当作贸易公司的远见,很快赢得了这位年轻人的支持。法斯托正是斯基林心中理想的安然高管:"法斯托的座右铭——'决不对交易说不'——意味着推动任何交易,无论它多么复杂或多么不理性"(Swartz & Watkins, 2003, p.156)。随着安然的规模越来越大、影响力越来越广,安德鲁·法斯托的事业在安然发展得越来越好。

莱·斯基林与法斯托

到20世纪90年代初,引导安然走向最终毁灭的三个人都已到位。当安然拥有可以按其所需报告任何虚假利润的权力,并有能力隐瞒数量惊人的债务时,作为跨国公司的安然在几个大洲开展的项目因鲁莽而耗费了数十亿美元。安然将使用臭名昭著的预付款制度,这种制度主要是从未来的商品交付以及关联方交易收入中借款,使盈余和现金流量得以夸大。(预付款制度是指一种以合同形式进行的交易,在该合同中约定一方与另一方在将来以一定的价格交付某种商品。)被要求在未来交付商品的一方可以把合同卖给第三方,价款则是未来现金售价的金额再减去一定折扣。这样做的最终结果是:公司能先收到预付现金,但在未来承担了交付商品的义务。安然将构建像奇科(Chewco)、LJM和猛禽这样的SPE,它们将使用按市值计价的会计方法和关联方交易来夸大收益,并隐藏那些因为不计后果而损失的和现金有关的债务。

几年后,安然在其不计后果、错综复杂的项目中,有三件事使其得以继续发展壮大:

1. 安然通过按市值计价的会计核算和与SPE的虚假交易,不断夸大其收益,低估其债务。

2. 安然采用了具有误导性的交易,使用臭名昭著的预付款制度,这实际上是在未来合同的基础上提取贷款,并将这些贷款记录为收入。

3. 安然的能源交易——尤其是它的天然气交易和它在加州电力市场上的交易——产生的利润和现金推迟了其因为巨额亏损和虚假报告利润引起的不可避免的崩溃。

一旦能源价格稳定下来，能源交易利润减少，即使虚报利润和隐藏债务也无法挽救安然。最终，债务必须偿还。一旦银行拒绝继续通过 SPE 直接或间接向安然提供信贷，安然就完了。

要了解这个庞然大物出了什么问题，为什么会出这么大的问题，有必要仔细看看安然兴衰的以下几个阶段：

- 安然能源贸易业务（ECT）。
- 安然的荒诞项目以及是如何烧光数十亿美元的。
- 安然利用加州的电力问题。
- 安然利用会计操纵来掩盖其巨大的损失。
- 安然财务报表中到处都有被指控欺诈的信号，而商业界却没有费心去仔细研究这只金鹅。

安然资本和贸易

杰弗里·斯基林在 1990 年开发天然气期货市场的聪明想法，是安然进军交易业务的开端。20 世纪 90 年代，ECT 从一个无足轻重的贸易部门迅速发展成为一个大的、高利润的部门。

由于安然参与天然气业务的各个方面，安然的交易员们能掌握对交易极其有用的信息。安然拥有天然气生产供应合同、天然气管道，更有来自公用事业、工业发电厂等大型天然气消费者的天然气订单，安然的交易员比任何人都清楚市场将会需要多少天然气，能提供多少天然气，以及将会供应多少天然气。如果安然发现一个天然气生产商出现了生产问题，或者一个大型消费者需要更多的天然气，交易员们知道，他们应该投资那些让他们有权在未来以当前价格购买天然气的期权合约，换句话说，他们"做多天然气"。

在天然气交易成功的鼓舞下，交易员们在衍生金融工具上变得更有创造力，并开始视自己为安然精英。交易部门将传统贸易扩展到安然完全不知情的各种业务和商品领域,而这最终导致了公司的危险。其中,一种特别有想象力的衍生品是安然交易的"天气衍生品"。安然的天然气交易需要提供基本的天气信息,而建立天气衍生品的想法就源于安然对天气信息的关注。安然的交易员们知道,如果冷锋正在推进,将导致天然气价格上涨;因此,这家公司雇佣气象学家来帮助它预测天气,同时也帮助它预测未来的汽油价格。事实上,所有的电力和天然气公用事业都面临天气状况波动导致价格变化的风险。安然认为这是一个机会,并开始与公用事业公司交易天气衍生品。从本质上讲,安然为其客户提供针对异常天气条件的保险(Bryce,2002,p.243)。

安然在电力交易方面进展良好,因为天然气期货交易成功的背后几个基本原理也适用于电力期货交易。1997年,安然进入另一个能源领域,开始从事煤炭交易。安然在天然气和电力交易方面的知识,再次为它在煤炭交易方面的成功提供了必要的基础。然而,在这一点上,由于公司越来越相信安然的未来在于交易而不是能源本身,安然开始游离于它熟悉的能源业务之外,进入它几乎不具备专业知识的领域。这一点在公司内部引起了很大的摩擦。

安然是如何亏损的

一些不谨慎的项目导致安然损失了数十亿美元,这些项目包括臭名昭著的印度达博电厂(Dabhol Power Plant)、经营失败的英国阿祖里克斯(Azurix)水厂、风险失去控制的安然在线以及无能的安然宽带服务(EBS)等。

丽贝卡·马克的项目

丽贝卡·马克(Rebecca Mark)是一位有能力的哈佛 MBA 毕业生,曾与安然发展(Enron Development)部门的约翰·温(John Wing)共事。这个部门主要开展海外的大型电力项目，其中包括英国的蒂赛德（Teesside）项目。当温在1991年离开安然时，马克被任命为安然发展的首席执行官，并引起了莱的注意。在斯基林寻求机会被任命为安然下一任首席执行官的过程中，马克成了他真正的竞争对手。

马克显然意识到安然已经失去了对赚钱的关注，而更关注在利润表中记录利润。马克似乎也意识到安然可以获得大量借来的现金，但这些钱经常损失在不明智的项目上，同时还在继续提前报告收益。作为安然发展的新任首席执行官，马克着手在世界各地开展电力项目，并扩大安然的国际影响力。与斯基林的交易业务（"轻资产"战略）形成鲜明对比的是，马克的任务是开展硬资产项目，如管道、油田和其他能提供给海外电厂的能源资源。她兴致勃勃地开发这些国际项目。例如，1992年安然在阿根廷拥有了一条管道的部分所有权，1994年初马克在菲律宾、危地马拉和关岛都拥有了发电厂。接下来，安然发展"忙着在哥伦比亚铺设管道和在中国建厂"。不久，安然开始着手修建一条从玻利维亚到巴西的输油管道。（McLean & Elkind，2004，p.74）

然而，这种狂热的增长速度背后有许多潜在问题。第一，马克在签署许多巨额交易时获得了预付奖金。显然，这一政策鼓励开展可能不够谨慎的大型项目。第二，安然常常为部分或全部债务提供担保。第三，在项目开始的时候，决策者就做出了非常乐观的假设，认为不会出什么问题。然而，事实是经常出现问题和障碍。例如，多米尼加共和国的一个电力项目释放烟尘并把可怕的烟尘吹到邻近的酒店，这导致了一场极其昂贵的诉讼——对安然来说，该交易彻底失败。到2000年中期，该公司原本投入的9 500万美元，最终只收回了可怜的350万美元。对安然来说，可能最臭名昭著的硬资产损失——同时也是马克极力促成的交易——是印度的达博电力项目和英国的阿祖里克斯水利项目。（McLean & Elkind，2004，pp.77-78）

马克在印度：达博电厂 1992年，马克试图说服印度马哈拉施特拉邦能源委员会（MSEB）批准安然与马哈拉施特拉邦签订一份为期20年的电力合同。这要求安然以花不到40亿美元的成本在当地建造一个大型能源工

第七章 安然金鹅

厂。在第一阶段,工厂计划使用一种被称为"石脑油"的燃料,在第二阶段,它将使用一种相当昂贵的能源——液化天然气(LNG)。至少在两个方面,这个项目非常不可行:首先,对于印度的电力生产来说,煤炭可能是比天然气更好的选择;其次,合同中的付款安排虽然对安然极为有利,但在印度,政府经常要免除很多未付的电费,再好的付费安排实际上并不真正可行。

当世界银行拒绝资助而 MSEB 想要结束谈判时,这个项目似乎注定要失败。然而,马克仍在继续努力,并通过海外私人投资公司(Overseas Private Investment Corporation,OPIC)获得了部分银行融资和美国联邦政府的额外融资。马克还越过印度当地的 MSEB 负责人进行游说,1993 年 12 月,印度政府签署了为期 20 年、第一阶段的项目合同。事实上,如果合同条款可以完全实现,安然将从印度获得超过 250 亿美元(Bryce,2002,p.103)。然而,就在安然项目动工后不久,印度马哈拉施特拉邦的国大党失去了权力,新党停止了该项目的所有工作,声称该项目造价涉嫌严重的要价过高。

马克尝试重新谈判合同,使企业回到正轨,降低了第一阶段的成本,并让 MSEB 在项目中占有 15% 的股份。尽管有这些修订,MSEB 的财政债务规模仍然是惊人的,很可能让马哈拉施特拉邦破产。第一阶段于 1999 年 5 月开始发电,比原计划晚了两年。就在这时,指控达博电厂贿赂和腐败的消息四处流传,一封寄给安然总部的匿名信更是加剧了这一指控。信中还声称,MSEB 无法支付账单。安然否认了从未被证实的贿赂指控,但这位匿名者在一个方面被证明是正确的:MSEB 拒绝支付来自达博电厂的电费,声称负担不起。尽管安然的高管们做出了种种努力,但他们对重启该项目无能为力。这家工厂闲置了五年,成为无能和贪婪的典型象征。2006 年,"在两家印度国有企业的监督下,更名为勒德纳吉里天然气和电力(Ratnagiri Gas and Power)的原达博电厂重新开放"(Bajaj,2010)。然而,它仍然受到问题的困扰(Jore,2013)。

马克在英国:阿祖里克斯水厂 随着许多国际电力项目的失败,马克的地位开始下降。她的死对头杰弗里·斯基林又进一步让她的处境更被动——斯基林主导将马克从安然国际首席执行官的位置上撤了下来（当时安然发展部门已被重新命名）。马克在安然的职业生涯最终被她创办一家水务公司的计划毁掉了，她和安然在水务方面完全没有经验。

20世纪90年代末，一些国家开始了供水和废水处理设施私有化的缓慢进程。马克认为，这种私有化会导致放松管制，就像天然气行业发生的那样，而且水务行业可以赚很多钱。两家法国公司威望迪（Vivendi）和苏伊士里昂（Suez Lyonnaise）已经在为世界各地的地方政府运营水务设施，而且做得非常好。因此，在1998年，通过一家名为马林（Marlin）的表外实体，马克利用来自安然的融资创办了一家名为阿祖里克斯的自来水公司。要在这个行业站稳脚跟非常困难，尽管马克工作很努力，而且总是飞遍世界去招揽生意，阿祖里克斯还是从头到尾被各种问题所困扰。

阿祖里克斯第一个项目涉及威塞克斯水务公司（Wessex Water），这是一家英国的十分成功的水务公司。1998年7月，阿祖里克斯以28.8亿美元的价格收购了威塞克斯水务。然而，到了第二年年底，也就是阿祖里克斯上市7周后，英国水务监管机构宣布水务公司将不得不降价，令阿祖里克斯大为震惊。威塞克斯水务不得不将客户费率降低12%。更糟糕的是，威塞克斯的设施必须升级，而这个费用是一个天文数字。根据一些统计，阿祖里克斯在运营的第一年损失就超过10亿美元（Bryce，2002，pp. 178，187）。

马克不得不面对的下一个问题是开发成本。她原以为威塞克斯水务会成为帮助阿祖里克斯进入水行业的灵丹妙药，之后就可以轻易地买下私有化的公用事业公司，或者获得市政公用事业的管理合同。然而，尽管马克和她的大型开发团队对此十分乐观，这一切并没有发生。1999年6月，尽管阿祖里克斯处于混乱的状态，也没有发展足够的新业务，它的首次公开募股（IPO）仍筹集了6.95亿美元。（Smith & Lucchetti，2000）

阿祖里克斯仍然渴望新生意，而解决之道似乎就在阿根廷。阿根廷布宜诺斯艾利斯市正在接受私营公司的投标，标的是一份长达30年的租赁和

第七章　安然金鹅

管理本地的供水设施和废水处理厂的合同。在准备上市的过程中，阿祖里克斯公司以 4.39 亿美元的天价夺标，而第二高的出价还不到 2 亿美元。在匆忙完成交易的过程中，阿祖里克斯忽略了一些重要信息。例如，办公大楼并不在合同内，并且原来的废水处理厂没有得到良好的维护。很快，事实证明阿祖里克斯犯了一个错误。2000 年初，一场海藻爆发污染了饮用水，阿祖里克斯不得不以巨大的额外费用购买盛水的容器，并将水运送给客户。

并不是每个人都认为阿祖里克斯的失败完全是马克的错。从一开始，当安然通过名为马林的表外实体融资时，她的公司就背负着债务。事实上，"法斯托为阿祖里克斯筹集的 9 亿美元中，有一部分已经还给了安然。尽管阿祖里克斯因其倒霉的项目和管理不善的开发成本而烧钱，一些人还是声称在获得安然控制权的战斗中，安然并不是特别支持阿祖里克斯，"整个昂贵的事件都是一个大阴谋"，目的是要推翻丽贝卡·马克。(McLean & Elkind, 2004, pp. 249-250)

不管阴谋是否存在，杰弗里·斯基林仍然保住了安然未来之王的位置，2000 年底，丽贝卡·马克被解雇。尽管她制定了挽救濒临倒闭的公司的宏伟计划，但安然董事会已对她失去了信心。就连肯尼思·莱也认为阿祖里克斯是对金钱的巨大浪费，马克必须辞职。

安然董事会以每股 8 美元的价格用 3 亿美元回购了公众持有的股票，结束了阿祖里克斯的大出血，而当时该公司的股票交易价格仅为每股 3.5 美元左右。2001 年初，安然的整个国际部门被出售。然而，由于阿祖里克斯最初是由表外实体马林提供资金，安然仍被马林的贷款所困扰。

在她离开安然之前，马克通过出售安然的股票发了财。尽管在当时看来并非如此，"丽贝卡·马克是幸运的人之一——她在股价顶峰抛出了股票"（Mclean & Elkind, 2004, p.263）。的确，马克成功地抓住了这只金鹅，刚好拿到了一只金蛋。

247

穿透会计舞弊

安然能源服务

与此同时，安然公司受到在天然气交易领域迅速成功的鼓舞，于1997年收购了波特兰通用电气公司（Portland General Electric utility company），准备进军电力行业。后来，安然在天然气交易业务中的经验和信息库很好地转移到了电力交易的批发部分。然而，安然同时决定进入零售电力市场，同年，成立了安然能源服务（Enron Energy Services，EES）公司，直接为商业机构和家庭提供电力和天然气。安然的专业知识却没有很好地复制到供应和管理电力服务的零售部门，这种冒险变得相当麻烦。

在试图出售电力的过程中，安然不得不积极地寻求订单，向其他公司和国家机构承诺，它可以以比现价更低的价格为他们提供电力。不幸的是，安然并没有对如何实现这种廉价电力的承诺而提前制定计划。除了需要以极低的价格出售电力之外，安然还必须面临管理和维护发电厂的挑战——而它对电力行业的这方面几乎一无所知。

当安然的大部分批发交易员预计电力成本将会增加，斯基林的首席交易员之一卢·排决定进行一场豪赌，赌价格会下跌。后来，电力价格在2000年底急剧上涨，安然能源服务公司损失了一大笔钱。（当然，许多批发交易商在幕后从加州操纵的电价中赚取了巨额利润，这将在后面的章节中介绍。）

没过多久，安然能源服务公司的一些问题就被安然的其他雇员注意到了。2001年2月，会计师万达·柯里（Wanda Curry）向安然的首席会计官报告说，她正在调查安然能源服务公司几处有出入的地方。其中一些问题包括：

● 许多合同都被高估了。安然能源服务公司"只是猜测其客户需要的能源负荷"（McLean & Elkind，2004，p.300）。

● 安然能源服务公司使用了"过度乐观假设下的错误价格曲线"（McLean & Elkind，2004，p.300）。需要注意的是，在按市值计价的会计制度下，这些合同是用估计的价格记入资产负债表中，在当期利润表中确

248

认预期的未来利润。

- 这些合同没有完全对冲，因此，如果价格变化偏离预期，安然将不会拥有能提供补偿金额的其他合同。
- 如果加州能源危机迫使安然的客户破产，安然能源服务公司将面临巨大损失，就像太平洋天然气公司（Pacific Gas）的前车之鉴。
- 由于安然能源服务公司赌电价会下跌而进行投机交易，实际上电价却出现了惊人的上涨，这导致安然能源服务公司出现了各种投机交易损失。

总的来说，基于柯里的调查，安然能源服务公司需要承认"损失总额可能超过5亿美元"（McLean & Elkind，2004，p. 303）。但奇怪的是，安然的财务报表中并没有披露这些损失。

安然在线

进入新的交易市场通常意味着安然没有比较优势，而完全不了解新行业往往还有巨大的劣势，安然往往需要花费和损失大量的钱来启动业务。例如，安然收购了几家造纸厂，建立了一个纸浆和纸张交易市场。

接下来，安然试图进行金属交易，并收购了英国金属公司MG公司（MG Plc.）。格雷格·沃利（Greg Whalley）是一位天才的交易员，他负责安然的批发业务并负责监督对MG公司的收购。安然匆忙完成了收购，大部分交易在4天内完成，而且"大部分交易是在伦敦酒吧豪饮的时候完成的"（McLean & Elkind，2004，p. 225）。据报道，一位华尔街大宗商品交易员曾表示，这家金属公司的实际价值仅为安然收购出价的一小部分。然而，似乎没有人在意，因为安然的高管们都沉浸在一种歇斯底里的狂热之中。

大约在这个时候，由英国交易员路易丝·基钦（Louise Kitchen）领导的安然团队开发出在互联网上启动交易业务的技术——于是安然在线在1999年11月诞生并开始运营。从纯技术逻辑的角度来看，这个系统是一个奇迹。

穿透会计舞弊

现在安然的贸易部门真的激增了，终于，安然是一家以贸易为主的公司了。通过安然在线，安然的交易员能看到买家和卖家提供的价格，利用这个优势，他们在自己真正了解的产品上赚了一大笔钱。然而，与eBay是为其他买家和卖家提供市场的平台盈利模式不同，安然在线实际上购买它所转售的一切。这给安然带来了巨大的现金流问题，公司不得不借超过30亿美元的巨款来维持安然在线运营（Bryce, 2002, pp. 220-221）。

安然在许多商品上获利的同时，却因利息支出和那些经纪人不懂的商品交易而亏损。此外，因为交易量非常大，以至于在拥有优势的天然气交易中，如果交易者押错了方向，给安然造成的损失也是惊人的。例如，2000年12月初，当预计一股北极冷空气向得克萨斯州移动时，许多天然气交易商都在"做多"天然气，预计价格会上涨。然而，寒冷的天气并没有到来，天然气价格实际上下降了，结果在12月12日，"根据一份报告估计，交易商损失5.5亿美元。而根据另一份报告，预计交易商损失达到6.3亿美元"（McLean & Elkind, 2004, p. 219）。

这些商人年轻，任性，好斗，说话不干不净，拥有的财富甚至超过他们之前所做过的最疯狂的梦，而且难以控制。归根结底，他们是赌徒，他们"赌什么都行"（Swartz & Watkins, 2003, p. 79）。最终，这场赌博就像安然的其他部分一样，完全失去了控制。

安然宽带服务

1997年，安然收购了波特兰通用电气公司，进入公用事业业务，意外的结果是，它因此收购了第一点电信公司（First Point），这家小型电信互联网初创公司当时只是波特兰通用电气公司的一个小部门。幸运的是，互联网公司和电信公司的股价开始大幅上涨。这些公司的市盈率远高于安然。事实上，在20世纪90年代末，互联网公司和电信公司即使是负收益仍享受着飙升的股价！这是一个可以利用的时机。从不错过任何机会的杰弗里·斯基林利用他新成立的通信部门，想出了四大馊主意：

1. 斯基林决定：安然将通过扩大"第一点"在宽带容量方面的投资，

第七章　安然金鹅

加入宽带投资热潮。在这个时候，环球电讯、美国电话电报公司和其他所有的大型电信公司都对宽带容量进行过度投资，并念叨着"互联网流量每100天翻一番"的错误咒语（Malik，2003，p. 13）。因此，安然也加入了铺设光纤线路和收购具有宽带容量的小型电信公司的行列。实际上，宽带容量一直供过于求，和其他公司一样，安然也会陷入过度投资宽带容量的泥淖。

2. 斯基林估计：安然将能像交易天然气一样交易宽带容量，也许操作起来就跟交易天然气期货差不多，但他大错特错了。安然可以通过自己的管道将天然气从发电厂输送到公用事业公司。然而，安然虽然拥有大量的光纤线路，却没有能将数据直接传输给客户的连接设施或线路。这意味着安然不能保证传输信息的安全，它不得不投资连接设施来将数据转移给客户。因此，斯基林计划在全球建立"24个汇集点"。这些汇集点将使用复杂的设备……将能起到枢纽作用。安然将在互联网上买卖宽带容量，以便公司和其他运营商能够获得可靠的网络联系。然而，斯基林的计划有个巨大问题——这个计划所需要的技术还不存在，"还没有人制造出可以按需提供即时带宽的设备"。此外，虽然安然在这些高度可疑的计划上花了一大笔钱，但它还没有找到任何客户。宽带容量的潜在买家是那些不太喜欢安然的大型电话公司，它们认为安然贸然进入宽带容量业务的行为将成为一出错误的闹剧；它们没有动机与安然进行交易。（Malik，2003，p. 104）

3. "第一点"更名为安然宽带服务公司（Enron Broadband Services，EBS），斯基林任命他信赖的朋友肯·赖斯（Ken Rice）担任联合首席执行官（另一位首席执行官是来自"第一点"原来班底的乔·希尔科（Joe Hirko））。赖斯曾是一位出色的销售人才，为公司赢得许多天然气发电厂的订单，但他在电信方面几乎没有经验，实际上他想要退休。值得赞扬的是，他一开始拒绝了这份工作，但斯基林还是说服他接受了。作为安然宽带服务公司的联合首席执行官，同时也是斯基林的朋友，赖斯可以做他想做的事，尽管他对行业的边缘一无所知，但拥有最终的决定权。可以预见的是，联合首席执行官的安排没有奏效，乔·希尔科在2000年7月离开了公司。曾担任安然交易业务负责人的交易员凯文·汉农（Kevin Hannon）被任命为肯·赖斯的副手。斯基林相信，有赖斯和汉农执掌安然宽带服务公司，安然将改变电信业。然而，恰恰相反，现在首席执行官和他的副手都缺乏丰富的宽带知识和相关经验，这将导致灾难性的结果。

4. 安然打算将电影直接传输到所有家庭的电视机上。同样，这个宏伟的计划因为没有必要的技术支持，从未接近实现。

所有这四个想法都失败了——有些失败得早，有些失败得晚。但在失败之前，炒作先来了，安然的一些人以及许多华尔街金融分析师实际上相信了一些错误的信息。

2000年1月，在休斯敦举行的一次金融分析师会议上，安然和太阳微计算机系统（Sun Microsystems）宣布将结成伙伴关系，专注于互联网的发展。Bryce（2002）解释了分析师们是如何疯了，安然的股价是如何跳涨的。

股价的上涨建立在虚构的基础上。大多数计划的技术还没有完善（甚至还没有开发出来），也没有足够的客户来支持这些炫技的计划，带宽的价格很快就会暴跌。到2000年第二季度，安然宽带业务的收入远远低于预期。然而，在安德鲁·法斯托的SPE——LJM2的帮助下，相关的会计、财务问题得到了"解决"。丹尼尔·费希尔（Daniel Fisher，2002）在《福布斯》杂志的文章中向读者解释了安然是如何以虚高的价格将一部分未使用的光纤"卖"给LJM2的，从而增加了1亿美元的收入和6 700万美元的利润。

显然，安然宽带服务公司不会让光纤容量价格下跌这样的小障碍搅乱其乐观的增长前景。很快就会有通过宽带真正赚钱的方法。事实上，织网的人已经在织另一条线了。2000年4月，在安然在线成立几个月后，安然宽带服务公司与百视达（Blockbuster）签署了一份为期20年的合同。根据这项协议，百视达将说服电影制片厂给予它合作授权，使用安然的宽带网络，直接将电影流媒体传送到私人住宅。问题在于安然还没有想出解决"最后一英里问题——将内容从安然的网络传送到人们的家中"的技术细

第七章　安然金鹅

节。此外，百视达很难说服制片公司与之合作，因为对制片公司来说，这样做没有太大的动力。所有这些障碍都没能阻止肯尼思·莱在2000年7月宣布安然即将进入娱乐业。

技术没有就位的情况下，这个百视达项目就是一个灾难，除了一个薄弱的试点项目别无其他。参与试点项目的城市之所以能特别选中，是因为安然在这些城市找到了小供应商，解决了将安然的电影材料传送到私人家庭的问题。然而，试运行最终结果也是一个令人沮丧的失败。"宽带主管们在会议上坐着仔细研究滑稽而又可悲的结果：《爱心熊宝宝》电影：七次购买——8.40美元"（McLean & Elkind，2004，p. 293）。

为了应对这次百视达项目带来的损失，安然决定编织一张SPE网络。各种各样的SPE被用来混淆情况，以便通过一个名为《勇敢的心》的项目来簿记收益。从本质上说，安然说服加拿大帝国商业银行（Canadian Imperial Bank of Commerce，CIBC）为一笔交易提供资金，这笔交易似乎是出售安然在20年百视达合同中的股份。这些合同首先被"卖"给一家名为nCube的合资企业和一家名为雷鸟（Thunderbird）的SPE，这家SPE又被称为清道夫的实体持有，而安然持有清道夫。随后，这家合资企业将权利"出售"给了另一家名为Hawaii 125-0的SPE，其价格与安然合同中对其利润的预期相去甚远。在《勇敢的心》项目获得数百万美元利润几个月后，安然取消了与百视达的交易。

最终，在2001年年中，当安然宽带服务公司被彻底摧毁时，这种伪装就结束了。7月12日，正式宣布安然宽带服务公司将并入安然的批发部门。安然宽带服务公司的闹剧导致安然损失超过10亿美元。

2005年7月，数名安然宽带服务公司高管因欺诈、内幕交易和洗钱等指控而受审。陪审团在一些指控上陷入僵局，在其他指控上认定被告无罪。法官"宣布陪审团无法达成一致意见的几十项指控无效"（Flood，2005，July 21）。该案的检察官本·坎贝尔（Ben Campbell）指出，"安然宽带服务公司极力吹捧的核心软件包从未正常工作，也未能产生大量收入"（"Enron Defendants Not Guilty for Charges"，2005）。这一点实际上

253

没有争议。然而，存在争议的是，安然宽带服务公司的高级经理们是否相信他们自己的故事。在这个特别的审判中，被告方辩称，安然宽带服务公司的高管认为他们的网络是可行的；显然，陪审团无法确定实际的情况。

SEC执行部副部长琳达·查特曼·汤姆森评论道，安然的高管们"在延续安然能够将稻草——或者更恰当地说是纤维——纺成黄金的神话中扮演了重要的角色"（"SEC Files Amended Complaint"，2003）。

加州的电力危机

要想理解加州电力事件的错综复杂之处，有必要了解一些背景资料。在20世纪90年代末，加州公用事业委员会（California Public Utilities Commission，CPUC）负责修改当时被称为加州电力放松管制的规定。然而，这是一种不恰当的说法，因为加州实际上是在半放松对用户支付给公用事业公司的电价和公用事业公司支付给电力公司的电价的管制。加州公用事业委员会开始为最终用户降低10%的电价，并将公用事业公司向电力公司支付的费用上限定为每兆瓦时750美元，但对从加州以外购买的电力没有上限。

加州大肆吹嘘的放松管制还包括其他一些有趣的规定[①]：
- 公用事业公司被要求出售它们的发电厂，并从现货市场购买每天（甚至每小时）的电力，但以固定的减价价格出售电力。
- 公用事业公司被要求在现有长期合同的基础上履行其购买义务，同时以降低的固定费率向客户销售。
- 不允许签订新的长期合同。
- 该州设立了两个受到附加规则约束的新机构：

---

① 这些规定的信息来自Swartz and Watkins（2003，p.238），Eichenwald（2005，p.342）和McLean and Elkind（2004，pp.256，266）。

第七章　安然金鹅

1. 加州电力交易中心（CAL PX）：电力必须通过加州电力交易中心进行买卖，由它确定每小时的电力价格。

2. 独立电力运营中心（ISO）：当出现紧急能源短缺时，电力必须通过独立电力运营中心拍卖进行购买和销售，以符合从加州内部购买电力每兆瓦时 750 美元的价格上限。独立电力运营中心还管理着加州的输电线路。

● 如果输电线路的电流超负荷，独立电力运营中心将支付额外的费用来消除拥堵。

加州的能源系统是一个灾难的公式，潜在的问题太多了。如果公用事业公司必须为电力支付的市场价格高于被迫出售电力的固定价格，情况会怎样？显然，如果这种情况持续太久，公用事业公司就会破产。如果未来的电价超过了 750 美元的上限，这是否会阻碍加州的发电厂建设？

相反，当公用事业公司为电力支付更高的费用时，对客户收费的上限会降低客户使用更少电力的动机，因为对客户来说用得再多价格也不会上升。

除此之外，一些交易商和电力公司还热衷于"玩弄体制"，利用这套功能失调的监管带来的后果。对于安然来说，"轻易赚到的钱太诱人了，让人无法放弃"。（Eichenwald，2005，p. 342）

具有讽刺意味的是，加州的这项奇怪的规定是在 1998 年愚人节那天生效的。虽然该系统一开始运行良好，但电力公司和交易员很快就发现了潜在的漏洞。事实上，在新规定生效大约一年后，安然西部能源交易部门前负责人蒂莫西·贝尔登（Timothy Belden）曾做过一项实验来测试加州电力系统的弱点。1999 年 5 月 24 日，贝尔登谈判达成了一项协议，将 2 900 兆瓦的电力出售给加州电力交易中心，"他确定了一条名为银峰的传输线路把电力输送到加州"（McLean & Elkind，2004，p. 268）。选择银峰是因为它的线路只能传输少量的电力，这么做的结果就是加州突然面临能源短缺，不得不在最后一分钟购买大量电力，价格急剧上涨。当加州当局打电话给贝尔登，以查明选择银峰是不是一个错误时，他明目张胆地表示，这是故意的。

到 2000 年 5 月，所有的敌对势力已经联合起来，加州电力的噩梦真的开始了。漫长的干旱季节减少了水力发电的供应，而漫长炎热的夏季的开始增加了对电力的需求。公用事业公司陷入困境：它们从客户手上收取固定的、被监管的费率，又不得不向加州电力交易中心支付极高的价格购买电力和在能源短缺时向独立电力运营中心紧急拍卖来购买电力。公用事业公司非常被动，因为它不仅被迫出售自己的发电厂也不被允许签署任何长期的采购合同。此外，有人怀疑到底需要多长的停机时间来维护发电厂。

2000 年 5 月之前，价格徘徊在每兆瓦时 25～40 美元之间。5 月 22 日，由于价格"迅速触及每兆瓦时 750 美元的价格上限"，独立电力运营中心不得不宣布进入紧急状态（McLean & Elkind, 2004, p. 272）。轮流停电始于 2000 年 6 月，学校、公司和家庭在白天一次停电两小时。直到夏天结束，加州一直在经历一场电力危机。当年 8 月，加州公用事业公司要求联邦能源管理委员会（FERC）对交易舞弊进行调查。

但是，这个委员会基本上是无效的；它没有强行传唤的权力，它软弱无力的努力没有揭露整个骗局。

整个冬天，加州的问题愈演愈烈。2001 年 1 月，加州州长格雷·戴维斯（Gray Davis）开始呼吁对整个西部地区设置电力价格上限，以防止加州的电力被输送到州外没有价格上限的地区。当然，安然强烈反对价格上限，理由是它有利于市场价格——这是一个最虚伪的理由，因为这些电价肯定不是纯粹由市场驱动的。相反，由于不择手段的个人操纵和一套功能失调的监管体制，价格被人为抬高。

在这个半放松管制的市场中，人为抬高的价格为安然带来了比市场价格所能带来的多得多的利润。事实上，2002 年 10 月《华尔街日报》的一篇文章报道安然的"2000—2001 年间电力交易利润飙升至 18 亿美元"（Smith & Wilke, 2002）。加州的电价已经失控。

安然的小丑们一路笑到银行。2001 年中期，在拉斯维加斯的一次会议上，斯基林嘲笑当时加州的窘境："加州和泰坦尼克号有什么区别？至少在泰坦尼克号沉没的时候……灯是亮的"（Swartz & Watkins, 2003,

第七章　安然金鹅

p. 267)。当学校和公司在轮流停电期间关闭，太平洋天然气公司申请破产时，斯基林对加州的困境感到好笑。

在此期间受银峰实验的鼓舞，不限于安然，许多电力公司和它们的交易商使用了许多手段来操纵电价和"拥堵费"。这些费用使商人们能够通过在拥挤的线路上运输电力来赚取更多的钱。此外，卖方可以提交虚高的需求时间表，使线路看起来拥挤，实际上并不拥挤，而独立电力运营中心没有办法检查这些信息。各种各样的诈骗计划变得如此普遍，以至于它们都有自己的名字。例如，使一条线路显得拥挤被称为"负载转移"（load shift）或"死星"（death star）。《旧金山纪事报》（*the San Francisco Chronicle*）的一篇文章这样描述了该计划："为了完成负载转移，安然向国家电网提交了虚假的似乎会导致输电线路拥堵的计划，并迫使电网官员向安然支付费用，以缓解拥堵。"同一篇文章描述了安然交易员杰弗里·里克特（Jeffrey Richter）是如何帮助安然完成"矮子"（get shorty）计划的，杰弗里·里克特后来承认犯有同谋电信欺诈和虚假陈述的罪行。矮子计划实际上是"安然在日前市场将电力以高价卖给国家，然后在第二天以低得多的价格买回来。在公司备忘录中，安然官员承认，该公司通常并不拥有那些出售后再回购的电力"。（Berthelson & Martin，2003）

还有一个被无良的供应商和贸易商抓住的漏洞——根据规定，对加州的电力价格有上限，但对来自加州以外的电力没有上限。这些商人只是将电力供应从加州调出，然后再重新调回加州。你看！一挥魔杖，力量就不再来自加州。这个令人目眩的计划，被称为"反弹"（ricochet），允许贸易商对州外的电力收取更高的价格（Eichenwald & Richtel，2002）。

蒂莫西·贝尔登带头利用加州电网的弱点，玩弄操纵这个系统好几年，但最终，聪明反被聪明误。2002年10月，《华尔街日报》报道：

> 35岁的蒂莫西·诺里斯·贝尔登（Timothy Norris Belden）承认犯有一项欺诈罪。他告诉旧金山的联邦地区法官马丁·詹金斯（Martin Jenkins），从1998年解除管制到2001年安然倒闭，他帮助设计了操纵加州批发电力市场的"计划"，"因为我试图为安然做到利润最大

257

化。"（Smith & Wilke，2002）

同月，《纽约时报》的一篇文章描述了贝尔登是如何承认"将能源传输到一个虚构的世界，其中包括虚假的运输计划，假想的输电线拥堵，以及'州外'能源的欺诈销售，而实际上，这些能源来自加州本身"。作为对创作这部优秀虚构作品的奖励，安然支付给贝尔登巨额奖金，"总计约500万美元……在当年公司所有高管的奖金中排名第七"。（Eichenwald & Richtel，2002）

加州电力监督委员会的执行董事埃里克·萨尔特马什（Erik Saltmarsh）强调安然不仅参与了加州的能源剧变，而且安然"是这些剧变的原因"（Peterson，2005）。

尽管加州的电力状况在2001年6月摆脱了危机，但大众对其电力供应是否充足的担忧依然存在，安然的效仿者依然存在。2012年7月，《洛杉矶时报》的一篇文章讨论了加州能源市场中最近的安然式计划：

就其设计初衷而言，安然式计划旨在利用能源交易规则中的漏洞……这个据说由摩根大通风险能源公司（JPMorgan Venture Energy Corp.）实施的骗局与安然臭名昭著的"胖男孩"（fat boy）骗局如出一辙，该骗局在2002年耗费了国家纳税人约14亿美元。（Hiltzik，2012）

安然在零售电力业务和诸如印度达博电厂、巴西库亚巴电厂（Cuiaba）、英国阿祖里克斯和安然宽带服务等项目上遭受的损失如此之大，就算在批发电力期货和天然气交易上赚取了巨额利润，也只是推迟了它的毁灭。

安然虚构财务报告方案

当安然的计划和项目一个接一个地崩溃，安然用它知道的唯一方法挣

第七章　安然金鹅

扎着维持运转：通过臭名昭著的预付款，报告虚假的收益，以及通过伪造财务报表，短期内将巨额债务保持在资产负债表之外。

舞弊手法Ⅰ：通过水手能源公司滥用市值计价会计

当SEC在1991年最初开放市值计价会计时，安然寻找每一个可能的漏洞，利用这个机会夸大收益。从本质上说，市值计价会计使安然得以把资产——无论是商业资产、合同还是公开交易的股票——将其重新估值至其"公允"价值。这个过程包括增加资产负债表上的资产价值和增加利润表上的利润。

安然对一家名为水手能源（Mariner Energy）公司的投资是其在市值计价会计上最引人注目的滥用行为之一。安然于1996年收购了这家私人石油和天然气勘探公司。如果水手能源是一家上市公司，那它的股份可以随时出售，在重新估值安然在水手能源的股份时，就会有有效、客观的指导方针可供使用。另外，公开交易的股票在没有交易限制的情况下可以活跃自由地进行买卖，此时根据客观的市场价格对安然在水手能源的股票进行重估，并在利润表中确认相应的利润（或损失）是公平的。然而，由于水手能源是一家非上市公司，它没有可核实的市场价格。另一方面，水手能源专门从事极具投机性的深水勘探，这使得其股价更加不稳定。尽管如此，安然的预言家们仍知道这家私人公司的股份到底值多少钱。毫不奇怪，安然的高管们认为这些股份非常有价值，于是这些股份就在安然手上一直持有。事实上，据报道，安然的一位副总裁曾说过，当安然的收益紧张时"我们会看看是否能从水手能源身上挤出更多的东西"（McLean & Elkind，2004，p. 129）。

SEC在随后的一次讨论中谈到安然对其投资组合的非公开商业操作时指称：

> 安然根据自己的内部"模式"对这些业务进行估值。安然随后操纵了这些模型，来产生满足内部预算目标所需的结果。例如，在考西

259

(Causey)（安然的首席会计官）和其他人的指示下，2000年第四季度公司人员欺骗性地增加了水手能源1亿美元的价值。(LR 18851)

安然以1.85亿美元收购了水手能源，到"2001年第二季度，安然以3.674亿美元的价格将水手能源入账"（McLean& Elkind，2004，p.129）。

舞弊手法Ⅱ：滥用特殊目的实体

美国国会特别调查委员会发布的《权力报告》（2002）指出，安然的许多交易涉及"一种被称为特殊目的实体的会计结构"（p.5）。（特殊目的实体（special purpose entry，SPE）是一种为了进行"特殊"或特定类型的、不属于公司正常经营活动的事务而设立的商业实体。像合伙企业、信托或合资企业都可以是SPE的形式。）在会计规则条款中，如果满足一定条件，SPE的债务不需要与公司的债务"合并"，其资产也不添加到公司的合并资产负债表中。

安然事件后，SPE的会计准则由财务会计准则委员会（FASB）FIN 46（R）解释公告更新，并由FASB No.167（2009）修订。最新的整合指引是2011年发布的ASC 810更新建议。FASB估计，最后的更新将在2014年下半年发布。

对无良公司而言，其美妙之处在于，通过一种权益会计法，公司在SPE收益中所占的份额被计入公司的利润表，而公司仍然可以通过与SPE的交易来记录利润。在权益会计法核算下，投资方在利润表中包含其在被投资企业净利润中所占的份额，同时在资产负债表中把这部分数额调增调减记录到投资的原始成本中。然而，这么做的前提是在控制的SPE和公司之间需要保持一定的距离。《权力报告》（2002）将安然事件发生前针对SPE是否能被视为独立外部会计实体的具体要求总结如下：

与SPE有业务往来的公司在满足以下两个条件的情况下，可以将SPE视为独立的外部会计实体：

1. 独立于公司的所有者必须对SPE资产占有至少3%的实质性股

权投资，而且这3%必须在整个交易过程中处于风险之中（即该业主的投资和与潜在回报同处于风险之中且不得由其他方做出任何形式的担保）；

2. 独立所有者必须对SPE行使控制。

在这种情况下，尽管公司和SPE密切相关，公司可以记录与SPE交易的损益，SPE的资产和负债不包括在公司的资产负债表中。(2002，p.5)

安然SPE的问题之所以出现，是因为SPE的管理人员往往不是独立于安然之外的，通常情况下，表面上是由外部独立人士提供的至少3%的股权资本，实际上是由安然直接提供或担保的。此外，安然经常为SPE的债务提供担保。当这些事实被揭露后，很明显，SPE的债务应该与安然的其他债务合并，这最终导致安然被迫重述财务报表。

如前所述，尽管SPE通常采取合伙企业的形式，但它们的结构也可以是公司、信托或合资企业。SPE的章程限制了它的活动，而它的资产和债务是它自己的，属于"资产负债表外"。安然利用多种此类表外实体，通过虚假销售产生虚假利润，并将债务排除在资产负债表之外。

尽管安然最初的SPE活动是为了将合资企业的债务放在资产负债表之外，但SPE活动逐渐扩大，开始涉及与SPE进行交易。这些交易替安然隐藏了债务，夸大了利润。最终，安然使用大量连锁的SPE来借入巨额资金，并将这些资金转移给自己。

这些转移是通过关联方以虚高的价格将业绩不佳的安然资产出售给SPE进行的，从而夸大了安然的收益。安然还通过按市值计价的会计方法，利用SPE夸大收益，并利用安然自身股票价值的增加来确认利润。

当然，金融机构在没有得到担保的情况下是不会把这些巨额资金借给安然的，最终，当安然被要求偿还SPE的债务时，安然破产了。到安然倒闭时，它已经形成了由3 000多个相互关联的SPE组成的混乱局面。

对安然六个主要SPE集群的审查揭示了安然是如何不正当地使用这些SPE的。

SPE 1：绝地（JEDI）　1993年，安然与加州公务员退休基金（CALPERS）成立了一家表外合资企业。这家合资企业被命名为绝地，既是Joint Energy Development Investments的首字母缩写，也是安德鲁·法斯托对《星球大战》电影的一种半开玩笑的暗示（绝地是《星球大战》中的重要组织，又称绝地武士）。安然的2.5亿美元是以发行自己的股票给绝地的形式支付的对价，加州公务员退休基金则以现金支付2.5亿美元。设立绝地的目的是投资能源项目。作为一个法律实体，绝地当然可以借款——由此产生的债务将是绝地的债务，而不是安然的债务。与此同时，因为股份出资占50%份额，安然可以将绝地利润的50%计入利润表。这种特殊的会计操作是完全合法的。债务是绝地的，而不是安然的，也不需要把绝地的资产和债务合并到安然的资产负债表中。同样，绝地50%的利润确实属于安然，而且最终会分配给它，或者再投资到绝地。出于同样的原因，加州公务员退休基金也占据绝地50%的股权以及权益。

在这个阶段，安然并没有与绝地进行任何关联方交易，绝地自己与外界进行了成功的交易。对安然和加州公务员退休基金来说，这些投资表现相当不错。到1997年，加州公务员退休基金手上那一半绝地的价值为3.83亿美元——在大约4年时间里增加了1.33亿美元。在那个时候，安然希望加州公务员退休基金能进入第二个更大的合资企业。加州公务员退休基金愿意这样做，只要能给它在绝地持有的股权份额找到下家，然后拿这部分对价来投资下一个合资企业。这就产生了一个问题：如果安然购买了加州公务员退休基金持有的股份，它将拥有绝地100%的股份，并且将不得不把绝地的资产和债务合并到集团资产负债表中，因为法斯托找不到另一个愿意购买加州公务员退休基金所持一半股份的公司。

尽管现在很难准确指出安然在什么时候越过了合法财务会计与欺诈性财务会计的界限，但法斯托的下一个步骤肯定是开始朝这个方向走的：法斯托创建了新的SPE购买加州公务员退休基金所持有的绝地一半的股权。并把它命名为奇科，显然是以《星球大战》中的人物Chewbacca命名的。

SPE 2：奇科　在为奇科融资成为SPE时，法斯托想要使其资产和负

第七章　安然金鹅

债不出现在安然的资产负债表上，主要面临两个问题。首先，它必须由独立于安然的人控制。其次，它必须有至少3%的独立于安然的权益资本。法斯托选择了安然的雇员迈克尔·科珀（Michael Kopper）作为"独立"经营奇科的人，据称他将向奇科贡献3%的股权资本，即1 140万美元。唯一的问题是，科珀和他的合伙人只能拿出12.5万美元。法斯托没有气馁，只是让巴克莱银行（Barclays Bank）通过表面上的"股权贷款"（有风险的所有权资本）提供了1 140万美元。巴克莱银行规定，必须提供660万美元的现金抵押品来保证贷款偿付才肯放贷，安然欣然地提供了这种现金抵押。

《权力报告》（2002）的结论如下：

> 巴克莱融资所需的现金抵押品对奇科遵守3%的股本要求是致命的……因此，奇科从一开始就应该被合并到安然的合并财务报表中，并且由于绝地的非合并依赖于奇科的非合并状态，绝地也应该从1997年11月开始被合并。（p.52）

除了提供1 140万美元的外部股权以满足3%的规定，奇科剩余的融资分别来自巴克莱银行的2.4亿美元贷款①（安然为此担保），以及绝地1.32亿美元预付款。通过融资，加州公务员退休基金和奇科成功交易绝地50%的份额，最终加州公务员退休基金获得了3.83亿美元。

迈克尔·科珀现在控制着奇科——一个幽灵实体。尽管科珀不是安然的高管，但他是安然雇员的事实很可能让奇科无法通过表外SPE测试，因为奇科没有独立于安然的控制。这个测试可能有点离谱，因为奇科肯定没有通过3%的外部股权测试。后来情况变得更加复杂，因为随后科珀将他的控制权转让给了他的合伙人，但继续经营奇科。事实上，科珀因管理奇科公司获得了160万美元。

根据SEC随后的调查，"法斯托秘密地控制了奇科和科珀，并通过这

---

① 更加复杂的是，这些贷款是通过与另外两个实体Big River和Little River的一组精心设计的交易发放的。Big River被指定为奇科的有限合伙人，Little River被选为奇科的唯一成员。

种控制，从科珀那里获得了奇科利润的一部分作为回扣"（LR 17762，2002）。安然雇员经营奇科的事实没有向董事会披露，这一点违反了安然的章程和内部管理规定。此外，奇科的债务是由安然担保的，这种被担保的债务一旦有可能由安然偿还的时候，就应该计入安然的资产负债表。

奇科和绝地在两个主要方面具有重要意义。首先，正如 Bryce（2002）解释的那样，绝地必须被排除在安然的财务报表之外。其次，安然利用奇科和绝地用关联方交易来夸大收益——它主要通过与自己进行交易来增加利润——因为绝地和奇科实际上是安然的一部分。《权力报告》指出了三种虚假收入来源：

1. 保证费用；
2. 管理费用；
3. 根据安然自己的股票确认收入。

为了担保偿还巴克莱银行给奇科的 2.4 亿美元贷款，绝地"支付"给安然 1 740 万美元的担保费用。由于绝地和奇科都不是独立的实体，这笔金额是一笔关联方交易，实际上相当于安然给自己付费转账。进一步，安然在 1997 年提前确认了绝地支付的 1 000 万美元作为期间收入，而不是将担保费用分摊到担保的整个期间。此外，应安然和奇科的要求，从 1998 年到 2003 年绝地还得向奇科支付管理费。1998 年，安然采用按市值计价的会计方法，在其利润表中确认了 2 570 万美元，而这是整个五年周期的管理费用的现值。安然通过对这些虚假实体的管理和融资所赚取的虚假费用，实际上就是安然自身的管理和融资。为了把这个诡计多端的幻想带回来，我们一定不要忘记，安然以安然股票的形式向绝地投资了 2.5 亿美元。

《权力报告》（2002）指出，在 2000 年第一季度，"安然记录安然股票增值 1.26 亿美元"（2002，p.59）。实际上，安然是在将其股票的升值计入其利润表。更糟的是，2001 年，当绝地持有的安然股票价值下跌了约 9 400 万美元时，"安然没有记录它的这部分损失"（2002，p.59）。图 7－1 提供了来自《权力报告》的一张图表，列示了奇科和绝地的资金来源。

第七章 安然金鹅

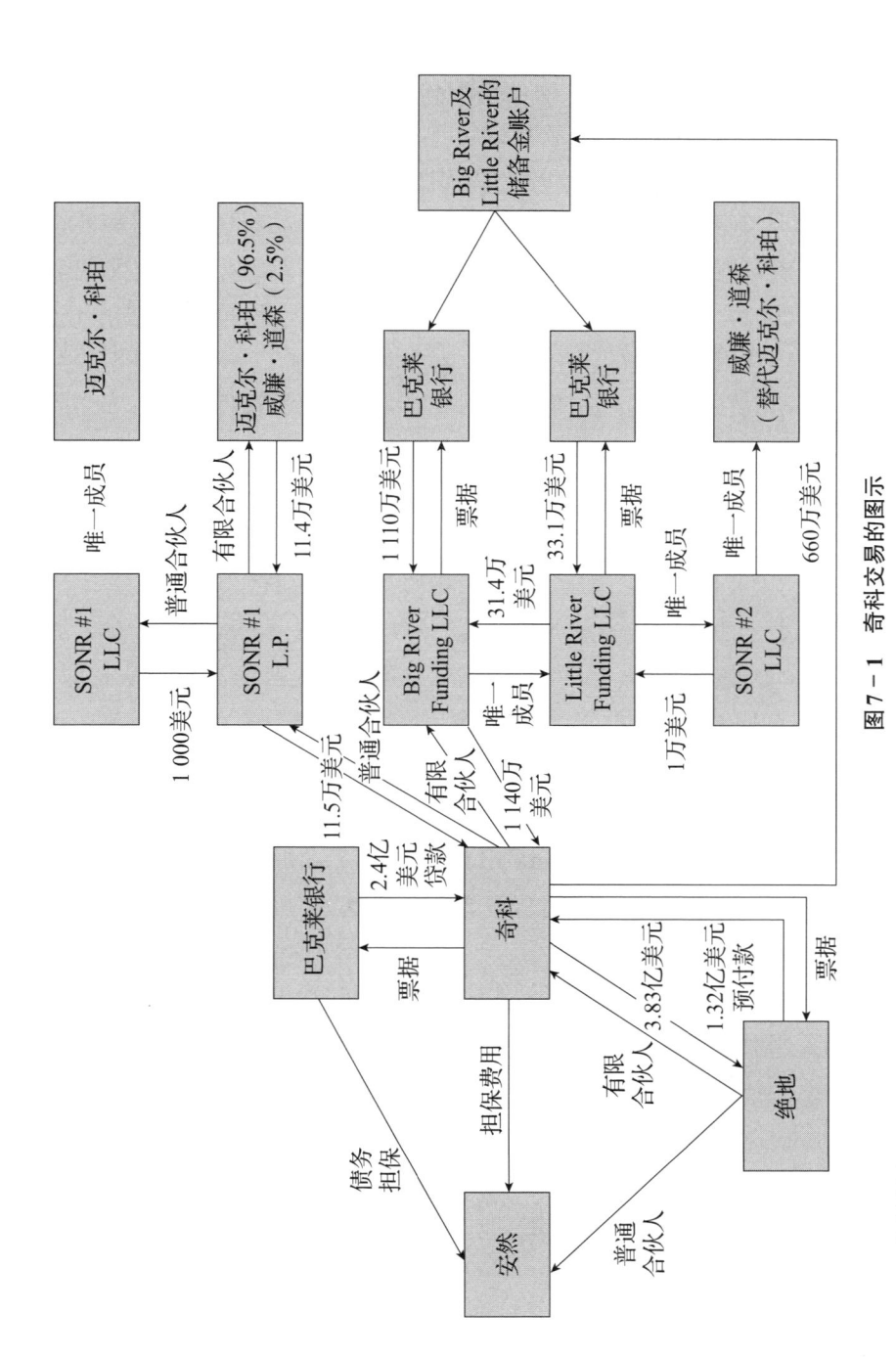

图 7-1 奇科交易的图示

资料来源：Powers Report, 2002, p. 51.

在奇科 3.83 亿美元的融资中，科珀和多德森（Dodson）最初仅投入微不足道的 12.5 万美元。但在安然最后回购奇科的过程中，他们得到了法斯托的优渥待遇。《权力报告》（2002）指出："这次收购，科珀和多德森在奇科的 12.5 万美元投资获得了巨大回报。如果加上在投资结束时额外收到的 300 万美元现金，在投资期间，他们总共收到了大约 750 万美元现金（净额）"（2002，p.64）。此外，在经营奇科几年间，科珀还收到了 150 万美元的管理费用。SEC 的诉讼公告第 17692 号（2002）声称，科珀"与安然的首席财务官安德鲁·法斯托分享了 150 万美元的管理费用"。此外，SEC 在同一份新闻稿中称，法斯托还"从科珀那里获得了一部分奇科的利润作为回扣"。

SPE3：LJM1 法斯托在轻松地操纵绝地和奇科以粉饰安然的资产负债表后，壮了胆，又一手打造了另一个 SPE，并将其命名为 LJM，这个名字是根据他妻子丽娅和孩子杰弗里（Jeffrey）和马修（Matthew）名字的首字母命名的。该 SPE 于 1999 年 6 月在开曼群岛注册为有限合伙企业，正式名称为 LJM Cayman L.P.，接下来用 LJM1 代指。

《权力报告》（2002）描述了法斯托如何通过一系列连锁操作来隐藏和伪装 LJM1 的所有权："法斯托既是 LJM Partners LLC 的合作伙伴和又是其管理成员，一方面 LJM Partners LLC 是 LJM Partners L.P 的普通合伙人，而 LJM Partners LLC 又是 LJM1 的普通合伙人"（p.69）。图 7-2 给出了 LJM1 的结构示意图。

这时，法斯托意识到他已经可以完全控制 SPE 借出来的钱，现在他能够从这只金鹅上任意拔毛。他说服莱和斯基林让董事会任命他为 LJM1 的普通合伙人。法斯托主动提出自己以 100 万美元现金投资于 LJM1，有限合伙人投资 1 500 万美元，安然自己投资 340 万股限制性股票，价值约 2.46 亿美元。

当法斯托向董事会保证，他作为 LJM1 的管理合伙人不会"对安然的利益产生不利影响"（《权力报告》，2002，p.69）时，董事会对利益冲突的担忧被打消了。在 1999 年 6 月 28 日的安然董事会会议上，董事们同意放

第七章 安然金鹅

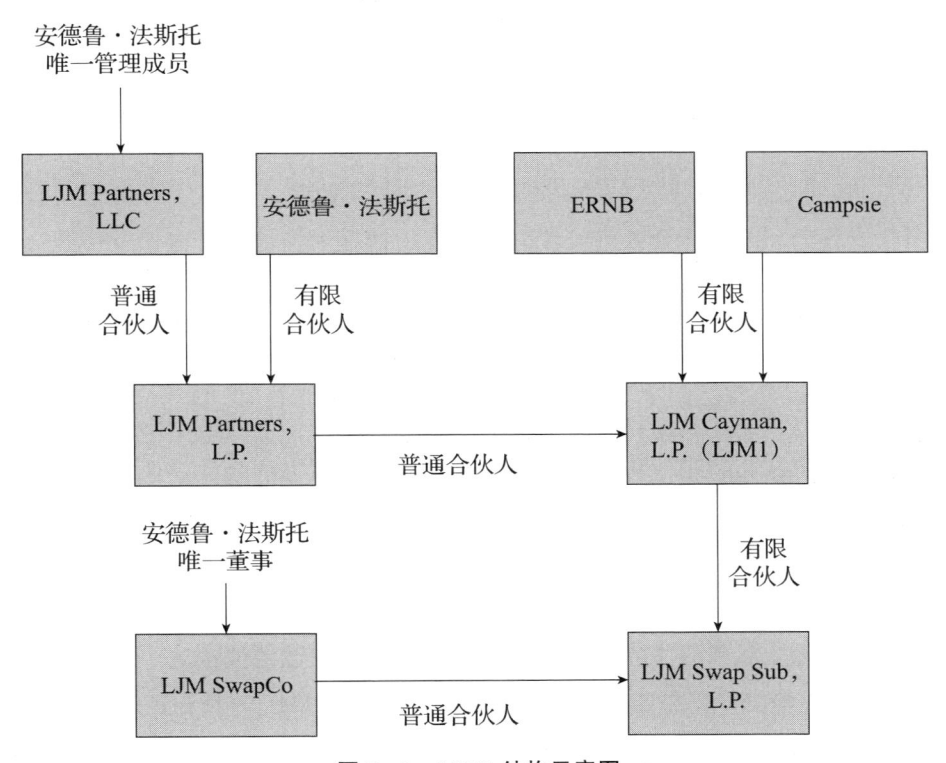

图 7-2 LJM1 结构示意图

资料来源：Powers Report. 2002，p.70.

弃安然自身的道德准则——该准则旨在阻止公司职员与公司进行商业往来——并批准成立 LJM1，由安然的首席财务官安德鲁·法斯托控制。

安然董事会竟然批准了一项可能引发灾难的协议。现在，法斯托拥有 LJM1 的所有权，他可以通过安然的股票和安然的贷款担保为 SPE 融资。此外，他还可以通过 LJM1 买卖安然的资产。难道董事会成员没有想到，安然在出售给 LJM1 时所记录的利润是毫无意义的吗？难道他们没有想到法斯托有足够大的利益驱动让安然为 LJM1 担保无数贷款，从而获得大量现金，用于法斯托自身利益？或者他可以开始以更有利于 LJM1 而不是安然的价格来买卖安然的资产？法斯托肯定也想到了这一点。也许这就是为什么他要确保这些 SPE 的所有权和财务轨迹尽可能复杂的原因。

通过和 SPE 进行的虚假销售，安然给自己带来了收入，但如果 SPE 和安然进行合并，这些收入在财务报表合并后会直接被抵销。

然而，这个把戏的诀窍在于安然并不打算与 SPE 进行合并。法斯托是否知道，当 SPE 由母公司的一名高级管理人员控制，它必须与母公司合并？在没有将 LJM1 合并进安然财务报表的情况下，他似乎在违反传统会计惯例的道路上执意前进。

这种会计操作的核心隐藏问题是，安然必须为 SPE 的债务提供秘密担保，以便 SPE 获得贷款。最终，当安然被迫偿还这些秘密债务时，它不得不承认这些债务。然而，这似乎并没有困扰法斯托，他通过 LJM1 创造的虚假收益远远超过了他相对温和的操纵奇科时所带来的收益。他和奇科的彩排给了他利用 SPE 的实践经验。这让他明白，在安然的账簿上创造人为收入是多么容易——只要向他最终控制的 SPE 收取一定数额的费用（例如，管理费用或虚假销售），然后 SPE 会借钱来付款给安然。用一个巧妙的花招，随之而来的债务是 SPE 的债务，而不是安然的债务！

LJM1 与韵律网络连接公司　安然首先使用 LJM1 为其在韵律网络连接公司（Rhythms NetConnections）的投资创建了一个虚假的看跌期权"对冲"。（看跌期权是一种金融工具，赋予所有者权利在未来某一特定日期以特定价格出售所有者权益，这种所有者权益通常是另一家公司的股权。）安然购买韵律网络连接公司股权的这笔交易实际上是构建 LJM1 的动机。韵律网络连接公司是一家互联网服务提供商，1998 年 3 月安然以每股 1.85 美元的价格购买了 540 万股韵律网络连接公司的股票。1999 年 4 月，韵律网络连接公司上市，股票暴涨到每股 21 美元，到 1999 年 5 月，安然的投资价值已接近 3 亿美元。然而，直到 1999 年底，安然才被允许交易韵律网络连接公司的股票，但随着互联网公司股价的大幅波动，想要准确估计那个时候的股票价值是不可能的。正是由于这种不确定性，根据公认会计原则，在此类股票可以销售之前，公司不允许记录此类股票的利润。然而，法斯托想要在 5 月份就立即确认利润——他必须想办法绕过公认会计

第七章 安然金鹅

原则。

那时，法斯托决定——LJM1 将同意在未来某一天以一个特定的、有利可图的价格"购买"韵律网络连接公司的股份。这样一来，安然在 1999 年 5 月就能"知晓"未来从股票中获得的实际利润。因为安然可以从出售股票给 LJM1 获得最低利润，至少它可以记录下那笔利润，以后安然还可以使用市值计价的会计方法对韵律网络连接公司的股票重新估值。1999 年 5 月，法斯托指令安然从 LJM1 手中购买看跌期权，这将使安然有权在 2004 年 6 月以每股 56 美元的价格将其韵律股票出售给 LJM1。这样一来，如果 1999 年底股价下跌，法斯托认为他不必贬值这笔投资，因为他有权在 2004 年 6 月以每股 56 美元的价格出售这笔投资。安然随后在 1999 年继续推进，"确认与韵律网络连接公司的交易中获得税后收入 9 500 万美元"（《权力报告》，2002，p.14）。

接下来，法斯托要确定 LJM1 将用什么来换取现金，从而能从安然手中购买韵律网络连接公司的股票。此外，他还必须弄清楚，如果韵律网络连接公司的股价下跌，LJM1 将如何处理损失。因为 LJM1 获得了 340 万股安然股票作为资本的一部分，对冲的背后逻辑是：LJM1 会出售其持有的安然股票，而不管当时安然股票的市场价值如何，再拿这些钱去购买每股 56 美元的韵律网络连接公司股票。法斯托有没有停下来考虑过，如果有一天 LJM1 持有的安然股票大幅下跌，以至于出售安然的股票获得的现金都不足以期权价格购买韵律网络连接公司的股票，那时会发生什么？法斯托可能认为事情不会变得那么糟糕。

杰弗里·斯基林是市值计价会计的忠实支持者，他显然支持法斯托的错误想法。另一方面，安然首席研究分析师文斯·卡明斯基（Vince Kaminski）（他拥有工商管理硕士和计量经济学博士学位）对这种对冲策略感到震惊。据称，由于卡明斯基强烈反对组建 LJM，斯基林将卡明斯基和他的分析师团队换到了其他项目。几年后，在 2006 年对莱和斯基林的刑事审判中卡明斯基解释说，使用 LJM 就像在一家破产的赌场下注。"如果你输了，你就输了；如果你赢了，你也输了，因为你的房子付不起你赢的钱"

269

(Mulligan，2006）。如果韵律网络连接公司和安然的股票同时下跌，看跌期权对冲就会失败。股市泡沫破裂的时候，这样的事情就会发生。因为安然将以每股 56 美元的价格向 LJM1 出售其韵律股票的"对冲担保"根本就不是一种担保。股票的所谓"利润"在 1999 年 5 月并没有真正获得，安然在 1999 年的利润表中也不能合法确认该利润。

法斯托喜欢模糊他的 SPE 的结构，他喜欢把它们之间的交易复杂化。他不仅安排 LJM1 将韵律网络连接公司股票的看跌期权出售给安然，还为该交易创建了 LJM Swap Sub L. P. 和 LJM SwapCo。然后，他用 LJM1 转移 160 万美元的安然股票和大约 375 万美元的现金给 LJM Swap Sub L. P.。LJM SwapCo 这个 SPE 是 LJM Swap Sub L. P. 的普通合伙人。实际上是由 LJM Swap Sub L. P. 向安然发行能在 2004 年 6 月以每股 56 美元卖出 540 万股的韵律网络连接公司股票的看跌期权。安然最初向 LJM1 发行了 340 万股限制性股票，作为交换，安然获得了价值约 1.04 亿美元的看跌期权（来自 Swap Sub），以及 6 400 万美元的票据。

《权力报告》（2002）在评论涉及交易的复杂 SPE 集群时总结道："我们不知道为什么要使用 Swap Sub，但一个合理的推论是，它能被用来保护 LJM1，使 LJM1 在与安然进行的任何衍生品交易中不承担法律责任"（2002，p. 81）。这项交易的复杂结构如图 7－3 所示。

这些荒谬的结构嵌入到法斯托环环相扣的 SPE 中，难怪后来在试图解开这一切的时候，安然破产后首席执行官斯蒂芬·库珀（Stephen Cooper）宣称，"这看起来就像某个疯狂的艺术家在某个晚上去上班"（McLean & Elkind，2004，p. 155）。此外，关于 Swap Sub，安然的外部审计公司——安达信的首席执行官在 2001 年 12 月 12 日的国会证词中说，"当我们在 2001 年 10 月再次审查这项交易时，我们确认我们团队最初这一切认为符合 3% 测试的判断是错误的。我们立即告诉安然去改正它"。（《权力报告》，2002，p. 84）

《权力报告》（2002）继续解释：

2001 年 11 月 8 日，安然宣布，Swap Sub 未以外部股权进行适当

第七章 安然金鹅

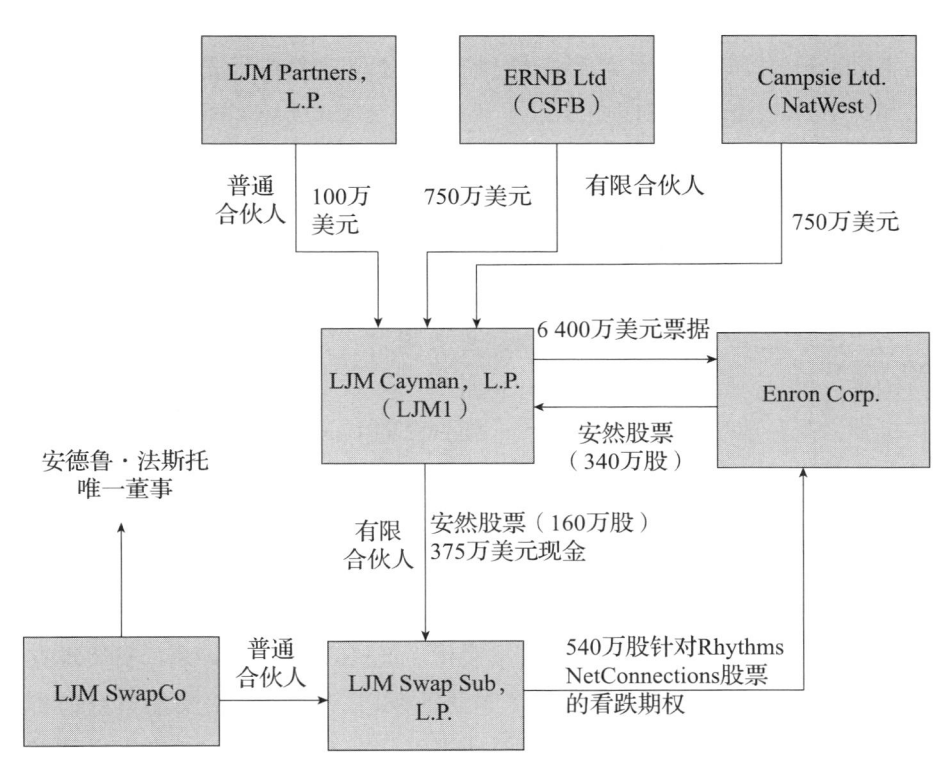

```
┌──────────────┐  ┌──────────────┐  ┌──────────────┐
│ LJM Partners,│  │  ERNB Ltd    │  │ Campsie Ltd. │
│    L.P.      │  │  （CSFB）    │  │  （NatWest） │
└──────┬───────┘  └──────┬───────┘  └──────┬───────┘
  普通 │ 100万     750万美元  有限合伙人      │ 750万美元
  合伙人│ 美元                               │
       ▼            ▼                       ▼
       ┌────────────────────┐  6 400万美元票据  ┌──────────────┐
       │  LJM Cayman, L.P.  │ ─────────────►  │  Enron Corp. │
       │      （LJM1）      │ ◄───────────── │              │
       └──────────┬─────────┘   安然股票        └──────┬───────┘
                  │             （340万股）             ▲
安德鲁·法斯托     有限│  安然股票（160万股）                │
唯一董事         合伙人│  375万美元现金                    │
   ▲              │                                    │
   │              ▼                                    │
┌──────────┐ 普通  ┌──────────────┐ 540万股针对Rhythms │
│LJM SwapCo│─────►│LJM Swap Sub, │ NetConnections股票─┘
│          │ 合伙人│    L.P.      │  的看跌期权
└──────────┘      └──────────────┘
```

图 7-3　韵律网络连接公司交易图示

资料来源：Powers Report, 2002, p. 81.

资本化，本应进行合并。结果，安然说，它将重述财务报表，回溯到 1999 年以反映合并。合并重述后，1999 年净收入将减少 9 500 万美元，2000 年净收入将降低 800 万美元。（p. 84）

2000 年第一季度，安然决定出售持有的韵律网络连接公司股票，并解除其看跌期权。安然不能出售韵律网络连接公司股票的时期已经过去，而现在其股票价值下跌，价格持续走低。根据《权力报告》（2002），安然分析师曾检查该 SPE 结构的财务状况，"该 SPE 结构有 68% 的概率违约，将无法履行其看跌期权的义务。"（p. 87）

LJM1 和库亚巴电厂　法斯托用 SPE 自娱自乐了好几年，后来他的违

271

穿透会计舞弊

法行径才被发现。他最喜欢的一个谎言源自南美,安然在那里拥有一家名为 Empressa Productura de Enerain 的巴西公司 65% 的股份。这家公司也被称为 EPE,当时正在巴西建设库亚巴电厂(Cuiaba)。库亚巴电厂是用来连接从玻利维亚到巴西的天然气管道的,当时安然正在建设这条横穿热带森林的管道。

到 1999 年年中,这个项目经历了好几次挫折。该项目远远落后于预期,并且遭到环保人士的强烈反对,他们担心该项目会破坏热带森林和脆弱的生态系统。在这种情况下,安然想要减少该项投资的所有权。不足为奇的是,没有哪个买家会愚蠢到在这种混乱局面下接手买进。那么法斯托做了什么呢?他想象出一个买家——他自己的 LJM1——并以 1 130 万美元的价格将库亚巴/EPE 公司 13% 的股份卖给了 LJM1。(本质上,安然出售了自己持有的部分巴西公司的股票,然后又用自己手下的另一个公司买了回来,就像狗追自己的尾巴一样。)

法斯托随后得出结论,随着安然对库亚巴/EPE 所有权的减少,它不再需要将库亚巴/EPE 合并到财务报表中。此外,法斯托认为,安然现在对库亚巴项目的市场价格是基于将库亚巴/EPE "出售"给安然本身的价格。在 1997 年的第三季度,按照循环逻辑,安然计算出,如果它出售的 13% 的股份价值 1 130 万美元,那么按照市值计价,其剩余的股份在利润表中必须额外增加 3 400 万美元。在 1999 年第四季度,安然利用市值计价的会计方法,对这家工厂进行了进一步的重估,又计入了 3 100 万美元。

在巴西,库亚巴的问题在接下来的几年里恶化了,但在得克萨斯州,一切都在膨胀。2001 年 8 月,安然以 1 400 万美元的价格回购了 LJM1 持有的库亚巴股份。究竟为什么有人还想买回这个陷入困境的项目,尤其是已经因为它陷入困境而"出售"了它?显然,整个操作都是为了产生一些按市值计价的重估证据——其依据是荒唐的"市场价值",这个"市场价值"由 13% 的库亚巴/EPE 资产"对外"出售给 LJM1 的对价所决定。McLean and Elkind(2004)指出:

1999 年 6 月,安然会计师肯特·卡斯尔曼(Kent Castleman)在一

第七章 安然金鹅

封电子邮件中将 LJM 描述为库亚巴股份的"短期仓库"。科珀后来透露,回购条款甚至已经包含在库亚巴原始销售文件的草稿中。有一件事是肯定的:这笔交易为 LJM 的投资方带来了又一笔意外之财。(p.203)

在库亚巴交易之后,安然开始利用 LJM1(后来是 LJM2)进行一系列的交易,将不良资产或这些不良资产的一部分出售给各种 SPE,以记录利润或避免损失。有了这些计划,难怪把安然的市值计价会计称为"HFV"或"假设未来价值"(hypothetical future value)会计的笑话在安然内部开始流传(McLean & Elkind, 2004)。法斯托还不时利用按市值计价的会计方法,对未售出的不良资产进行重新估值,并在资产重估后计入更多利润。安然的策略本质上是利用连锁 SPE 作为幌子向金融机构借钱,然后将安然表现不佳的资产出售给 SPE,把部分资金转移到安然名下。(此外,安然会慷慨地为 SPE 向金融机构贷款提供担保,所以银行认为他们的钱是安全的!)现金实际上会被伪装成"销售",借给安然,从而夸大利润,并低估其债务。

当然,这背后还会有秘密的附加协议来保证"出售"的资产会被安然回购,从金融机构借到的现金将被偿还。这些资产被放在一个 SPE 中,整个融资安排伪装成出售,而实际上是贷款。将贷款错误地归类为销售,夸大了安然财务报表中的收益和现金流,并低估了它的债务。

凭借其舞弊的商业智慧,法斯托还利用 LJM1 对鱼鹰(Osprey)进行了短期投资,鱼鹰是臭名昭著的白翼实体的一部分,而白翼是安然最疯狂、最有野心的表外实体之一。鱼鹰将在本章后面更详细地讨论,作为白翼分析的一部分。

清算 LJM1 更糟糕的是,法斯托在最后的清算关闭 LJM1 和 Swap Sub 中又在欺诈。瑞士信贷第一波士顿银行(Credit Suisse First Boston Bank)和威斯敏斯特银行(National Westminster Bank)是两个共同融资 1 500 万美元给 LJM1 的有限合伙人。据称,在安然为处理清算这两个 SPE 需要退钱给银行时,这些银行的某些雇员在要退回的金额上误导了自己为之工作的银行。令人惊讶的是,法斯托又设立了另一家名为南安普顿

(Southampton)的 SPE，买下了瑞士信贷第一波士顿银行和威斯敏斯特银行在 LJM1 中的全部权益。南安普顿是由法斯托与一些安然、银行的雇员一起控制和使用的。SEC 解释说：

> 大约在 2000 年 2 月，法斯托和其他人让安然买下了瑞士信贷第一波士顿银行和威斯敏斯特银行在 LJM1 中关于有限合伙人的相关权益。在这次交易中，法斯托和其他人告诉安然，威斯敏斯特银行开价 2 000 万美元，但实际上只支付 100 万美元，剩下的部分则被中饱私囊了。一个以法斯托家族名义成立的慈善基金会从这次诈骗案中获得了 450 万美元。（LR 17762，2002）

法斯托的大胆令人难以置信，而且贪婪疯狂到没有止境。几个月后，也就是 2000 年 7 月，法斯托又从 LJM1 那里收到了 1 800 万美元。此外，他从 SPE 收取的"管理费"达到 260 万美元。根据 McLean and Elkind（2004）的说法，"法斯托的秘密收入，仅从这一次合作，最终就达到了惊人的 2 510 万美元"（p. 197）。

在 LJM1 事件中，安然通过关联方交易夸大了收益，夸大了财务报表中报告的现金流，并错误地推高了股价。此外，在 LJM1 的事情上，法斯托甚至连斯基林都瞒住了，并在一定程度上放松了警惕。

SPE4：LJM2 和猛禽 用 LJM1 为安然创造的虚假利润和虚假对冲韵律网络连接公司所获得的股票收益让法斯托更加野心勃勃。为了操纵收益，这一次他创造的又一个 SPE 叫作 LJM2。有了 LJM2，法斯托不仅惊人地夸大了安然的收益，还利用安然和 LJM2 之间的各种利益冲突交易来增加自己的银行余额。通过精心设计和相互勾连的合伙关系，LJM2 基本上是借钱——使用安然自己的股票——从安然购买表现不佳的资产，以夸大安然的收益，隐藏其债务，并提供现金来维持安然的运转。

LJM2 交易中最臭名昭著的部分可能是由法斯托设计并在 2000 年 5 月被安然董事会批准的四个 SPE，这些 SPE 被称为猛禽（Raptor，编号为"猛禽Ⅰ"到"猛禽Ⅳ"）。这些 SPE 是以设计该计划的迅猛龙高尔夫球场命名的，但讽刺的是，Raptor 也是一种恐龙的名字。这种恐龙据说是偷蛋贼和食肉动物。就像恐龙一样，安然也注定要灭亡。最后，"安然使用了极其复杂的猛禽结构性融资工具，以避免在利润表中反映一些商业投资的价值损失"（《权力报告》，2002，p.97）。

以猛禽 I 举例，我们来看一下它的交易，它被一家名为鹰爪（Talon）的 SPE 所创办（Talon 是一只邪恶的爪子——另一个生动的名字）。根据《权力报告》（2002），LJM2 向鹰爪投资了 3 000 万美元现金，安然投资了"公允市场价值为 5.37 亿美元的股票和股票合同"，以及 5 000 万美元的本票，只有 1 000 美元的现金（p.100）。LJM2 的 3 000 万美元投资是为了满足"3%规则"，该规则要求 SPE 的风险资本中至少有 3%由独立实体出资，以便安然避免将 SPE 合并到自己的财务报表中。

毫不奇怪，这个不正当的计划有许多问题。首先，正如 SEC 后来指出的那样，LJM2 对鹰爪的 3 000 万美元投资没有处在风险之中：

> 据称，法斯托与安然达成了一项未披露的私下交易，在与猛禽 I 进行任何对冲活动之前，安然同意返还 LJM2 的投资（3 000 万美元）和担保回报（1 100 万美元）。因此，猛禽 I 应该被合并到安然的财务报表中。（LR 18543，2004）

一般来说，鹰爪会对安然商业资产的权益进行所谓的"总回报互换"（total return swaps）对冲。《权力报告》（2002）将这些回报互换描述为"鹰爪会获得这些投资可能的未来收益，但也必须向安然支付未来可能损失的金额"（p.108）。

主要的问题是鹰爪实际上是安然的一个部分。安然只是将其损失的资产转移到自身的另一个部分。毕竟，什么样的企业会只购买濒临崩溃的投资项目呢？另一个问题是，鹰爪的主要资产是安然股票，它的命运与安然的命运紧密相连。

不久，安然开始将表现不佳的资产放在其他猛禽结构中，以避免确认这些不良投资的损失。当然，不可避免的事情发生了。转移到猛禽的资产价值下跌，安然的股票也随之暴跌。猛禽无法履行其义务，这导致安然可能不得不在 2000 年第一季度末将猛禽贬值 5 亿美元并在财务报表中确认这一巨大损失。安然仍然不愿面对"灭绝"的现实，它又设计了另一种结构来帮助猛禽延长寿命。然而，猛禽手上的那些投资仍在继续下跌，安然的股票价格也在继续下跌。

在进行所有这些花招的时候，安然法律部门的律师斯图亚特·齐斯曼（Stuart Zisman）在 2001 年 9 月给他的上司发了一封电子邮件，表达了对安然财务报表准确性的担忧。

齐斯曼的怀疑后来得到了证实。《权力报告》（2002）给出了一个复杂结构的图示（参见图 7-4），这个结构解释了安然是如何在有无数镜子的大厅里，自己与自己进行交易的过程。

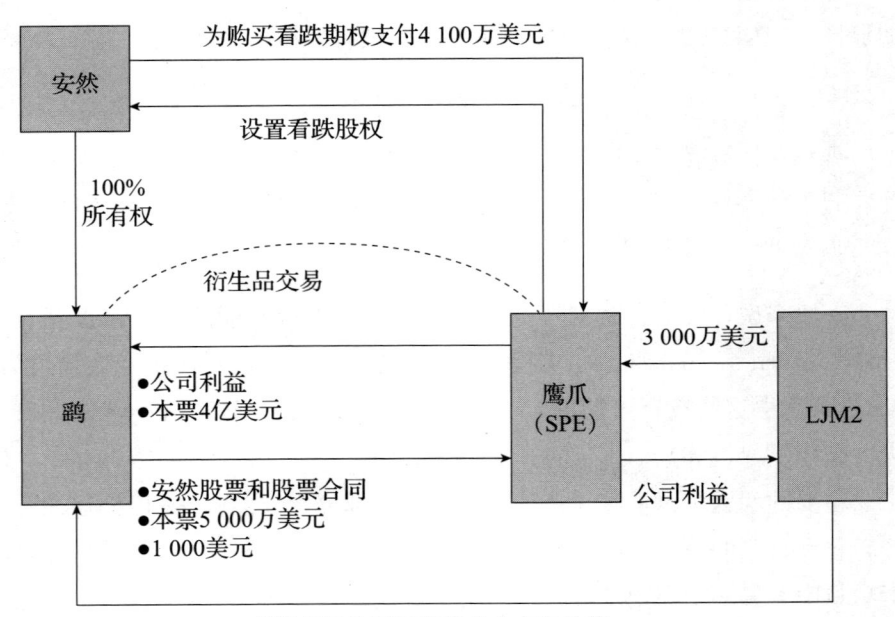

图 7-4　一个非常简化的猛禽 I 的图

资料来源：Powers Report, 2002, p. 101.

第七章 安然金鹅

《权力报告》说明了安然使用猛禽操纵其从2000年第三季度到2001年第三季度期间业绩的情况："在此期间，和猛禽进行的这些交易让安然得以在利润表少记录近10亿美元的损失。如果没有这些操纵，安然的税前利润在这一时期本应该是"4.29亿美元，比操纵后下降72%。"现在，大势已去，众目睽睽（《权力报告》，2002，p.99）。

2001年第三季度，"安然最终终止了这些工具。安然在2001年10月16日第一次发布第三季度报告时，披露其产生了税后费用5.44亿美元（税前7.1亿美元）"（《权力报告》，2002，p.98）。当然，所有由SPE产生的债务——那些安然最终负有责任的债务——都没出现在安然的资产负债表上。直到完全确认SPE无法偿还债务为止，安然才把这些债务加入自己的资产负债表。安然最终陷入困境，因为无法借更多的钱来继续隐瞒。

随着混乱的消息传开，安然迅速垮台，全世界都震惊地得知，猛禽的失控只是整个SPE迷宫的一部分。

SPE5 和 SPE6：白翼和鱼鹰　白翼（Whitewing），是法斯托设计的另一个幻想，最初设计它的目的是购买安然的资产。然而，在这一幻想的背后，白翼先借钱然后转移到安然，以这种方式将贷款伪装成出售安然资产。这些贷款被发放给安然的一组表外实体，即所谓的白翼结构，然后贷到的钱通过这个结构进入安然。这些伪装成销售额的贷款夸大了安然的销售额、收益和经营现金流。同时，这些行为还使财务报表附注低估了安然的或有负债。此外，安然针对白翼债务的或有负债应该记为实际负债，因为白翼没有能力偿还自己的债务。安然通过这种方式低估了自己的债务。

此外，如果白翼以转售从安然以虚高的价格购买的资产而出现亏损，安然保证会发行安然股票来弥补差额，来补偿白翼。这意味着，当白翼从安然购买的资产出现亏损时，安然的股价下跌得越多，它发行的股票就越多。不出所料，这就是最终发生的事情。

这些错综复杂的表外实体让实际的资金流动变得相当困难。法斯托和他的助手们为了帮助白翼，创建一个名为鱼鹰信托的表外实体，并马上借了超过30亿美元的资金。令人惊讶的是，似乎没有人问，为什么世界上有金融机构会借钱给一个新成立的没有任何业绩记录的信托机构。当然，答案是显而易见的：因为安然最终担保了债务的偿还。然而在审查了白翼结构和安然的财务报表后，安然的工作人员显然没有问这个问题。

在借了这笔钱之后，鱼鹰给白翼的特别合伙企业投资了15亿美元。安然还在白翼投资了25万股可转换优先股以及1.352亿美元的安然票据。白翼随后"花了16亿美元从安然公司购买资产"。然后，安然将这笔出售资产所获得的收益记录为经营活动现金流。(《破产报告第2号》，2003，p.75)

破产审查员总结道：白翼本应被安然合并，如果是这样的话，这笔出售资产记录的经营活动现金流就会被抵销。而针对鱼鹰信托，审查员承认，是否应该合并鱼鹰信托是有争议的。然而，即使没有合并，安然担保的这笔鱼鹰债务也应作为或有负债披露在安然的财务报表附注中。

白翼耗费巨资购买了安然的这些不良资产，而如果以市场价转售这些资产将使白翼蒙受巨大损失。此时，安然同意发行股票来弥补白翼的损失。为安抚投资方，安然提出一种"死亡螺旋融资"的方案——借款人同意以发行自己公司股票的形式来偿还贷款。发行的股份数量取决于股票在偿还日期的市场价值。如果必须通过发行股票来偿还贷款，当股价下跌越多，就必须发行更多的股票，而这反过来又会推动股价下跌。这就像将比萨切成越来越小的薄片。是的，有更多的切片，最后他们也仅仅是切片而已。

最初，为了"利用安然优先股、安然的合同义务和安然票据提供的支持，创造总计38亿美元的表外融资"，安然成立了白翼和股份信托实体马林（Marlin）。审查员的结论是，白翼交易的功能更像是通过垫付金额进行循环融资。

据统计，在两年内白翼向安然提供了超过27亿美元的资金。(《破产报告第2号》，2003，p.67)

当安然的股价不可避免地螺旋下跌时，白翼结构——就像一只信天翁——回旋飞动着加速了安然的灭亡。破产审查员计算出，白翼中的剩余资产"合计价值在7亿~10亿美元之间"(《破产报告第2号》，2003，p.67)。

第七章　安然金鹅

到最后，白翼以票据的形式欠下鱼鹰24.3亿美元。

舞弊手法Ⅲ：预付交易

即使把利用SPE融资伪装成销售，安然仍极度缺乏现金。安然大部分公布的收益都是按市值计价的，而许多蒙受损失的资产被隐藏在其他地方，没有实际出售。此外，安然利润表所报告的营业利润将远远高于其现金流量表所报告的经营活动现金流，除非对经营活动现金流做重大的操纵才能够让其匹配。

安然，凭借其一贯的创新天赋，想出了一个答案——或者更确切地说，它想出了一个临时的、相当短视的解决方案，即"提前支付"。在本质上，通过提前支付，安然将与某一方签订合同，在未来以特定价格交付天然气等商品。这本身在当期不会产生任何现金，在交付天然气前也不应该产生任何利润。然而，安然将以未来现金售价的总额减去折扣，再把合同卖给金融机构，这样一来安然就能提前获得现金。你看！现金问题"解决了"，至少看起来是这样。然而，安然将不得不同意保证在未来的某个时点偿还所有收到的现金并附加利息。

该计划在当前时期的美妙之处在于安然能够在其财务报表中将这笔贷款交易当作销售进行报告。依据这些合同，安然在资产负债表中流动资产和流动负债下增加了相似的数额。为了让交易看起来更复杂，安然让一个通道实体同意在未来交付大宗商品并获得预付现金。然后，资金将由这个通道实体支付给安然的附属公司。这个附属公司的角色通常是安然北美公司（ENA），它将同意支付未来的偿还款项和利息。图7-5列示了一个典型的预付交易结构。短期内，这种策略产生了现金，并夸大了安然现金流量表的经营活动现金流。它还夸大了销售和收入，并保留了长期债务——这是安然资产负债表上临时现金流入的真正来源。

为了说明提前支付是如何工作的，Bryce（2002）描述了提前支付的一个例子：安然和摩根大通签订了一份在2001—2005年间向客户提供价值达3.94亿美元天然气的合同，安然以3.3亿美元的价格将合同卖给了摩根大

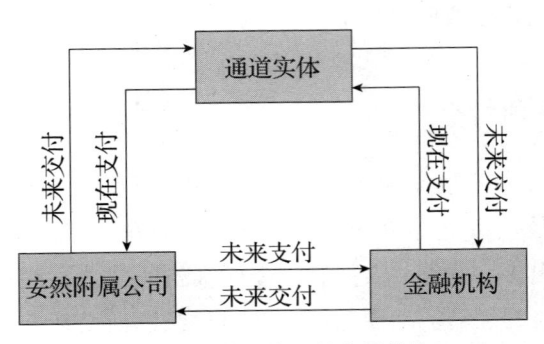

```
        ┌──────────┐
    ┌──→│ 通道实体 │←──┐
    │   └──────────┘   │
  未│ 现         现  未│
  来│ 在         在  来│
  支│ 支         支  支│
  付│ 付         付  付│
    │                  │
┌──────────┐  未来支付  ┌──────────┐
│安然附属公司│──────────→│ 金融机构 │
│          │←──────────│          │
└──────────┘  未来交付  └──────────┘
```

图 7-5 典型的预付交易结构

资料来源：Powers Report，2002，p. 63.

通持有的马霍尼亚（Mahonia）通道公司。随后安然同意从另一个管道公司——爱琴海斯通维尔（Stoneville Aegean）购买 3.94 亿美元的天然气，并分期付款。就这样，安然收到 3.3 亿美元现金，并不得不偿还 3.94 亿美元。在 1998 年的一封电子邮件中，一位摩根大通的银行家写道："安然喜欢这些交易……因为他们能够向他们的股票分析师隐藏债务"（McLean & Elkind，2004，p. 160）。

不出所料，在几年之内，安然就陷入了法律问题。2003 年 1 月，破产审查员就预付款交易得出以下结论：

> 总的来说，预付款交易可能是安然在破产申请日期之前的四年里最大的单一现金来源，总共为安然提供了 50 亿美元的现金。然而，安然的会计、现金流报告和交易的披露信息都是不恰当的。（《破产报告第 2 号》，2003，p. 66）

此外，破产审查员作出结论：

> 安然本应将预付款交易记为债务，而不是价格风险管理活动，而且……收到的现金应该作为融资活动产生的现金流量报告，而不是作为经营现金流进行报告。最后，审查员得出结论，根据预付款交易，安然：

- 在2001年6月30日的资产负债表上,其债务被低估了大约50亿美元;
- 将通过预付款交易取得的现金错误地报告为经营现金流。(《破产报告第2号》,2003,p.59)

根据审查员的调查结果,安然1999年的预付现金流为12亿美元,高于安然报告的全部经营现金流。审查员指出,安然如果在2000年恰当地报告这些提前偿还的债务,其债务将从102亿美元增加至142.4亿美元。他指出:"提前支付的技术是安然用来维持其投资信用等级的有力工具。"事实上,这位审查员引用了安然金融集团负责人威廉·布朗(William Brown)的话:"他明白,任何预先支付交易的金额,都是由安然希望向评级机构展示的目标现金流决定的。"(《破产报告第2号》,2003,p.62)

安然舞弊的信号

安然财务报表中的一些危险信号表明,安然一直在使用表外实体或SPE来低估债务和夸大收益。

识别安然舞弊手法 I(利用 SPE(或未合并的附属公司)低估债务和夸大收益)的信号

SPE通常是权益投资,即投资方获得被投资方所有者权益的投资。有关SPE的信息通常隐藏在投资方资产负债表上的其他股权投资中。

一般来说,公司的权益投资可分为三类:

1. 投资方持股比例低于20%,在这种情况下投资方对被投资方持有被动权益。被投资方的资产和负债不被合并到投资方的集团资产负债表中。宣布股息时确认收益。

2. 投资方持有20%～50%的股份，在这种情况下投资方被认为对被投资方具有重大影响但不具有控制权，除非存在相反的信息。这些投资在资产负债表上通常被归类为"对未合并附属公司的投资"。附属公司的资产和负债不合并到投资方集团的资产负债表中，投资方使用权益法计算其在被投资方收益中的份额。

3. 投资方持有被投资方50%以上的股权，在这种情况下投资方对被投资方拥有控股权。被投资方的财务报表被合并到投资方的集团财务报表中。

然而，当投资方或发起方设立SPE时，这三个类别就变得模糊了。SPE通常是"由一方（转让方或发起人）通过将资产转移到另一方（SPE）以执行特定目的、活动或一系列交易而创建的。这些实体除了创建它们的交易之外没有其他目的"（Soroosh & Ciesielski，2004）。它们通常是合伙企业、合资企业或信托，有时也是公司。

在安然事件之前的会计规定中，因为这样的实体是为特定目的而运营，新兴问题特别工作组允许SPE在符合条件的情况下被排除在发起方的集团合并财务报表之外"只要第三方的股权所有者至少持有SPE总资本3%的所有者权益；同时，主要股权表决权不能由受益人持有"（Soroosh & Ciesielski，2004）。

许多公司开始违反规则，创建自己控制的实体，并将大部分股权资本（3%除外）投资于其中，并对实体的债务承担进一步的责任。他们使用非合并规则，以避免将这些SPE的债务纳入资产负债表，并避免减去与这些实体关联交易产生的利润。这些对表外实体的投资往往会消失或隐藏在投资方的资产负债表中，就好像它们是那种投资方持有被投资方20%～50%的股份时对未合并子公司的投资一样。

如前所述，安然事件后，SPE的会计核算由财务会计准则委员会解释公告FIN 46（R）更新，并由FASB No. 167（2009）修订。针对整合指引，2011年发布了ASC 810的更新建议。本质上，根据FIN 46（R），如果发起方公司对一个无法自我支持的实体进行投资，并且投资方有可能需要提供进一步的财务支持,那么发起方必须将被投资方定义为可变利益实体(VIE)。

如果公司是可变利益实体的主要受益人,则可变利益实体必须合并到公司的集团财务报表中。FASB No.167(2009)的报告摘要中,将主要受益人确定为同时具有以下特点的企业:

1.对可变利益实体有指导其活动的权力以至于对其经济绩效有重大影响。

2.具备承担该实体损失的义务或是从该实体获得收益的权利,而这种损失与权益可能对可变利益实体很重要。

此外,管理层讨论与分析部分还被要求披露有关表外安排的细节。拟议的会计准则更新(ASC 810)"为报告实体提供了评估标准。评估一个实体是否为可变利益实体时这些标准会发挥作用,如果是可变利益实体,那么发起方还需要判断这些报告实体是否应该合并"(FASB News Release, Nov. 2011)。值得注意的是,安然事件之前的会计规则也要求安然将许多未合并的SPE合并到安然的财务报表中,但是安然没有这么做。如果一些公司已经违反了旧规则,那么一些公司可能也会试图违反新规则。然而,利用财务报表和注释中的一些线索,可以探究出那些有问题的SPE。

安然的SPE主要隐藏在未合并附属公司的投资和其他投资中。财务报表附注中有关未合并附属公司的内容,以及有关关联方交易、担保和"销售"的附注中都留下了暗示。在这些附注中,卖方保留了"出售资产"的部分所有权。在财务报表的注释中,还模糊地提到了对合伙企业和信托的投资,以及用安然自己的股票为这些实体融资。

信号1:未合并附属公司或SPE的资产负债都显著增加

未合并附属公司或SPE的资产负债都显著增加时,这表明公司可能利用表外实体隐藏债务或夸大其收入。

在安然年报的"合并财务报表附注"中,题为"未合并权益附属公司"的附注表明,未合并附属公司的资产和负债大幅度增长——其负债则从1997年的83亿美元增长到2000年的206亿美元。鉴于表外实体经常被用来隐藏表内债务,未合并的附属公司持有的大量债务必然会引起该公司可能对附属实体的债务负有责任的担忧。为什么安然要向未合并的实体投资如此之多本身就让人怀疑。

信号2：财务报表附注中对未合并附属公司的含糊提及

财务报表附注或管理层讨论与分析中对未合并附属公司的含糊提及，特别是对未合并附属公司或表外实体的投资，应被视为警告信号。当附注中以下内容有一项或多项的表述不清时，要非常小心：

- 与该实体交易的性质；
- 使用该特殊实体的理由；
- 实体名称；
- 实体的性质——无论是合伙企业、信托企业、合资企业还是公司。

当发现未合并附属公司的投资或关联方交易发生在特殊构建的实体——如合伙企业、信托公司或合资企业——而不是独立建立的公司时，应该警惕该公司可能利用SPE低报债务和夸大收益。该公司还可能将这些SPE的披露与对独立公司的定期投资混合在一起。因此，财务报表的使用者必须高度警惕那些用模糊的术语描述的未合并附属公司。

除非公司所处的行业广泛使用SPE，否则财务报表和管理与预算应非常清楚地说明SPE的性质以及使用SPE的原因。

在对安然财务报表附注的检查中，发现了以下警告信号：

● 1998年，安然的合并资产负债表已经显示向未合并的子公司投资了44.33亿美元。在相关的注释中，简要地描述了安然和其中一些附属公司之间的关系，而其他公司则没有被点名或描述。事实上，44.33亿美元中的11.9亿美元被简单地描述为"其他"。这些注释还指出，"安然不时地与未合并的附属公司签订各种行政服务、管理、建筑、供应和租赁协议"。

● 在1998年年报中，题为"商业资产"的注释指出，"安然的投资包括公众股权和私募股本、债务、生产支付以及在有限合伙企业的权益"。

● 在1999年的年度财务报表中，在"关联方交易"的附注中提到几个LJM特殊目的实体项目，但没有使用特殊目的实体一词。很明显，安然自己的股票被这些实体投资了——从声明中可以看出："LJM收到了680

万美元的安然普通股。"

- 同样在1999年的财务报表附注中,"未合并股权附属公司"名单中新添加了数目惊人的附属公司,包括现在臭名昭著的、在安然的财务报表中隐藏了巨额债务和损失的白翼结构。其中,对白翼结构的描述含糊不清,没有明确的理由解释它的存在。(LJM未合并实体的结构甚至没有列在未合并关联公司的附注中,尽管在"关联方交易"附注下提到了它。)

- 2000年,"未合并附属公司"附注下面提供了一份不完整的实体名单。尽管一些重要的SPE被省略了,但该附注确实提及了安然把自己的商业资产出售给白翼的事情。这条信息有助于弄清楚这个实体最初为什么会被创建,它在财务报告中为什么会被模糊地掩盖。安然把自己的资产卖给了这个附属实体,为什么它要这样做呢?没有给出任何理由。(在前一年,安然未合并子公司关于白翼的报告中甚至并未提及向白翼出售商业资产。)

到安然2000年年报发布的时候,安然的投资者应该已经知道了安然对白翼、LJM和绝地等合伙企业和合资企业的投资,他们也应该意识到,这些企业被利用的原因和方式并不清楚。这种对表外实体的含糊不清应该是一个强烈的警告,即安然可能一直在隐瞒什么。

信号3:产生大量利润的未合并的附属公司

当未合并的附属公司为公司带来很大一部分利润时,这是一个信号,说明公司可能使用SPE来操纵其财务报表。

企业可以利用SPE将表现不佳的资产移出财务报表,以避免稀释报告收益或产生新的收益。因此,在财务报表附注中寻找正常业务以外的"收益"或利润很重要,特别是如果这种收益似乎与公司未合并的附属公司有关。

在安然这个案例中,检查年报中的"商业投资"注释和"商业活动"注释能揭示安然销售商业资产的重要信息。1997—2000年安然销售商业资产的税前收益见表7-1。

表 7-1　安然出售商业资产的税前收益*　　　　单位：百万美元

年份	金额
1997	136
1998	628
1999	756
2000	104

* 数据来源于安然合并财务报表的附注。

表 7-2 展现了安然出售商业资产和投资的税前收益占营业利润的百分比。

表 7-2　安然出售商业资产和投资的税前收益占营业利润的百分比*

年份	百分比
1997	906%
1998	46%
1999	94%
2000	5%

* 数据来源于安然合并财务报表的附注。

令人难以置信的是，在 1997 年，如果没有这些出售商业资产的收益，安然 1 500 万美元的综合营业收入会变成 1.21 亿美元的营业亏损。更令人警觉的是，1998 年的"商业投资"注释显示，大部分商业投资（总计 18.59 亿美元）是通过未合并的附属公司（包括合伙企业）持有的。

因此，如果没有这些未合并实体的交易，安然的很大一部分"利润"就不会存在。

当然，以正常的营业利润为基础来研究利润表，我们必须考虑安然股票的实际价值是否接近其当时的交易价格。最终的结果是安然毫无价值。

信号 4：财务报表中关联方交易的附注提及与未合并 SPE 的交易

财务报表中关联方交易的附注中提及与未合并 SPE 的交易，尤其是和特殊构造的如合伙企业或信托基金这类实体交易。这是一个信号，表明该公司可能使用 SPE 隐藏债务或生成虚构利润。

第七章 安然金鹅

安然在其 1999 年年报中的"关联方交易"附注中写道:"安然的一名高级官员是 LJM 的普通合伙人的管理成员。"此外,它还解释说"LJM2 与 LJM 拥有相同的普通合伙人,直接或间接从安然处收购约 3.6 亿美元的商业资产,在此次交易中安然确认的税前收益约为 1 600 万美元"。虽然附注中未使用特别目的实体一词,但警告信号是清楚无误的:

- 安然的一名工作人员替安然构建的实体与安然做有潜在利益冲突的交易。
- 安然把资产卖给了自己。

在 1999 年年报中同样的附注透露白翼收购安然 1.92 亿美元的商业资产。安然没有确认与这些交易有关的损益。白翼是安然另一个未合并的实体,安然和自己进行交易,将资产转移到这种结构中。在这种情况下,人们不得不怀疑这样做是不是为了避免记录巨额损失。

在 2000 年年报中,"关联方交易"附注中提及"关联方"在 2000 年"从安然获得了大约 3.71 亿美元的商业资产、投资和其他资产"。同一份年报还披露,安然已将对 SPE 的投资扩大到了疯狂的程度:"安然……向新成立的实体出资的价值约为 12 亿美元,其中包括 1.5 亿美元的安然应付票据和 370 万股已发行的安然限制性股票。"

尽管安然当时还不愿意公开披露将不良资产转移到这些 SPE 隐藏损失的信息,仅仅披露交易体量的大小与安然高管涉及 SPE 与安然交易的细节,但这已经足以让利益相关者注意以下几点:

- 在这些交易中存在隐藏损失的机会。
- 这些资产的出售没有可靠的市场价格。
- 没有客观的方法来计算安然的实际利润。

在关联方交易中价格的有效性问题上,利益相关者不得不盲目相信安然和安然的外部审计师安达信。

信号 5:流动资产证券化

非金融机构的流动资产证券化——无论是应收账款还是金融工具资产——表明这个公司可能会面临现金流问题,它需要加快实现(或清算)资产变现的速度。

为测试是否存在虚构应收账款的信号，应该把证券化的金额加回到应收款项（应收账款或者在安然的案例中的"价格风险管理活动资产"）之后才计算应收账款在销售收入中的比值。

按照同样的逻辑，为了检验没有以经营现金流形式实现夸大收益的迹象，在计算营业利润或净利润与经营现金流的比率之前，应该从经营现金流中扣除证券化的金额。

2000年安然的年度财务报表中，名为"价格风险管理活动和金融工具"的附注下包含一个名为"证券化"的小节。该小节说"在2000年，以证券化形式实现的销售利润为3.81亿美元，收入为23.79亿美元（5.45亿美元的收入与白翼有关）"。这意味着安然近一半的经营现金流来自其流动资产证券化。此外，证券化的一部分包括与表外合伙实体（白翼）的关联方交易。

当一份财务报表的附注揭示了以下情况时，你该重视起来并产生怀疑了：

- 公司在未合并SPE上投入大量资金。
- 该公司与这些实体进行重大的关联方交易。
- 这些交易包括大规模证券化或出售流动资产，以加速现金收付。

这些都清楚地表明，一个公司可能正在美化其所报告的财务报表——此时你不能只依靠财务报表来对利润、现金流或公司债务进行分析。

在安然的案例中，证券化发生的同时，还提到了关联方交易，特别是构建实体，以及在"出售"资产中被安然保留一些所有者权益的销售。这些因素的结合不仅仅是一个信号；那是警笛。查询10-K文件和10-Q文件，注意财务报表的附注，寻找证券化和保理，以及应收账款的销售这种短语，这对于发现加速现金流是很重要的。

信号6：保留出售资产的部分所有权

当一家公司在出售资产时保留了出售资产的所有者权益，这是一个信号，表明该公司实际上可能正在获得贷款并将其归类为出售。

当这类交易涉及表外实体时，变得尤其复杂。在安然 1998 年年报中，"商业活动"注释指出，"其中一些出售是通过证券化完成的，安然通过与标的资产相关的掉期交易保留了某些权益"。我们现在知道，实际上，这些出售中有许多是变相贷款，安然保留的"某些权益"是所有者权益，也就是说，这些"出售"实际上是贷款。此外，这些所谓的销售所得的利润或收益也包括在营业利润中。

信号 7：公司为 SPE 的债务提供担保

公司为未合并实体的债务提供担保，这是一个利用这些 SPE 融资并且把这些债务隐藏在公司资产负债表和集团合并资产负债表之外的信号①。

在安然 1998 年年报中，财务报表中有一个标题为"承诺"的注释。根据这附注：

> 安然以代表未合并附属公司签发信用证的方式，对某些未合并附属公司的业绩进行保证。截至 1998 年 12 月 31 日，该等担保共计 2.09 亿美元。此外，安然对未合并附属公司和其他公司的某些债务承担进行担保，总计约 7.55 亿美元。

从表 7-3 可以看出，1998—2000 年这三年安然的担保负债增长非常惊人。

表 7-3 从安然 1998—2000 年年报附注中提取的担保负债

单位：百万美元

	1998 年 12 月	1999 年 12 月	2000 年 12 月
代表未合并附属公司的信用证担保负债	209	303	264
代表未合并附属公司和其他公司的某些负债的担保负债	755	1 501	1 863

虽然安然没有充分披露所有的担保，也没有披露实体违约的可能性，

---

① 根据安然事件之后的会计要求，我们不太可能找到像这样保证未合并实体的披露，因为这样的保证很可能导致该实体被归类为可变利益实体以及根据 FIN 46（R）被受益方进行合并报告。

也没有提到安然将可能为保证的数额负责，但这些附注中涉及的未合并附属公司的规模以及与之发生的关联方交易足以成为醒目的警告。

这些信号表明，表外活动的重要性足以使公开的资产负债表不对该公司进行分析。事实上，我们现在知道，在2000年年报发布后的一年内，就是安然对特殊目的未合并实体进行的担保让它破产的。

识别安然各种财务问题的一般信号

安然的财务报表揭示了各种财务问题的信号，包括盈余的夸大、经营现金流的夸大以及债务水平的问题。

信号1：应收账款占收入的百分比增加

当应收账款金额占收入的百分比增加时，这是可能加速或虚构确认收入的信号。

如果有证据（如财务报表附注中所披露的）表明该公司已经创建了SPE，并且该公司还参与了关联方交易，则该信号将成为更大的警报。在安然的案例中，未实现收入在应收账款和来自价格风险管理活动的资产之间进行分配。来自价格风险管理活动的相关收入已在附注中说明，并在利润表中列入"其他收入"类别。随着时间的推移，安然的应收账款占收入的百分比、价格风险管理活动占"其他收入"的百分比都在增长。从1997年到2000年，安然的贸易应收款占收入（不包括其他收入）的百分比从7.23%增长到11.12%。参见表7-4。

表7-4　1997—2000年安然应收账款占收入百分比的增长

金额单位：亿美元

	1997年	1998年	1999年	2000年
应收账款	1.37	2.06	3.03	10.40
收入（不包括其他收入）	18.96	27.84	34.77	93.56
占收入的百分比	7.23%	7.40%	8.71%	11.12%

信号2：经营现金流滞后于营业利润

当经营现金流明显滞后于营运利润时，这是一个信号，说明利润可能是虚构的，或者它经过了加速确认。

在安然的案例中，预付款和证券化夸大了经营现金流，因此这个信号被模糊了。然而，如果在将经营现金流与营业利润进行比较之前，先把证券化资产的数额从中扣除，这个比率就不会如此乐观。

在1997年可以发现一个戏剧性的例子，当经营现金流被宣布为2.11亿美元，但调整了可能的证券化后，它被减少到负1.28亿美元。在1999年，这种调整的影响更为显著。1997—2000年四年间关于这些数据的分析见表7-5。

表7-5　1997—2000年安然调整后的经营现金流与营业利润的比较

单位：百万美元

	1997年	1998年	1999年	2000年
经营现金流	211	1 640	1 228	4 779
可能的证券化*	(339)	(1 434)	(2 217)	(2 379)**
经营现金流，在排除了可能的证券化后	(128)	206	(989)	2 400
营业利润	15	1 378	802	1 953

＊1997—1999年，该数据来源于安然附注中所指的"商业资产和投资的销售"，并且根据安然1998年年报，"其中一些销售是以证券化的方式完成的"。并不是所有的出售都是以证券化的方式完成的，可能还有其他方式。因为那些年的财务报表没有详细说明证券化部分的金额，所以最安全的做法是将它们全部视为证券化。这些销售实际上可能是伪装成销售的贷款。

＊＊2000年证券化金额为23.79亿美元，大于商业资产和投资的销售的金额。

经过这些调整后，经营现金流在1997—1999年间每年都滞后于营业利润，而经过调整后的经营现金流在其中两年实际上是负的。当然，我们现在知道安然在假装拥有健康的财务状况时，在以惊人的速度烧钱。到2000年，预付账款严重地掩盖了现金流问题，以致报告中的经营现金流是正数——而且大于营运利润。例如，在2000年12月，马霍尼亚项目仅在一份合同上就炮制了3.3亿美元的虚假经营现金流。

前文所述的市值计价会计准则以及通过SPE进行虚假销售等机制，共同导致安然的报告盈余与现金流产生差距，这些机制还会导致缺乏战略业务重点，让人无法聚焦那些生成真正的利润和现金的项目。一位安然前交易员说："从来没有人跟我谈过现金。它（现金）不在我们的年度评估中，也不在我们的目标之中。这和我们的奖金计算没有关系。这不是我们的报酬，所以谁在乎呢？"（McLean & Elkind，2004，p.228）。

信号 3：延迟发布财务报表

当一家公司迟报其资产负债表和现金流量表时，这是该公司可能在花时间操纵这些报表的信号，因为它有东西要隐藏。

一般来说，安然在财报电话会议上只发布利润表，而制作好资产负债表和现金流量表等财务报表则要迟得多，直到要向 SEC 提交时才准备好。分析师和卖空者理查德·格鲁曼（Richard Grubman）捕捉到迟报财务报表的这一信息并把它当作安然有问题的信号。2001 年 3 月 22 日，斯基林召开了一次电话会议，试图减轻投资者对前一天安然股价下跌 5.06 美元的担忧。格鲁曼就此事对斯基林提出了质疑。谈话很激烈，最后斯基林大发脾气，对格鲁曼破口大骂：

格鲁曼指出："你们是唯一一家不能用收益来制作资产负债表或现金流量表的金融机构。"

斯基林很快回答说："嗯，你——你——嗯，嗯，非常感谢。我们很感激。"

格鲁曼回答："谢谢？"

斯基林怒气冲冲地说："混蛋。"

（McLean & Elkind，2004，p.326）

斯基林显然对现金流的状况感到紧张，格鲁曼也明显揭露了一个真正的问题。此外，斯基林对格鲁曼的愤怒回应提醒了电话会议上的每个人，在最近的财务报表背后隐藏着邪恶的东西。从那以后，分析人士和商业记者对安然的财务报表越来越持怀疑态度。

信号 4：高利息费用与收入的关系

当一个公司的利息费用多到占据收入很大一部分，或者说，当利息在收入中所占据的比例显著增加时——表明该公司可能无法继续偿还利息，最终可能无法偿还债务。

在表 7-6 中，对安然 1998—2000 年间利息保障倍数的考察清楚地表明安然的负债过多。这个比率被用来衡量一个实体从其产生的收入中履行其利息义务的能力。它的计算方法是将利息和税收费用加到净利润中，然后除以利息费用。每一时期安然的巨额债务都导致相对于收入巨额的利息费用。这变成了一个恶性循环，因为公司没有产生足够的利润来偿还债务，而债务因此持续增长。

表 7-6 1998—2000 年的利息保障倍数* 金额单位：百万美元

	1998 年	1999 年	2000 年
净利润	703	893*	979
利息费用**	550	656	838
所得税	175	104	434
息税前利润	1 428	165	2 251
利息保障倍数	2.596	2.520	2.686

* 利息保障通常计算为利息和税收费用前的净利润除以利息费用。
**这只是利息费用，利息收入未被抵销。

尽管安然通过 SPE 隐瞒了大量的债务和利息，但从安然利润表中提取的利息保障倍数仍是一个信号，表明该公司可能无法通过经营计划来维持债务。在此期间，这一比率并没有恶化，但是利息在收入中所占的比例一直非常高，高到无法维持和偿还债务。

利息占收入的比例仍然过高，无法维持和偿还债务。在此期间，利息保障倍数保持在 2.5~2.6。

除了极其不稳定的交易收入之外，安然的财务报表中没有任何可用于处理这一大笔债务的经常性真实营运利润。安然能否继续存在，取决于它能否借到越来越多的钱来偿还之前的贷款，并为接下来的运营提供资金。

信号 5：债务大幅增长

当公司由债权人或外部人士提供（而不是由所有者提供）的融资比例显著增加时，这表明公司可能负债过多。

因此，检查公司的债务权益比率是很重要的。当然，如果一家公司借入大量的债务，并利用这些资金以远高于利率的回报率赚取利润，它将是一家非常有利可图的公司。然而，当债务大幅增长，而利息保障倍数没有改善，就有理由担心公司将无法维持或偿还债务。

尽管安然在资产负债表上低估了其债务，利息保障倍数仍然很低，而债务权益比率却在上升。如表 7-7 所示，从 1998 年到 2000 年，安然的资本有了戏剧性的增长，但资本是通过债务融资而不是股权融资的。在此期间，债务权益比率从 2.86 上升到 4.50。即使它的债务被低估了——再加上较低的利息保障倍数——这是安然有严重债务问题的一个信号。

表 7-7　1998—2000 年的债务权益比率　　金额单位：百万美元

	1998 年	1999 年	2000 年
总债务	20 159	21 381	51 619
总股本	7 048	9 570	11 470
债务∶股权比例	2.860	2.234	4.500

信号 6：使用"死亡螺旋"融资

当一家公司使用"死亡螺旋"融资时，这是公司的未来每股收益可能会因发行股票而被稀释的信号。

死亡螺旋融资是指与另一方达成的一种协议，即在发生某些情况时，借款人同意以发行自己公司股票的形式来偿还贷款。发行的股份数量取决于股票在偿还日期的市场价值。如果必须通过发行股票来偿还贷款，当股价下跌越多，就必须发行更多的股票，而这反过来又会稀释每股收益，进一步降低股价，使公司需要发行更多的股票——因此螺旋式地继续下去。

在安然的案例中，正如前面在白翼、LJM 和猛禽的章节所讨论的一样，安然使用 SPE 来购买其表现不佳的资产，这些 SPE 部分投资于安然发行的股票。在一些情况下，安然会通过向 SPE 增发安然股票的方式保证对 SPE 进行补偿，因为 SPE 转售安然资产时可能遭受损失。在另一些情况下，由于实体将其持有的安然股票作为主要资产，安然保证如果安然股价低于一定的数额，将向实体发行更多的股票或现金来补偿它们。显然，这导致了安然股价的进一步下跌。

这种死亡螺旋式的融资表明股票价值存在可能被稀释的内在风险，而采取这种高风险策略本身也表明该公司可能处于绝望的境地。这同样提醒读者，该公司可能会试图隐藏债务，就像安然利用 SPE 将实际上属于自身的债务隐藏在资产负债表之外一样。

信号 7：偏离核心业务

当公司歪曲其核心业务的性质或者公司大部分的利润取决于非核心业务时，这是公司实际保持盈利能力的风险程度比它想要披露的风险程度更大的信号。

通过交易获得的利润取决于价格的波动和对价格变化方向的成功押注。因为涉及的风险增加，贸易公司相比硬资产运营公司，投资方通常会要求更高的收益率。因此，交易公司的市盈率通常低于硬资产运营公司的市盈率。

安然虽然自称是一家硬资产运营或能源物流公司，却越来越依赖于交易的利润，尤其是在能源交易方面，其巨额利润一度掩盖了安然的根本问题。

然而，交易利润是极其不稳定的，经纪人兼卖空者吉姆·查诺斯（Jim Chanos）称安然是"坐在管道上的对冲基金"。查诺斯还指出，"安然是一家投机性交易公司，这意味着，它的超高市盈率没有任何意义"。(McLean & Elkind，2004，p. 321)

当然，斯基林坚称安然不是一家贸易公司。事实上，安然 2000 年年报中说，"我们从一家以管道和发电公司资产为基础的公司变成一家营销和物流公司"（p. 5）。问题是——当公司减去那些商业资产销售的利得、交易利润后，"物流"运营无法带来足够的传统经常性收入来维持它的股票价格。

这家曾经被认为是"金鹅"的公司，实际上是一只煮熟的鹅！

他们从此过着幸福的生活了吗?

- 蒂莫西·贝尔登,前安然能源交易负责人,承认"参与了非法操纵加州电力市场的阴谋"。贝尔登"同意罚没他在嘉信理财(Charles Schwab)两个经纪账户持有的 210 万美元"(Eichenwald & Richtel, 2002)。2006 年 2 月,贝尔登作为控方证人出现在得克萨斯州休斯敦的莱和斯基林案件中。贝尔登于 2007 年 2 月(与里克特一起)被判"在法庭监督下释放两年",逃过了牢狱之刑("Two Enron Traders Avoid Prison", 2007)。2009 年,贝尔登和里克特在波特兰成立了一家能源咨询公司("The Defendants of the Enron Era", 2011)。

- 理查德·考西(Richard Causey),安然前首席会计师,在 2005 年 12 月底,就在莱和斯基林受审的前几周,在最后一刻达成了认罪协商协议。考西"承认犯有证券欺诈罪,并同意与检察官合作。他是第 16 位认罪的前安然高管"(Hays, 2006)。2007 年 1 月开始,考西在得克萨斯州奥斯汀附近的一个最低安全级别的监狱服刑(Stinebaker, 2007)。他 2011 年 10 月被释放。他现在是一名"独立会计专业人员"("The Defendants of the Enron Era," 2011)。

- 安德鲁·法斯托,安然前首席财务官,"在 2004 年 1 月承认了两项指控,承认通过精心策划隐瞒公司债务和夸大利润,同时将数百万美元中饱私囊"("Status of High-Profiles Corporate Scandals", 2005)。法斯托与检察官合作,被判处 6 年监禁(Partington, 2012)。最后几个月法斯托在中途之家服刑,于 2011 年 12 月获释。法斯托被没收了 2 400 万美元。据报道,他现在是休斯敦一家律师事务所的"文件审查职员",这家律师事务所曾负责审理他的民事案件(Partington, 2012)。

- 丽娅·法斯托,法斯托的妻子,因"没有报告丈夫收受回扣的行为而少缴税款被判一年徒刑"("Status of High-Profile Corporate Scandals", 2005)。据报道,她现在经营着一家艺术咨询公司("TheDefendants of the Enron Era", 2011)。

第七章 安然金鹅

- 肯尼思·莱，64 岁，2006 年初，（与杰弗里·斯基林一起）在得克萨斯州的休斯敦接受了审判。陪审团裁定他犯有三项证券欺诈罪、一项共谋罪和两项电信欺诈罪。此外，就在同一天，"经过三天非陪审团的审判，美国地区法官雷克发现莱犯有一项银行欺诈罪和三项向银行作虚假陈述罪"（Mulligan，2006）。在庭审后的一次采访中，陪审员透露，莱的信誉严重受损，因为有证据表明他悄悄出售了价值 7 000 万美元的安然股票……在 2001 年，他告诉员工公司状况良好，这只股票值得买入。2006 年 7 月，莱在科罗拉多州阿斯彭度假时死于心脏病，享年 64 岁（Pasha，2006）。莱死后，他的罪名被一笔勾销（Partington，2012）。

- 丽贝卡·马克，在安然倒闭前离开了公司，没有受到起诉。然而，在 2005 年初，马克"是解决股东诉讼的 10 名前安然官员和董事之一——她贡献了 1 300 万美元和解金中的 520 万美元"（Lavelle，2005）。据报道，她现在是一家油气咨询公司的总裁（Partington，2012）。

- 杰弗里·斯基林，52 岁，2006 年（与肯尼思·莱一起）在得克萨斯州的休斯敦接受了审判。2006 年 5 月，陪审团"裁定斯基林犯有一项共谋罪、十二项（证券）欺诈罪、五项虚假陈述罪和一项内幕交易罪。他被宣判其他九项内幕交易罪名不成立"（Mulligan，2006）。斯基林被判处 24 年监禁。2011 年 3 月，最高法院在听取了斯基林的上诉后，将他的案子移送到新奥尔良的美国第五巡回上诉法院，以决定是否需要重新审理。美国第五巡回法院裁定不需要重新审理。2012 年 4 月，最高法院驳回了斯基林的另一项上诉（Lattman，2012）。2013 年 6 月，斯基林的刑期被减刑 10 年："根据该协议，斯基林自 2006 年被定罪以来冻结的 4 000 多万美元财产将分配给安然破产的受害者"（Hays & Driver，2013）。斯基林目前位于得克萨斯州休斯敦的一个联邦拘留中心。

- 雪伦·沃特金斯（Sherron Watkins），安然著名的吹哨人，现在是一位成功的作家、演讲者、顾问（Partington，2012）。

- 安然，曾经是世界上最大的能源贸易公司，在 2001 年 12 月破产前，其市值超过 680 亿美元。"到目前为止，安然相关的诉讼已经导致超过 217

亿美元的和解金"("Payments to Date",2011)。它现在是美国历史上第六大破产案(Ovide,2011)。

> **本章案例的伦理道德**
>
> 问题：
>
> a. 在阅读了安然这一章和《安然前首席财务官安德鲁·法斯托与学生们谈论职业道德》这篇文章之后，请讨论你认为法斯托在保持商业道德实践方面学到了什么。
>
> b. 你认为以原则为基础的会计准则比以规则为基础的会计准则在财务报告方面更有效吗？给出你的理由。

安然前首席财务官安德鲁·法斯托与学生们谈论职业道德

柯克·卡尔达希安（Kirk Kardashian）

法斯托证明了通往耻辱之路往往是不明确的。他的演讲是由商业与社会中心组织的选择与挑战系列的一部分。

大约13年前，安德鲁·法斯托一度达到了首席财务官应有的成功和名望的顶峰。在年仅36岁的时候，他就被任命为价值千亿美元的能源公司安然的首席财务官。仅仅两年后，《CFO》杂志授予法斯托资本结构管理奖。

但正如世界在2001年所了解的那样，物理学定律不适用于名声。当安然崩溃，导致400亿美元的市场价值连同成千上万人的养老金一起消失时，法斯托跌得比他的上升高度还要深，成为美国最令人讨厌的人。现在连他八岁的儿子都知道怎么称呼他了。"爸爸，你声名狼藉，"他说，"你臭名昭著。"

法斯托曾因证券欺诈在联邦监狱服刑5年多。10月8日，在塔克商学院商业伦理学副教授理查德·史瑞夫（Richard Shreve）主持的一场活动上，法斯托向塔克商学院的学生们讲述了自己的经历。该演讲是由商业与社会中心组织的"商业道德的选择与挑战"系列的一部分。

法斯托的故事是商学院学生研究用聪明解决问题和欺诈两者之间模糊

第七章　安然金鹅

界限的完美案例。法斯托发明了"表外"战略使安然的财务状况看起来很健康，但"表外"战略经过更仔细的审查后，也使他锒铛入狱。他说，他的主要错误是忽视了他实际上创造性地规避规则背后的原则。"我利用规则中的漏洞来绕开规则的原则，"他解释说，"但当你在做这些事情的时候，并不总是很容易清楚这一点。"

事实上，法斯托并不是单独行动的。据法斯托说，他所做的每一笔粗略的交易都得到了会计师、律师和安然董事会的批准——安然董事会通常是防范欺诈行为的守门人。重要的教训是，这些看门人也可以充当推动者。所需要的只是态度上的改变。法斯托说，律师们不会就欺诈性陈述发出警告，而是乐于炮制"技术上合法但完全无法理解"的披露。审计师和顾问可以帮助制定符合公认会计原则的数字，而不是发出警告。另一个重要的教训是，一系列轻微的轻率行为可以慢慢发展成重大罪行。法斯托误入歧途，不是因为一次令人震惊的欺诈行为，而是逐渐的。一次又一次，他能从一系列理由中选择各种理由：他是在帮助股东，只是时间问题，每个人都在这么做。"我们有很多不重要的东西加起来就是重要的。"他说。他承认，回想起来，这些辩解只不过是他弱点的表现。贪婪、自我、狂妄都发挥了潜在的作用。"我想通过解决这个问题成为一个英雄。"他说。

当讨论变成法斯托、史瑞夫和学生之间的对话时，在公司仍然雇佣大量的人来想尽办法绕过法律的商业环境中，最重要的问题是如何防止另一场安然规模的灾难。改革的最大希望，史瑞夫说，是为了培养下一代的商业领袖，塔克商学院的核心课程中就有职业道德和社会责任方面的要求。所有的学生都必须选修至少一门探讨商业中复杂的伦理和社会挑战的小型课程。

"你会发现自己被激励着去做非常接近底线的事情，"史瑞夫告诉学生们，"这就是塔克商学院开设伦理课程的原因。"

法斯托，被大多数人认为是一个杰出的人，证明了通往耻辱的道路往往是不明确的。"没有人会说，'嘿，我有一个庞氏骗局，我想让你参与，'"他说，"它将变得更加隐蔽。"

"市值计价会计就像毒品一样,"法斯托说道,"不要尝试它。"

资料来源:最初出版于 2012 年 10 月 10 日,由达特茅斯大学塔克商学院(Tuck School of Business at Dartmouth)出版。http://www.tuck.dartmouth.ed。同意发表。

案例研究

盆水公司[①]

● 查看盆水公司(Basin Water,Inc.)2005 财年、2006 财年和 2007 财年摘取的部分财务报表。

● 查看 2007 年盆水公司合并财务报表的附注 9 及附注 15。

● 回答下面的案例研究问题。

要求:

a. 不当使用 SPE:《SEC 指控》(2011)控诉盆水公司:"被告通过一项与特别目的实体进行的金额高达 380 万美元的虚假销售,严重夸大盆水公司 2007 年第二季度收入和截至当期的本年累计收入。"回顾安然利用 SPE 低报债务、夸大收益的信号,请利用盆水公司的财务报表附注来识别该公司不当利用未合并附属公司或 SPE 的信号。请解释为什么这些信号可以表明,盆水公司可能夸大了销售额并且低估了损失。

b. 不当确认销售收入:《SEC 指控》(2011)指控盆水公司通过或有销售夸大收入。此外,根据《SEC 指控》,"有几笔销售没有发生在确认收入的季度"(par. 3)。SEC 所描述的这些所谓的方法与阳光公司夸大销售的一些方法类似。请查看阳光公司夸大销售的信号(见第三章),并确定哪些信号可以在盆水公司的财务报表分析中发现,并提供有支持力的计算。

[①] 2013 年 11 月初,盆水案件的法官审判结束,等待法院的决定。据《2014 年诉讼公告》称,2009 年 2 月,盆水公司重申了其财务业绩。2009 年 7 月,这家总部位于加州兰乔·库卡蒙加的公司根据美国破产法第 11 章宣布破产,目前已不复存在。

第七章 安然金鹅

财务报表[①]

美国证券交易委员会
华盛顿特区 20549

摘自 10-K 表格

根据《1934 年证券交易法》第 13 或 15（d）条编制的年度报告

截至 2006 年 9 月 30 日的财年

盆水公司
资产负债表

（单位：千美元，股票和每股数据除外）

	2006 年 12 月 31 日	2005 年 12 月 31 日
资产		
流动资产		
现金及现金等价物	54 567	2 724
应收账款，扣除 67 000 美元和 0 美元的坏账准备	2 416	3 927
未开单应收款，净额为 433 000 美元，坏账准备为 0 美元	9 123	3 123
存货	714	347
待摊费用及其他	634	189
应收票据	—	100
流动资产合计	67 454	10 410
固定资产		
固定资产	13 621	10 445
减：累计折旧	1 394	962
固定资产净值	12 227	9 483
其他资产		
长期未开票应收账款	7 466	2 744
专利费用，净	383	286
贷款成本，净	37	428

---

① 摘自盆水公司 2005—2007 年的 10-K 文件。获取自 SEC，www.sec.gov。

续表

	2006年12月31日	2005年12月31日
其他资产，净	2 485	447
其他资产合计	10 371	3 905
资产总计	90 052	23 798
负债和股东权益		
流动负债		
应付账款	1 562	2 150
应付票据的流动部分	2 007	674
资本租赁债务的流动部分	17	15
递延收入和垫款的当期部分	292	741
合同损失准备金的当期部分	1 321	—
预提费用及其他	2 291	273
流动负债合计	7 490	3 853
应付票据，扣除流动部分和未摊销贴现	106	6 878
资本租赁义务，扣除流动部分	24	40
递延收入，扣除流动部分	387	439
合同损失准备，扣除流动部分	2 404	—
可赎回可转换的A系列优先股，无票面价值——6 000 000股授权股，0股库存股及627 500股流通股	—	2 250
可赎回可转换的B系列优先股，无票面价值——5 000 000股授权股，0股库存股及1 734 125股流通股	—	6 529
负债合计	10 315	19 989
承诺和或有事项		
股东权益		
普通股，无票面价值——40 000 000股授权股，10 303 047股库存股及流通股	—	7 927
普通股，面值0.001美元——100 000 000股授权股，19 887 672股库存股及流通股	20	—
额外实收资本	95 002	—
累积差值	(15 285)	(4 118)
股东权益合计	79 737	3 809
负债和股东权益总计	90 052	23 798

摘自 10-K 表格[①]
截至 2007 年 12 月 31 日的财年

盆水公司
合并资产负债表

（单位：千美元，股票和每股数据除外）

	2007 年 12 月 31 日	2006 年 12 月 31 日
资产		
流动资产		
现金及现金等价物	35 456	54 567
应收账款，扣除 72 000 美元和 67 000 美元的坏账准备	3 167	2 416
未开单应收款，扣除 524 000 美元和 433 000 美元的坏账准备	11 443	9 123
存货	1 055	714
应收票据的流动部分	338	—
待摊费用及其他	1 233	634
流动资产合计	52 692	67 454
固定资产		
固定资产	15 945	13 621
减：累计折旧	1 645	1 394
固定资产净值	14 300	12 227
其他资产		
商誉	8 682	—
未收款项，扣除流动部分	7 664	7 466
应收票据，扣除流动部分	3 015	—
无形资产，净	3 416	1 641
专利费用，净	2 274	383
投资的子公司	4 502	—

[①] 摘自盆水公司的 10-K 文件。获取自 SEC, www.sec.gov。

续表

	2007年12月31日	2006年12月31日
其他资产	1 667	881
其他资产合计	31 220	10 371
资产总计	98 212	90 052
负债和股东权益		
流动负债		
应付账款	3 553	1 562
应付票据的流动部分	—	2 007
资本租赁债务的流动部分	11	17
递延收入和垫款的当期部分	266	292
合同损失准备金的当期部分	1 964	1 321
预提费用及其他	3 140	2 291
流动负债合计	8 934	7 490
应付票据，扣除流动部分	—	10
资本租赁义务，扣除流动部分	15	24
递延收入，扣除流动部分	296	387
递延联营收入	1 920	—
合同损失准备金，扣除流动部分	5 311	2 404
递延所得税负债	2 268	—
其他长期负债	179	—
负债合计	18 923	10 315
承诺和或有事项		
股东权益		
普通股，面值0.001美元，授权1亿股，21 948 704股和19 887 672股已发行和流通	22	20
附加资本	110 354	95 002
库存股	(552)	—
累积差值	(30 535)	(15 285)
股东权益合计	79 289	79 737
负债和股东权益总计	98 212	90 052

盆水公司
合并利润表

（单位：千美元，每股数据除外）

	截至12月31日的年度		
	2007	**2006**	**2005**
收入：			
系统销售	13 477	13 861	10 016
合同收入	5 307	3 253	2 215
收入总计	18 784	17 114	12 231
营业成本：			
系统销售成本	13 790	12 161	4 467
合同成本	10 698	7 522	2 323
折旧费用	443	423	340
营业成本总计	24 931	20 106	7 130
毛利	(6 147)	(2 992)	5 101
研发费用	564	634	651
销售、总务及行政费用	13 685	6 827	3 334
营业利润（亏损）	(20 396)	(10 453)	1 116
其他收益（费用）			
利息费用	(98)	(2 781)	(621)
利息收入	2 736	2 061	52
关联销售利得	2 500	—	—
其他收益	8	6	16
其他收益（费用）总计	5 146	(714)	(553)
税前利润（亏损）	(15 250)	(11 167)	563
所得税费用	—	—	—
净利润（亏损）	(15 250)	(11 167)	563
每股净亏损：			
基本	(0.76)	(0.70)	0.06
稀释	(0.76)	(0.70)	0.04
发行在外的加权平均普通股数			
基本	20 185	16 048	9 924
稀释	20 185	16 048	12 849

盆水公司
合并现金流量表
（单位：千美元）

	截至 12 月 31 日的年度		
	2007	2006	2005
经营活动产生的现金流量：			
净利润（亏损）	(15 250)	(11 167)	563
净利润（亏损）与经营活动产生的现金净额之间的调整：			
折旧及摊销	995	1 024	506
基于股票的补偿费用	1 706	744	31
关联销售损益	(2 500)	—	—
计提服务费用	—	34	417
冲销贷款获得成本	—	401	—
经营资产和负债变动情况：			
应收账款（包括未开单）	(1 817)	(4 489)	(6 279)
存货	103	(367)	(268)
预付费用及其他	(542)	(445)	(80)
应付账款	1 600	(588)	1 468
递延收入	(117)	(501)	(354)
应计费用及其他	(1 515)	2 018	397
合同损失准备	3 550	3 725	—
售出系统的账面净值	4 091	636	—
发行应收票据	(3 353)	—	—
其他资产及其他负债	(207)	(3 386)	(2 810)
经营活动产生的现金流量净额	(13 256)	(12 361)	(6 409)
投资活动产生的现金流量：			
购买固定资产	(5 347)	(3 942)	(1 913)
收购，扣除获得的现金	(6 214)	—	—
托收应收票据	—	100	325
专利成本	(31)	(99)	(107)
投资活动产生的现金流量净额	(11 592)	(3 941)	(1 695)

续表

	截至 12 月 31 日的年度		
	2007	2006	2005
筹资活动产生的现金流量：			
发行普通股	—	75 178	3 584
回购普通股	(552)	—	—
员工行使股票期权的收益	527	162	—
认股权证的收益	8 060		
发行可赎回优先股	—	—	596
应付票据的收益	—	2 000	5 156
贷款发放费用	—	(100)	(100)
偿还应付票据及资本化租赁债务	(2 298)	(9 095)	(112)
筹资活动产生的现金流量净额	5 737	68 145	9 124
现金及现金等价物净增加（减少）额	(19 111)	51 843	1 020
期初现金及现金等价物余额	54 567	2 724	1 704
期末现金及现金等价物余额	35 456	54 567	2 724

摘自盆水公司 10-K 2007 年财务报表附注

附注 9：其他资产

商誉

下表总结了截至 2007 年 12 月 31 日商誉账面价值的变化情况：

2006 年 12 月 31 日余额	—
在此期间进行的收购业务	8 682
2007 年 12 月 31 日余额	8 682

长期应收账款和应收票据 公司有四个客户系统销售协议，该协议规定支付期限从 2 年到 5 年不等，但如果满足某些条件，支付期限将加速。截至 2007 年 12 月 31 日及 2006 年 12 月 31 日，长期应收账款分别为 7 664 000 美元及 7 466 000 美元，为这四家客户在延长付款条件下的应付余额。

2004 年，在系统销售中，公司收到了 300 000 美元的无担保票据，该票据提供每年 3% 的利息。公司于 2005 年收到与本票据有关的 200 000 美元付款，最后一笔 100 000 美元的本金支付预计在 2006 年到期，因此，这张票据被归类为流动票据。截至 2007 年 12 月 31 日及 2006 年 12 月 31 日，本公司已为该票据提取 67 000 美元的坏账准备。在 2007 年 12 月 31 日和 2006 年 12 月 31 日的应收账款余额中，票据和相关的坏账准备都被归类为流动资产。

截至 2007 年 12 月 31 日，长期应收票据包括来自 VL Capital 的无息票据，从 2008 年 4 月开始，按 72 个月分期付款 63 000 美元，净现值为 3 353 000 美元，采用每年 5.0% 的估算利率计算。

无形资产 无形资产净额在不同时点的情况如下表所示：

	12 月 31 日	
	2007 年	2006 年
基于股票的补偿费用	189	394
认股权证的公允价值净额	916	1 210
服务协议及合同	1 299	—
客户关系	560	—
竞业禁止协议	295	—
商标名称	157	—
贷款成本净额	—	37
无形资产净额	3 416	1 641

无形资产的摊销期如下：客户关系，15 年；竞业禁止协议，3 年；商标名称，2 年；服务协议及合同，6 年；基于股票的补偿费用，3 年；向合资企业发行的认股权证的公允价值，5 年。

专利成本 该公司将专利申请的成本资本化。由于 2007 年 9 月公司对 MPT 进行收购，盆水公司将额外的 1 812 000 美元当作被收购专利的公允价值。一旦专利正式发布，公司将会在专利有效期内摊销掉专利成本，而专利有效期通常是 17 年。截至 2007 年 12 月 31 日，专利成本的未来摊销额在 2008 年 12 月 31 日到 2013 年 12 月 31 日的五年中，每年摊销约为 107 000 美元，直至 2024 年每年摊销 107 000 美元。如果一项专利被拒绝，资本化的专利成本将在专利申请被拒绝的时期内冲销。

对帝国水务公司的投资　2007年5月，盆水公司签订了一份获得某种用水权和相关资产的协议。2007年12月盆水公司将其购买这些资产的权利出售给帝国水务公司。作为出售这些资产的代价，该公司收到了6 000 000股帝国水务公司的普通股，这意味着截至2007年12月31日，本公司拥有帝国水务公司约32%的所有权。

盆水公司按照权益法对2007年12月的交易进行核算。具体来说，该公司在收到帝国水务公司普通股时，基于同时向第三方出售帝国水务公司的普通股来估计其股票公允价值，将2 500 000美元作为子公司销售损益，并将盆水公司在帝国水务公司的所有者权益减去其公允价值。

盆水公司记录其在帝国水务公司的投资约为4 500 000美元，而帝国水务公司净资产中的相关权益金额约为3 000 000美元。这笔差额约1 500 000美元是盆水公司在帝国水务公司的投资的市场价值超过本公司在帝国水务公司净资产中32%的权益的部分。

下表列出了帝国水务公司的资产、负债和经营业绩的最新摘要信息：

	2007年12月31日
资产	9 460
负债	101

	截至2007年12月31日的半年度	截至2007年6月30日的年度
收入	—	—
净亏损	（11）	（33）

摘自盆水公司10-K 2007年财务报表附注
附注15：关联方交易

盆水公司向一家合伙人为本公司董事的律师事务所支付了法律费用。截至2007年、2006年和2005年12月31日，支付给该事务所的法律费用总额分别为315 000美元、192 000美元和154 000美元。

盆水公司还向两人租赁了办公场所和设备，其中一个是本公司董事兼

穿透会计舞弊

雇员，另一个是本公司雇员。在截至 2007 年、2006 年和 2005 年 12 月 31 日的年度里，这些关联方租赁协议的付款总额分别为 57 000 美元、54 000 美元和 55 000 美元。

2007 年 5 月，盆水公司签订了一份获得某种用水权和相关资产的协议。2007 年 12 月盆水公司将其购买这些资产的权利出售给帝国水务公司。作为出售这些资产的代价，该公司收到了 6 000 000 股帝国水务公司的普通股，这意味着截至 2007 年 12 月 31 日，本公司拥有帝国水务公司约 32% 的所有权。

盆水公司按照权益法对 2007 年 12 月的交易进行核算。具体来说，该公司在收到帝国水务公司普通股时，基于同时向第三方出售帝国水务公司的普通股来估计其股票公允价值，将 2 500 000 美元作为子公司销售损益，并将盆水公司在帝国水务公司的所有者权益减去其公允价值。

此外，帝国水务公司同意在 2007 年 12 月的交易中，以 900 000 美元的总价从该公司购买一套水处理系统。截至 2007 年 12 月 31 日的年度，本公司根据完成百分比法记录了 65 3000 美元的系统销售收入和 287 000 美元的毛利。盆水公司已将 92 000 美元计入权益法下的其他收入冲销，而 92 000 美元占本公司向关联公司系统销售毛利的 32%。

第八章
天方夜谭

爱迪生的教训

爱迪生学校集团在此作为一个管理层讨论与分析部分披露不充分的案例。

利用美国公立学校存在的问题，总部设在纽约市的爱迪生学校集团（Edison Schools，Inc.）将公司建立在私营可以更有效地运营公立学校这一前提之上。爱迪生于1999年11月在纳斯达克上市。早年，爱迪生大约在22个州管理着约130所中小学。它与公立学区和特许学校签订了合同，在承包学校实施其独特的课程和教学方法，并延长上课时间。爱迪生开办的学校里的老师是原来的学区教师。爱迪生每年从每一所学校注册的每名学生处获得大约6 500美元，而教师得到的薪酬通常反映了爱迪生学校所需的额外教学时间。

公司通常负责学校的运营成本，但教师的工资通常由学区直接支付，而不是由爱迪生支付。在对爱迪生会计方法进行调查后，SEC表示：

> 由学区直接支付的教师工资和非教学费用（统称为"学区支付的费用"）占爱迪生学校集团运营费用的很大一部分。这些资金永远不

会到达爱迪生，而是由地区直接支出，然后从地区给爱迪生的汇款中扣除。（AAER 1555，2002）

上市公司被要求在向 SEC 提交的财务文件中包括管理层讨论与分析部分。本节旨在描述公司的财务状况和经营成果，以帮助用户更好地了解公司的财务报告。管理层讨论与分析特别有趣和重要，因为它表明财务报告的披露责任超出了公认会计原则的机械应用，实际上需要准确反映公司的财务状况和经营成果。SOX 报告（2002）指出，"披露不足可能涉及发行人的财务报告符合公认会计原则，但在某些重大方面未能准确反映发行人财务状况的情况。"

爱迪生虚构财务报告方案

以爱迪生学校集团为例，披露不充分的领域根本没有影响净收益的数额。问题是，爱迪生是否可以在利润表中将每位学生的学费总额列为其收入，然后单独扣除学区支付的费用，还是必须将学区的净付款（即学费收入减去费用）列为收入。虽然净收入在这两种情况下相同，但前一种方法可能会给人一种更为积极的印象。

爱迪生的做法是将总金额记为收入，并将学区支付的费用作为其费用列入利润表。这可能会造成误导。例如，以 2001 年某学区（A 区）为例，根本没有向爱迪生支付现金，因为据该学区统计，"生均学费"形成的总额达 750 万美元，学区支付的费用总额为 800 万美元。在利润表中，爱迪生"将发票总额 750 万美元记录为 2001 财年的总收入，同时还记录了 800 万美元的开支"（AAER 1555，2002）。

在另一个例子中（B 区），SEC 声称该区"在 2002 财年只向爱迪生支付了 40 万美元，尽管爱迪生在 2002 财年前两个季度从 B 区获得的收入超过 1 700 万美元，费用超过 1 800 万美元"（AAER 1555，2002）。2002 年 5

第八章　天方夜谭

月，SEC 发布了一项停牌令①。

一家公司是由零收入和零支出导致的零净收益，还是正收入和相同金额的正支出导致的零净收益，这会影响投资者或贷款人对公司业绩和财务状况的看法。

在爱迪生一案中，SEC 声称："在向委员会提交的文件中，爱迪生没有披露这些地区支付的费用的存在和金额。相反，爱迪生在其管理层讨论与分析中不准确地说，它'收到'了对于每位学生的所有资助。"（AAER 1555，2002）

值得注意的是，SEC 承认，在爱迪生 2001 年对这些项目进行会计处理时，尚不清楚利润表中所报告的收入是否需要扣除在爱迪生不是主要义务人的情况下地区所支付的费用。（主要义务人（primary obligor）是对服务供应商或服务提供方负有最终责任的一方。）如果两个或多个当事方同意其中一方将向服务供应商或提供方付款，则对收款人负有最终付款义务的一方为主要义务人。

新兴问题特别工作组澄清了一家公司负责但不支付费用的情况。在 2002 年生效的 EITF 01-14② 的指导下，专员指出：

> 根据最近的会计指南，爱迪生必须报告总收入，包括其作为"主要义务人"的地区支付的费用。如果爱迪生不是费用的主要义务人，爱迪生必须以净额为基础报告收入，以排除此类费用。在总收入和净收入之间的选择不影响净收益。（AAER 1555，2002）

（总收入（revenue on a gross basis）是指一个实体在扣除或支付其作为主要义务人的费用之前所获得的收入额。）

问题是，爱迪生的财务报告没有准确完整地"描述爱迪生经营的实际

---

① 爱迪生同意接受命令和和解，但不承认或否认命令中的任何调查结果。如 AAER 1555，2002 年 5 月 14 日所述。

② 目前的美国公认会计原则有许多行业特定和交易特定的规则。如本书第三章所述，将采用新的基于原则的统一收入确认标准。美国财务会计原则委员会暂时要求，新准则将对上市公司"自 2016 年 12 月 15 日之后开始的年度报告期"有效。（*Revenue Recognition Project*，2013，p.15）

情况"（AAER 1555，2002）。SOX 报告简洁地陈述了爱迪生的情况：

> 委员会没有发现爱迪生的收入确认做法与公认会计原则相抵触，也没有发现收入申报错误。然而，委员会发现爱迪生未能提供准确的信息披露，从而表明技术上符合公认会计原则的财务报告并不能使发行人免于被强制执行。（p.24）

爱迪生对会计处理的选择

爱迪生的例子涉及会计处理的选择，在这个例子中没有具体的信号。然而，重要的是，财务报告的使用者要了解不同的报告方法，并质疑为什么选择这种方法而不是另一种方法。

爱迪生案之所以特别有趣，是因为它清楚地揭示了财务报告核心的基本目的和道德考量。公司必须发布财务报告，以便清楚真实地披露其财务状况。因此，如果一家公司仅仅遵守法律条文，而无意中允许传播误导性信息，这是不能接受的。在这种情况下，必须始终传达法律精神。

他们从此过着幸福的生活吗？

- 爱迪生学校集团现在以"爱迪生学习"（EdisonLearning）的名义运营。根据爱迪生学习网站，该公司与二十多个州的近 50 万名学生合作，并与海外多所学校合作（2013）。
- 2011 年 9 月，前洛杉矶湖人队魔术师约翰逊（Johnson）宣布魔术师约翰逊基金会（Magic Johnson Foundation）将与爱迪生学习合作，为高危学生开发桥梁景观学习中心（"Magic Johnson"，2011）。
- 爱迪生不再在纳斯达克上市。该公司于 2003 年秋季"私有化"（"Edison Schools Leaving Publicly Traded Stage"，2003）。

第八章 天方夜谭

阿德尔菲亚的账户[①]

阿德尔菲亚通信公司（Adelphia Communications Corporation）案例主要用以说明：

- 未披露关联方交易以及关联方交易的不当使用；
- 对非公认会计原则财务指标的不当使用。

阿德尔菲亚成立于1952年，位于宾夕法尼亚州的考德斯波特，现已成为美国最大的有线电视提供商之一，业务遍及29个州和波多黎各。该公司由约翰·里格斯（John Rigas）创立，同时也是当地电话服务提供商。

2002年7月，SEC指控阿德尔菲亚案涉及"上市公司有史以来最广泛的欺诈案之一"。这些欺诈案集中在关联方交易，即与控制或能够对公司经营产生重大影响的任何一方进行交易，使公司不能正当地追求自身利益。关联方交易包括与主要股东、高级职员、董事、关联方以及股东或管理层亲属的交易。

SEC在申诉中坚称：

- 从1999年年中到2001年底，阿德尔菲亚将"数十亿美元的负债隐藏在表外附属公司中，从合并财务报表中排除了这些负债"。
- 在此期间，该公司"伪造运营数据，夸大阿德尔菲亚的收益，以达到华尔街的预期"。
- 自1998年或更早的时候起，该公司"隐瞒了创立并控制阿德尔菲亚的里格斯家族的猖獗的自我交易"。（BR-6413，2002）

据称，里格斯家族利用公司资金购买了昂贵的公寓、豪华度假酒店和

[①] 本节的背景信息主要来自 AAER 1599（2002），"Adelphia Founder John Rigas Found Guilty"（2004），BR-6413（2002），和 Goldsmith（2005）。

豪华轿车，甚至还修建了一个高尔夫球场。在2004年年中的审判中，约翰·里格斯被指控肆无忌惮地花费公司资金。根据检察官举出的例子，里格斯用阿德尔菲亚的资金以6000美元购买了两棵圣诞树，并花费2600万美元购买了他房子周围的3600英亩土地，以确保景观永远不会受到破坏。一名证人在庭审中描述了阿德尔菲亚如何为一场奢华的家庭婚礼，以及全职为约翰·里格斯及其儿子工作的私人教练和按摩师买单。

SEC在民事诉讼中点名了阿德尔菲亚的6名高管；6人中有4人是里格斯家族的成员（约翰·里格斯和他的三个儿子）；另外两人是詹姆斯·布朗（James Brown）和迈克尔·马尔卡希（Michael Mulcahey），他们都是公司的副总裁。

阿德尔菲亚虚构财务报告方案

阿德尔菲亚的方案涉及滥用与里格斯家族成员有关的关联方交易。除了误导性的财务报告，阿德尔菲亚还散布其他误导性信息。

舞弊手法 I：关联方交易的不当使用和误导性披露

阿德尔菲亚利用关联方交易来隐藏债务，虚增利润，并掏空公司。大多数违规交易涉及利用表外合伙企业。高地控股（Highland Holdings）是里格斯家族的普通合伙企业，高地2000（Highland 2000）是里格斯家族的有限合伙企业，是阿德尔菲亚和里格斯家族之间许多关联方交易中使用的两个"里格斯实体"。阿德尔菲亚、里格斯实体和里格斯家族之间的交易由于各集团之间资金的混合而变得更加复杂和模糊。阿德尔菲亚、其子公司和里格斯实体都从由阿德尔菲亚管理的名为"Adelphia CMS"的联合现金管理系统中存入和取出现金。

对阿德尔菲亚与里格斯实体或里格斯家族成员交易的一些主要违规行

第八章 天方夜谭

为的简要审查将说明，无论公司财务报告中披露的关联方交易如何，都需要关注。

直接向里格斯实体发行阿德尔菲亚股份 一些阿德尔菲亚股票直接配售给了里格斯实体。对这些交易的审查说明了公司与公司高管或董事拥有或控制的实体进行交易的危险性。SEC 声称，2001 年 10 月和 2002 年 1 月，阿德尔菲亚直接向高地 2000 配售了 4.23 亿美元的阿德尔菲亚 B 股和应付票据。阿德尔菲亚同时从账簿上转移了 4.23 亿美元的债务，并为其审计人员制作了虚假文件，声称高地 2000 为这些股票支付了现金对价。

SEC 的控诉称，该交易具有欺骗性，主要原因如下：

● 423 375 076 美元的债务没有还清，而是转移到了高地视频（Highland Video）；

● 高地 2000 从未支付现金购买证券；

● 阿德尔菲亚仍对债务承担连带责任；

● 高地视频对债务的"设想"是虚假的，因为它从未从中获得任何经济利益，也没有进行公平的交易。（BR-6413，2002）。

此外，专员坚持认为，阿德尔菲亚参与了许多类似的交易，其中一个里格斯实体收到了这些证券，因此，虽然现有债务从阿德尔菲亚账上注销，但新债务没有在资产负债表上列报。

将阿德尔菲亚多余的数字转换器出售给里格斯实体 阿德尔菲亚购买了过量的数字转换器存货。在 2001 年的最后一个季度，它向高地视频出售了 1.01 亿美元的存货。根据 SEC 的说法，高地视频没有有线电视服务，也不需要数字转换器。阿德尔菲亚通过减少 1.01 亿美元的债务和贷记相应数额的存货，对这笔交易进行了记录。

从里格斯家族购买伐木权 据该委员会称，阿德尔菲亚购买了里格斯家族在宾夕法尼亚州波特县拥有的 3 656 英亩土地的某些权利，其中就包括伐木权。这个家族为这块土地支付了不到 50 万美元，阿德尔菲亚却以 2 600 多万美元的价格购买了这块土地的伐木权。合同中的一个非常不寻常的条款规定，伐木权将"在二十年或约翰·里格斯持有的阿德尔菲亚股

317

票的比例低于所有公司已发行股票的50%之间的执早时间点归还给原始土地的所有人"（BR-6413，2002）。阿德尔菲亚的投资者并没有被告知与里格斯家族的这份合同。

包括高尔夫球场、个人保证金贷款和使用豪华公寓的谋私交易 SEC称，阿德尔菲亚用其约1 280万美元的资金在主要由里格斯家族拥有的土地上建造了一个高尔夫球场。同样，将公司资金用于里格斯家族个人利益的行为并未向投资者披露。此外，这家人在美国和墨西哥至少有四个迷人的公寓，都是由阿德尔菲亚提供的。该公司还支付了超过2.41亿美元的"里格斯家族的个人保证金贷款和其他债务"（BR-6413，2002）。

在对创始人约翰·里格斯和他的儿子蒂莫西·里格斯（Timothy Rigas）的刑事审判中，"检方指控里格斯家族从阿德尔菲亚抽走1亿美元用于支付个人奢侈消费，隐瞒了23亿美元的债务，并有计划地就阿德尔菲亚的用户增长和利润欺骗投资者"。庭审中检察官展示了"十几份据称是虚假的SEC文件，这些文件是由多个家庭成员签署的，还有大大小小的个人开支收据，包括蒂莫西·里格斯订购的100双拖鞋的收据"。事实上，检察官指控这家人将阿德尔菲亚作为"私人自动取款机"。（Masters & White，2004）

舞弊手法Ⅱ：非公认会计原则财务指标的不当使用

投资者不仅对财务报表中披露的信息感兴趣，还希望知道公司的客户群正在增长，工厂和产品的技术质量也很高。这或许可以解释为什么阿德尔菲亚没有局限于提供误导性的财务信息，而是在非公认会计原则的财务指标中也歪曲了自己的表现。（非公认会计原则财务指标（Non-GAAP financial measures）是指不包括在利润表、资产负债表或根据公认会计原则计算的经营活动现金流量表中的指标。）例如，在2000年和2001年的年度报告中，该公司被指控虚报和夸大其有线电视用户的数量。根据2002年的BR-6413，阿德尔菲亚在其客户名单中增加了以下内容：
- 15 000名来自巴西未合并附属公司的订阅用户；
- 一家未合并的委内瑞拉分支机构的28 000名有线电视订阅用户；

- 使用"Powerlink"（阿德尔菲亚的互联网服务）的客户；
- 6 000名阿德尔菲亚家庭安全订阅用户。

为了进一步提高数字，显然阿德尔菲亚还增加了来自其他里格斯实体的有线电视用户，甚至将长途电话用户作为基本有线电视用户。

此外，SEC坚称，在与投资者和金融分析师沟通时，阿德尔菲亚对其有线电视设备的升级程度作出了错误陈述。开始升级的目的是在两个重要方面改进电缆厂：提高电缆厂以更高速度传输信号的能力，以及使电缆厂能够传输和接收来自客户的信号。阿德尔菲亚喜欢用"双向电缆"来形容这种升级后的容量，但SEC声称，这种双向电缆升级的程度被夸大了。例如，董事会在1999年向潜在投资者介绍股票发行情况时透露，阿德尔菲亚使用了一张"包含饼图的幻灯片，该饼图表示阿德尔菲亚的电缆厂大约有50%已经重建"。这一说法是欺诈性的，因为当时阿德尔菲亚的电缆厂仅重建了约35%（BR-6413，2002）。

阿德尔菲亚虚构财务报告的信号

一些信号可能会提醒读者注意阿德尔菲亚正在用一种更积极的方式来展示公司。

识别阿德尔菲亚舞弊手法Ⅰ（关联方交易的不当使用和误导性披露）的信号

以下是一些信号的检查，表明一家公司可能从事了不正当的关联方交易。

信号1：财务报表中表明公司与关联方发生业务往来的附注

财务报表附注中披露的公司正在与本公司的主要股东、高级职员或董事或由这些当事人拥有或控制的任何实体进行交易，应提醒投资者要非常谨慎。这些交易可能用于执行以下任何操作：

- 隐瞒公司债务。
- 夸大公司的收入。
- 掠夺公司的资产以对大股东、董事或高管进行利益输送。

投资者应特别注意与关联方交易有关的注释并研究公司所有财务报告，以寻求披露公司与其主要股东、董事或公司高管（及其家人或关联方）之间的任何交易。例如，SEC指出，阿德尔菲亚2000年年报的脚注披露了以下内容："2000年1月21日，阿德尔菲亚结束了之前宣布的向高地2000直接配售5 901 522股阿德尔菲亚B类普通股的交易。"随后，该说明错误地指出，阿德尔菲亚已将其中一部分"用于偿还循环信贷安排下的借款"。这是一种误导，因为债务只是转移到了里格斯实体。即使附注中的信息是误导性的，有限的披露常常提醒读者已经发生了关联方交易这一事实。这种交易比公平交易更容易被操纵。公平交易是双方之间没有关系（如商业或家庭关系）的交易。(BR-6413，2002)

信号2：将公司的资产或负债与其他方的资产或负债混淆

一家公司的资产或负债与主要股东、高管或董事的个人资产或负债混杂在一起，是内部控制不力的信号。这一弱点可能被用来掠夺一家公司的资产。

在阿德尔菲亚2000年年报中，有一份说明提到了里格斯家族的成员，他们是"信贷融通下企业的共同借款人"。公司资产和负债与其董事、高级职员或股东的资产和负债相混淆的披露应被视为一种警示，即关联方活动可能比披露的更多。这一披露可能只是冰山一角，因为对于高管或股东来说，利用公司作为自己的赚钱机器可能非常诱人。

他们从此过着幸福的生活吗？

- 前融资副总裁詹姆斯·布朗"承认共谋、银行欺诈和电信欺诈，并且是政府在审判中的主要证人"(Crawford & Dunbar, 2004)。在2012年的民事审判中，布朗被蒂莫西和迈克尔·里格斯（Michael Rigas）起诉，他们声称布朗从未偿还过40万美元的贷款。里格斯家族赢得了对布朗的民事诉讼（Hoak, 2013）。

- 前副总裁迈克尔·马尔卡希被判共谋罪和证券欺诈罪（"Status of High-Profile …"，2005）。
- 阿德尔菲亚创始人约翰·里格斯目前正在服一项 12 年的刑期（Gilliland，2012）。2005 年，他被判犯有"共谋、银行欺诈和证券欺诈罪"（"Status of High-Profile …"，2005）。
- 约翰·里格斯的儿子蒂莫西·里格斯目前正在服一项 17 年的刑期（Gilliland，2012）。他"被判犯有共谋罪、15 项证券欺诈罪和 2 项银行欺诈罪"（Crawford & Dunbar，2004）。
- 约翰·里格斯的儿子迈克尔·里格斯于 2005 年 11 月，对"在财务记录中作虚假记载的指控"（"Status of High-Profile …"，2005）认罪。2006 年 3 月，迈克尔·里格斯被判处 24 个月缓刑，其中包括 10 个月的在家监禁（Bray，2006）。该案的法官评论说，迈克尔·里格斯"站在一个与他两个被定罪的家庭成员所完全不同的立场上"（Bray，2006）。
- 约翰·里格斯的儿子詹姆斯·里格斯（James Rigas）没有受到刑事指控。
- 阿德尔菲亚于 2002 年 6 月申请破产。2006 年，联邦贸易委员会同意时代华纳有线电视公司（Time Warner Cable）和康卡斯特公司（Comcast）收购阿德尔菲亚公司（"FTC's Competition Bureau…"，2006）。这家公司已经不存在了。
- 德勤会计师事务所。SEC 对阿德尔菲亚的审计师提起了公共行政诉讼，并命令他们支付"2 500 万美元的民事罚款"。审计人员同意和解，但"不承认或否认调查结果"（AAER 2237，2005）。此外，该公司还支付了"另外 2 500 万美元的行政处罚"（Glater，2005）。2007 年，德勤"同意支付 1.675 亿美元，与 2002 年阿德尔菲亚通信公司倒闭后成立的一家信托公司达成和解"（Johnson，2007）。德勤否认有任何不当行为。

贝尔南方的警告

贝尔南方主要是作为一个违反《反海外贿赂法》对海外付款进行不当会计处理的案例。

贝尔南方（BellSouth）是一家总部设在佐治亚州亚特兰大的电信公司。20世纪90年代，该公司通过收购多达11个拉丁美洲国家（包括委内瑞拉和尼加拉瓜）的电话公司，大幅扩大了其国际业务。根据 SEC（AAER 1494，2002），贝尔南方正是在与这两个国家的业务往来中违反了《反海外贿赂法》。

《反海外贿赂法》于1977年通过，目的是打击在外国经营的美国公司的不当交易，该法由司法部和 SEC 共同执行。《反海外贿赂法》基本上由两部分组成：反贿赂条例和会计条例。违反该法规定的后果可能相当严重，并可能带来"潜在的刑事和民事处罚"（SEC v. BellSouth-Update, 2002）。

贿赂和会计规定经常重叠，因为贿赂付款通常在账目、记录和财务报表中被错误分类。《反海外贿赂法》的会计部分明确要求，在海外经营的上市公司必须"编制和保存账簿、记录和账目，这些账簿、记录和账目应合理详细、准确、公正地反映其交易和资产处置情况，并设计和维护内部会计控制系统"（AAER 1494，2002）。根据 SEC 的说法，贝尔南方在收购 Telcel（在委内瑞拉）和 Telefonia（在尼加拉瓜）时遇到了问题。[①]

[①] SEC 对贝尔南方发出了一项停止令，在该命令中，专员认为"贝尔南方违反了账簿和记录规定以及内部会计合同规定"（AAER 1495，2002）。贝尔南方同意在"不承认或否认专员的调查结果的情况下"接受指令，如 AAR 1495 所述。

第八章 天方夜谭

贝尔南方虚构财务报告方案

贝尔南方的一个计划涉及使用虚构的文件，其他计划包括不正确的付款和不准确的记录。

舞弊手法 I：在 Telcel 使用伪造发票

贝尔南方于 1991 年通过收购 Telcel 的少数股权进入委内瑞拉市场，1997 年贝尔南方将对 Telcel 的投资增加到多数股权。到 2002 年，Telcel 已成为委内瑞拉最大的无线供应商，也是贝尔南方在拉丁美洲最大的收入来源。

SEC 声称，从 1997 年到 2000 年，"前 Telcel 高级管理层授权向六家离岸公司支付总额约 1 080 万美元"。此外，委员会称，"Telcel 根据虚构的发票在 Telcel 的账簿和记录中记录了支出"。这些伪造的发票呈现为向 Telcel 提供的"服务"，尽管这些服务从未得到核实，贝尔南方也无法提供任何有关这些付款或资金所在地的信息。（AAER 1494，2002）

《反海外贿赂法》立法的优势在于要求公司保持准确的账簿和记录。因此，没有必要首先证明有关付款的非法意图；可疑付款本身就可能导致诉讼。未能保存适当的记录足以成为采取强制行动的理由。

舞弊手法 II：使用不当付款和未能在 Telefonia 保持准确记录

1997 年，贝尔南方收购了尼加拉瓜 Telefonia 49% 的股份，并获得了另外 40% 的期权。然而，由于尼加拉瓜法律禁止外国公司持有电信公司的大部分股份，所以这一期权存在问题。

1998 年 10 月，Telefonia 雇用了一名说客（每月 6 500 美元），她恰好是电信立法监督委员会主席的妻子。该委员会"对外国所有权限制拥有管辖权",主席夫人主要致力于"废除外国所有权限制"(AAER 1494,2002)。这名说客于 1999 年 5 月停止在 Telefonia 工作,但取消外国所有权限制的运动仍在进行中,该限制于 1999 年 12 月被废除。到 2000 年 6 月,贝尔南方拥有 Telefonia 89% 的股份。该说客总共收到了 6 万美元,其中包括遣散费。

根据委员会的说法,贝尔南方深知"其向说客支付的款项可能与《反海外贿赂法》有关"。此外,SEC 发现:

● Telefonia 将向说客支付的款项描述为"咨询服务",从而"制造了虚假的账簿和记录"。

● 贝尔南方忽视了"在 Telefonia 设计和维护一个足以发现和防止违反《反海外贿赂法》的内部会计控制系统"。(AAER 1494,2002)

违反《反海外贿赂法》的不当会计处理

违反《反海外贿赂法》的行为通常包括贿赂,其中涉及的金额本身并不重要,但贿赂本身可能会产生严重后果。贿赂在财务报表中很难识别。有关公司涉嫌贿赂或腐败调查的信息,请搜索美国媒体和该公司运营所在国的新闻报道。

他们从此过着幸福的生活吗?

2006 年,贝尔南方被 AT&T 收购,创造了一个"电信巨头……"(Belson,2006)。

第八章 天方夜谭

卡卡圈坊①和丢失的面团②

卡卡圈坊主要是作为一个对往返交易会计处理不当的例子。

最初的卡卡圈坊（Krispy Kreme Doughnuts, Inc.）由弗农·鲁道夫（Vernon Rudolph）于1937年在北卡罗来纳州创立，慢慢地发展了一系列被称为"几乎是传奇的产品和忠诚的客户群"（O'Sullivan，2005）。根据甜甜圈的传说，新鲜的卡卡甜甜圈是理想的入口即溶甜甜圈，口感恰到好处，新鲜油炸的甜面团覆上完美的淋面。实际上，顾客可以闻到甜甜圈的香味，听到甜甜圈被烹调到完美的嘶嘶声。卡卡圈坊把甜甜圈生意变成了甜甜圈体验。

该公司在20世纪70年代被出售给比阿特丽斯食品公司（Beatrice Foods），几年前原所有者去世。许多卡卡圈坊的拥趸对这次出售感到不安，1982年，几家特许经营商联合起来回购了公司。随着美国各地的顾客排队第一次品尝这种令人垂涎的甜点，该公司的业务在全国范围内开始增长。

该公司的商业模式就像是梦想成真：一种不需要介绍的产品，一个等待样品的客户群。卡卡圈坊的首席执行官斯科特·利文古德（Scott Livengood）于2000年4月通过首次公开募股将公司上市，并在伦敦的哈罗德商店开设了多家国际特许经营店。据报道，利文古德是甜甜圈的狂热粉丝，2002年结婚时，他有一个完全由甜甜圈做成的巨大蛋糕。卡卡圈坊不断被媒体提及，甚至连从未吃过甜甜圈的人都对这个品牌很熟悉。

在2001年2月至2004年2月的三个财年间，公司的商店数量从58家

---

① 2009年，SEC发布了一项针对卡卡圈坊的停止令（AAR 2941）。卡卡圈坊同意在"不承认或否认调查结果"的情况下接受指令，如 AAR 2941 所述。

② 本节的背景资料主要来自 Brooks（2004），Maremont and Brooks（2005），O'Sullivan（2005），"Scott Livengood, CEO, Krispy Kreme"（2004）和"Summary of Independent Investigation"（2005）。

公司所有的商店和 86 家特许经营店增长到 141 家公司所有的商店和 216 家特许经营店。在此期间，该公司的年收入从 2.2 亿美元增长到 6.656 亿美元，超出华尔街的预期。卡卡圈坊的股价"攀升最为剧烈，从每股 5.25 美元的 IPO 价格到 2003 年 8 月 18 日每股 49.37 美元的高点"（"Summary of Independent Investigation"，2005，p. 3）。

然而，事情开始变糟了，因为卡卡圈坊被指责在试图让华尔街保持满意的过程中取得了"甜蜜的结果"（Maremont & Brooks，2005）。公司被各种各样的问题所困扰，从关店到有问题的收购传闻和不当的会计实务。为了支撑这家苦苦挣扎的公司，利文古德试图将卡卡圈坊的问题归咎于低碳水化合物饮食的日益普及；因此公司宣布正在开发一种"无糖甜甜圈"（O'Sullivan，2005）。然而，到 2004 年 5 月 7 日，该公司股价已跌至每股 22.51 美元，并持续下滑。下个月针对卡卡圈坊的几起诉讼中的一个，指控其"向证券交易委员会提交的新闻稿和文件中包含重大虚假和误导性陈述"（Chimicles & Tikellis LLP，2004）。2004 年 10 月，SEC 通知该公司接受正式调查。同月，董事会成立了一个"特别委员会"，对该公司的商业行为进行独立调查。

在最后的"独立调查摘要"（2005）中，特别委员会强调了一些有问题的领域。在对公司管理层的审查中，委员会成员表示，"利文古德似乎过于注重满足和超越华尔街的期望，而对从高层建立适当基调的关注太少"（p. 6）。委员会坚持认为，首席运营官约翰·泰特（John Tate）对"未能设定适当的管理基调和环境……"（p. 6）也负有主要责任。

此外，调查还发现了 2004 年卡卡圈坊财务报表中的几个会计差错。如果没有这些错误，该公司就不可能像过去那样始终如一地实现其积极的销售和盈利预期。必须指出的是，特别委员会并没有得出会计差错是故意的结论，尽管它指出"政府调查人员……可能会发现更多的事实，更好地阐明不同个人行为背后的意图和潜在事件"（"Summary of Independent Investigation"，2005，p. 2）。经过调查，2009 年，SEC 发布了一份针对卡卡圈坊的会计和审计执行公告，其中委员会发现，"在 2004 财年的第二、第三和第四季度，卡卡圈坊都参与了与重新获得特许经营权有关的往返交易"（AAER 2941，2009）。根据 SOX 报告（2002），往返交易① （round-trip transactions）是指"同时进行预先安排的销售交易，通常是同一产品的交易，以便对商业活动或收入产生虚假影响"（p.25）。

卡卡圈坊的经营问题

除会计差错外，公司还存在以下问题：
- 增长过于迅速，以牺牲现有特许经营权为代价增加了太多新的特许经营店；
- 老店收入（即现有特许经营收入）的增长速度远慢于母公司收入的增长，而母公司收入的增长则受到新店开张的推动；
- 似乎缺乏"一个经历爆炸式增长的企业所需的控制、程序和资源"（"Summary of Independent Investigation"，2005，p.5）；
- 独立外部董事太少，无法确定战略和控制管理；
- 有些政策对母公司有利，但对其特许经营商不利，例如期望"特许经营商加价从总部购买设备和原料"（O'Sullivan，2005）；
- 该公司放弃了自己的核心竞争力，比如在菜单上增加了新的项目，销售非现场制作的甜甜圈。

卡卡圈坊经营问题的信号

虽然这些操作问题不涉及欺诈，但它们导致了虚假财务报告背后的财

---

① 即对同一种商品多次重复的销售与回购交易，旨在提高报告的总收入。——译者

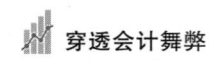

务问题。

信号1：特许经营权收购权上升

"特许经营权收购权"这一无形资产的增加，可能表明已经出售了太多的特许经营权，而且有些特许经营权正在被回购，因为特许经营权人相互侵占。

信号2：现有门店销售额的增长低于公司销售额的增长

这个问题的另一个信号是公司销售额的增长远远大于现有门店销售额的增长。从2003年第二季度到2004年第二季度，卡卡圈坊报告公司收入增长了近15%，而老店销售额增长不到1%。

卡卡圈坊虚构财务报告方案

由两位董事发起的独立调查委员会对卡卡圈坊的记录进行了检查，发现了一些会计错误，包括：

1. 在重新获得特许经营权之前对往返交易的记录中，金额被加到重新获得特许经营权的成本中。下面将进一步审查这种误报往返交易的财务诡计。
2. 记录设备销售给加盟商的早期发货情况，而设备一直闲置到后期。
3. 未按公司激励计划全额计提激励性薪酬费用。

卡卡圈坊对往返交易使用不当会计记录的方案概述

在卡卡圈坊一案中，"独立调查摘要"（2005）指出，虽然所涉金额不是很大，但发现的"最严重"会计错误是涉及特许经营权收购的往返交易（p.8）。

卡卡圈坊用来实现其往返交易绝技的工具是重新获得特许经营权。在三次独立的特许经营权回购中，卡卡圈坊错误地提高了特许经营权的回购价格。

在第一次往返交易中，卡卡圈坊同意支付额外的80万美元回购特许经营权，作为回报，特许经营商同意在卡卡圈坊回购其特许经营权前不久从卡卡圈坊购买类似金额的甜甜圈制作设备。购买额外设备的现金和设备本身呈现了一场在特许经营商和卡卡圈坊之间的"往返之旅"。在这个过程中，销售额和特许经营权（一种无形资产）都被夸大了。根据 SEC 的说法，"卡卡圈坊将其为特许经营权支付的价格提高了 80 万美元，即从 6 500 万美元增加到 6 580 万美元，作为特许经营商从卡卡圈坊购买某些甜甜圈制作设备的回报"。（AAER 2941，2009）

在第二次往返交易中，卡卡圈坊将其回购特许经营权的价格"抬高了 525 463 美元，相当于卡卡圈坊声称的其特许经营商欠下的两笔有争议金额的近似值"。（AAER 2941，2009）

在第三次往返交易中，卡卡圈坊向一位前特许经营商支付了一笔经销费，但没有相应地降低回购价格。前特许经营权持有人立即将金额"返还给卡卡圈坊作为管理费的支付"（AAER 2941，2009）。这笔管理费是卡卡圈坊自回购剩余特许经营权谈判开始"考虑到卡卡圈坊对管理职责的处理"而要求的金额。根据 SEC 的说法，"卡卡圈坊将这笔费用记为收入，从而将公司第四季度的净收入高估了约 361 000 美元"。（AAER 2941，2009）

卡卡圈坊虚构财务报告的信号

信号 1：应收账款占销售额百分比上升

与任何虚报销售额一样，应收账款在销售额中所占百分比（例如以应收账款周转天数来衡量）的增加，是加速虚假销售的信号。

信号 2：经营活动产生的现金流滞后于营业利润

经营活动产生的现金流可能会滞后于营业收入，直到"销售额"在随后的补充往返交易付款中被支付。如果在往返交易的第一阶段收到现金，然后在第二阶段偿还，这个信号将变得模糊。如果互相支付被认为是为了一项投资活动，如卡卡圈坊的例子，这个信号也将被掩盖。

他们从此过着幸福的生活吗？

● 2012 年 7 月，卡卡圈坊庆祝成立 75 周年。该公司目前"在美国和 20 个国家拥有 694 家门店"("Krispy Kreme Doughnuts Inc. Celebrate…"，July 1，2012)。

● 2011 年，卡卡圈坊自 2004 年以来首次实现盈利（"Krispy Kreme Doughnuts Inc. Celebrate…"，July 1，2012)。

● 2005 年 6 月，特别委员会决定"六名未披露姓名的公司高管应被解雇"("Six Krispy Kreme Execs Ousted"，2005)。此后不久，其中 5 名高管辞职，1 名高管退休。

● 斯科特·利文古德于 2005 年 1 月被免去首席执行官的职务。利文古德获得了为期六个月的"临时顾问"职位（Nowell，2005)。

● 约翰·泰特，卡卡圈坊的前首席运营官，于 2004 年 8 月离开公司"寻求另一个机会"("Krispy Kreme COO Tate Leaving the Company"，2004)。

● 在 2006 年的头几个月，卡卡圈坊的股票价格在每股 5 美元到 7 美元之间，与 2003 年 8 月的每股 49.37 美元相比，大幅下降。这家公司出售了许多特许经营权。2013 年 11 月中旬，公司股价约为每股 26 美元。

本章案例的伦理道德

　　阅读以下 SEC 合规检查和审查办公室主任卡洛·迪·弗洛里奥（Carlo di Florio）关于《利益冲突和风险治理》(2012) 的演讲摘录，然后回答问题。

　　问题：

　　卡洛·迪·弗洛里奥讨论了企业有效的合规和道德计划的七个要素。就阿德尔菲亚而言，所有七个要素似乎都被忽略了，在你看来，弗洛里奥讨论的三个要素中，哪三个对防止阿德尔菲亚的不当商业行为最有用？解释你的答案。

第八章 天方夜谭

摘自演讲：《利益冲突与风险治理》

卡洛·迪·弗洛里奥

合规检查和检查办公室主任①

全国合规专业人员协会

2012年10月22日

管理利益冲突的有效实践②

从监管者如何处理冲突到企业如何评估和缓解冲突，我认为有效的冲突风险治理框架包括三大考虑因素。

1. 首先，需要有一个由跨职能领导团队领导的有效流程，来识别和理解业务模型中的所有冲突。这些冲突需要从其实际业务影响以及相关法律标准的角度来理解。这包括认识到冲突是动态的，除了不断识别新的冲突之外，还需要定期重新审查已识别和解决的每一个冲突，以确定根据新的业务环境、不断变化的客户概况、新的监管义务等，是否仍在对其进行适当控制。例如，在对公司如何保护重要的非公开信息（MNPI）不被不当使用（如内幕交易）的调查中，我们观察到公司程序落后于创造MNPI新资源的新业务战略的情况。当商业模式发展的时候，控制框架却没有与时俱进，这使得这些公司面临巨大的风险。同样重要的是，要对哪些利益冲突对组织构成最大的风险进行评估和排序，以便能够相应地分配资源，从合规风险和声誉风险的角度有效地缓解和管理这些冲突。

2. 我认为，第二个主要的考虑因素是要有一个良好的合规和道德计划，以解决公司发现的以及需要优先处理的利益冲突。……根据证券法，注册人应具备有效的书面政策和程序，以防止违反证券法，并定期审查这些政策和程序的充分性和有效性。例如，《投资顾问法》（Investment Advisors Act）下的第206（4）-7条和《投资公司法》（Investment Company Act）下的第38a-1条规定了对投资顾问和投资公司的要求。根据美国金融

---

① 作为一项政策，SEC拒绝对其员工的任何私人声明负责。
② 演讲第三部分。摘自SEC，www.sec.gov。

业监管局（Financial Industry Regulatory Authority，FINRA）规则，对经纪自营商也有类似的要求①。在我看来，为了充分和有效，这些合规和监管政策和程序必须包括识别、评估、降低和管理利益冲突的流程。

此外，出于参考目的，自2004年以来，《美国联邦量刑指南》（U.S. Federal Sentencing Guidelines）（以下简称《指南》）为有效合规计划的许多关键要素提供了有益的指导。如大家所知，2004年和2010年对《指南》的修订明确要求有效的合规和道德计划，作为确定公司刑事判决的减刑因素。该《指南》列出了最低要求的七个因素。我想依次分析这些因素，并解释我认为这些因素与有效管理利益冲突之间的关系。我认为，这一分析也与券商和投资顾问是否履行了联邦证券法规定的监管义务密切相关。

标准和程序。《指南》要求公司"建立标准和程序，以防止和发现犯罪行为"。这需要的范围取决于组织的规模，正如《指南》的注释所建议的那样，较大的组织预期比较小的组织有更多的正式业务和资源。然而，我认为，对于任何组织来说，制定一个强有力的流程来识别和管理利益冲突不仅是预防和发现犯罪行为的关键手段，也是预防和发现可能给企业带来监管或声誉风险的其他行为的关键手段。

由于随着业务的增长和发展，新的利益冲突可能会迅速出现，并且在引起更高级经理或控制职能部门的注意之前，可能在一线员工处变得明显，因此关于这些标准和程序的沟通也是一个机会，可以向所有员工强调他们在识别新的利益冲突方面的作用的重要性，以及他们将此类冲突上报至适当控制职能部门的责任。一些公司通过将冲突评估纳入其他流程来加强这一流程，如新产品或业务批准、对潜在冲突进行客户调查，或对其业务实践进行定期或临时自我评估。

监督。第二个因素是组织的"管理机构"——通常是董事会和高级管理层——了解合规和道德计划的内容和操作，并对其实施和有效性进行合

---

① 美国全国证券交易商协会（National Association of Securities Dealers，NASD）的规则3010和3012包含了类似的要求，并被纳入了FINRA的规则手册。此外，FINRA规则3130要求成员公司的首席执行官每年证明，除其他外，该公司已经建立、审查和测试了书面合规政策和监督程序，这些政策和程序是合理设计的，旨在满足证券法的要求。（此为演讲原文中的脚注18。）

理监督。为了补充这种监督，一些公司设立了常设委员会，由高级管理人员和高级内控人员组成，主要负责冲突评估。我认为，在金融服务领域，未调解的利益冲突是合规和道德计划旨在根除的主要问题类型指标。因此，我发现很难看到金融服务公司的治理结构如何满足这一因素，除非其监督考虑了合规和道德计划在解决利益冲突方面的有效性。

符合有效道德和合规计划的领导力。第三个因素是，组织要尽合理的努力将任何从事与有效的合规和道德计划不一致的行为的个人排除在任何领导职位之外——换句话说，狐狸不是在守护鸡舍。同样，在我看来，如果一家金融服务公司的任何业务部门负责人或高级管理人员没有承诺积极主动地识别和纠正该组织业务模式中的利益冲突，该公司就很难满足这一标准。

教育和培训。第四个因素是组织应采取合理的措施，定期培训领导、员工和代理，并与他们就合规和道德计划进行沟通，包括实施计划的标准和程序。我已经说过，在我看来，这种培训和其他沟通应该包括关于组织中每个人在识别、升级和补救利益冲突方面的责任的沟通。应针对业务模型中的特定冲突进行定制，并明确规定治理、风险管理和合规程序，以缓解和管理这些冲突。

审计和监督。第五个因素是采取合理的步骤，以确保遵守合规和道德计划，包括监督和审计，以及定期测试计划的有效性，并拥有和公布一个系统，通过该系统，组织的员工和代理商可以报告或寻求关于潜在犯罪行为的指导，而不必担心报复。一些公司将在审查前与法律和合规部门讨论问题，然后将发现的问题报告给任何指定的冲突审查机构。在我看来，对于金融服务公司来说，这种审计、监督和测试应该包括对组织关于利益冲突管理的政策和程序的有效性的测试。

激励和惩罚。第六个因素是组织是否有适当的激励措施来支持合规和道德计划，以及对未能采取合理措施来预防或发现犯罪行为是否有适当的惩罚措施。我认为，这一因素，尤其是与激励有关的因素，是许多问题性冲突的核心，因为这些冲突往往可能涉及个人的激励，而这些激励与他对组织、组织的客户或其顾客所承担的义务不匹配。

应对和预防。最后一个因素是组织是否采取合理的措施来应对任何犯罪行为并防止其再次发生，包括对其合规和道德计划进行任何必要的修改。就金融机构而言，我认为这种应对将包括考虑任何可能激励或助长不良行为的利益冲突，以及考虑如何更有效地阻止或补救此类冲突。有些公司做得更多，不仅分析自身的弱点，还分析其他公司发现的问题，以便相同的问题不会发生在自己的机构。

3. 在我看来，第三个考虑因素是，这个解决利益冲突的过程完全融入了公司的整体风险治理结构。业务是第一道防线，负责按照法律、法规以及董事会和整个组织的高级管理层设定的风险偏好，有效地承担、管理和监督利益冲突和其他风险。关键的风险和控制职能，如合规、道德和风险管理，是第二道防线。它们需要有足够的资源、独立性、地位和权威来实施有效的计划，并客观地监督和升级利益冲突和其他风险问题。内部审计是第三道防线，负责提供独立的验证和保证，确保控制措施到位并有效运行，以解决利益冲突。最后，高级管理层和董事会需要参与进来。这包括考虑关键业务流程中存在利益冲突的风险，包括战略规划、资本分配、业务部门和单个业务领导的绩效监督和评估。我观察到的一些更有效的做法包括让高级管理层和董事会在每个关键流程中涉及关键风险和控制职能，以便他们能够就业务部门和单个业务领导在管理冲突和促进合规和道德文化方面的表现提供自己的独立观点。

最后，我想对高级经理和独立董事提出几点简单的看法。我认为，你们在冲突管理和确保合规和道德文化方面的作用至关重要。归根结底，管理冲突不仅仅是制定一个强有力的合规计划，尽管这显然至关重要。它还要求建立一种文化，无论监管要求如何，都不能容忍对组织的高道德标准承诺产生怀疑的行为，并且重视公司的长期声誉，而不是从剥削客户或顾客中获得任何可能的短期利益。SEC 前主席理查德·布里登（Richard Breeden）说得好，"期望度过不被起诉的一天不是一个适当的道德标准"。①

---

① 引自《董事、高管和会计师的商业和职业道德》(2009)，可在谷歌图书上查阅。（此为演讲原文中脚注 19。）

第八章 天方夜谭

此外，虽然让某些个人或团体承担缓解冲突的具体任务无疑会有所帮助，但应始终强调组织中每个人都有责任识别冲突并确保冲突得到适当管理。作为组织的领导者，这种责任从你们开始。

最后，在涉及利益冲突时，积极思考很重要。正如我前面提到的，在金融服务行业，可能在其他类型的组织中也一样，利益冲突不断以新的形式出现，需要以富有远见的方式积极解决。就利益冲突而言，为了保护一个机构的声誉和品牌，应永远保持警惕和独立监督。

案例研究

布卡公司

- 阅读 2006 年 6 月 7 日 SEC 对布卡公司（BUCA，Inc.）前首席财务官和前主计长的控诉摘要。
- 查阅 2000 年、2001 年和 2002 年布卡财务报表附注（10-K）摘要。
- 回答以下案例研究问题。

要求：

a. 未披露的关联方交易。

1. 解释 2006 年 SEC 控诉文件第 21—23 段所述的布卡和高压线网络公司（High Wire Networks，Inc.）之间的所谓关联方交易。

2. 阅读阿德尔菲亚不当使用和误导性披露关联方交易的信号 1（本章）。另请阅读布卡 2000—2002 年财务报表中的关联方交易附注的摘要。解释阿德尔菲亚财务报表附注中的信号与布卡财务报表关联方交易附注中的信息之间的相似性（如有）。

b. 内部控制薄弱。 在阅读了 SEC 针对布卡控诉文件的第 21 段和第 22 段之后，你认为有哪些内部控制缺陷（如果有的话）在布卡和阿德尔菲亚均存在，并且同时是两个公司涉嫌不当使用关联方交易的信号？

布卡公司控诉摘要[①]

案例 0：06-cv-02320-ADM-AJB 文件 1-1 存档于 2006 年 7 月 6 日[②]

美国明尼苏达州地区法院

原告：SEC

被告：格雷格·A. 加代尔和丹尼尔·J. 斯克里佩克

控诉文件第 1—13 段：

原告 SEC（"委员会"）声称如下：

行为性质

1. 本案涉及布卡公司两名前高管的舞弊和其他不当行为。布卡是一家位于明尼阿波利斯的上市意大利餐饮公司。前首席财务官格雷格·A. 加代尔（Greg A. Gadel）和前主计长丹尼尔·J. 斯克里佩克（Daniel J. Skrypek）使得布卡形成了一种欺诈盛行的企业文化。加代尔和斯克里佩克参与起草了布卡的招股说明书，其中严重低估了加代尔和前首席执行官、总裁兼董事会主席约瑟夫·P. 麦卡特罗（Joseph P. Micatretto）的薪酬。加代尔和斯克里佩克帮助编制和审查财务报表以及提交给委员会的招股说明书，未披露涉及麦卡特罗的重大关联方交易和涉及加代尔的一系列关联方交易。最后，加代尔和斯克里佩克指导编制财务报表，由于加代尔和斯克里佩克计划通过不适当的费用资本化来实现收益目标，因此严重高估了布卡的税前收入。

2. 从 2000 年到 2004 年，麦卡特罗、加代尔和其他人将公司视为一种用于承担个人开支的工具。在加代尔和斯克里佩克的授意甚至经常是直接同意下，麦卡特罗利用布卡宽松的会计文化，不正当地从布卡获得共计近

[①] "委员会提出申诉后，在不承认或否认申诉中的指控的情况下，麦卡特罗接受最终判决……"（LR 19719，2006）。"根据加代尔和斯克里佩克接受的最终判决，永久禁止他们违反《1933 年证券法》第 17（a）条、《1934 年证券交易法》第 10（b）、13（b）(5) 和 14（a）条以及规则 10b-5、13b2-1、13b2-2、14a-3，以及协助和教唆违反《1934 年证券交易法》第 13（a）、13（b）(2)(a) 和 13（b)(2)(b) 条和其中的规则 12b-20、13a-1 和 13a13（LR 204172007）。在委员会提出申诉后，在不承认或否认申诉中的指控的情况下，布卡接受最终判决……"（LR 20312，2007）。

[②] 获取自 SEC，www.sec.gov。

第八章 天方夜谭

85万美元的个人费用报销。加代尔和斯克里佩克批准了麦卡特罗的许多报销请求,尽管他们知道或者粗心大意下不知道有些请求包含个人开支。虽然加代尔和斯克里佩克知道麦卡特罗的不当报销,并帮助准备了布卡的招股说明书,但布卡的招股书从未将2000—2003年间的这些个人费用作为报酬支付给麦卡特罗。由于加代尔和斯克里佩克未能确保这些信息的披露,布卡在2000—2003年的招股说明书中将麦卡特罗的年薪低估27%~74%。

3. 加代尔不正当地向布卡报销家庭度假和去脱衣舞俱乐部的费用,而斯克里佩克经常批准加代尔的不当报销要求。从2000年至2003年,加代尔收到了超过96 000美元的报销款,这都是不正当的报销要求引起的。因此,加代尔的报酬和麦卡特罗一样,在布卡的招股说明书中被严重低估。

4. 麦卡特罗还参与了一项关联方交易,但布卡从未在财务报表或招股说明书中进行披露,尽管加代尔和斯克里佩克知道该交易。麦卡特罗和一个布卡供应商在2001年购买了一座意大利别墅,并要求布卡对购买费用和别墅改造费用进行开票支付。加代尔和斯克里佩克知道这笔交易,并批准了与购买别墅有关的付款。

5. 同样,布卡从未在其财务报表或委托书中披露涉及加代尔的一系列关联方交易。在2000年和2001年,加代尔是一家小型信息技术公司的董事和持有10%股份的股东,该公司参与了一系列涉及布卡的交易,交易总额超过100万美元。斯克里佩克知道加代尔拥有这家信息技术公司的所有权。尽管如此,加代尔和斯克里佩克均未在2000年和2001年布卡的财务报表或招股说明书中披露这些关联方交易。

6. 加代尔和斯克里佩克还指导了一项计划,通过不适当的费用资本化来实现布卡的收益目标。布卡在2005年的一份重述中披露,从2000年到2004年,它不当地将近1 200万美元的费用资本化,这导致布卡报告的税前收益每年膨胀18.8%~36.9%。

管辖权和审判地

7. 根据《1933年证券法》第22(a)条[15 U.S.C. §77v(a)]和《1934年证券交易法》第21(d)和27条[15 U.S.C. §§78u(e),

78aa]，法院对本诉讼具有管辖权。

8. 根据《1933年证券法》第22（a）条［15 U.S.C.§77v（a）］和《1934年证券交易法》第27条［15 U.S.C.§78aa］的规定，本法院的审判地点是适当的。

被告

9. 格雷格·A.加代尔现年47岁，明尼苏达州伊甸草原居民。从1997年到2005年2月，加代尔担任布卡的首席财务官和执行副总裁。加代尔于2004年12月宣布辞职，并于2005年2月离开公司。

10. 丹尼尔·J.斯克里佩克现年33岁，明尼苏达州罗斯蒙特市居民。他是一名注册会计师，持有在明尼苏达州非执业的执照。从1999年到2005年3月，斯克里佩克担任布卡的财务总监；从2001年到2005年，担任布卡的副总裁。此外，斯克里佩克在2005年曾短暂担任公司临时首席财务官。布卡于2005年5月终止了与斯克里佩克的雇佣关系。

事实

11. 布卡是一家于1996年在明尼苏达州注册成立的上市公司，总部位于明尼阿波利斯。布卡是连锁餐厅Buca di Beppo和Vinny T's of Boston的控股公司。布卡于1999年首次公开发行股票。此后，布卡的股票在纳斯达克上市交易。作为一家上市公司，布卡必须向委员会提交某些文件，包括10-K表格形式的年度报告、10-Q表格形式的季度报告以及招股说明书。从2000年到2004年，布卡还向委员会提交了几份与发行证券有关的S-8注册声明。这些注册声明通过引用布卡的财务报表和某些其他委员会文件纳入其中。

12. 加代尔和斯克里佩克在编制和确保布卡向委员会提交的年度和季度报告、财务报表和招股说明书的准确性方面发挥了重要作用。斯克里佩克作为主计长，创建了布卡委员会文件的第一份工作草案，包括与员工就这些文件中包含的会计编号进行讨论。加代尔还审查了布卡的季度和年度报告草案、财务报表和招股说明书，然后提交给委员会。加代尔和麦卡特罗对布卡的委员会文件的内容拥有最终权力。此外，作为布卡的执行官，

第八章 天方夜谭

加代尔每年都要完成与布卡招股说明书编制相关的代理人调查问卷。布卡使用代理人调查问卷作为核实薪酬和涉及高管的关联方交易的一种手段。加代尔在担任首席财务官期间签署了布卡在委员会的所有季度和年度文件，并证明了布卡 2002 年和 2003 年 10-K 表格以及这些报告中所含财务报表的准确性。此外，加代尔和斯克里佩克还就其对布卡财务报表的年度审计向布卡的独立审计师签署了布卡的管理层代表函。通过这些管理层代表函，加代尔和斯克里佩克代表了布卡财务报表的准确性和完整性。

13. 加代尔和麦卡特罗对健全公司治理体系不甚重视，甚至协助创造了一个有利于欺诈的环境。此外，斯克里佩克作为控制人，为发生的欺诈行为提供了便利。例如，从 2000 年开始直到 2004 年底，公司内有关报销差旅和娱乐费用（T&E）的政策很少。在此期间，加代尔、斯克里佩克及其下属定期收到并批准报销个人开支的申请，包括附有很少或没有证明文件的申请。加代尔和麦卡特罗充分利用了宽松的文化，他们定期向布卡报销各种各样的个人开支。

控诉文件第 21—35 段：
布卡与加代尔有实质性参与的供应商之间未披露的关联方交易

21. 加代尔在高压线网络公司拥有大量业务，该公司是一家小型信息技术公司，在 2000—2001 年间参与了一系列涉及布卡的交易。高压线网络公司于 2000 年 10 月由包括加代尔和 EDP 的两个主要所有者在内的集团建立，而 EDP 是布卡的主要信息技术供应商之一。高压线网络公司主要为布卡以外的公司提供互联网语音协议。高压线网络公司于 2001 年底停止运作。在相关时间段内，加代尔是高压线网络公司的董事，在公司拥有 10% 的股权。加代尔也是 High Wire 支票账户的两个授权签字人之一，并担任高压线网络公司的布卡联系人之一。

22. 布卡本质上为高压线网络公司的运营提供资金，尽管高压线网络公司向布卡以外的公司提供了大部分服务。高压线网络公司的办公室位于布卡办公大楼内的一处，布卡支付了近 98 000 美元修建高压线网络公司占用的办公空间。此外，EDP 还向布卡领取给高压线网络公司员工的共计

1 394 775 美元工资，尽管这些高压线网络公司员工中的许多人很少或根本没有为布卡工作。

23. 上一段讨论的交易引起了布卡会计人员中较初级的人员的怀疑。布卡的一名助理财务长与斯克里佩克讨论，这些付款似乎代表需要被披露的关联方交易。事实上，助理财务长后来就这个问题面见了加代尔和斯克里佩克，并建议他们联系布卡的审计人员。不过加代尔表示，这段关系没有任何不当之处，斯克里佩克也表示同意。加代尔和斯克里佩克均未采取措施确保在2000—2001年间，在布卡的招股说明书或其年度报告中披露布卡与高压线网络公司之间的关联方交易。

财务舞弊方案
背景

24. 作为布卡达到分析师预期收益的一种方式，加代尔策划了一个通过不当资本化抬高收入的计划，斯克里佩克帮助实施了这一计划。加代尔和斯克里佩克一起对一个项目是否应该资本化负有最终责任。虚增布卡收入的计划涉及支付一般性费用（应在其发生期间列作支出）以及将其视为资本支出（可能会随着时间推移的支出）。从2000年开始，加代尔和斯克里佩克会在每个季度末对布卡的财务状况进行初步评估，然后确定他们需要"获得"多少收入，以满足分析师对布卡的盈利预期。加代尔和斯克里佩克发现了许多不同的方法，通过不当资本化减少费用来虚增布卡的收入，包括下文第25—34段中详述的方法。

供应商的虚假捐款被返还

25. 布卡不当地将至少713 000美元的费用资本化，这些费用与某些供应商的一项详细的捐款返还计划有关。这项方案涉及一个名为"派萨诺合作伙伴大会"的布卡商店经理年会，表面上布卡通过其供应商的捐款资助派萨诺合作伙伴大会，事实上某些布卡供应商在派萨诺合作伙伴大会上捐款时明确表示，他们可以将捐款金额退还给布卡。加代尔将捐款返还计划的重点放在了供应商身上，比如建筑和信息技术供应商，这些供应商提供的商品和服务在更合适的情况下可以被资本化。具体来说，参与该计划的

第八章 天方夜谭

布卡供应商将向布卡支付捐款,以帮助资助派萨诺合作伙伴大会。然后,这些资本供应商通过将出资额计入随后向布卡开具的虚增发票中,收回出资额。反过来,布卡会将虚增的发票定性为资本支出。因此,布卡有效地将会议费用资本化。

26. 加代尔策划了这项捐款返还计划。例如,他指示布卡的施工经理要求布卡的建筑供应商为派萨诺合作伙伴大会捐款,然后按账单退回捐款金额。参与捐款返还计划的施工供应商通常在措辞模糊的变更单和发票中,或夸大的项目投标书中对出资额进行开票。加代尔向施工经理解释说,这种安排使布卡能够将供应商的账单资本化,任何对该安排有疑问的布卡供应商都可以直接联系他。

27. 斯克里佩克帮助实施了这项捐款返还计划。斯克里佩克曾多次指导员工关于是否将某些对于派萨诺合作伙伴大会的捐款通过变更单返还,或者将该金额纳入供应商对布卡项目的投标中。尽管布卡的助理财务长向斯克里佩克提出了对供应商虚假捐赠使用的模糊变更单的担忧,但斯克里佩克继续授权对此类订单的支付。

日常维修保养

28. 布卡不当地将至少 467 万美元的维修和保养费用以及管理费用资本化。加代尔和斯克里佩克把维修和保养费用作为弥补分析师盈利预期与布卡初步财务业绩之间差异的工具。加代尔和斯克里佩克在每季度末指导布卡员工审查金额超过 1 000 美元的维修和保养账户发票,以找到足够数量的可以资本化的发票,来达到盈利目标。许多被资本化的发票并非代表着可被资本化的费用。尽管布卡的一名助理财务长告诉斯克里佩克,他对根据收益目标在每个季度末搜索可资本化项目的做法感到不适,斯克里佩克和加代尔仍未采取任何措施来改变这种做法。随着该计划的实施,维修和保养费用不当资本化的情况明显扩大。首先,布卡采用的做法是将超过1 000 美元的大多数维修和保养发票资本化,因此无须在季度末再对发票是否需要资本化进行审查。后来,在加代尔的指导下,布卡为 1 000 美元以下的发票设立了资本化账户。加代尔和斯克里佩克最终允许会计人员将公

341

司收到的任何小型维修或保养发票存入该账户，而不论发票是否代表资本支出。

布卡相关供应商的发票

29. 加代尔和斯克里佩克还利用布卡与高压线网络公司和 EDP 之间的不寻常关系，不当地将费用资本化。通过加代尔和斯克里佩克，布卡将作为与高压线网络公司和 EDP 协议的一部分提交的至少 150 万美元的发票不当资本化。首先，EDP 要求布卡支付给高压线网络公司员工的工资共计 1 394 775 美元，尽管这些高压线网络公司员工中的许多人很少或从未为布卡工作。尽管没有支持这种会计处理的文件，加代尔和斯克里佩克依然批准了这些工资的资本化。其次，在加代尔指导和斯克里佩克知情的情况下，布卡使用 EDP 的虚报发票，不当地将至少 13 万美元的日常开支资本化，其中包括布卡每月的电话费。最后，高压线网络公司偶尔会向布卡提交总额为 10 万美元的发票，但没有说明所提供的货物或服务情况。加代尔和斯克里佩克授权支付这些模糊发票，并批准将发票付款资本化。尽管布卡的助理财务长曾就高压线网络公司和 EDP 提交的含糊其词的发票的性质向斯克里佩克提出疑问，但他们还是这样做了。

30. 由于与高压线网络公司密切相关，加代尔知道或粗心地不知道，布卡向 EDP 支付的高压线网络公司员工工资和办公场所的费用不是合法的资本支出。同样，尽管斯克里佩克怀疑布卡可能通过向 EDP 付款的方式为高压线网络公司员工提供资金，他还是授权支付了 EDP 的账单，并批准了这些付款的资本化。因此，斯克里佩克知道或是粗心地不知道，EDP 开具的与高压线网络公司相关的账单不是真正的资本支出。

向独立承包商的付款

31. 布卡通过加代尔和斯克里佩克至少将 100 万美元的向独立承包商的付款不当资本化。不当资本化的付款既包括将某些布卡员工不当地作为独立承包商，也包括将真正独立承包商的工作不当地认作资本支出。

32. 布卡不当地将某些员工定性为独立承包商，以便将支付给他们的款项资本化。例如，2002 年，布卡助理财务长的一部分工资被资本化。斯克里佩克告诉助理财务长,在受雇的头三个月他将被作为一名独立的承包商。由于布卡此时正在收购另一家连锁餐厅,布卡将助理财务长的工资支付作为收购的一部分进行资本化。

33. 另一个例子是,布卡解雇了公司房地产部副总裁,但随后立即聘请她作为独立承包商。加代尔指示助理财务长向房地产部前副总裁支付10万美元的"中间人费",用于她先前谈判的两份租约。以这种方式支付副总裁的租约谈判费用,使布卡能够有效地将其遣散费资本化。

34. 布卡还将真正独立承包商的发票不当地认作资本支出。例如,尽管没有这样做的依据,布卡通过加代尔和斯克里佩克,将向为布卡餐厅提供许可服务的独立承包商支付的总计约572 000美元的款项资本化。这个独立承包商的发票上没有列出详细的时间或工作内容。事实上,许可承包商的工作主要涉及布卡餐厅的持续经营,费用不适合资本化。

就会计滥用问题与加代尔会面讨论

35. 2003年6月,布卡的一批高级会计人员,还有助理财务长、税务部长和斯克里佩克,与加代尔会面就上述一些会计违规行为与他对质。当被问及费用的资本化时,加代尔承认他的一些会计方法很激进,但否认有任何不当行为。当被问及与高压线网络公司和EDP等供应商的关系时,加代尔回答说,这些关系不存在任何问题。加代尔和斯克里佩克都没有根据会议上提出的问题采取任何补救措施。

财务报表

美国证券交易委员会
华盛顿特区 20549

摘自 10-K 表格[①]

根据《1934 年证券交易法》第 13 或 15（d）条编制的年度报告

2000—2002 财年

布卡公司

2000 年合并财务报表附注：附注 9[②]

9. 关联交易

管理协议——公司与前母公司阳伞餐厅控股（Parasole Restaurant Holding, Inc.）签订了管理协议以提供某些管理和行政服务。1998 年和 1999 年阳伞控股分别收取了约 348 000 美元和 222 500 美元的管理费。这项管理协议于 1999 年终止。

2000 年，公司与董事会一名成员签订了一项管理协议，以提供某些管理和行政服务。2000 年该董事收取了约 111 000 美元的管理费。

存货采购——公司已与阳伞控股建立供应商关系，通过该关系，公司向其购买面包产品和向明尼阿波利斯圣保罗大都会区餐厅提供的大部分甜点产品。公司以管理层认为接近市场价格的价格购买产品。该关系可随时由公司自行决定终止，但是公司希望这种关系继续下去。公司在 1998 年、1999 年和 2000 年分别购买了 169 000 美元、181 000 美元和 92 000 美元的烘焙产品。

雇佣协议——公司与一名高管签订了一份雇佣协议，协议要求公司在 2003 年之前每年支付薪酬和某些附加福利，协议还包括股票授予和股票期

[①] 摘自布卡公司 2000—2002 年的年度报告。获取自 SEC，www.sec.gov。
[②] 摘自 SEC，www.sec.gov。

权形式的奖金条款。2000 年，公司对雇佣协议进行了修订，将合同期限延长至 2004 年。（Buca 10-K，2000；pages F-13、F-14）

布卡公司 2001 年 10-K 文件附注：附注 9

9. 关联交易

管理协议——公司与前母公司阳伞餐厅控股签订了管理协议，以提供某些管理和行政服务。

1999 年阳伞控股收取了约 222 500 美元的管理费。这项管理协议于 1999 年终止。

2000 年，公司与董事会一名成员签订了一项管理协议，以提供某些管理和行政服务。2000 年和 2001 年该董事分别收取了约 111 000 美元和 91 000 美元的管理费。

咨询费用——一位董事会成员的儿子为公司提供建筑和设计相关服务。1999 年、2000 年和 2001 年对方分别收取 276 000 美元、322 000 美元和 297 000 美元的咨询费。

存货采购——公司与阳伞控股建立了供应商关系，通过这种关系，公司向其采购面包产品和向明尼阿波利斯圣保罗大都会区餐厅提供的大部分甜点产品。公司以管理层认为的近似市场价格购买产品。这段关系于 2000 年终止。该公司在 1999 年和 2000 年分别购买了 181 000 美元和 92 000 美元的烘焙产品。

雇佣协议——公司与一名高管签订了一份雇佣协议，协议要求公司在 2003 年之前每年支付薪酬和某些附加福利，协议还包括股票授予和股票期权形式的奖金条款。2000 年，公司对雇佣协议进行了修订，将合同期限延长至 2004 年。（Buca 10-K，2000；pages F-13、F-14）

布卡公司 2002 年 10-K 文件附注：附注 10[①]

10. 关联交易

管理协议——2000 年，公司与董事会的一名成员签订了管理协议，以获取其提供的某些管理和行政服务。2000 年向该董事支付的管理费约为 111 000 美元，2001 年约为 91 000 美元，2002 年约为 131 000 美元。

咨询费用——一位董事会成员的儿子为公司提供建筑和设计相关服务。公司在 2000 年、2001 年、2002 年分别向他支付了 322 000 美元、297 000 美元、164 000 美元的咨询费。

存货采购——我们与由本公司两名董事会成员拥有的阳伞餐厅控股建立了供应商关系。我们向其采购面包产品和向明尼阿波利斯圣保罗大都会区餐厅提供的大部分甜点产品。公司以管理层认为的近似市场价格购买产品。这段关系于 2000 年终止。我们在 2000 年向其购买了 92 000 美元的烘焙产品。

雇佣协议——我们于 1996 年 7 月 22 日与首席执行官签订了一份雇佣协议，该协议随后于 1999 年 2 月进行了修订和重述，并于 2000 年 9 月、2002 年 12 月和 2003 年 3 月进一步修订。经修订的协议规定支付一定的工资、附加福利和奖金（以满足董事会薪酬委员会确定的某些标准为准）。该协议还包含某些保密、竞业禁止和终止支付条款，包括 12~24 个月的遣散费。协议于 2005 年 12 月 31 日到期。

2002 年 12 月，我们同时与执行副总裁兼首席财务官和首席运营官签订了雇佣协议。每份协议规定支付一定的工资、附加福利和奖金（以满足董事会薪酬委员会确定的某些标准为准）。每份协议还包含一定的保密、竞业禁止和终止支付条款，包括 12~18 个月的遣散费。协议将于 2005 年 12 月 31 日到期。

职工贷款——2001 年 3 月，我们与一名员工签订了一份 15 万美元的无抵押贷款协议。贷款年利率为 8%，期限为两年。2002 年，贷款本金和利息被免除，并被记为管理费用。（Baca 10-K 2002；pages F-16、F-17）

[①] 摘自 SEC，www.SEC.gov。

Detecting Accounting Fraud

第九章
次贷危机

房地产泡沫

投机热潮的本质是几乎任何东西都可以使之崩溃。任何事物对信心的严重冲击都可能导致那些一直希望在股市最终崩盘前脱身的投机者抛售股票……他们的悲观情绪将感染那些头脑简单的人,他们原本以为市场会永远上涨……因此,泡沫破裂了。

加尔布雷思,p.90
《1929 年大崩盘》

2007 年末,当房地产泡沫破裂,房价开始暴跌时,房主们的伟大美国梦变成了一场噩梦。虽然许多苦苦挣扎的房主都是肆无忌惮的抵押贷款机构的受害者,这些放贷者出售给他们的是有严重缺陷的贷款,但也有一些人是自身贪婪和对房地产市场会永远上涨的错误信念的受害者。房价暴跌标志着金融衰退和 2008 年华尔街崩盘的开始,这场危机将触角延伸至未来数年的全球经济。

约翰·肯尼思·加尔布雷思(John Kenneth Galbraith)对 1929 年大崩盘的描述,同样适用于 2008 年华尔街发生的情况。加尔布雷思解释说,在投机繁荣的时期，投资者购买资产不是为了获得资产的产权或使用资产，而是为了以更高的价格出售资产。这就导致了泡沫，也就是并不以实际价值为依据的资产价格的膨胀。例如，股票价格不是基于其盈利能力，房屋价格不是基于其所能赚取的租金。根据对泡沫的这一定义，21世纪初美国的房价像流沙，毫无牢固性可言。

加尔布雷思阐述了机会主义者开始忽略物价上涨背后的原因。他写道，大崩盘之前的世界是"一个不需要被说服相信，而只需要借口的世界"（1997，p.3）。加尔布雷思用讽刺且幽默的态度观察到，投机热潮情绪不可或缺的方面包括"对以最少的体力达到迅速致富的过分渴望"（p.3）。他还指出，一旦投资者仅出于出售资产的目的决定投资某项资产，如果价格确实上涨，投资者将在杠杆交易中获得最佳回报。如果投资者自己付出了其中的20%以获得资产的100%，如果资产的价格上涨100%，则投资将增加到原始成本的1 000%。因此，加尔布雷思将杠杆交易视为繁荣—萧条周期中的常见催化剂。当然，在上述方式中加入以简单抵押贷款形式提供的宽松信贷，就拥有了繁荣—萧条周期的所有要素。此外，再将抵押贷款支持证券投入其中，就会得到真正促成灾难的公式：目前被称为2008年金融危机的泡沫破裂。

在《2011年金融危机调查报告》中，金融和经济危机原因委员会解释了房地产泡沫具有危害性的原因：

> 与其他泡沫不同（17世纪荷兰的郁金香球茎、18世纪的南海股票、20世纪90年代后期的互联网股票），这次的泡沫涉及另一种商品，而且是社会生活的基础以及经济体系的基石：家庭住宅。住房是我们社会、个人、政府和经济结构赖以生存的基础。孩子们通常就读于他们家庭住址相近的学校；地方政府根据财产税收入决定在道路、消防站和公共安全方面的支出；房价与消费者支出息息相关。房地产行业的低迷可能在任何地方引起连锁反应。(p.4)

第九章 次贷危机

宽松信贷：证券化

像大多数热潮一样，房地产热潮也受到宽松的信贷政策的推动。拥有住房长期以来都是美国梦的一部分，因此，它一直受到联邦政府的大力支持。

1938年，在大萧条即将结束之际，联邦国家抵押贷款协会（简称"房利美"）成立了，目的是收购由联邦住房管理局担保的抵押贷款。第二次世界大战后，房利美购买了退伍军人管理局担保的房地产抵押贷款。房利美最初目的是刺激经政府担保的抵押贷款的融资和发行。

随着1968年《宪章法》的颁布，房利美迈出了其戏剧性发展的第一步：为促进经济适用房的发展，其任务范围扩大到包括购买未经政府担保的普通抵押贷款（"房利美早期历史"，2004）。房利美现在是一家混合实体，既是国有企业又拥有其他股东。

1970年，联邦住房抵押贷款公司（简称"房地美"）被国会特许成立，以"保持资金流向抵押贷款机构，以支持房屋所有权和租赁房屋"（"关于房地美"，2012）。与房利美一样，房地美也通过从抵押贷款机构手中购买贷款来释放抵押贷款人的资金，以释放更多的房屋贷款，加快抵押贷款的筹资和发行。

政府担保贷款和无担保贷款的同时收购，是将贷款的关键来源与贷款的持续所有权区分开的趋势的开始。这种趋势最终被不断地扩大和操纵，使美国房地产市场濒临灾难边缘，因为出售贷款的贷方不再直接关心该笔贷款的未来本金和利息支付。由于拥有住房这一目标是美国人固有心态的一部分，政府的政策并没有达到为住房贷款提供资本或将贷款所有权与贷款来源分开这一水平。如果允许房利美向投资者出售从贷款机构手中购买的贷款，那么有更多的资本将得到释放流入房屋贷款。如果允许房利美将大批量的贷款以资金池的形式集中起来，并以证券的形式将这些贷款利息出售给投资者，这种出售贷款的过程可能会加快——这个过程就是证券化（securitization）。1968 年《宪章法》就赋予了房利美切实的权力（"房利美早期历史"，2004）。

1970 年，房利美发行了美国第一批抵押贷款支持证券（MBS），当时该公司出售了由 FHA[①] 和 VA[②] 贷款计划支持的证券，并担保本金和利息的支付。（抵押贷款支持证券（mortgage-backed security）是一种金融工具，可以使所有者获得抵押贷款的利息或抵押贷款池中的部分利息。）此后不久，房利美开始出售常规抵押贷款支持的住房抵押贷款支持证券，它保证了本金和利息的偿还。由于是政府资助的企业（GSE），房利美和房地美的抵押贷款得到了政府对其 FHA 和 VA 贷款的明确担保支持[③]以及其他贷款的隐性担保。GSE 有时也被称为政府赞助的实体。

当时，某些法规禁止诸如养老基金和保险公司之类的机构投资者投资于不受 GSE 支持的抵押贷款支持证券。因此，投资者对自由企业抵押支持证券的兴趣不大。麦克莱因和诺切拉在《审视金融危机历史》一书中指出："到 1983 年 6 月，政府机构已经发行了将近 2 300 亿美元的抵押贷款支持证券，而纯私营部门仅发行了 100 亿美元。"（2010，p.13）华尔街公司羡慕 GSE 在这个利润丰厚的行业中的优势，并为所谓的"公平竞争环境"进行游说。这样做的结果产生了 1984 年的《次级抵押贷款市场增强法案》，该法案允许机构投资者（例如养老基金和保险公司）投资于非 GSE 担保的抵押支持证券。然而，该法令规定只有在评级机构将证券评定为符

---

① FHA 贷款是美国联邦住房管理局（Federal Housing Administration）提供的贷款方案，由政府背书，降低贷款银行的风险，FHA 对贷款设限比传统贷款的设限要宽松。常见的有 30 年和 15 年固定利率，以及 3/1 和 5/1 浮动利率。这是一项政府支持的贷款，允许人们以低至 3.5% 的首付购买价格适中的住房。——译者

② 在美国贷款买房，VA 贷款是美国退伍军人事务部（VA）保证的美国抵押贷款。该计划适用于美国退伍军人、当前在美军服役的军事人员、预备役人员和遗孀。——译者

③ 房利美和房地美虽然都是上市公司，但被视为拥有"隐性政府担保"（Pickert，2008）。2008 年 9 月，房地美被置于联邦住房金融局监管之下。财政部购买了 1 875 亿美元的"两房"股票，以使它们保持偿付能力（Shenn，2013）。

合此类投资条件的情况下，此类低风险机构投资者才能投资于这些非 GSE 担保证券。这提高了投资者对这些评级机构准确评估风险能力的信任。后来，投资者得知这种信任是没有根据的。尽管如此，GSE 贷款仍然主导着住房抵押贷款支持证券市场。

宽松利润：分档

一旦房利美获得了购买常规抵押贷款并将其证券化的许可，"便可以组建各种新型抵押贷款公司，这些公司与银行和 S&L（储蓄和贷款）竞争客户"（McLean & Nocera，2010，p.20）。最初，这些贷款机构专注于按照严格的承销标准进行贷款，这些标准是将贷款出售给 GSE 所需的；这些贷款被称为 GSE 合格贷款（GSE conforming loans）。然而不久，其他抵押贷款机构开始专注于提供具有较高贷款价值比（LTV）的贷款，以及向信用评分较低或备案文件较少的借款人提供贷款。这些贷款被称为无法出售给 GSE 的次级贷款（subprime loans），次级贷款是违约风险较高的贷款。最初，该术语是指不符合 GSE 承销标准的贷款。随着时间的流逝，该术语变得模糊不清，通常指的是具有较高违约风险的贷款。此外，这些贷款通常是同一房屋的二次抵押，LTV 比率更高，损失或潜在违约的风险更大。

正是在这个次级贷款无法被 GSE 购买的领域，华尔街公司终于可以在没有 GSE 竞争的情况下将抵押资产证券化。华尔街开始致力于提高证券化次级债券对投资者的吸引力。首先，这些贷款向借款人收取高利率，以补偿较高的违约风险。其次，这些公司开始提供信用证以保证在借款人违约的情况下向投资者付款。通过这种方式，投资银行可以为自由企业贷款人提供来自评级机构的 AA 或 AAA 的信用评级。反过来，又允许低风险的机构投资者投资于非 GSE 抵押贷款支持证券。

为增加这一组合，交易员开发了分档（tranching）的做法，这是指将抵押池划分为不同类别的证券，这些证券有着不同的违约损失。通过分档，交易者"可以将出售的证券分为几部分，每部分对投资者而言具有不同的风险和收益水平"（Tett，2009，p.52）。初始或最可能发生违约损失的债券被称为初级债券（junior tranches），初级债券由于风险较高通常获得较高的回报率。优先级债券的收益率通常较低。证券化债券池中的每个债券都有多种不同的风险。例如，存在诸如利率支付违约、本金偿还违约或逾期还款之类的风险。此外，通过分档交易，交易者可以创造只支付利息或本金的证券，或创造任何可以想象到的创新贷款部分进行支付。

即使基础抵押贷款等级较低，但由这些看似安全的抵押贷款支持的证券集合也可以获得 AA 或 AAA 评级。评级机构被假定了解"每种证券内成千上万种抵押贷款的复杂性"（McLean & Nocera，2010，p.8）。在接下来的十年中，抵押贷款行业发生了翻天覆地的变化："次级贷款……从 1994 年的 350 亿美元增加到 1999 年的 1 600 亿美元，占所有住房抵押贷款的 12.5%。到 2003 年，次级贷款达到 3 300 亿美元，而且势头强劲。"（Pridgen，2005）抵押贷款人和投资银行家通过出售这些贷款获利颇丰，而投资银行则通过对其证券化赚钱。

宽松银行：废除法规

在 1929 年的经济大崩溃之后，1933 年的《格拉斯-斯蒂格尔法案》将商业银行与投资银行业务分离开来，阻止商业银行进行证券交易。这旨在防止消费者的存款被用于风险较高的投资银行活动中，并创建防火墙以防止金融危机通过银行业的两翼扩散。但是，在 1998 年 4 月，商业银行花旗公司（Citicorp）与拥有投资银行史密斯·邦尼（Smith Barney）的旅行者保险公司（Travelers Insurance）合并。这项合并"围绕"《格拉斯-斯蒂格尔法案》（"The Long Demise"，2003），产生了一个庞大而笨重的"集团……有权出售证券，提供贷款，承销股票，出售保险"（McDonald & Robinson，2009，p.6）。第二年，银行业成功游说国会废除了《格拉斯-斯蒂格尔法案》，并于1999年11月通过了《金融服务现代化法案》。《经济学人》的一篇评论文章赞扬了《格拉斯-斯蒂格尔法案》的废除：

> 摆脱糟糕的立法总是好的，《格拉斯-斯蒂格尔法案》从一开始就是一部糟糕的法律。这项法案在大萧条最黑暗的时期实施，迎合了民粹主义者的信念，即银行的证券活动导致了1929年的华尔街崩盘以及随之而来的经济灾难……银行家受到了指责。事实上，把他们与 Al Capone 相比本来就是不对的。（"The Wall Falls"，1999）

然而，事后看来，放松管制的反对者经常将废除《格拉斯-斯蒂格尔法案》作为为2008年金融危机创造单一监管环境的最大原因。

最低限度的监管、宽松的信贷和贷款证券化相结合，为大规模的会计操纵提供了沃土。随着房地产泡沫开始破裂，一些抵押贷款机构、抵押保险公司和抵押贷款支持证券的投资者低估了贷款损失准备金，高估了收益。

宽松投资：信用违约掉期

随着《格拉斯-斯蒂格尔法案》的废除，新的抵押贷款数量急剧增加，这些贷款的证券化作为抵押贷款证券化开始飙升。不久，房屋贷款与其他贷款（例如汽车贷款、信用卡债务和学生贷款）融为一体，然后被分割成若干部分，由投资银行证券化为所谓的担保债务凭证（collateralized debt obligations，CDO）。

随着证券化的抵押贷款越来越倾向于贷款价值比更高的贷款，或者是信贷不良的借款人或同一房屋上的二次贷款，银行开始谨慎地发出信用证来担保贷款证券化免于违约，他们试图对冲赌注。保险公司介入进来，提供了另一种衍生工具来保持定时炸弹的运转。衍生金融工具（derivative financial instrument）是建立在基础产品或基础变量之上，其价格随着基础产品的价格或指数变动的派生金融产品。

例如，某人可以投资于铜衍生品证券，该证券要求持有人必须根据特定日期的铜价指数水平支付一定数额的款项。美国国际集团（AIG）等保险公司和一些投资银行开始编制工具，赋予该工具的持有人在 MBS 和 CDO 支持的基础抵押贷款的借款人违约时获得偿付的权利。这些衍生产品被称为信用违约掉期（credit-default swaps，CDS）。华尔街传奇人物马修·菲利普斯（Matthew Phillips）在《新闻周刊》（*Newsweek*）上的报道（2008）中称，信用违约掉期的概念是 1994 年摩根大通银行家于周末期间在佛罗里达州豪华的博卡拉顿度假酒店及俱乐部开创的。他们通常以狂欢活动、衣着暴露的模特和饮酒庆祝来欢度周末。摩根大通的员工马克·布里克尔（Mark Brickell）参加在博卡拉顿的狂欢周末，他评论说："我认识一些人，他们在曼哈顿项目工作……对我们这些在那次旅行中的人来说，也有一种创造一件极其重要的东西时亲临的感觉。"不幸的是，信用违约掉期最终造成同样的严重破坏，后来被《新闻周刊》称为"吞噬华尔街的怪物"。（Phillips，2008）

部分问题在于，无论投资者是否拥有相关的 MBS 或 CDO，他们都可以购买这些信用违约掉期。这意味着投资者可以有效地做空抵押债券。如果有人持有的 CDS 以及相关债券失败，CDS 的价格就会上涨。许多银行既是 CDS 的承销商，也是其他银行或保险公司发行的 CDS 的投资者。如果房价继续上涨，则房屋的资产将支持高达房屋价值 100% 的贷款。在这种情况下，出售 CDS 将会继续有利可图。但是，如果借款人违约且房价下跌，对于承销商将构成巨大的责任。银行声称，他们在证券化贷款和信用违约掉期贷款中的风险被其他银行和保险公司承保的信用违约掉期投资所抵消。问题是，如果房价下跌，借款人违约，银行和保险公司没有足够的现金来兑现 CDS 和保险单。

随着抵押贷款的发行，CDS、MBS 和 CDO 的数量在 20 世纪 90 年代猛增，商品期货交易委员会（CFTC）认为应当监督 CDS 交易的观点日益强烈，理由是这些衍生品相当于期货合约。银行和保险公司竭力反对这一做法，以保护他们丰厚的利润流。1996 年，总统克林顿（Bill Clinton）任命布鲁克斯利·伯恩（Brooksley Born）律师为 CFTC 的负责人。伯恩开始竭尽全力推动委员会监督这些衍生品，但许多人都更加努力地确保衍生品不受管制。CFTC 前董事迈克尔·格林伯格（Michael Greenberger）声称，他进入伯恩的办公室，当时她刚与财政部部长助理拉里·萨默斯（Larry Summers）通完电话。她表示已经被指示停止对衍生品监管的努力。（《内部工作》，2010，p. 20）。

2000 年 12 月，《商品期货现代化法案》获得通过，该法案明确排除了 CFTC 对衍生品的监管。从那时起，抵押贷款发行的可疑信贷、MBS、CDO 和 CDS 在陡峭的轨道上迅速起飞。同时，银行被准许保留的现金储备减少，以及美联储降低了利率，加剧了整个危机的过程。2008 年 4 月，《经济学人》报道：

> 本周，银行家齐聚维也纳参加国际掉期和衍生工具协会（ISDA）的年度盛会，他们有一些重要的数字值得庆祝。到 2007 年底，场外衍生品的整体市场猛增至 455 万亿美元，其中约有 62 万亿美元是信用违约掉期，尽管紧缩，但其超额增长仍在继续。（"Clearing the Fog"）

当然，这 62 万亿美元中的大部分是由次级贷款覆盖的，如果抵押贷款借款人违约和房价下跌，大多数 CDS 发行人不可能偿还所担保的金额。

艰难时期

随着抵押贷款行业规模的扩大以及朝向次级抵押贷款的工程化和证券

化方向发展，信用违约掉期逐渐成为一种工具，旨在为投资者提供担保，以防止发生违约贷款。投资银行家、美国国际集团以及单一险种保险公司（monoline insurers）（只承保一种风险的保险公司）撰写的 CDS 可以"保证"在发生违约时向掉期持有人付款。但是，不久之后，投资银行和抵押贷款机构自身也开始对 CDS 进行投资，以对冲出售或证券化的债券出现违约时的索赔。同样，投资银行家对他们购买和证券化的债券池进行分档。他们投资 CDS，以对冲由他们募集但未出售的抵押贷款支持证券所构成的债券违约而造成的损失。

根据《金融危机调查报告》（Financial Crisis Inquiry Report，2011），美国国际集团对 CDS 的模型"未估计相关证券的市场价值"（p. 267）。美国国际集团的 CDS 模型仅关注于估计实际的支付违约。报告还指出，在 2007 年，高盛（Goldman）要求美国国际集团为 CDS 所涵盖的 CDO 投资组合的市值下跌提供担保，这令美国国际集团高级管理人员感到惊讶，他们认为只有在发生实际损失的情况下才需要付款。很快，谣言开始在整个 MBS 和 CDO 市场上流传，美国国际集团和许多单一险种保险公司没有资金来弥补所谓的"担保"。这使得抵押贷款机构和投资银行家，包括贝尔斯登、美林和雷曼兄弟，更难以出售其抵押贷款和 MBS 的所有权。由于担心 CDS 对冲可能会失败，并且对房价及其对 MBS 投资价值下降的意识，贝尔斯登、美林、雷曼兄弟无法获得他们所依赖的短期融资。2008 年 2 月 28 日，美国国际集团"报告了 52.9 亿美元的净亏损，主要原因是超高级 CDO 信用违约掉期风险相关的估值损失达 111.2 亿美元，与证券借贷业务的抵押贷款支持购买相关的损失超过 26 亿美元"（《金融危机报告》，pp. 273-274）。

《金融危机调查报告》（2011）解释了美林为何一直热衷次级抵押资产，2006 年底两家从美林获得长期信贷的抵押贷款公司倒闭（p. 257）。此后，美林集中精力将抵押贷款投资纳入 CDO 并进行转售。但是，"超高级"债券（信用评级高回报率低的债券）很难出售，美林不得不持有其中的很大一部分。情况变得更糟："到 2007 年底，美林从中购买了近 1 亿美元对冲的单一

第九章 次贷危机

险种保险公司的生存能力受到质疑。"(《金融危机报告》,p. 259)

根据报告,到 2008 年底,美林单一险种的损失已达 130 亿美元,其他与抵押相关的业务损失也接近 440 亿美元(p. 259)。2008 年 9 月 15 日,美林被美国银行(Bank of America)收购从而避免灾难,这是美国政府协助下进行的一次收购(《金融危机报告》,p. 353)。同年早些时候,2008 年 3 月 24 日,也是在政府协助收购下,贝尔斯登被摩根大通收购而获救(《金融危机报告》,p. 290)。而雷曼兄弟就没有那么幸运了。

SEC 主席玛丽·夏皮罗在《关于雷曼兄弟审查报告的证词》(2010)中强调了始于 2006 年的冒险行为是如何导致雷曼兄弟倒闭的:"雷曼兄弟将自己的资本投资于次级抵押贷款和 Alt-A 住宅资产抵押和抵押支持证券,商业房地产以及杠杆贷款承诺。"(p. 3)夏皮罗的证词指出,2008 年 6 月,雷曼兄弟公布了 28 亿美元的亏损,并将其归因于"主要是住宅和商业抵押证券以及与这些证券相关的对冲"(p. 4)。2008 年夏天,雷曼兄弟一直在努力筹集资金并出售足量资产,但未能阻止人们对其生存能力丧失信心。显然,为了增加人们对其流动性的信心,雷曼兄弟增加了对回购 105 交易(Repo 105 Transactions)的依赖。

在典型的回购交易中,公司"出售"证券以获得现金,并达成协议,即"买主"将在指定的未来日期以指定的价格(通常以 5% 的折扣)赎回证券。交易的依据是资产的控制权尚未完全转移给购买方,此类回购通常被记作"融资"而不是"销售"。但是,夏皮罗提请人们注意以下事实:雷曼兄弟出于会计目的将回购交易视为销售(p. 6)。夏皮罗引用了破产审查员报告的结论,即雷曼兄弟的交易动机最终是降低杠杆率:在财务报告期结束时暂时从资产负债表中移除数百亿美元的资产,并使用现金偿还债务,减少负债,降低杠杆[①](p. 6)。

雷曼兄弟破产审查员(2010)对雷曼关于回购 105 交易的会计描述如下:

---

① 夏皮罗引用了破产审查员的报告,第 732—734 页。

357

雷曼兄弟将回购105交易视为"销售",而不是基于超额抵押或高于正常折价的融资交易。通过将回购105交易重新定性为"销售"的方式,雷曼兄弟从资产负债表中剔除了该库存。

雷曼兄弟经常在报告期之前的几天内增加对回购105交易的使用,以降低报告的杠杆率。雷曼兄弟的定期报告中没有披露回购105交易中的现金借款,即尽管雷曼兄弟实际上在这些交易中借入了数百亿美元,但并未披露既定的偿还债务义务。雷曼兄弟利用回购105交易中获得的现金偿还了其他负债,从而减少了资产负债表上报告的总负债和总资产,降低了杠杆比率。雷曼兄弟的回购105交易包括两个步骤:(1)进行回购105交易;(2)使用回购105现金借款偿还债务,降低杠杆率。在新季度开始的几天后,雷曼兄弟会借入必要的资金以偿还现金借款加利息,回购证券并将资产恢复到资产负债表中。

雷曼兄弟从未公开披露过其对回购105交易的使用情况和对这些交易的会计处理,2007年末至2008年回购105交易总使用量的大幅上升以及这些交易对公司公开报告的杠杆率产生的重大影响。(pp. 732-734)

必须强调的是,2012年5月,SEC结束了对雷曼兄弟的调查,并且没有建议对他们采取任何行动。此外,SEC认为雷曼兄弟并未违反公认会计原则。然而,在雷曼兄弟破产后,会计准则发生了变化。(Gallu, 2012)

据《华尔街日报》报道,"包括首席执行官理查德·富尔德(Richard Fuld)在内的雷曼兄弟前高管均未被指控有任何犯罪行为"(Eaglesham & Rappaport, 2011)。实际上,"雷曼兄弟永远不会受到任何指控"的可能性很大(Coscarelli, 2012)。

根据夏皮罗的说法,雷曼兄弟必须提供越来越多的抵押品才能继续开展业务,但由于许多放贷人拒绝向陷入困境的投资银行提供定期贷款,雷曼兄弟无法满足这些要求(p. 4)。在拯救雷曼兄弟方面,政府没有实施任何计划。雷曼兄弟于2008年9月15日,在美国银行收购美林的同一天申请破产(《金融危机报告》,p. 353)。

Schapiro(2010)总结了导致金融危机和雷曼兄弟破产的因素如下:

- 不负责任的借贷行为，这种做法是由最初被视为风险降低机制的证券化进程促成的。
- 过度依赖投资者的信用评级。
- 普遍观点认为，市场总是在自我调整，对放松管制的风险认识不足，这在某些方面导致标准变宽和监管漏洞。
- 包括金融衍生品在内的复杂金融产品泛滥，其流动性和其他风险特征不完全透明或不被理解。
- 不正当的激励措施和不对称的薪酬安排来鼓励过度冒险。
- 参与购买复杂金融产品的公司风险管理和风险监督不足。
- 一个孤立的金融监管框架，缺乏监控和降低受监管实体和市场流动的风险的能力。
- 缺乏对大型投资银行控股公司进行综合监管的法定框架。(p.1)

美国国家金融服务公司案例[①]

美国国家金融服务公司从1969年成立到2007年倒闭，再到2008年被美国银行收购的整个过程在很大程度上反映了抵押行业的演变。如本章前面所述，一旦房利美获准购买不受政府担保的常规抵押贷款，就为组建新型抵押贷款公司敞开了大门，这些公司将与银行、储蓄和贷款展开竞争。这些贷款机构都遵循了一个演变过程，从向GSE提供安全、合规的贷款开始，然后变成高风险次级贷款。这些次级贷款通常被集中起来，作为整体贷款或抵押贷款证券出售给二级市场。

根据众多报道，安吉洛·莫兹罗（Angelo Mozilo）与大卫·勒布

[①] 本节的背景信息来自《金融危机调查报告》（2011）、《安杰洛之友》（2009）、《麦克莱恩与诺塞拉》（2010）、《迈克尔森》（2009）、2009年6月4日《SEC投诉》、2009年12月7日《SEC申诉》和《次贷危机》（2007）。

(David Loeb)① 共同建立了美国国家金融服务公司，对拥有房屋好处的真正信奉者充满了热情。亚当·迈克尔森（Adam Michaelson，2009）在其著作《美国丧失抵押品赎回权》中指出，莫兹罗和勒布"梦想着建立一家新型抵押公司，并且有一天能够帮助所有美国人实现购房梦想"（p.140）。为了实现这一目标，后来成为美国国家金融服务公司的公司在加利福尼亚州卡拉巴萨斯成立。

莫兹罗具有远见卓识，充满活力，具有魅力，可以将美国国家金融服务公司发展成为美国最大的抵押贷款机构。到1992年，美国国家金融服务公司成为美国最大的单一家庭抵押贷款的原始贷方，并且公司继续发展壮大。根据SEC的说法，美国国家金融服务公司"2005年提供了超过4900亿美元的抵押贷款，2006年超过4500亿美元，2007年超过4080亿美元"（SEC申诉，2012年10月24日，第3段）。华尔街的分析师们会屏息等待，以听听莫兹罗对抵押贷款和房地产市场的看法。事实上，在2007年（抵押贷款泡沫破裂前不久）的夏天，"莫兹罗就代表了市场"（Muolo & Padilla，2010，p.2）。

SEC将美国国家金融服务公司的早期商业模式总结如下："从历史上看，美国国家金融服务公司的主要业务一直是向GSE出售主要符合条件的贷款。"（SEC申诉，2009年6月4日，第17段）这是一种坚实的商业模型，因为在早期，GSE只会购买符合低风险标准和重要属性的抵押贷款，例如贷款与房屋价值比，借款人的债务收入比及其信用评分。在美国国家金融服务公司成立之初，证券化还不存在，美国国家金融服务公司依靠于将其低风险贷款出售给GSE，以获得更多的资本来发放更多的贷款。

摩根森（Michaelson）是美国国家金融服务公司2003—2006年的副总裁，他在公司成立初期就灌输了高标准：

---

① 勒布于2003年7月去世，享年79岁。他是IndyMac的退休主席，"1997年从Countrywide离开"（Vincent，2003）。

第九章　次贷危机

美国国家金融服务公司秉持一种从空军时代以来从未见过的精确和专业精神，其流程、程序、检查和复核机制以及对完美、可验证细节的关注，可以与美国宇航局（NASA）相提并论。

但是，在抵押贷款行业中，越来越多的不良贷款被购买、汇集、分割成不同等级的风险，然后以抵押贷款支持证券的形式出售给投资者。不久，美国国家金融服务公司吸引了许多竞争者，他们专注于这些不稳定的大型次级贷款，这些贷款的贷款价值比、债务收入比和信用评分风险更高，并且缺乏收入证明。为了保持竞争力，美国国家金融服务公司加入了次级抵押贷款行列。从2009年6月4日SEC申诉中摘录的表9-1显示了该公司从合格贷款过渡到不良贷款和次级贷款的性质。

表9-1　美国国家金融服务公司从主要抵押贷款转向次级贷款、不良贷款和房屋净值贷款*

	2001年	2002年	2003年	2004年	2005年	2006年
合规	50%	59.6%	54.2%	38.2%	32%	31.9%
不良	16.5%	24.5%	31.4%	38.7%	47.2%	45.2%
房屋净值	6.8%	4.6%	4.2%	8.5%	9.0%	10.2%
非优先（次级）	7.8%	3.7%	4.6%	11.0%	8.9%	8.7%
FHA/VA	18.9%	7.6%	5.6%	3.6%	2.1%	2.8%
商业	0.0%	0.0%	0.0%	0.0%	0.8%	1.2%

* 摘自2009年6月4日SEC申诉，www.sec.gov。

SEC申诉（2009年6月4日）对美国国家金融服务公司的戏剧性转变描述如下：

2004年，美国国家金融服务公司报告的合规贷款产生量下降到38.2%，次级贷款上升至11%，房屋净值贷款上升到8.5%，不良贷款上升至38.7%。到2006年，美国国家金融服务公司已经颠覆了先前的商业模式：仅有31.9%是合规贷款，45.2%的不良贷款，8.7%的次贷，10.2%的房屋净值。（par.19）

随着次级抵押贷款机构降低承销标准，保持最大贷款机构的竞争地位可能是促使美国国家金融服务公司越来越多地进入高风险次级贷款的力量之一，次级贷款利率的提高可能也是一个促成因素。

《纽约时报》2007年的一篇文章报道说："例如，去年，美国国家金融服务公司出售给投资者的次级贷款的利润率是1.84%，而优质贷款的利润率为1.07%。"根据前美国国家金融服务公司员工的说法，"公司的佣金结构对那些提供高风险、高成本贷款的销售代表给予了奖励。"（Morgenson，2007）

信用风险增加

风险特别高的贷款是80/20贷款，即借款人以该房屋价格的80%进行贷款，并以价格的20%进行第二次贷款，结果在购买时，借款人没有房子的股权。2006年3月和4月发送的内部电子邮件显示，美国国家金融服务公司的高级管理人员已经意识到这些本质上为100%的贷款相关的风险，特别是当贷款不根据合规指导方针进行发放的例外情况。实际上，莫兹罗在2006年3月的一封电子邮件中表示，80/20次级抵押贷款是"最危险的产品，但是不带有毒性，因此，无论情况如何，都不得偏离准则"（SEC申诉，2009年6月4日，第48段）。

支付期权贷款

可能在2008年金融危机期间引起公众最大关注的高风险贷款是支付期权ARM贷款（pay-option ARM loan）。这些可变利率抵押贷款提供了多种付款方式，其中之一是"最低付款额不足以支付应计利息"（SEC申诉，2009年6月4日，第58段）。通常，一旦贷款的未付利息达到借入本金的15%，贷款还款就会重设以便将来还本付息。根据SEC的说法，这些贷款中的大多数是为了投资持有，而不是出售给二级市场。

Michaelson（2009）描述了美国国家金融服务公司当时宣布建立支付期权贷款的情况，在宣布后，他问道："您是如何得出结论的，即房屋价

值以及其再融资能力可能会永远上升？"（p.21）

摩根森收到以下答复："预测已变成现实……我们相信，在可预见的未来，尤其是在洛杉矶，纽约等主要大都市，房屋价值将继续上升。"（p.20）发言者继续说："我们已经审查了这些方案，并且市场份额和收入增长的机会抵消了风险……"（p.21）

然后，摩根森提出了第二个问题，"你……发疯了吗？"显然，尽管摩根森当时认为支付期权贷款是一个愚蠢的想法，但当他写书时，他并不相信美国国家金融服务公司和其他贷款机构的"意图是险恶的"。他似乎认为美国国家金融服务公司受到了"市场力量"的驱使。（Michaelson，2009，pp.21，x，xiv）

安吉洛·莫兹罗是美国国家金融服务公司的另一位高管，他曾试图警告其他高管，ARM贷款可能具有危害性。根据SEC的说法，莫兹罗在2006年4月的一封电子邮件中写道："由于超过70%（ARM客户）选择了较低的支付费用，这似乎只是时间问题，我们将面临更高的重置，导致更高的违约率。"（SEC投诉，2009年6月4日，第63段）不到六个月后，莫兹罗敦促美国国家金融服务公司银行"出售所有新近产生的支付期权，并开始有序地将支付期权从银行资产负债表中剔除"（SEC申诉，2009年6月4日，第69段）。

美国国家金融服务公司并不是第一家引入风险支付期权ARM贷款的抵押贷款机构。但是，这些高风险贷款是以低于常规承销标准发行的，特别具有危害性。例如，它有基于规定收入的贷款，向信用评分低或债务收入比高的借款人提供的贷款，LTV比率高的贷款，80/20或100%的贷款以及支付期权ARM贷款。一旦房地产价格停止上涨，这两种贷款组合将使美国国家金融服务公司的商业模式难以为继——当房屋价格急剧下跌时，该商业模式将带来灾难性的后果。

美国国家金融服务公司在 SEC 文件中对贷款的误导性描述

SEC 申诉称,美国国家金融服务公司在其 10-K 文件中的贷款描述具有误导性,"因为其定期备案中对'不良贷款'和'合规贷款'的描述不足以告知投资者这些类别中包括哪种类型的贷款"(2009 年 6 月 4 日,第 20 段)。例如,SEC 申诉称:

没有……告诉投资者,美国国家金融服务公司的"不良"类别包括信用风险增加的贷款产品。尽管银行业监管机构发布的指导意见将信用评分("FICO 评分")660 分或以下作为次级贷款的指标,银行业中的一些人却将评分定为 620 或以下。美国国家金融服务公司并不认为 FICO 分数太低而不能归类为"合规贷款",它对"合规贷款"的定义也没有告知投资者,其"不良"类别包括信用风险增加的所谓"Alt-A"贷款产品,例如:(1) 减少单证或不提供单证的贷款;(2) 固定收益贷款;(3) 贷款价值比或综合贷款价值比大于等于 95% 的贷款。它没有披露支付期权 ARM 贷款,包括减少单据的支付期权 ARM 贷款,都被归入主要贷款类别。此外,如果这些极具风险的贷款低于政府担保的购买这些贷款的实体设定的贷款限额,美国国家金融服务公司会将其报告为合规贷款。在 2005 年和 2006 年,美国国家金融服务公司的支付期权 ARM 贷款分别占其贷款总额的 17% 和 21%。(2009 年 6 月 4 日,第 21 段)

SEC 申诉还坚称,美国国家金融服务公司没有披露承销指导方针的变化。该公司使用被称为"CLUES"的自动承销系统,分析了"FICO 评分、贷款价值比、单据类型和债务收入比等几个变量"(2009 年 6 月 4 日,第 28 段）。但是，"例外情况的增加主要是因为美国国家金融服务公司将例外情况作为其引入新指导方针和产品变更的匹配策略的一部分"（2009 年 6 月 4 日，第 29 段）。显然，早在 2004 年 9 月，美国国家金融服务公司的风险管理部门就警示高级管理人员，美国国家金融服务公司的指导方针中有几个激进的特点显著增加了信贷风险（例如，高贷款价值计划、ARM 贷款、纯利息贷款、减少单据数量贷款和具有分层风险因素的贷款）。(SEC 申诉，2009 年 6 月 4 日，第 33 段）

尽管 SEC 申诉（2009 年 6 月 4 日）声称，在定期备案中并未充分描述贷款风险的增加，但应注意的是，该文件确实透露了一些信号，这些信号可以提醒读者未来贷款损失的可能性会大大增加。

美国国家金融服务公司低估贷款损失准备金

尽管 SEC 声称许多风险因素并未得到适当披露，但在美国国家金融服务公司的文件中，SEC 申诉（2009 年 6 月 4 日）并未具体涉及美国国家金融服务公司在其资产负债表上关于所持贷款的贷款损失准备金的计算方法，直到 2007 年出现巨额贷款损失。此外，申诉未涉及美国国家金融服务公司对 2007 年之前持有的待售贷款的贷款损失准备金数额的计算，也没有涉及在 2007 年之前已证券化和出售的贷款和担保准备金数额的计算。SEC 指出，2007 年在所有这些领域都蒙受了巨大损失。考虑到 2007 年第三季度 10-Q 表格中的所有这些方面，SEC 指出：

> 美国国家金融服务公司于 2007 年 11 月 9 日提交的 10-Q 表格披露，已对其持有的待售贷款和抵押支持证券计提了 10 亿美元的减值损失，并计提了与贷款损失准备金和证券化贷款的陈述和保证准备金相关的 19 亿美元信贷费用。(SEC 申诉，2009 年 6 月 4 日，第 106 段）

尽管 SEC 申诉（2009 年 6 月 4 日）声称未正确披露承销贷款的属性，但并未对 2007 年的贷款损失远高于财务报表中的准备金提出任何指控。2007 年的 10-K 文件显示，截至 12 月 31 日，持有的投资性贷款扣除贷款损失准备金约 24 亿美元，而截至 2006 年 12 月 31 日，贷款损失准备金仅约为 3.3 亿美元。SEC 申诉没有就 2007 年之前的贷款损失准备金远低于 2007 年的贷款损失准备金这一事实作出指控，可能原因是即使在贷款组合描述中声称存在未披露的风险以及拖欠率增加的事实，美国国家金融服务公司可能尚不知道发生损失的具体数额。因为该公司可能认为可以将担保贷款的房屋出售，以收回违约的借款人的贷款，无意中低估了即将发生的损失规模。

如果每月必须支付全额利息的贷款出现违约，只要房价不下跌，止赎损失将会很少或不会发生。对于有选择权的贷款，借款人选择支付低于利息金额的接近 100% 的贷款，只要房价继续以未付利息的速度持续上升，则违约和丧失抵押品赎回权的损失就会很小或没有损失。

为了使贷款损失以惊人的速度和程度发生，借款人必须拖欠还款，房价也必须下跌。可以说，在导致金融危机之前，很多人没有预料到房价会急剧下跌。就像 1929 年大萧条之前的时期一样，"那些头脑简单的人认为市场可能会永远上涨"（Galbraith，1997，p.90）是高度不现实的。但是，他们可能真的相信了这个神话，也可能并没有故意欺骗的意图。

美国国家金融服务公司低估贷款损失准备金的信号

下面是对一些信号的分析，这些信号表明一家公司可能对公司贷款损失的审查表现出低估的迹象。以下三个信号的组合尤其令人震惊。

信号 1：贷款损失准备金与风险较高贷款的增加不成比例

当贷款损失准备金的增加与风险较高的公司贷款增加不成比例时，这

第九章 次贷危机

表明贷款损失准备金可能被低估了。

披露以下任何一种百分比的增加都可以证明向高风险贷款的转变：

- 高 LTV 贷款；
- 支付期权 ARM 贷款；
- 80/20 贷款；
- 无证贷款；
- 不良贷款；
- 次级贷款。

还可以通过披露向 FICA 评分低的借款人或债务收入比高的借款人的贷款百分比的增加来揭示高风险的贷款。

根据 SEC 申诉，"美国国家金融服务公司从 2004 年开始发放支付期权 ARM 贷款；在 2005 年第二季度贷款产量的 21% 是支付期权 ARM 贷款"。虽然美国国家金融服务公司曾公开称赞该产品，SEC 申诉指出，"若干美国国家金融服务公司的高级管理人员得出的结论是该产品为公司带来巨大的风险。"（SEC 申诉，2009 年 6 月 4 日，第 58、59 段）

事实上，商业报刊中的许多文章已经使读者警觉与支付期权贷款相关的高风险。2006 年 12 月 20 日，《纽约时报》上的一篇文章引用了一份报告，该报告预计次级抵押贷款的止赎率很高。该报告研究了许多导致次贷抵押品赎回权增加的因素，例如，"可调利率抵押贷款的内置利率和付款增加，预付罚款，有限的证明文件，以及没有税收和保险代管。报告说，无论借款人的信用评分如何，这些特征都会导致较高的违约风险。"（Nixon, 2006）

早在 2003 年 1 月，《华尔街日报》上的一篇文章就警告说，在次贷领域，拖欠贷款和止赎的数量远远高于预期（Barta, 2003）。2005 年 12 月，《华盛顿邮报》发表了一篇题为《2006 年的抵押贷款压力》的报告，报告称次级抵押贷款的拖欠可能会激增。在 2006 年 9 月，《商业周刊》将可调整 ARM 贷款称为"噩梦抵押贷款"，并指出："可调整利率抵押贷款（ARM）可能是有史以来风险最高、最复杂的房屋贷款产品。"（Der Hovanesian）

截至 2004 年、2005 年和 2006 年 12 月 31 日的年度中，美国国家金融服务公司的贷款损失准备金占投资贷款的百分比并未因支付期权 ARM 贷款导致的风险的增加而按比例增加。在表 9-2 中，注意到贷款损失准备金从 2004 年占所有投资贷款的 0.314％意外下降到 2005 年的 0.27％，然后在 2006 年增加到仅 0.333％。如表 9-3 所示，支付期权 ARM 贷款急剧增加：从 2004 年的 47 亿美元增加到 2005 年的 261.2 亿美元，再到 2006 年的 328.7 亿美元。

表 9-2 计算美国国家金融服务公司贷款损失准备金占投资贷款的百分比（拨备前）*

2007 年	2006 年	2005 年	2004 年
2.33％	0.333％	0.27％	0.314％

* 表 9-2 来源于表 9-5、表 9-6、表 9-7 和表 9-8。

表 9-3 美国国家金融服务公司的贷款和贷款损失准备金说明*

金额单位：美元

	2007 年	2006 年	2005 年	2004 年
投资贷款扣除贷款损失准备金	98 000 713	78 085 757**	69 865 447**	39 661 191
贷款损失准备金	2 339 491	261 054**	189 201	125 046
贷款损失备抵前投资贷款	100 340 204	78 346 811	70 054 648	39 786 237
持有用于投资的支付期权 ARM 贷款组合总额	28 973 498	32 866 475	26 122 952	4 701 795
支付拖欠的期权贷款：				
90 天以上 ***	5.71％	0.65％	0.10％	—
60 天以上	—	—	0.22％	0.08％

* 表 9-3 来源于表 9-5、表 9-6、表 9-7 和表 9-8。

** 几年来，资产负债表上列示的"投资贷款"和"贷款损失准备金"的金额从最初一年列报的金额变为下一年 10-K 报告中的可比金额，具体取决于他们披露的如应收抵押贷款保险项目。表 9-3 中的 2006 年数额是最初向用户提供的 10-K 报告资产负债表中所列的数额。在随后几年的资产负债表中，2006 年的金额变化最大。

*** 2005 年之后，仅报告了拖欠 90 天以上的贷款。

表 9-4 显示，在此期间，美国国家金融服务公司的高风险项目支付期权 ARM 贷款呈爆炸式增长：

● 截至 2005 年底，支付期权 ARM 贷款金额是 2004 年底金额的 556％，而所持有的投资贷款的贷款损失准备金仅为 2004 年底的 151.3％。

第九章 次贷危机

- 截至 2006 年底，支付期权 ARM 贷款金额是 2004 年底金额的 700%，而所持有的投资贷款的贷款损失准备金仅为 2004 年底的 209%。

显然，每年的贷款损失准备金的增长速度不及同期高风险的支付期权 ARM 贷款的增长速度。

表 9-4 为投资而持有的所有贷款的贷款损失准备金以及以 2004 年数额的百分比表示的支付期权贷款数额*

	2005 年金额占 2004 年金额的百分比	2006 金额占 2004 年金额的百分比
为投资而持有的所有贷款的贷款损失准备金	151.3%	209%
持有用于投资的支付期权 ARM 贷款组合总额	556%	700%

*表 9-4 来源于表 9-5、表 9-6、表 9-7 和表 9-8。

表 9-5 美国国家金融服务公司 2005 年合并资产负债表① 单位：美元

	12 月 31 日	
	2005 年	2004 年
资产		
现金	1 031 108	751 237
待售抵押贷款	36 808 185	37 350 149
以公允价值计量的持有的交易证券	10 314 384	10 558 387
以公允价值计量的作为抵押品的交易证券	668 189	1 303 007
根据转售协议购买的证券、借入的证券和出售的联邦基金	23 317 361	13 456 448
持有用于投资的贷款，分别扣除贷款损失准备金 189 201 美元和 125 046 美元	70 071 152	39 661 191
以公允价值计量的其他金融工具投资	11 455 745	10 091 057
以公允价值计量的抵押服务权	12 610 839	8 729 929
房屋和设备的净值	1 279 659	985 350
其他资产	7 518 245	5 608 950
资产总计	175 085 370	128 495 705

① 摘自 SEC，www.sec.gov。

表 9-6　美国国家金融服务公司 2006 年合并资产负债表① 单位：美元

	12 月 31 日	
	2006 年	2005 年
资产		
现金	1 407 000	1 031 108
待售抵押贷款	31 272 630	36 808 185
以公允价值计量的持有的交易证券	20 036 668	10 314 384
以公允价值计量的作为抵押品的交易证券	1 465 517	668 189
根据转售协议购买的证券、借入的证券和出售的联邦基金	27 269 897	23 317 361
持有用于投资的贷款，分别扣除贷款损失准备金 261 054 美元和 189 201 美元	78 085 757	69 865 447
以公允价值计量的其他金融工具投资	12 769 451	11 260 725
以公允价值计量的抵押服务权	16 172 064	—
抵押服务权净值	—	12 610 839
房屋和设备的净值	1 625 456	1 279 659
其他资产	9 841 790	7 929 473
资产总计	199 946 230	175 085 370

表 9-7　美国国家金融服务公司 2007 年合并资产负债表② 单位：美元

	12 月 31 日	
	2007 年	2006 年
资产		
现金	8 810 399	1 407 000
待售抵押贷款	11 681 274	31 272 630
以公允价值计量的持有的交易证券	14 988 780	20 036 668

---

① 摘自 SEC，www.sec.gov。
② 摘自 SEC，www.sec.gov。

续表

	12月31日	
	2007年	2006年
以公允价值计量的作为抵押品的交易证券	6 838 044	1 465 517
根据转售协议购买的证券、借入的证券和出售的联邦基金	9 640 879	27 269 897
持有用于投资的贷款，分别扣除贷款损失准备金2 399 491美元和326 817美元	98 000 713	78 019 994
以公允价值计量的其他金融工具投资	28 173 281	12 769 451
以公允价值计量的抵押服务权	18 958 180	16 172 064
房屋和设备的净值	1 564 438	1 625 456
其他资产	13 074 073	9 907 553
资产总计	211 730 061	199 946 230

信号2：贷款损失准备金与不良贷款增加不成比例

当贷款损失准备金的增加与不良贷款的增加不成比例时，则表明贷款损失准备金可能被低估了。我们必须在财务报表附注中查找不良贷款的迹象，这些迹象可以参考以下任何一项：

- 贷款拖欠；
- 不良贷款；
- 不再计息的贷款（非应计贷款）；
- 负摊销贷款；
- 不良债务重组。

在美国国家金融服务公司的财务报表附注中（参见表9-8），2007年之前几年报告的支付期权ARM贷款的增加先于所有贷款的巨额贷款损失准备金（23亿美元）。如表9-3所示，拖欠60天以上的支付期权贷款百分比从2004年的0.08%上升至2005年的0.22%。这意味着拖欠60天以上的贷款所占百分比是2004年此类贷款所占百分比的2.75倍。但是，贷款损失准备金占所持有全部投资贷款的百分比实际上从2004年末的

0.314%下降至 2005 年末的 0.27%。财务报表附注显示，尽管风险支付选择权贷款的拖欠率有所增加，但贷款损失准备金占所持有全部贷款的百分比实际上减少了。

表 9-8　美国国家金融服务公司 2005—2007 年财务报表附注[①]

附注 8（2005）摘录：
以下是为投资而持有的支付期权贷款摘要　　　金额单位：美元

	12 月 31 日	
	2005 年	2004 年
支付期权贷款组合	26 122 952	4 701 795
支付期权贷款累计摊销：		
本金	13 973 619	32 818
累计摊销（贷款余额）	142 034	29
原始贷款价值比（1）	75%	73%
原始综合贷款价值比（2）	78%	75%
FICO 平均得分	720	730
拖欠率（3）	0.22%	0.08%

（1）房产评估价值或购买价格中较低者与该房产担保贷款金额的比率。
（2）房产评估价值或购买价格中较低者与该房产担保的所有贷款金额的比率。
（3）逾期超过 60 天的贷款，包括非应计贷款。
管理层预计，随着新产品的发展，公司支付期权贷款组合中的拖欠率将增加至与其他投资贷款组合的拖欠率一致的水平。

附注 8（2006）摘录：
以下是为投资而持有的支付期权贷款摘要

	12 月 31 日	
	2006 年	2005 年
支付期权贷款组合	32 866 475	26 122 952
支付期权贷款累计摊销	29 074 810	13 973 619
累计资本化利息（原贷款余额）	655 453	74 815
平均原始贷款价值比（1）	75%	75%

---

① 摘自 SEC，www.sec.gov。

第九章 次贷危机

续表

	12月31日	
	2006年	**2005年**
平均综合贷款价值比（2）	78%	78%
FICO 平均得分（3）	718	720
拖欠 90 天以上的比率	0.65%	0.10%

(1) 房产评估价值或购买价格中较低者与该房产担保贷款金额的比率。
(2) 房产评估价值或购买价格中较低者与该房产担保的所有贷款金额的比率。
(3) FICO 评分是使用统计模型确定的借款人信誉度的一种量度。FICO 分数从 300 到 850 不等，分数越高表明个人的信用状况越好。

管理层预计，随着产品的发展，该公司支付期权 ARM 贷款组合的拖欠率将会增加。

附注 8（2007）摘录：
以下是为投资而持有的支付期权贷款摘要

	12月31日	
	2007年	**2006年**
支付期权贷款组合	28 973 498	32 866 475
支付期权贷款累计摊销	26 434 496	29 074 810
累计资本化利息（原贷款余额）	1 233 165	655 453
附带抵押贷款保险的未偿还的支付期权贷款本金余额	18 374 251	5 729 532
平均原始贷款价值比（1）	76%	75%
平均综合贷款价值比（2）	79%	78%
FICO 平均得分（3）	717	718
没有收入证明的承销贷款	81%	81%
不全额支付利息的借款人	71%	77%
拖欠 90 天以上的比率（4）	5.71%	0.65%

(1) 房产评估价值或购买价格中较低者与该房产担保贷款金额的比率。
(2) 房产评估价值或购买价格中较低者与该房产担保的所有贷款金额的比率。
(3) FICO 评分是使用统计模型确定的借款人信誉度的一种量度。FICO 分数从 300 到 850 不等，分数越高表明个人的信用状况越好。
(4) 根据未付本金余额。

在 2006 年 10-K 文件中，关于投资贷款的附注 8 从报告逾期 60 天以上更改为报告逾期 90 天以上。如表 9-3 所示，拖欠 90 天以上的支付期权贷款的百分比从 2005 年的 0.10％增加到 2006 年的 0.65％。这意味着 2006 年拖欠 90 天以上贷款的比例是 2005 年的 6.5 倍。但是，从 2005 年底到 2006 年底，所有持有的投资贷款的贷款损失准备金仅增长了 38％。贷款损失准备金并没有像高风险支付期权 ARM 贷款的拖欠率一样增长迅速。从 2004 年到 2005 年，贷款损失准备金实际上有所下降，而支付期权 ARM 贷款的拖欠率却急剧上升。早期，在引入支付期权 ARM 贷款产品之后，在许多贷款支付被重置之前，这些贷款的拖欠率低于投资组合中的其他部分。但是，在更多的贷款将被重置后，并不能预测未来几年会出现拖欠。自 2004 年至 2006 年，支付期权 ARM 贷款的拖欠率迅速增加，这预示着随着时间的推移，未来拖欠和贷款损失将迅速增加。当然，不能期望贷款损失准备金与所有贷款的支付期权 ARM 贷款部分的拖欠比率的增加幅度完全相同。但是，拖欠支付期权 ARM 贷款属于问题贷款，并且在没有报告其他问题贷款总额的情况下，如果贷款损失准备金占所持有全部贷款的百分比增加的幅度远不及贷款组合中重要且高风险部分（支付期权贷款）拖欠率的增加幅度，应将其视为一种警示。

美国国家金融服务公司的财务报表中有两个明确的信号，即 2007 年的贷款损失可能远远大于 2006 年底的贷款损失准备金：

1. 贷款损失准备金的增加幅度几乎不及投资贷款总额中高风险支付选择部分的增长幅度。（见信号 1。）

2. 所有贷款损失准备金的增加幅度不及支付期权贷款的拖欠率增加的幅度。

事实上，2007 年的巨额亏损显而易见，当时所有投资贷款的贷款损失准备金从 2006 年的 2.61[①] 亿美元飙升至 2007 年的 23.4 亿美元。

---

① 2007 年 10-K 文件中，2006 年投资贷款损失备抵的比较金额为 3.27 亿美元。2006 年 10-K 文件中，贷款损失准备金为 2.61 亿美元。不管怎样，从 2006 年到 2007 年，这一数字急剧增加。

第九章 次贷危机

信号 3：贷款损失准备金没有随着房价下跌而显著增加

如果住房贷款损失准备金在房屋价值下降时并未增加，则表明该公司可能低估了贷款损失准备金。如果借款人无力偿还贷款，房屋就是贷款的抵押。如果贷款出现问题，房价下降，贷方蒙受贷款损失的可能性就增加了。

2006 年 8 月，《巴伦周刊》发表了由伦·威特（Lon Witter）撰写的文章，称商务部的估计显示房价已经开始下跌，并且自年初以来美国新房价格已经下降了 3％。文章接着提道："按照任何传统的估值，2005 年底的房价都高出 30％～50％。"文章警告说"一场住房危机即将来临"（Witter，2006）。确实，《巴伦周刊》的预测被证明是正确的。

贷款价值比接近 100％的贷款以及全额支付利息的贷款依赖于不断上涨的房价，以避免借款人出现违约情况时的贷款损失。受 2008 年金融危机的影响，我们现在知道，如果在房价停滞或开始下跌时贷方的贷款损失准备金并未显著增加，这是一个强烈的信号，表明贷款损失准备金被低估了。

美国国家金融服务公司财务报表附注

尽管 SEC 申诉（2009 年 6 月 4 日）声称美国国家金融服务公司并未完全披露与贷款相关的所有风险属性，但请注意，美国国家金融服务公司在 2007 年之前的备案文件中确实披露了借款人在支付期权贷款上拖欠贷款的情况有所增加。美国国家金融服务公司在其财务报表附注中确实披露了 ARM 贷款占其投资组合的百分比大幅增加。附注还披露，支付期权 ARM 贷款显著增加，其持有的投资贷款累计摊销也显著增加。但是，贷款损失准备金并未与支付期权 ARM 贷款所拖欠率成比例增加，也没有与高风险支付期权 ARM 贷款的增加或累计摊销的增加成比例。相关注释见表 9-8。

穿透会计舞弊

抵押贷款危机的教训

展望未来，我们可以从2008年金融危机的核心——抵押贷款支持证券危机中吸取教训。当财务报表中的贷款损失准备金与贷款违约率不成比例地上升时，这是贷款损失准备金可能被低估的信号。偿还贷款或不良贷款的其他迹象，以及当房价开始下降且贷款损失准备金未与拖欠率或其他不良贷款成比例增加时，这是一个额外信号。这也表明，当贷款损失准备金不与贷款组合中高风险贷款部分成比例增加时，贷款损失就可能被低估。

他们从此过着幸福的生活吗？

● 美国国家金融服务公司曾经是美国最大的抵押贷款公司，2008年被美国银行收购。多年来，美国国家金融服务公司面临一系列法律诉讼。2013年4月，美国国家金融服务公司同意在三起相关的集体诉讼中支付5亿美元，以"解决有关其歪曲抵押贷款支持证券的投资质量的指控"（Raub，2013）。2013年10月23日，"美国银行旗下的美国国家金融服务公司向房利美和房地美出售数千笔有缺陷的贷款而被陪审团裁定负有法律责任，这是美国政府提起的第一宗抵押舞弊案。"（Hurtado，2013）。美国检察官办公室要求处以高达8.48亿美元的罚款。

● 2010年10月，美国国家金融服务公司前首席执行官安吉洛·莫兹罗以6750万美元解决了SEC民事欺诈案。美国银行支付了其中的4500万美元。莫兹罗不承认或否认与本案有关的任何不当行为（Dobuzinskis & Levine，2010）。针对莫兹罗的刑事调查从未正式宣布，并于2011年2月悄无声息地撤销。据报道，联邦检察官认定莫兹罗的行为"不构成犯罪"（Reckard，2011）。

● 大卫·桑波尔（David Sambol）（美国国家金融服务公司前总裁）和埃

里克·西莱克（Eric Sieracki）（美国国家金融服务公司前首席财务官）也在 2010 年解决了 SEC 的指控（Dobuzinskis & Levine, 2010）。他们同意支付罚款，"既不承认也不否认政府的指控"（Morgenson, 2010）。

> **本章案例的伦理道德**
>
> 阅读以下摘自 2011 年 SEC 合规检查和审查办公室主任卡洛·迪·弗洛里奥的演讲《合规与道德在风险管理中的作用》；然后回答以下问题。
>
> 问题：
>
> a. 考虑导致 2008 年金融危机的链条上的不同环节（从借款人到抵押贷款人、保险人和投资银行家）可能没有向与之交易的各方充分披露风险。具体来说，请回顾一下近 50 年的最高法院声明，并讨论声明如何适用于 2008 年的危机。
>
> b. 如果一家投资银行向其客户出售抵押支持证券，该银行本身投资于信用违约掉期，而该违约掉期实质上是押注其出售的同一抵押支持证券的违约，解释是否存在利益冲突。

摘录自：
合规与道德在风险管理中的作用[①]

今天，我想谈谈两个日益重要的主题：道德在有效的合规计划中的作用，以及道德与合规在企业风险管理中的作用。我今天在这里表达的当然是我自己的观点，不代表委员会或我同事的观点。

在讨论这两个主题的过程中，我想与大家探讨以下命题：

1. 道德是证券法的基础，我相信道德文化目标是有效监管合规计划的核心。

2. 领先的标准已认识到道德操守的重要性，并将道德规范明确纳入有效合规性和企业风险管理的要素中。

[①] 摘自 SEC，www.sec.gov。

3. 组织正在做出有意义的改变以适应这种趋势并实施领先的实践，以使其合规性和风险管理计划更加有效。

伦理道德与联邦证券法

关于法律与道德之间如何相互联系的争论可以追溯到柏拉图和亚里士多德。我不是法律哲学办公室的主任，所以我不会尝试在这个巨大的主题上做出贡献①，就我今天的目的而言，这个问题归根结底是要忠于法律的精神和文字。

在这种框架下，道德对于任何想要促进遵守联邦证券法工作的人都具有重大意义。联邦证券法的核心是，国会打算将其作为应用伦理的一种实践。正如最高法院在50年前所言：

……联邦证券法共同的根本目的是采用完全披露的理念，从而在证券业中实现高标准的商业道德。要意识到最高道德标准在证券业的各个方面占上风有多么重要，只需对这个国家在20世纪20年代和30年代发生的事情稍做了解。②

当然，我认为在金融危机中发生的一切再次提醒人们，加强道德规范、风险管理和监管合规性是必要的。与大萧条后一样，国会再次做出回应，制定了具有里程碑意义的立法，以提高银行业和证券业的道德标准。

案例研究

铁龙银行

● 阅读2012年9月25日SEC针对铁龙银行（TierOne Bank）的申诉摘要。

---

① 为了更深入地了解法律与伦理之间的关系，可以在《实证主义与法律与道德分离，H. L. A. Hart, 71 Harvard L. Rev. 529》（1958）和《实证主义与对法律的忠诚：对哈特教授的答复 L. L. Fuller, 71 Harvard L. Rev. 630》（1958）中找到有关该主题的经典交流。

② SEC v. *Investment Research Bureau*, *Inc.*, 375 U.S. 180, 186-87（1963），quoting *Silver v. New York Stock Exchange*, 373 U.S. 341, 366（1963）.

第九章 次贷危机

- 检查铁龙银行 2005—2008 财务报表（10-K 文件）的摘录。根据 2007 年 12 月 31 日 10-K 文件,"铁龙银行公司是一家总部位于内布拉斯加州林肯市威斯康星州的公司。铁龙银行公司为铁龙银行的控股公司。"(p.5)
- 回答以下案例研究问题。

要求

a. 低估贷款损失准备金:在本章正文中,信号 2 是"贷款损失准备金与不良贷款增加不成比例"。阅读铁龙银行 2005—2008 财年财务报表的摘录及其附注,说明是否可以确定铁龙银行的贷款损失准备金可能被低估了。为判断提供计算支持。

b. 低估贷款损失准备金:在本章正文中,信号 3 是"贷款损失准备金没有随着房价下跌而显著增加",回顾文中有关信号 3 的讨论以及 SEC 针对铁龙银行的申诉摘要,在线搜索 2008 年底发表的有关房价下跌的文章,解释信号 3 可能如何提醒铁龙银行的财务报表使用者,其 2008 年 12 月的贷款损失准备金可能被低估。

针对铁龙银行的申诉摘录[①]

2012 年 9 月 25 日提交的第 12-cv-00343 号民事诉讼[②]

美国内布拉斯加州地区法院

奥马哈分部

美国证券交易委员会

第 3 段和第 7 段:

3. 铁龙银行是一家有着百年历史的储蓄银行,其一直专注于内布拉斯加州/艾奥瓦州/堪萨斯州的住宅和农业贷款。从 2004 年左右开始,铁龙银行在高增长的地区（如拉斯维加斯、佛罗里达州和亚利桑那州）扩大了风险类型的贷款。到 2008 年下半年,由于金融危机和随之而来的房地产市场

[①] 几位银行高管"不承认或否认 SEC 的指控""同意解决针对他们的指控",而针对另一位高管的案件"仍在进行中"(LR 22493,2012)。

[②] 摘自 SEC,www.sec.gov。

崩盘，铁龙银行高风险问题贷款显著增长。

7. 直到 2009 年底，在 OTS 要求铁龙银行对减值贷款进行新的评估之后，其贷款损失才完全公开。铁龙银行最终披露了超过 1.3 亿美元的额外贷款损失。如果铁龙银行在适当的季度中记录了这些额外的损失准备金，那么它将不能达到截至 2008 年 12 月 31 日和每个季度 OTS 要求的资本比率。在宣布了额外损失准备金之后，铁龙银行的股价下跌了 70% 以上。铁龙银行最终在 2010 年 6 月被 OTS 关闭不久后申请破产。

第 24—29 段

24. 公认会计原则规定，当银行很可能无法收取原始贷款协议规定的所有到期欠款时，贷款就会"减值"。此外，铁龙银行的书面贷款政策规定，逾期 90 天以上的贷款应视为减值。

25. 根据公认会计原则，铁龙银行必须评估与减值贷款相关的可能损失，并将这些损失记录在贷款和租赁损失准备金（"ALLL"）中。如果贷款依赖于抵押品，公认会计原则允许使用相关抵押品的公允价值计量减值，这是铁龙银行通常使用的方法。

26. ALLL（资产负债表项目）的任何增加都必须同时记录贷款损失准备金（利润表项目），从而增加报告的损失并进一步侵蚀银行的资本，对银行满足 OTS 要求的提高资本比率的能力产生负面影响。

27. 铁龙银行的一些房地产贷款最终被取消抵押品赎回权，相关抵押品成了银行或 OREO 的财产。公认会计原则要求铁龙银行在账面上采用账面价值或公允价值减去出售该物业的成本中的较低者。

28. 因此，根据公认会计原则，关于减值贷款或 OREO 的损失程度的主要考虑因素是抵押品或 OREO 财产的公允价值。经独立且认证的房地产评估师最近进行的评估通常是房地产公允价值的最佳证明。在没有当前评估的情况下，必须使用当时已知的所有相关信息和最新信息。这些信息包括：市场下跌的最新证据、经纪人的价格意见（"BPO"）、最近的可比销售、价值的内部确定、当前项目状态以及买卖要约。

29. 在本案中，铁龙银行故意推迟对价值下降的房地产的评估过程，而是依赖于不准确的数据和假设。

第 60—62 段

60. 2009 年 8 月，OTS 指示铁龙银行获得最新的评估。新评估显示了铁龙银行减值贷款和 OREO 抵押品的实际价值。2009 年 10 月 14 日，铁龙银行提交了一份 8-K 表格，报告了 2009 年第二季度的新增的 1 390 万美元贷款损失准备金。铁龙银行还宣布打算重述 2009 年第二季度财务报表，并且该银行的资本比率将低于 OTS 要求的水平。在此消息发布后的几天里，铁龙银行的股价下跌了 17% 以上，从每股约 3.27 美元跌至每股 2.69 美元。

61. 随着越来越多的 OTS 评估要求，情况进一步恶化。2009 年 11 月 10 日，铁龙银行提交了另一份 8-K 表格，称其在 2009 年第三季度追加了 1.202 亿美元的贷款损失准备金。在接下来的三个交易日，铁龙银行的股价进一步下跌了 54%，从每股约 1.71 美元跌至每股 0.78 美元。

62. 铁龙银行于 2010 年 6 月 4 日被 OTS 关闭，并于当月申请破产。

财务报表

美国证券交易委员会

华盛顿特区 20549

摘自 10-K 表格①

根据《1934 年证券交易法》第 13 或 15（d）条编制的年度报告

截至 2008 年 12 月 31 日的财年

铁龙银行公司
合并资产负债表摘录

	12 月 31 日	
	2008 年	2007 年
	（单位：千美元，每股数据除外）	
资产		
现金和银行存款	73 567	79 561
联邦储备银行持有的资金	29 292	—
联邦基金出售	147 000	161 900
现金及现金等价物合计	249 859	241 461
投资证券：		
持有至到期，成本接近公允价值	48	70
可供出售，以公允价值计量	137 664	130 481
抵押支持证券，可供出售，以公允价值计量	3 133	6 689
应收贷款：		
净贷款（包括截至 2008 年 12 月 31 日和 2007 年 12 月 31 日持有的待售贷款 13 917 000 美元和 9 348 000 美元）	2 782 220	2 976 129
贷款损失准备金	(63 220)	(66 540)
扣除贷款损失准备金后的净贷款	2 719 000	2 909 589
FhLBank topeka 股票，以成本计量	47 011	65 837

---

① 摘自铁龙银行公司的 10-K 文件。获取自 SEC，www.sec.gov。

第九章 次贷危机

续表

	12月31日	
	2008年	2007年
	（单位：千美元，每股数据除外）	
房屋和设备净值	35 316	38 028
应计应收利息	16 886	21 248
其他拥有和收回的固定资产净值	37 236	6 405
商誉	—	42 101
其他无形资产净值	4 722	6 744
抵押服务权净值	14 806	14 530
其他资产	52 264	54 583
资产总计	3 317 945	3 537 766

来自铁龙银行的 10-K（2008）附注：附注 5

贷款损失准备金。贷款损失准备金汇总如下表：

	12月31日		
	2008年	2007年	2006年
	（单位：千美元）		
年初余额	66 540	33 129	30 870
贷款损失准备金	84 790	65 382	6 053
冲销	(90 398)	(33 037)	(4 107)
收回以前冲销的贷款	2 288	1 066	313
年末余额	63 220	66 540	33 129
贷款损失准备金占净贷款的百分比	2.27%	2.24%	1.09%

除非需要额外的资金来保护抵押品，否则我们通常会停止对不良贷款或被视为受损贷款的融资。此外，由于某些州的某些法律和条例可能需要额外的资金，截至 2008 年 12 月 31 日和 2007 年 12 月 31 日，我们的贷款准备金分别为 30 万美元和 270 万美元，这是未来潜在损失。截至 2006 年 12 月 31 日，我们没有贷款准备金。

不良资产和不良债务重组。不良资产包括不良贷款、其他不动产和抵债资产。不良贷款是指拖欠 90 天或更长时间的贷款，由于怀疑借款人偿还能力的而暂停确认利息直至疑惑消失。不良债务重组是指由于借款人财务状况恶化而修改条款以减少或推迟利息或本金的贷款。截至 2008 年 12 月 31 日或 2007 年 12 月 31 日，我们没有任何逾期 90 天或以上的应计贷款。

合并资产负债表摘录

	12 月 31 日	
	2008 年	2007 年
	（单位：千美元）	
不良贷款（1）	142 215	128 490
其他拥有的不动产和抵债资产净值（2）	37 236	6 405
不良资产总额	179 451	134 895
不良债务重组	35 528	19 569
不良资产和不良债务重组总额	214 9795	154 464

(1) 包括所有逾期 90 天或以上的贷款，所有未收回的应计利息已全部提存。
(2) 其他拥有的不动产和抵债资产余额列示为扣除相关损失准备金后的净额。

摘自 10-K 表格[①]

截至 2006 年 12 月 31 日的财年

铁龙银行公司

合并资产负债表摘录

	12 月 31 日	
	2008 年	2007 年
	（单位：千美元，每股数据除外）	
资产		
现金和银行存款	86 808	83 534
联邦基金出售	—	4 500
现金及现金等价物合计	86 808	88 034

---

① 摘自铁龙银行公司的 10-K 文件。获取自 SEC, www.sec.gov。

续表

	12月31日	
	2008年	2007年
	（单位：千美元，每股数据除外）	
投资证券：		
持有至到期，成本接近公允价值	90	111
可供出售，以公允价值计量	105 000	102 614
抵押支持证券，可供出售，以公允价值计量	12 272	19 752
应收贷款：		
净贷款（包括截至2006年12月31日和2005年12月31日持有的待售贷款19 285 000美元和8 666 000美元）	3 050 160	2 844 670
贷款损失准备金	(33 129)	(30 870)
扣除贷款损失准备金后的净贷款	3 017 031	2 813 800

来自铁龙银行的10-K（2008）附注：附注5

贷款损失准备金。贷款损失准备金汇总如下表：

	12月31日		
	2008年	2007年	2006年
	（单位：千美元）		
年初余额	30 870	26 831	19 586
贷款损失备抵	—	—	4 221
贷款损失准备金	6 053	6 436	4 887
冲销	(4 107)	(3 063)	(2 236)
收回以前冲销的贷款	313	666	373
年末余额	33 129	30 870	26 831
贷款损失准备金占净贷款的百分比	1.09%	1.09%	1.01%

不良资产和不良债务重组。 不良资产包括不良贷款、不良债务重组和房地产。不良贷款是指由于怀疑借款人偿还本息的能力而暂停确认利息的贷款。不良债务重组是

指由于借款人财务状况恶化而修改条款以减少或推迟利息或本金的贷款。

	12 月 31 日	
	2006 年	2005 年
	（单位：千美元）	
不良贷款（1）	30 050	14 405
不动产净值（2）	5 264	2 446
不良资产总额	35 314	16 851
不良债务重组	8 904	5 180
不良资产和不良债务重组总额	44 218	22 031

(1) 包括所有逾期 90 天或以上的贷款，所有未收回的应计利息已全部提存。
(2) 房地产余额列示为扣除相关损失准备金后的净额。

Detecting Accounting Fraud

附录
虚假财务报表最常见的 25 个信号

最常见的 25 个信号	公司舞弊手法
1. 高层管理人员的可疑过往记录，特别是当以前报告的公司盈利转机突然消失时。	可能通过高估利润、高估经营活动现金流量或低估负债的方法。
2. 应收账款占收入的百分比显著增加。	可能通过加速确认收入、虚构收入或不当估计收入。
3. 经营活动产生的现金流量严重滞后于营业利润或净利润。	高估收入或低估费用。
4. 异常的证券化或应收账款保理（当测试上述信号 2 和信号 3 时，应加回证券化金额调整应收账款，扣除证券化金额调整经营活动现金流量）。	证券化的需求本身就是现金流出现问题的一个迹象。相比营业利润，公司可能隐瞒经营活动现金流量的不足，也可能通过加速清算变现来隐藏过多的应收账款。
5. 存货大幅增加，用存货与销售成本的比例来衡量，如存货周转率。	可能夸大存货、少报存货报废或少报销售成本。
6. 毛利率大幅波动。	多报期末存货或收入、少报采购或制造商品的成本。
7. 通过一次性费用（例如重组费用）创建大量准备金，然后转回准备金。	可能会夸大准备金，通过释放超额准备金以提高后期利润。

续表

最常见的 25 个信号	公司舞弊手法
8. 收购时将大笔支付对价分配给商誉，同时设立巨额准备金。	不当通过收购高估收购准备金，并高估商誉；未来期间可能将超额准备金释放到收益中以高估收购后的利润。
9. 收购没有超额资产回报率的公司时仍分配大额商誉，收购后并未产生超额资产回报率。	虚增商誉，目的在于虚报收购准备金，以便日后转利润。
10. 在收购完成后调增商誉。	高估收购准备金以日后释放准备金高估后期利润。
11. 总资产周转率显著下降或任何其他资产周转率下降，如固定资产周转率下降。	这表明费用资本化不当：例如，将费用划入固定资产，但虚拟资产不能在实质上作为用于生产产品的设施。
12. 在收入下降时，含有固定成本组成部分的费用占销售收入的百分比却保持不变。	不当费用资本化。例如，世通公司将线路成本错误分类为固定资产。
13. 费用或费用的具体类别占收入的比重显著下降。	可能通过遗漏费用、递延费用或不当费用资本化来低估费用。
14. 流动负债占营业收入或流动资产的比重显著下降。	通过减少应计项目少计费用。
15. 递延成本或预付费用占总资产或营业收入的比例显著增加。	通过费用延期少计费用。
16. 新产品或项目的开发伴随着大额无形资产的确认，例如开发或启动成本资本化，当新闻媒体或财务报表附注报告了公司遇到进程问题时不冲销无形资产。	未记录资产减值。
17. 坏账准备占应收账款的百分比下降。	低估坏账准备。
18. 公司拥有多要素合同，某些收入增长时确认速度较快，而某些收入下降时确认速度较慢。	通过多要素合同中收入类别的错误分类提前确认收入。
19. 递延收入占总收入的百分比下降。	激进确认未来期间的收入。

续表

最常见的 25 个信号	公司舞弊手法
20. 退货准备金占销售额的百分比显著下降。	低估退货准备金。
21. 对未合并附属公司的投资大幅增加,或未合并附属公司的资产和负债增加,特别是合伙企业、信托、合资企业和本公司发起成立的公司。如果这些企业的性质含糊不清或交易含糊不清,该舞弊信号更加明显。当公司大部分利润来自与这些企业的交易,或者存在与这些企业有关的或有负债,舞弊信号则更加明显。	通过与特殊目的实体的交易虚增收益和经营活动现金流量,低估负债。
22. 激进的收入确认会计政策,例如开票持有销售、附担保或退货权销售(尤其是伴随折扣占销售额百分比增加的情况)。也要警惕未被支付的销售额占总销售额的比例增加时所使用的完工百分比法。	通过渠道填充、提前确认收入或虚构收入来夸大收入。
23. 就利息成本资本化、软件成本、开发成本或直接响应广告成本等项目而言,与以前期间或同行业其他公司相比,在费用资本化方面采取积极的会计政策。	不当资本化以夸大收入。
24. 贷款损失准备金不随风险较高贷款或不良贷款的增加而增加。如果同时担保贷款的资产(如房价)价值下降,这些信号就会变得更加强烈。	少计贷款损失准备金。
25. 公司每个季度都能达到销售目标或预期利润。	通过多计收入或少计费用增加利润。

Authorized translation from the English language edition, entitled Detecting Accounting Fraud: Analysis and Ethics, 9780133078602 by Cecil W. Jackson, published by Pearson Education, Inc., Copyright © 2015 by Pearson Education, Inc.

All rights reserved. No part of this book may be reproduced or transmitted in any form or by any means, electronic or mechanical, including photocopying, recording or by any information storage retrieval system, without permission from Pearson Education, Inc.

CHINESE SIMPLIFIED language edition published by CHINA RENMIN UNIVERSITY PRESS CO., LTD., Copyright © 2021.

本书中文简体字版由培生教育出版公司授权中国人民大学出版社出版，未经出版者书面许可，不得以任何形式复制或抄袭本书的任何部分。

本书封面贴有Pearson Education（培生教育出版集团）激光防伪标签。无标签者不得销售。

图书在版编目（CIP）数据

穿透会计舞弊／（美）塞西尔·杰克逊著；韩洪灵等译． －－北京：中国人民大学出版社，2021．11
ISBN 978-7-300-29687-6

Ⅰ.①穿… Ⅱ.①塞… ②韩… Ⅲ.①会计检查－研究 Ⅳ.①F231.6

中国版本图书馆 CIP 数据核字（2021）第 220655 号

穿透会计舞弊
[美] 塞西尔·杰克逊　著
韩洪灵　陈汉文　等 译
Chuantou Kuaiji Wubi

出版发行	中国人民大学出版社		
社　　址	北京中关村大街 31 号	邮政编码	100080
电　　话	010－62511242（总编室）		010－62511770（质管部）
	010－82501766（邮购部）		010－62514148（门市部）
	010－62515195（发行公司）		010－62515275（盗版举报）
网　　址	http://www.crup.com.cn		
经　　销	新华书店		
印　　刷	天津中印联印务有限公司		
规　　格	170 mm×230 mm　16 开本	版　次	2021 年 11 月第 1 版
印　　张	25.5 插页 2	印　次	2022 年 9 月第 2 次印刷
字　　数	356 000	定　价	89.00 元

版权所有　　侵权必究　　印装差错　　负责调换